JN274261

東大法・蒲島郁夫ゼミ編

選挙ポスターの研究

境家史郎（代表）

泉澤　潤一	菅原　　琢
泉本　宅朗	中西　俊一
大野　桂嗣	畑江　大致
北岡　　亮	平田　知弘
河野　一郎	山本　耕資
古賀　光生	吉田　苗未

木鐸社刊

Political Posters in Japan: Slogans and Images

ed. by
The Ikuo Kabashima Seminar

Sakaiya, Shiro

Hatae, Daichi
Hirata, Tomohiro
Izumisawa, Junichi
Izumoto, Takuro
Kitaoka, Ryo
Kohno, Ichiro

Koga, Mitsuo
Nakanishi, Toshikazu
Ohno, Keishi
Sugawara, Taku
Yamamoto, Koji
Yoshida, Naemi

はしがき

　本書は東京大学法学部における第4期蒲島ゼミの研究成果である．選挙ポスターの研究をゼミの研究課題としたきっかけは，私の親しい友人であるT. J. ペンペル・ワシントン大学教授との語らいにある．ペンペル教授は，比較政治理論の観点から日本政治をシャープに分析している優れた政治学者だが，10数年前に彼と今後日本政治の分野で行われるべき研究課題について議論したことがある．その一つとして挙がったのが選挙ポスターのコレクションである．国政選挙の候補者の選挙ポスターをすべて収集し，それを一冊の本にまとめたら，日本の政治文化を知るうえでこれほどの重要資料はないだろうと話したことがある．しかし，それには多大な労力とカラー印刷のための莫大なコストがかかる．研究の構想は続いていたものの実現には至らなかった．そこで今回のゼミでは長い間温めていたポスターの研究を行うことにした．

　研究を計画するのは楽しいが実行は困難である．2000年総選挙が行われたのが6月25日，ゼミがはじまったのが10月であるから，この時期のずれがポスターの収集を困難にした．それでも候補者や政党事務局の協力のおかげで685枚のポスターを集めることができた．それをすべてデジタル・カメラで撮影し，CD-ROMに収めた．ここまでは肉体労働だが，それから先は知的作業である．本書のユニークさは一枚のポスターから77件の変数を抽出し，それを様々な観点から分析したことである．オリジナル・データを用い，世界的にも前例のない選挙ポスターの分析に取り組んだために，実に独創的で微笑ましい研究になっている．本書は選挙ポスターに関する研究書として，最初の（多分最後の）本格的なものである．私は常々，「人のやっていない研究をしなさい」といっているので，それを成し遂げてくれたゼミ生を誇りに思っている．

　蒲島ゼミでは一流の研究テーマで，その研究遂行には一人の研究者には手に負えない集団的な知的勤勉性が必要とされる研究課題を選んできた．そし

て50年, 100年経っても貴重な資料となるべく徹底した実証性を重んじてきた. さいわい,『「新党」全記録』,『現代日本の政治家像』,『有権者の肖像』と続いてきたゼミの成果は評価も高く多くの研究者に引用されている. また, ハーバード大学をはじめ海外の一流大学の図書館にも配架されている. 今回のゼミ生もこの知的伝統をよく受け継ぎ, 予想以上の成果を挙げてくれた. ゼミ生たちが今回の重要な知的作業に参加し, 東大生として生きた証を残したことを誇りに, 今後の人生を切り開いていって欲しいと思う.

　最後になったが, ポスターの収集にご協力いただいた多くの候補者や政党事務局の方々に心よりお礼申し上げたい. さらに, 今回も採算を度外視して本書を出版された, 木鐸社の能島豊社長と坂口節子編集長に心から感謝したい.

2002年8月

第5期ゼミ「参議院の研究」のつくば合宿の合間に

蒲島郁夫

目　次

はしがき　　　　　　　　　　　　　　　　　　　　蒲島郁夫（3）

図表一覧　　　　　　　　　　　　　　　　　　　　　　　　（9）

序　　　　　　　　　　　　　　　　　　　　　　　境家史郎（14）

分析対象とサンプルのバイアス　　　　　　　　　　境家史郎（20）

用語説明　　　　　　　　　　　　　　　　　　　　境家史郎（27）

第一部　分析篇

序　章　分析の視角と構成　　　　　　　　　　　　菅原琢（31）
　　　　1．はじめに
　　　　2．メディアとしての選挙ポスター
　　　　3．分析視角
　　　　4．分析篇の構成

第1章　選挙ポスターの構成要素Ⅰ　デザイン　　　　　　　（42）
　　　　1．【ポスターのレイアウトパターン】　　　　吉田苗未（43）
　　　　2．【ポスターの構成要素の使用割合】　　　　大野桂嗣（47）
　　　　3．【色彩心理学からポスターを見る】　　　　吉田苗未（49）
　　　　4．【黒色系のポスター】　　　　　　　　　　吉田苗未（55）
　　　　5．【ロゴマークはどうなのか】　　　　　　　平田知弘（57）

第2章　選挙ポスターの構成要素Ⅱ　写真　　　　　　　　　（64）
　　　　1．【候補者の写り方】　　　　　　　　　　　境家史郎（65）
　　　　2．【候補者の顔の位置】　　　　　　　　　　泉澤潤一（67）
　　　　3．【全身を写したポスター】　　　　　　　　古賀光生（69）
　　　　4．【手の写っているポスター】　　　　　　　古賀光生（70）
　　　　5．【候補者のファッションチェック】　古賀光生・境家史郎（72）
　　　　6．【小道具を使ったイメージ戦略】　　　　　古賀光生（74）
　　　　7．【議員バッジの有無】　　　　　　　　　　境家史郎（76）
　　　　8．【共産党は眼鏡がお好き？】　　　　　　　北岡亮（78）

第3章　選挙ポスターの構成要素Ⅲ　文字情報　　　　　　　（82）

　　　　1．【苗字の位置と大きさ】　　　　　　　　　　　　　　泉澤潤一（83）
　　　　2．【名前は縦書きか横書きか】　　　　　　　　　　　　平田知弘（85）
　　　　3．【姓名の表記方法】　　　　　　　　　　　　　　　　泉澤潤一（88）
　　　　4．【候補者名の書体】　　　　　　　　　　　　　　　　大野桂嗣（90）
　　　　5．【政党名の表記の仕方】　　　　　　　　　　　　　　泉澤潤一（94）
　　　　6．【「比例代表は○○党へ」の謎】　　　　　　　　　　境家史郎（96）
　　　　7．【経歴をアピールする候補者たち】　　　　　　　　　平田知弘（98）
　　　　8．【スローガンに置かれたウェイトを見る】　　　　　　泉澤潤一（105）
　　　　9．【古臭い「新しさ」〜カタカナ語・英語・URL】　　　大野桂嗣（108）
　　　　10．【スローガンのなかの未来志向】　　　　　　　　　　大野桂嗣（110）
　　　　11．【地元志向に見る候補者の建前と本音】　　　　　　　大野桂嗣（113）

　第4章　候補者属性と選挙ポスター　　　　　　　　　　　　　　　　（119）
　　　　1．【79年ポスターとの比較（個人篇）】　　　　　　　　境家史郎（120）
　　　　2．【老兵たちの肖像】　　　　　　　　　　　　　　　　中西俊一（121）
　　　　3．【若者たちの肖像】　　　　　　　　　　　　　　　　中西俊一（123）
　　　　4．【年齢表記に見られる候補者の選挙戦略】　　　　　　菅原琢（125）
　　　　5．【勝ち組と負け組】　　　　　　　　　　　　　　　　中西俊一（130）
　　　　6．【世襲候補のポスター】　　　　　　　　　　　　　　泉本宅朗（134）
　　　　7．【無所属候補のポスター】　　　　　　　河野一郎・境家史郎（137）
　　　　8．【他力本願ポスター】　　　　　　　　　　　　　　　菅原琢（138）
　　　　9．【捲土重来を誓う候補者たち】　　　　　　　　　　　大野桂嗣（145）
　　　　10．【派手なポスター】　　　　　　　　　　　　　　　　畑江大致（147）
　　　　11．【迷スローガン・迷デザイン】　　　　　　　　　　　大野桂嗣（150）

　第5章　選挙区属性と選挙ポスター　　　　　　　　　　　　　　　　（155）
　　　　1．【レイアウトの地域格差】　　　　　　　　　　　　　菅原琢（156）
　　　　2．【田舎のポスター・都会のポスター】　　　菅原琢・大野桂嗣（159）
　　　　3．【大阪VS東京】　　　　　　　　　　　　　　　　　　菅原琢（165）
　　　　4．【地域争点】　　　　　　　　　　　　　河野一郎・境家史郎（167）
　　　　5．【競合候補者を意識したポスター】　　　　　　　　　河野一郎（169）

　第6章　政党と選挙ポスター　　　　　　　　　　　　　　　　　　　（173）
　　　　1．【79年ポスターとの比較（政党篇）】　　　　　　　　境家史郎（174）
　　　　2．【政党のアピール戦略】　　　　　　　　　　　　　　平田知弘（178）
　　　　3．【党首対決】　　　　　　　　　　　　　　　　　　　境家史郎（184）
　　　　4．【政党別公約】　　　　　　　　　　　　　　　　　　境家史郎（185）

5．【自民王国】　　　　　　　　　　　　　　　畑江大致 (187)
　　　6．【自民党「改革派」のジレンマ】　　　　　　　山本耕資 (189)
　　　7．【拒否度への対応〜公明党と共産党】　　　　　古賀光生 (191)
　　　8．【ポスターから見る創価学会票論争】　　　　　菅原琢 (193)

第7章　並立制下の選挙運動　　　　　　　　　　　　　　　菅原琢 (197)
　　　1．はじめに
　　　2．政党本位の視点
　　　3．比例区と選挙区の連動効果
　　　4．選挙運動と候補者の自立性
　　　5．結論と含意

第8章　政党組織と候補者の比例区行動　　　　　　　　　　境家史郎 (212)
　　　1．はじめに
　　　2．先行研究と仮説
　　　3．政党組織と比例区戦略
　　　4．重複立候補者の比例区行動
　　　5．結論と含意

第9章　選挙キャンペーンにおける「ジェンダーアピール」の位置付け
　　　　　　　　　　　　　　　　　　　　　　　　　　　　古賀光生 (233)
　　　1．はじめに
　　　2．「ジェンダーアピール」をめぐる論点
　　　3．事例
　　　4．「ジェンダーアピール」の政治的意味

第10章　2000年総選挙・各政党の戦術とポスター分析のまとめ
　　　　　　　　　　　　　　　　　　　　　　　　　　山本耕資（編）(248)
　　　1．はじめに
　　　2．2000年・第42回総選挙
　　　3．自民党
　　　4．民主党
　　　5．公明党
　　　6．共産党
　　　7．社民党
　　　8．自由党
　　　9．保守党

終　章　選挙ポスター研究の意義　　　　　　　　　　　　菅原琢　(299)
　　　　1．本章の目的
　　　　2．分析の総括
　　　　3．本研究の位置付け
　　　　4．おわりに

第二部　資料篇

資料Ⅰ　選挙ポスターの作られ方　　　　　　　　　　　　境家史郎　(309)
資料Ⅱ　ポスターに関するデータ　　　　　　　　　　　　平田知弘　(323)
資料Ⅲ　「79年ポスター」に関するデータ　　　　　　　　境家史郎　(387)

第三部　選挙ポスター集

1．自民党　　　　　　　　　　　　　　　　　　　　　　　　　(393)
2．民主党　　　　　　　　　　　　　　　　　　　　　　　　　(427)
3．公明党　　　　　　　　　　　　　　　　　　　　　　　　　(449)
4．共産党　　　　　　　　　　　　　　　　　　　　　　　　　(451)
5．保守党　　　　　　　　　　　　　　　　　　　　　　　　　(482)
6．自由党　　　　　　　　　　　　　　　　　　　　　　　　　(484)
7．社民党　　　　　　　　　　　　　　　　　　　　　　　　　(494)
8．無所属の会　　　　　　　　　　　　　　　　　　　　　　　(506)
9．無所属　　　　　　　　　　　　　　　　　　　　　　　　　(507)
（付．【色彩心理学からポスターを見る】参考ポスター　　　　　(510））

あとがき　　　　　　　　　　　　　　　　　　　　　　　大野桂嗣　(511)

執筆者紹介　　　　　　　　　　　　　　　　　　　　　　　　　(513)

図表一覧

分析対象とサンプルのバイアス
図1　　政党別候補者数，ポスター数割合　　(22)
表1　　政党別ポスター収集率　　(22)
表2　　地域別ポスター収集率（％）　　(23)
表3　　候補者の性別とポスター収集率　　(24)
表4　　候補者の年齢とポスター収集率　　(24)
表5　　当選回数別ポスター収集率　　(24)
表6　　新人・現職・元職とポスター収集率　　(25)
表7　　ポスターのある候補者の選挙結果　　(25)

第一部
序章
図0-1　　選挙運動メディアの分類　　(34)
図0-2　　選挙運動に影響を与える因子　　(37)
表0-1　　選挙運動メディアの有権者認知　　(33)

第1章
図1-1　　各構成要素のポスター面に占める割合　　(48)
図1-2　　トーン分類図　　(50)
表1-1　　政党別のレイアウトパターン　　(46)
表1-2　　ポスター面の政党別の使用用途　　(47)
表1-3　　色と感情の関係　　(53)
表1-4　　日本における各色の代表的な象徴内容　　(53)
表1-5　　各色の有する代表的な感情・感覚・イメージ　　(55)
表1-6　　本人イラストを載せた候補者　　(57)
表1-7　　地球，日本列島，地域をロゴにした候補者　　(58)
表1-8　　自民党候補特有のロゴ　　(59)
表1-9　　迷ロゴマーク　　(60)
表1-10　政党別ロゴマーク表記率　　(61)
表1-11　平均年齢（ロゴの有無別）　　(62)
表1-12　当選率（ロゴの有無別）　　(62)

第2章
図2-1　「顔の中心」の散布図（政党別）　　(67)
表2-1　候補者写真の範囲　　(65)
表2-2　装飾品の数　　(66)
表2-3　「顔の中心」の分布の数値データ　　(68)
表2-4　議員バッジ「あり」の割合　　(76)
表2-5　眼鏡をかけている割合　　(78)

表2-6　眼鏡をYとしたロジット分析結果　　(79)

第3章
図3-1　苗字の位置と面積　　(83)
図3-2　候補者名の表記方法（政党別・男女別・年代別）　　(88)
図3-3　政党名の表記数（政党別比較）　　(94)
図3-4　スローガン文字数（政党別・男女別・年代別）　　(105)
表3-1　政党別横書き比率　　(85)
表3-2　79年と00年の横書き率比較　　(85)
表3-3　平均当選回数（苗字の方向別）　　(86)
表3-4　平均年齢（苗字の方向別）　　(86)
表3-5　平均都市度（DID比）（苗字の方向別）　　(86)
表3-6　青年人口比，老年人口比（苗字の方向別）　　(86)
表3-7　「カナを含むか否か」と他要素との相関　　(89)
表3-8　各書体の特徴・具体例　　(90)
表3-9　候補者名の書体と候補者の政党・性別・年齢　　(91)
表3-10　丸ゴシック体の使用率　　(92)
表3-11　政党名の表記パターン（自民・民主比較）　　(95)
表3-12　「政党名の表記数」と他要素との相関　　(95)
表3-13　「政党名の表記数」と「政党名が占める総面積」（1枚あたり）　　(95)
表3-14　各党の比例区宣伝率　　(96)
表3-15　各党の比例区宣伝タイプ　　(97)
表3-16　政党別の経歴表記率　　(99)
表3-17　経歴表記（実数）　　(100)
表3-18　経歴表記者数／当該経歴を持つ候補者数（％）　　(100)
表3-19　新人と現職元職の普通経歴表記率　　(101)
表3-20　都市⇔農村と経歴表記率　　(102)
表3-21　比例区と経歴表記率　　(102)
表3-22　政党役職表記の時代変化　　(103)
表3-23　「スローガンの有無」と他要素との相関　　(106)
表3-24　スローガン面積（政党別比較）　　(107)
表3-25　スローガン面積と他要素との相関　　(107)
表3-26　カタカナ語・英語・URLの政党別使用率　　(109)
表3-27　未来志向スローガンの政党別使用率　　(111)
表3-28　地元志向の肩書・スローガンの政党別使用率　　(113)
表3-29　地元と国政を同時に志向するスローガン例　　(115)

第4章
図4-1　年齢表記者の年齢分布　　(125)
表4-1　未来志向の言葉の有無と選挙区　　(121)
表4-2　世代ごとの年齢表記率　　(125)

表4-3	50歳代の年齢表記者	(126)
表4-4	20歳代の候補者と年齢の表記，アピール戦略	(127)
表4-5	政党別年齢表記割合	(127)
表4-6	年齢表記の規定要因	(129)
表4-7	勝ち組一覧	(132)
表4-8	負け組一覧	(132)
表4-9	世襲とスローガン中のキーワード	(135)
表4-10	世襲と候補者写真の範囲	(135)
表4-11	苗字の大きさの比較	(136)
表4-12	政党・選挙結果別の推薦等記載割合	(143)
表4-13	他者記載に占める個人と団体の比率	(144)
表4-14	捲土重来スローガンを用いた全候補者例	(145)
表4-15	言葉遊びを用いたスローガン	(150)
表4-16	奇抜なスローガン	(151)

第5章

図5-1	東京と大阪のポスターの空白域比較	(166)
表5-1	各ブロックごとのポスター構成要素面積比	(156)
表5-2	ブロックごとの各政党の候補者の割合	(156)
表5-3	ポスター構成要素の各党平均面積比	(157)
表5-4	ポスター要素の全国平均・理論値とブロック別実測値の比較	(158)
表5-5	都市度とポスター構成要素面積比の相関係数	(159)
表5-6	都市度と候補者の地元志向・国政志向分布	(160)
表5-7	地元志向型ポスターの規定要因	(161)
表5-8	選挙区特性の地元志向ポスターに与える影響	(162)
表5-9	選挙区特性と有権者の地元志向・国政志向分布	(163)
表5-10	地元志向型候補の有権者志向別得票率	(163)
表5-11	都市度の地元志向投票への影響	(164)
表5-12	大阪と東京のポスター各アイテムの平均面積率	(165)
表5-13	地域争点を含んだポスター	(167)
表5-14	千葉3区，奈良3区の候補者	(169)
表5-15	東京11区の候補者	(170)
表5-16	兵庫5区の候補者	(170)

第6章

表6-1	79年ポスターと00年ポスターの比較	(174)
表6-2	政党ごとの比較（自民，公明，共産）	(175)
表6-3	共産党79年と00年（現職）との比較	(176)
表6-4	政党別構成要素比較	(179)
表6-5	自民党の公認候補でありながらポスターに公認表記しなかった候補者 (180)	

表6-6	平均DID比（自民党・公認表記の有無別）	（181）
表6-7	79年と00年の政党名サイズ	（182）
表6-8	公認表記率の推移	（182）
表6-9	政党別公約数	（185）
表6-10	自民党候補者のポスター（各要素の割合）	（187）
表6-11	自民党候補者のポスター（スローガンの有無）	（187）
表6-12	民主党と共産党候補者のポスター	（188）
表6-13	公明党・共産党の政党名記載状況とサイズの比較	（191）
表6-14	公明党候補のスローガンと推薦表記	（192）
表6-15	共産党79年と00年（惜敗率上位10人）との比較	（195）

第7章

図7-1	並立制における選挙運動のターゲットと方向性	（203）
図7-2	自立性と選挙での強さの関係	（209）
表7-1	公認候補の存否と政党の比例区得票率	（200）
表7-2	候補者の強さと比例区得票率	（201）
表7-3	候補者の強さと政党名・個人名表記面積の関係	（204）
表7-4	政党宣伝の得票への影響	（208）
付　表	本稿で用いたデータ一覧	（210）

第8章

表8-1	比例区宣伝の有無	（215）
表8-2	自民党・共産党比較の予想	（217）
表8-3	自民党・共産党の各要素のサイズ	（217）
表8-4	自民党・共産党候補の政策・公約	（218）
表8-5	政党ポスターのスローガンと一致率	（218）
表8-6	自民党「大物」候補のポスター	（220）
表8-7	民主党候補の比例区行動	（224）

第9章

表9-1	アピールの一覧	（234）
表9-2	小選挙区の候補者内訳	（236）
表9-3	比例区の当選者	（236）
表9-4	小選挙区新人候補の出身別比率	（237）
表9-5	全候補者の経歴	（237）
表9-6	候補者数・当選者数の政党別割合（男女別）	（238）
表9-7	小選挙区での当落を従属変数としたロジット分析	（239）
表9-8	性別による政策の違い	（245）
表9-9	候補者の選挙時当選回数	（247）

第10章

表10-1　政策アンケート質問文　　（250）
表10-2　選挙結果と議席状況　　（251）
表10-3　自民党執行部に対し離反した自民系候補　　（257）
表10-4　政策アンケート回答（自民党）　　（259）
表10-5　候補者ポスターの特徴（自民党）　　（262）
表10-6　政策アンケート回答（民主党）　　（268）
表10-7　候補者ポスターの特徴（民主党）　　（271）
表10-8　政策アンケート回答（公明党）　　（275）
表10-9　候補者ポスターの特徴（公明党）　　（277）
表10-10　政策アンケート回答（共産党）　　（280）
表10-11　候補者ポスターの特徴（共産党）　　（282）
表10-12　政策アンケート回答（社民党）　　（285）
表10-13　候補者ポスターの特徴（社民党）　　（287）
表10-14　自由党の公認取消　　（289）
表10-15　政策アンケート回答（自由党）　　（290）
表10-16　候補者ポスターの特徴（自由党）　　（292）
表10-17　政策アンケート回答（保守党）　　（294）
表10-18　候補者ポスターの特徴（保守党）　　（295）

第二部
資料Ⅰ
　表Ⅰ-1　候補者ポスターに関する規定　　（317）
　表Ⅰ-2　選挙ポスターに関する注意事項　　（317）

資料Ⅱ
　表Ⅱ-1　政策公約⇔略称　　（327）
　表Ⅱ-2　経歴⇔略称　　（327）
　表Ⅱ-3　支持・推薦⇔略称　　（327）

序

本書の目的

　21世紀を迎えた現在も，日本政治は均衡点を求めて迷走しているように見える．1993年に自民党が政権から下野した後，無数の「新党」の誕生と消滅，自民党の政権復帰と民主党の台頭など政界再編は進んだが，依然として政治の枠組みが安定したとはいいがたい．この間，有権者側に起こったことは政治的無関心やシニシズムのさらなる拡大であろう．近年の国政選挙における投票率の低下に見られるように，国民の政治離れは深刻である．政治不信・政治家不信がますます深化している今，政治家と有権者とのコミュニケーションのあり方を問うことは非常に重要である．政治家との直接的，間接的なコミュニケーションは，有権者の政治・政治家に対するイメージ形成に大きな役割を果たしているからである．

　また，イデオロギーが「溶解」し，無党派層が増え続けているという状況の下で，選挙で当選を目指す候補者にとっても，いかにして有権者に良いイメージを与えるかというコミュニケーション戦略の重要性がますます高まっている．その意味で，選挙研究の一環としても政治的コミュニケーションのあり方は問われる必要がある．2001年に小泉内閣が空前の高支持率で誕生したが，これはまさに小泉のイメージ戦略の勝利であったといえよう．小泉は，自民党総裁予備選において，永田町にではなく，そしておそらく党員・党友に対してでもなく，国民に直接「変革の人 小泉」というイメージを訴えかけることで，絶望的ともいえる状況から総裁選に勝利した．この事実は，有権者とのコミュニケーションの重要性を再確認させるものである．

　本書はこうした認識のうえに立って，現代の政治的コミュニケーションの一断面を切り取ってみたい．ひとくちに「政治的コミュニケーション」といっても，コミュニケートするレベルやメディアの種類はさまざま考えられるが，本書の対象は「選挙時における政治的コミュニケーション手段としての選挙ポスター」である．具体的には，2000年衆議院選挙における小選挙区用候補者ポスターを扱う．選挙時のコミュニケーションは，その重要性にもかかわらず，今まで本格的に政治学的な分析が行われてこなかった．ましてや，選挙ポスターというメディアを対象とした政治学的研究はおそらく初の試みであろう．その意味で本研究は選挙ポスター研究「試論」であり，ポスター分析の意義や限界を示すことは本書の重要な目的の1つとなる．

　しかし，なぜ選挙ポスターなのか．政治の世界でも，テレビCMやインターネットを利用したコミュニケーションが見られるようになった今日，ポスターというはば「遅れた媒体」を研究することに意味があるのだろうか．詳しくは序章「分析

の視角と構成」に譲るが，ここでは，ポスターという空間が有限であり，かつ候補者によってその大きさに違いがないということを指摘しておきたい．選挙ポスターというたかだか40cm四方の限られた空間のなかで，どの候補者も精一杯の自己主張を繰り広げるのである．そこには必然的に，候補者自身や選挙区の属性，あるいは所属政党の特性といった要因の影響が濃縮された形で表れることになる．したがって，選挙ポスターに含まれているさまざまな情報から，候補者の意識的，無意識的な自己アピール戦略を効果的に洗い出すことができるはずである．我々はそのように考え，選挙ポスターをあらゆる角度から検証，分析した．それはいわば情報発信側の意図を汲み取る作業である．

ただし，本書の研究は，情報受信側すなわち有権者の分析がなされていないという点で，「政治的コミュニケーションの研究」というには不十分であろう．受信側の分析をしなかったのは，発信された情報をどのように認知したかという分析が方法論的に難しいということもあるし，そもそも選挙ポスターにメディアとしてどれほどの有効性があるかも疑問であるからである．しかし，「メディアとして有効でない」ということは「研究対象として無意味である」ことを意味するわけではない．少なくとも候補者は何かを伝えようという意思を持ってポスターを作成している（このことは本書の内容を読んでもらえれば納得していただけるはずである）以上，情報発信者が「何をどのようにアピールしているか」を知る対象としては有効であり，かつ有用でもあると考える．

以上のことから本書は，結果としては「選挙キャンペーン研究」の1つとなったと考えてもらっても良い（選挙運動研究史における本書の位置付けについては終章を参照されたい）．とくに，1つの章（第10章）を設けていることからも分かるように，本書は「2000年総選挙における選挙戦術・戦略分析」としての側面もある．ともあれ，候補者が「何をどのようにアピールしているか」を知ることは，候補者と有権者のコミュニケーションのあり方を知るうえでの第一歩であることには違いなく，「政治的コミュニケーション研究」にも何がしかの貢献ができたのではないかと考えている．

我々は，以上に述べたような点で，本書が政治学的な意義を有していると考えるが，読者としては政治学者のみを想定しているわけではない．選挙ポスターは，その選挙が終わればすぐに散逸してしまう貴重な資料である．選挙時にはみずからのポスターに気を配るであろう候補者，各政党やポスター作成者も，同時にこれだけ多くのポスターを比較することは不可能であろう．その意味では，これらポスターの「サプライサイド」の方々にとって本書は必読書となるであろう．また，選挙時におけるコミュニケーションの一方の側である（「業界人」ではない）一般の有権者の方々にも是非本書を手に取っていただきたい．候補者がポスターを通して何を伝えようとしているのかを知る一助となれば幸いである．そして，候補者とのコミュニケーションの円滑化，政治家との相互理解が少しでも進めばこれ以上の喜びは

ない．

　そしてなにより本書は,「今」という時代を記録することに大きな意義がある．本書と同様に選挙ポスターを集めた『候補者のイメージ戦略（第35回総選挙用図画資料集）』（天野昭・河野淑・田中克人編，社団法人国民政治研究会，1980）という本がある．同書は1979年総選挙におけるポスターを集めたものだが，これを見ると，当時の「時代性」というものが浮かび上がってくるかのようである．単にポスターの作り方の違いにとどまらない「時代性」を感じるのである．たとえ一断面にすぎないとしても，20世紀最後の政治空間を記録しておくことは，21世紀という新しい時代を進んでいくうえで意味あることであろう．

本書の構成

　本書は，第一部「分析篇」，第二部「資料篇」，第三部「選挙ポスター集」という3つの部から構成されている．

　第一部「分析篇」は，2000年総選挙ポスターをあらゆる角度から検討，分析しており，本書の中核的部分である．この部は12の章からなるが，まず序章では，選挙ポスターのメディアとしての特徴を示したうえで，本研究における分析視角について論じる．

　第1章から第9章までが実質的なポスター分析部分である．このうち，第1～6章までは，ポスターの各構成要素についての分析や，ある特定テーマからポスターを分析したものを，比較的短文のコラム形式にして合計48本収録している．第7～9章は，ポスターに関するデータを用いてそれぞれのテーマからゼミ生が執筆した論文である．（なお，本書において，第1～6章までの「コラム的」分析を引用する場合，【　】にタイトルを入れて表現する．例えば，「…に関しては，【ポスターのレイアウトパターン】(43頁) 参照」といった具合である．）

　各章について簡単に内容を説明しよう．まず，第1～3章は「選挙ポスターの構成要素」と題し，それぞれ「デザイン」,「写真」,「文字情報」という要素についてポスターを分析している．このように，ポスターの構成要素を大きく3つに分類する手法は本書独自の試みであるが，我々は試行錯誤の結果こうしたカテゴリー分けが有用であると判断した．この3章を読めば，選挙ポスターがどのような部分から構成され，また各部分がどのような特徴を持っているかについて理解できるのではないかと思う．

　第4～6章では，それぞれ「候補者属性」,「選挙区属性」,「政党」という切り口からポスターを分析する．これらのなかには，カテゴリーからいうと必ずしも第1～3章の内容と厳格に区別できないものも含まれているが，基本的にはより「特定のテーマ」に即した分析が収録されている．具体的には，候補者・選挙区・政党という3要因がポスターに与えている影響，あるいは，ポスターから読み取れる候補者・政党の意図について論じているが，個々の分析は統計的手法を用いたものや，単に

「読み物」的なものなどさまざまである．

第7章では，候補者の選挙活動における政党からの自立性を選挙ポスターの表現から抽出し，分析している．この自立性の構造を政党ごとに比較することで，政党と候補者の関係，政党の組織構造に対する新選挙制度の影響を論じている．

第8章では，自民党・共産党・民主党のポスターを分析対象として，候補者の比例区における選挙活動を検討している．ポスターに各党，各候補の比例区戦略が反映していることを示し，候補者の比例区戦略に対する政党組織の影響や，重複立候補者の比例区におけるフリーライダー問題などについて論じる．

第9章では，選挙ポスター上の情報のうち，「女性であること」をアピールしている要素に注目し，このようなアピールが女性候補の選挙戦略にとってどのような意味を持っているのか検討している．

第10章では，「政党」という単位の重要性を鑑み，第9章までの分析を主要政党ごとにまとめ直し，各党のポスターの特徴を示すことにする．その際，本書が選挙運動研究の一環であるとの観点から，2000年総選挙における各党の置かれた状況や戦術をまとめ，それをポスター分析と関連づける．本書で扱われているポスターを，より具体的な政治的文脈のなかに位置づける作業であるといっても良い．

終章は本書全体の結論部分である．ここでは，まず本書の研究成果をまとめたうえで，ポスター研究を従来の選挙メディア研究と比較して，その有効性や重要性について確認する．

第二部「資料篇」では，第一部の分析で用いた資料およびデータ（の一部）を収録している．資料Ⅰでは，ポスターについての公職選挙法の規定と，自民党の「ポスター作成マニュアル」を抜粋している．資料Ⅱ・Ⅲは，それぞれ2000年ポスター，79年ポスターについて我々が作成したデータである．データ化に際しては方法論的（あるいは技術的）な不備があろうかと思うが，「ポスターのデータ化」という作業自体おそらく初の試みであることを考えれば，これをあえて公開し批判をいただくことにも意味があるだろう．

第三部「選挙ポスター集」では，我々が今回収集することに成功した全685枚のポスターをカラーで収録している．すでに述べたように，選挙ポスターはその選挙が終わればすぐに散逸してしまう貴重な資料である．したがって，このような大量かつ政党横断的な「選挙ポスター集」には大きな資料的価値があろう．（なお，本文中でとくに実物のポスターを参照していただきたい場合は，そのポスターを収録しているページ番号を示すことにする．例えば，「小泉純一郎（404頁）」という具合である．）

第4期蒲島ゼミと作業経過

本書は，東京大学法学部における2000年度蒲島郁夫ゼミの研究成果である．蒲島ゼミは毎期研究内容を出版しており，その成果は『「新党」全記録』，『現代日本の政

治家像』,『有権者の肖像－55年体制崩壊後の投票行動－』として既に木鐸社から刊行されている．本ゼミは，この蒲島ゼミの第4期にあたる．

　第4期蒲島ゼミは，2000年度夏学期に「政治的コミュニケーションの研究」と題して始まった．当初は選挙ポスターの他にも，選挙公報や政見放送の分析も視野に入れていたが，すでに資料として一部存在していた選挙ポスターの研究を進めるうちに，この作業が膨大かつ意義深いものであると判断し，結局ポスター研究に特化することになった．ポスター以外の媒体を含めた研究は今後の課題である．

　具体的な作業経過について説明しよう．

　第4期ゼミが始まった時点で入手できていたポスターは，167枚にすぎなかった．したがって作業はまず，ポスターをできるだけ多く収集するということから始まった．各政党本部や候補者個人に電話や手紙で連絡を取り，結局集まったポスターは685枚に上る（詳しくは「分析対象とサンプルのバイアス」を参照）．これは総立候補者数1199名の57.1％にあたり，きわめて膨大な量である．当初は過去の選挙ポスターとの時系列的比較も考えていたが，ポスターは選挙が終わるとすぐに処分されてしまうものらしく，これについては断念せざるを得なかった．

　収集したポスターは，デジタル加工するためにデジタルカメラで1枚1枚撮影し，保存した．撮影環境を一定にしなければならないため，この作業には時間を要し，結局1ヶ月以上かかった．この間，ポスターについて何を変数とし，それをどのようにデータ化するかについて検討を重ね，結果的には77の変数からなるデータを作成した（詳しくは第二部「資料篇」を参照）．しかし，本格的な選挙ポスター研究は初の試みであることから，この先例のない作業は難航した．結局，方法論的（あるいは技術的）な試行錯誤を何度となく重ね，4ヶ月近くを要してようやくデータが一通り完成した（むろんその後も過酷なデータチェックが続いたことはいうまでもない）．

　データ作成後，分析の枠組みや本の構成について考えつつ，各自原稿の執筆に入ったが，ここからは就職する者が出たり，就職活動や資格試験等で忙しくなる者が出たりと作業効率は低下する．それでも2001年度中の完成を目指してモティベーションを維持し，3月には河口湖で，8月には軽井沢で合宿を行うなど，漸進的ながらも精力的に作業を続けた．この間，既に法学部の「正規の」ゼミは終わっていたにもかかわらず，2週間に1度程度は集まって各自作業報告をし，また普段から電子メールを利用して活発なやりとりをした（最終的に，「蒲島ゼミメーリングリスト」を通じて交わされたメールの量は1000通を超える）．

　今回，研究内容が比較的早くにかたまっていたにもかかわらず，これほど完成に時間がかかってしまったのは，1つには「ポスター研究」として何ができるのか，どこまでできるのかについて先例がなかったことによるだろう．その結果，本全体の構成に最後まで手間取ることになってしまった．それでも，秋が深まり（2度目の）冬が訪れるころには，各章の原稿もほぼ揃い，それから全体の調整や内容の推敲を

さらに重ね，2002年5月にようやく完成のはこびとなった．

謝辞

　最後になったが，本書を出版するにあたってお世話になった方々に対し，ささやかながら謝辞を述べさせていただきたい．

　まず，快く選挙ポスター収集に協力していただいた各政党関係者や候補者の方々には，切にお礼申し上げたい．これらの方々なくしては本研究は成り立たなかった．また，『候補者のイメージ戦略』を長期にわたってお貸しいただいた日本フィランソロピー協会の田中克人氏，本書の英語名の考案者であるスティーヴン・R・リード教授にも謝意を表したい．ポスター撮影作業に関しては，東京大学法学部の相沢星樹氏にお世話になった．技術面では，座標測定ソフトである Data Picker を作成された青塚瑞穂氏に感謝したい．

　今回の研究は，ポスターのデータだけでは当然成り立たない．まず2000年総選挙のデータは過去の蒲島ゼミ生である今井亮佑・菅原琢・山本耕資の3氏により提供された．これに加えて水崎節文教授の JED-M および JED-M Ver. 2.0（エル・デー・ビー），水崎節文，蒲島郁夫，甲斐康誠3氏による MKK データ（現在非公開），第2期蒲島ゼミの『現代日本の政治家像 CD-ROM』を利用させていただいた．これらのデータの作成者・提供者にもお礼申し上げる．

　また，蒲島ゼミとしては毎期のことながら，研究室の西川弘子氏にもいろいろとお世話になった．研究室がお隣である樋口範雄教授にも，これも毎度のことながらご迷惑をおかけした．

　本書を出版するにあたっては，政治学界始まって以来（？）のカラー本であるということもあって，木鐸社にはさまざまな面で無理を聞いていただいたと思う．ときに厳しく，しかし寛大に原稿の完成を待ってくださった坂口節子氏と社長の能島豊氏に心から感謝申し上げたい．

　最後に，今回も「本の出版」という学生にとって夢のような機会を提供してくださり，また，「君臨すれども統治せず」の精神であたたかくゼミを見守り続けてくださった蒲島郁夫教授に心からのお礼を申し上げたい．しかし，教授に対する感謝はことばではいい尽くせそうもない．本書の完成・出版が最大の恩返しである．

2002年5月
境家史郎

分析対象とサンプルのバイアス

境家史郎

1. ポスターの収集方法

　我々第4期蒲島ゼミは各党・候補者の協力を受けて，2000年衆議院選挙における候補者用選挙ポスターを収集した．具体的な収集方法をやや詳しく述べよう．

　蒲島ゼミでは，すでに第3期ゼミにおいてポスターを資料として集めており，第4期ゼミ発足当初では167枚を入手していた（主として民主，公明，保守および無所属候補の分）．それを受けて第4期ゼミではまず，各政党本部に依頼し，これによって自民党，自由党，社民党については一括してポスターを集めていただき，まとめて入手することができた．共産党は（意外にも）政党本部からまとめて集めることはできず，各都道府県委員会に直接連絡を取って収集することになった．その後，このような方法で入手できなかった候補者について，連絡を取ることが可能な分（当選者）については候補者個人に（議員会館宛てで）直接手紙を出し，ポスターを送付していただいた．以上のような手法でポスターを収集した結果，685枚の入手に成功した．

2. 分析対象となるポスター

（1）対象の限定

　ところで，ポスターを収集する際には，対象を限定するために「（公職選挙法第144条の2にいう）ポスター掲示場」用を指定させていただいた．これは法的には，公選法第143条第1項第4号の2および第5号に規定されているものを指している（詳しくは第二部「資料篇」を参照されたい）．我々は，分析法の統一性などの観点からさらに分析対象を絞り，結局40cm×42cmのポスターに限定することにした．したがって，この規格以外のポスターを送っていただいた候補者もおられるが，これらのポスターは今回分析対象としては扱わないことになった．また対象となった規格のポスターでも，送られてきた時期が遅れたものについて，時間上の都合から本書で扱えなかったものがある．これらのポスターを送っていただいた候補者の方々には，本研究への協力に感謝するとともに，ポスターを扱えなかったことについて心からお詫び申し上げるしだいである．

(2) 79年ポスター

「序」でも述べたように，過去の選挙ポスターを政党横断的にまとまった枚数で収録した資料はほとんど存在しないようである．また，各政党も過去の候補者用ポスターを保存しているわけではないという．したがって，当初我々の重要な研究目標の1つであった選挙ポスターの時系列的比較分析は，基本的に断念せざるを得なかった．

しかし，「選挙ポスター集」は過去においてまったく存在しなかったわけではない．『候補者のイメージ戦略（第35回総選挙用図画資料集）』（天野昭・河野淑・田中克人編，社団法人国民政治研究会，1980）がそれである．この資料集は，1979年総選挙における個人ポスター，個人ビラ，ハガキ，新聞広告などを約450点掲載しているものである（「450点もの『図画』を1冊に収めた資料集は，これをもって初」だそうである）．

本書では，『候補者のイメージ戦略』に収められた「79年ポスター」を利用した比較分析をいくつか試みている（【79年ポスターとの比較（個人篇）】(120頁)，【79年ポスターとの比較（政党篇）】(174頁) など）．この「79年ポスター」は，政党によって収録枚数に大きな偏りがあること（とくに公明党の多さ），比較的「有力」な候補者が多い（95人中83人が当選者）といったバイアスがあることには注意しなければならないが，このような資料の存在自体が稀少であり，2000年ポスターと比較することには大きな意味があると考える（なお，「79年ポスター」のある候補者の一覧およびポスターの各要素のサイズについてのデータは第二部「資料篇」に収録してある）．政治的コミュニケーション研究の発展のためにも，このような資料集が今後も刊行されることを期待してやまない．

3. サンプルバイアス

前節の（1）で述べたような基準を満たす選挙ポスターは，結局685枚収集することができた．これは全候補者1199名の57.1%にあたるが，第1節で述べたような収集過程を経たこともあって，サンプルにはさまざまなバイアスがある．本書の分析を読むにあたっては，これらのバイアスを考慮に入れる必要がある．以下では，なるべく図表を用いて可視化しつつ，性別，新旧，当選者数についてはχ^2検定，その他はt検定を用いて分布の差を示すことにする（なお，以下で「統計的に有意」といった場合，ことわりがない限り5%有意水準であるものとする）．

(1) 政党

まず，表1から分かるように，政党によってポスター収集率はかなりの差がある．比較的候補者数の多い自民，共産，民主，社民，自由の5政党に限って見ると，社民，自由が90%以上という高い収集率であるのに対し，共産，民主はやや低い．しかし，絶対数で見ると各党とも50枚以上のポスターが集まっており，各党の特徴を

表1 政党別ポスター収集率

	自民	共産	民主	社民	自由	公明	保守	無所会	無所属	その他	計
候補者数	271	300	242	71	61	18	16	9	79	132	1199
ポスター数	202	182	131	67	59	10	8	4	22	0	685
収集率（％）	74.5	60.7	54.1	94.4	96.7	55.6	50.0	44.4	27.8	0.0	57.1

※「無所会」は無所属の会を指す．

図1 政党別候補者数，ポスター数割合

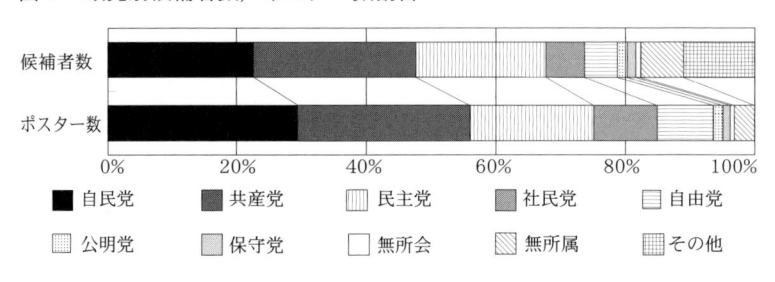

統計的に推測することが可能なサンプルの大きさであるといえよう．

　その他の党のポスター数が少ないのは，もともとの候補者数が少ない（公明，保守など）か，落選候補が多いといった理由による．例えば，「その他」に含まれる自由連合は候補者数123人を数えるが，そのほとんどがいわゆる「泡沫」である（当選1人）．第1節で述べたように，落選候補に対しては，個人宛てでポスター依頼をしていないため同党のポスターは集まらなかった．

　つぎに，各党が総ポスター枚数に占める割合について見る（図1）．全ポスターを対象とした分析の場合，各党の枚数差によるバイアスが生じることは否めない．しかし，図1から候補者数とポスター数の割合を比較すると，自民，社民，自由はやや過剰代表であるものの，概ね候補者数に見合ったポスター数であり，さほど大きな偏りはないと考えられる．

（2）地域

　ここでは，地域ごとのポスター収集率の違いを見る．まず，都市度について見ると，ポスターがある候補者の選挙区のDID比と候補者全体のそれとの間には統計的に有意な差はなかった．

　つぎに，比例ブロックごとの収集率を見てみよう（表2）．全体としては，東北と北陸信越がやや高く，九州がやや低いものの，概ね50％代半ばの収集率となっている．政党ごと（自民，共産，民主，社民，自由）に見ると，社民，自由はどのブロックにおいてもきわめて高い収集率となっているのに対し，自民，共産ではばら

表2　地域別ポスター収集率（％）

	自民	共産	民主	社民	自由	公明	保守	無所会	無所属	全体
北海道	100.0 (13/13)	0.0 (0/13)	53.8 (7/13)	100.0 (1/1)	75.0 (3/4)	— (0/0)	— (0/0)	— (0/0)	0.0 (0/1)	50.0 (24/48)
東北	84.6 (22/26)	73.1 (19/26)	44.4 (8/18)	100.0 (12/12)	88.9 (8/9)	— (0/0)	100.0 (1/1)	50.0 (1/2)	60.0 (3/5)	74.7 (74/99)
北関東	71.4 (20/28)	54.8 (17/31)	50.0 (13/26)	83.3 (5/6)	100.0 (8/8)	100.0 (1/1)	— (0/0)	100.0 (1/1)	25.0 (2/8)	57.3 (67/117)
南関東	61.3 (19/31)	50.0 (16/32)	53.3 (16/30)	100.0 (9/9)	100.0 (7/7)	50.0 (1/2)	100.0 (1/1)	100.0 (1/1)	14.3 (1/7)	50.0 (71/142)
東京	9.1 (2/22)	100.0 (25/25)	62.5 (15/24)	100.0 (3/3)	100.0 (13/13)	0.0 (0/3)	0.0 (0/1)	— (0/0)	30.8 (4/13)	53.0 (62/117)
北陸信越	85.0 (17/20)	80.0 (16/20)	56.3 (9/16)	83.3 (5/6)	100.0 (4/4)	— (0/0)	— (0/0)	— (0/0)	0.0 (0/4)	71.8 (51/71)
東海道	100.0 (29/29)	73.5 (25/34)	48.5 (16/33)	75.0 (3/4)	100.0 (2/2)	33.3 (1/3)	50.0 (2/4)	50.0 (1/2)	23.1 (3/13)	55.8 (82/147)
近畿	100.0 (32/32)	78.7 (37/47)	65.7 (23/35)	100.0 (7/7)	100.0 (8/8)	85.7 (6/7)	37.5 (3/8)	— (0/0)	20.0 (3/15)	63.0 (119/189)
中国	71.4 (15/21)	33.3 (7/21)	38.5 (5/13)	100.0 (5/5)	100.0 (1/1)	— (0/0)	— (0/0)	0.0 (0/2)	66.7 (2/3)	52.2 (35/67)
四国	84.6 (11/13)	23.1 (3/13)	42.9 (3/7)	100.0 (6/6)	100.0 (1/1)	0.0 (0/1)	— (0/0)	— (0/0)	66.7 (2/3)	57.8 (26/45)
九州	61.1 (22/36)	44.7 (17/38)	59.3 (16/27)	91.7 (11/12)	100.0 (4/4)	100.0 (1/1)	100.0 (1/1)	0.0 (0/1)	28.6 (2/7)	47.1 (74/157)

※括弧内は，「ポスター数／候補者数」を表す．
※表1における「その他」については省略（「全体」には含まれている）．

つきが大きい．自民では8ブロックで70％以上という高い収集率を示している一方で，東京ブロックは2枚（9.1％）しか集まらなかった．これは，今回のサンプルバイアスのなかでも，もっとも重要なものの1つであると考えられる．また共産は，ポスター依頼を都道府県委員会ごとに出したということもあって，収集率のばらつきが大きくなっている．つまり，ほとんどすべてのポスターが集まる都道府県と，まったく集まらない都道府県に二分されるのである．とくに，共産が比較的強いとされる京都府分のポスターが1枚も集まらなかったことは問題だといえるが，やむをえない．

(3) 候補者の属性
a．性別
　男性の候補者の方が，女性よりも収集率が9％程度高くなっている（表3）．しかし男女比で見ると，ポスターのある候補者と候補者全体の間に統計的に有意な差はなかった．
b．年齢

表3 候補者の性別と
　　 ポスター収集率

	男性	女性
候補者数	1033	166
ポスター数	603	82
収集率(％)	58.4	49.4

表4　候補者の年齢とポスター収集率

年　齢	候補者数	ポスター数	収集率(％)
25～29	25	13	52.0
30～34	64	28	43.8
35～39	99	50	50.5
40～44	150	79	52.7
45～49	164	94	57.3
50～54	233	127	54.5
55～59	221	141	63.8
60～64	131	85	64.9
65～69	62	37	59.7
70～74	40	22	55.0
75～	10	9	90.0

　ポスターのある候補者は，候補者全体よりも平均年齢が高い（前者は平均51.9歳，後者は平均50.9歳で，両者の間には10％水準では統計的に有意な差がある）．ただし，75歳以上の高齢候補者が90％という高い収集率になっていることを除くと，年代によってそれほど収集率に大きな差があるわけではない（表4）．

c．当選回数

　表5からは，当選0回（つまり新人）の収集率が比較的低いことが分かる．また，ポスターのある候補者は，候補者全体よりも平均当選回数が高い（前者は平均1.52回，後者は平均1.25回で，両者の間には統計的に有意な差がある）．これには，候補者数123人中119人が新人である自由連合のポスターが1枚もないことが影響していると考えられる．

表5　当選回数別ポスター収集率

当選回数	0	1	2	3	4	5	6	7	8	9	10	11	12	13	14	15
候補者数	769	132	88	65	34	19	21	17	18	10	15	6	3	1	0	1
ポスター数	398	82	59	44	22	13	18	11	10	8	11	4	3	1	0	1
収集率(％)	51.8	62.1	67.0	67.7	64.7	68.4	85.7	64.7	55.6	80.0	73.3	66.7	100.0	100.0	－	100.0

d．新人，現職，元職

　表6から分かるように，現職の方が新人や元職よりも高い収集率となっている．また，新人，現職，元職の比率について，ポスターのある候補者と候補者全体の間には統計的に有意な差がある．具体的には，ポスター「あり」の方が新人の割合が小さく，現職の割合が大きい．ここでも，当選回数同様に自由連合のポスターがないことが影響しているといえる．

e．選挙結果

表6　新人・現職・元職とポスター収集率

	新人	現職	元職
候補者数	769	369	61
ポスター数	398	252	35
収集率（％）	51.8	68.3	57.4

表7から分かるように，ポスターのある候補者は，候補者全体と比べて当選率が高く，またそれと関連して，平均得票率，平均惜敗率もポスター「あり」の方が高い（これらはすべて統計的に有意な差である）．比較的選挙に「強い」候補者のポスターが集まっているといえよう．これは，第1節で述べたように，当選者にだけ候補者個人に依頼してポスターを集めたことが原因だと考えられる．

表7　ポスターのある候補者の選挙結果

	当選者数	当選率	平均得票率	平均惜敗率
ポスターあり	276	40.3%	28.9%	61.5%
候補者全体	379	31.6%	25.0%	54.1%

※「当選者」には比例区での復活当選も含む．

（4）その他

　各党の党首，幹事長クラスの候補者のポスターは（選挙区に出た候補者については）ほぼ収集することができた．また，自民党の2000年総選挙当時の派閥の領袖（ないし，事実上のリーダー）[1]のうち，江藤隆美，亀井静香以外のポスターは集まった．

　最後に，分析対象として扱うべきか微妙な，いわば「グレーゾーン」にあるポスターが何例かあったことを指摘しておく．例えば，岩永尚之（共産）のポスターには「共産党」の文字が1つもない．これは共産党では唯一の例であることから，このポスターが実際に「ポスター掲示場用」であったかどうかはやや疑わしい．中北龍太郎（社民）のポスターには，大きく「ご推薦ありがとうございました。」と書かれた部分があり，またサイズも40cm×42cmより大きいことから明らかに「掲示場用」ではない．しかし我々は，「ご推薦…」の枠よりも上の部分（ここは，40cm×42cmである）が選挙中「掲示場用」として使用されたと判断し，分析対象に含めることにした．また，土井たか子（社民）のポスターには，「室内用」というスタンプが押されていて，これも明らかに「掲示場用」ではない．しかし我々は，これと同じデザインのポスターが掲示場でも用いられたと判断し，また社民党党首という候補者の重要性からもこれを分析対象に含めることにした．

(5) まとめ

以上のように，本研究で収集したポスターにはさまざまなバイアスがある．とくに，自民党，共産党のポスター収集率の地域的不均衡や，ポスターのある候補者の当選回数の高さ，現職の多さ，当選者の多さなどが問題となりうるであろう．我々は，サンプルのバイアスが全体としては許容限度内に収まっていると考えているが，分析に際してはこれらのバイアスをできる限り考慮するようにした．

---

(1) ここでは，旧小渕派の橋本龍太郎，森派の森喜朗，加藤派の加藤紘一，江藤・亀井派の江藤隆美，亀井静香，山崎派の山崎拓，旧河本派の高村正彦を指している．

用語説明

　ここでは，本書を読むにあたって，一般的には分かりにくいと思われる用語（統計的手法に関するもの）についてごく簡単に説明する．なお，ポスター分析にあたって我々が用いる用語（「レイアウト」,「スローガン」など）については本文中で随時触れることにする．

DID 人口比

　人口集中地区 DID（Densely Inhabited District）とは，i) 人口密度が約4000人／km^2 の国勢調査調査区が市区町村の境界内で互いに隣接して，その結果，ii) 人口が5000人以上となっている地区のことであり，またこれに，DID 地区は実質的な都市地域を示すとの観点から，隣接する調査区で上記の定義i) を満たさないものでも都市地域と見なしてよさそうな調査区（公共施設や工場・事務所など）を加えたものである（東京大学教養学部統計学教室編『人文・社会科学の統計学』，東京大学出版会，1994年，128頁）．本書では，各選挙区の DID 人口比（選挙区の総人口に占める DID 地区に居住している人口の割合）を都市度の指標として用いる．この比の値が大きいほどその選挙区の都市度が高いことを意味している．

回帰分析・ロジット分析（ロジスティック回帰分析）

　回帰分析とは，データ行列の特定の変数を取り出して従属変数とし，それを他の変数（独立変数という）で説明しようとする手法のことである．そのなかでも，独立変数が複数の場合を重回帰分析という．X を独立変数，Y を従属変数とし，k 個の独立変数 X の値を用いて Y の値を予測することを考えると，X と Y の関係が近似的に $Y = a + b_1 X_1 + b_2 X_2 + \cdots\cdots + b_k X_k$ とおける．この1次式を回帰式といい，回帰式の右辺によって Y の値を予測することが可能になる．回帰式によって予測された Y の値を予測値といい，実際のデータから得られる実測値 y との差ができる限り小さくなるよう定数項および係数を定めて回帰式を作る．a は定数項，b_1, $\cdots b_k$ は係数であり，b_k は「他の独立変数の値を固定して X_k のみを1単位増加させたときに Y が平均的に何単位増加するか」を表している．

　回帰式はあくまで Y の値を予測する式であるため，その予測式がどの程度実際の観測値にあてはまっているかを測る必要がある．このあてはまりの良さを示す値として決定係数（R^2）がある．R^2 は0と1の間の範囲の値をとり，1に

近いほどその回帰式のあてはまりが良いということを示している．

　ロジット分析（ロジスティック回帰分析）とは，回帰分析の1つのヴァリエーションであり，従属変数がダミー変数（質的変数を0と1の値でコード化したもの）である場合に用いられる．Wald はワルド統計量のことで，その独立変数の単位にかかわらず従属変数の予測にどの程度役立つかの検定をしている．値が大きいほどその変数の従属変数に与える影響が大きいことを示している（以上は，東大法・蒲島郁夫ゼミ編『現代日本の政治家像　第Ⅰ巻』，木鐸社，2000年，21-22頁を参照した）．

統計的仮説検定

　統計的仮説検定とは，あらかじめ立てた母集団に関する仮説（帰無仮説という）を一定の有意水準に基づいて棄却できるか否かを判断する手法である．帰無仮説が棄却された場合，それと対立する仮説（対立仮説という）が採択されることになる．以下では，本書で用いられているt検定とχ^2（カイ2乗）検定について簡単に説明する．なお，本書ではとくに断らない限り有意水準は5％とする．

　t検定は，母集団から抽出した検定統計量がt分布（母集団の分散が未知のときに，その推定値を用いて，標本の大きさのみに依存する標本分布を考え，母集団の平均値を推測するのに使う分布）に従う場合の検定方法である．対立仮説を立てるとき，両方向に差が現れると考えるときは両側検定を，一方向に差が現れることにしか関心のない場合は片側検定を行う（東大法・蒲島郁夫ゼミ編，前掲書，22頁による）．

　χ^2検定は，対象となる測度が（t検定のときのような「得点」ではなく）度数である場合に使われる検定方法である．適合度の検定，独立性の検定，母集団の比率の等質性の検定といった種類がある．

（境家史郎）

第一部
分析篇

序章
分析の視角と構成

菅原　琢

1. はじめに

　自由で公正な選挙は，代議制民主主義のもっとも基本的で重要な装置である．選挙において政党や候補者が有権者の票を巡って競争するさまは，よく市場にたとえられる．生産者が競争を通じて商品を安価で良いものにし，消費者の購買意欲を刺激し続けることで市場経済は成り立つ．人々を購買行動に駆り立てられなければ市場は収縮し死ぬだろう．人々の選挙への参加率が低下すると民主主義の危機が叫ばれ，義務投票制の導入や，国民投票などより直接的な民主主義制度への転換を主張する声が沸き起こってくるのは自然なことである．

　市場において，人々の購買意欲を刺激し続けているのは，おびただしい商品広告である．これと同様に選挙においても，さまざまな種類の選挙メディアが人々の投票意欲を刺激し，投票選択において一定の役割を果たしている．そして，単に選挙が来たことを告げるためにも，選挙メディアは役立っている．国政レベルの選挙であれば全国紙，全国ネットのテレビ局などマス・メディアを通じ，公示日以前からニュースとして報道があり，結果，人々は選挙があることを知ることになるだろう．一方で，選挙のたびに街中に張り出される四角く画一的なあの「ポスター」のおかげで，選挙の存在に気づく人々もかなりいるだろう．人々にとって選挙ポスターはもっとも目に入る選挙メディアの1つであり，選挙という独特の空間における代表的な風景である．

　本書は，この選挙ポスターという独特な選挙メディアをとくに取り上げ，分析するものである．しかし選挙ポスターは，政治学の分野においてほとんど研究の蓄積がないといってよい分析対象である．本稿はこの新たな素材の分析視角を明らかにするとともに，本篇の章構成を示すものである．

　この目的を果たすために本稿は，選挙ポスターのメディアとしての特性を明らかにすることから始める．第2節では，選挙ポスターとはどのような役割を持つメディアなのかという問いに対し，他のメディアとの比較および公的補助制度の影響を考察することを通して，「有権者の投票選択のためには無益であり，もっぱら認知度を上げるためのメディアである」という結論を得る．これを受け第3節では，選挙ポスターの分析には，それがどのようなものなのかを探る従属変数的な視角と，選挙ポスターを利用して政治的事物を分析する独立変数的な視角の2つの方向があ

るということを示す．最後に第4節では，前3節で示した分析の視角に沿って分析篇の各章を紹介する．

2. メディアとしての選挙ポスター

（1）有権者と選挙ポスター

　選挙ポスター用の掲示板を見ると，国政選挙レベルでは有力な候補者はたいていポスターを掲示している．少なくとも国政選挙において，選挙ポスターは重要な道具であることは間違いないようである．ここでは選挙ポスター研究の方向性を探る端緒として，選挙ポスターがなぜ選挙運動において重要な位置を占めるのかを有権者の意識の側から明らかにしていく．そして，選挙ポスターがメディアとしてどのような機能を果たしているのか，他のメディアとの比較のなかから探っていく．

　分析に用いたデータは，財団法人「明るい選挙推進協会」が毎回の国政選挙のたびに行っている意識調査である[1]．質問の詳細は注を参照されたい[2]．

　明るい選挙推進協会の調査の特徴は，有権者の投票行動に影響を与えるであろうさまざまな選挙運動のメディアについて，毎回ほぼ同様の質問を行っている点である．これによりポスターが人々に与える影響を多様な他のメディアと比較して見ることができ，さらにはこれが特定の選挙だけでなく一般的な傾向を持っているかどうかを測ることができる．選挙運動を行う側が選択可能なさまざまなメディアのなかで，選挙ポスターが相対的にどのような位置にあるのかを知ることができるのだ．さて，調査に登場するメディアの数は全部で30を超えているが，これらはつぎのように3つに分類できる．

　　A．政党・候補者が自ら作成する，あるいは行うもの……ポスター，選挙公報，政見放送など．
　　B．マス・メディアの報道……新聞，テレビ，雑誌など．
　　C．人的関係上を伝達するもの……家族，上司，関係する団体の依頼など．

　Aに該当するメディアは，政党・候補者のメディアに対する自由度がもっとも高く，伝達する内容をほぼ完全にコントロールできる．一方Bは，政党・候補者は内容についてコントロールできる範囲が限られるが，伝達力は自前のメディアに比べ格段に強い．Cは，個別的な伝達手段であり，伝達内容は一様でない．その意味で広義のメディアといえるだろう．ここでは選挙ポスターの比較対照としての選挙運動メディアという観点から，AとBに分類されるメディアを分析の対象とする．

　同調査は，「見たり，聞いたり」したものと「役に立った」ものとに分けて質問している（注2参照）が，これは非常に有益な情報を提供してくれる．メディアが「役に立つ」ことは重要であるが，それが限定的な範囲にしか届かなければあまり効果がないだろうし，逆に多くの人々の目・耳に伝達されたとしても，迷惑なだけということもあるだろう．このような2つの質問を組み合わせることによって，各選挙運動メディアの特徴を概ねつかめるのである．ここでは，投票者のうち前者の

序章　分析の視角と構成

表0-1　選挙運動メディアの有権者認知

接触メディア	類	接触率 全体	衆院選	参院選	効率性 全体	衆院選	参院選	受動的接触率 全体	衆院選	参院選
政見・経歴放送（テレビ）	A	59.7%	① 63.9%	55.0%	42.6%	② 41.7%	43.7%	34.3%	④ 37.2%	31.0%
候補者のポスター	A	45.7%	② 49.6%	41.3%	9.0%	4 8.0%	10.5%	41.5%	① 45.6%	37.0%
選挙公報	A	44.1%	③ 45.8%	42.3%	32.4%	29.6%	35.7%	29.8%	32.2%	27.2%
連呼	A	41.1%	④ 49.4%	31.8%	4.3%	1 3.7%	5.3%	39.3%	② 47.6%	30.1%
政党のビラ・ポスター・文書	A	39.5%	⑤ 41.2%	37.7%	9.7%	5 8.5%	11.1%	35.7%	③ 37.7%	33.5%
テレビの選挙報道	B	39.2%	43.9%	34.0%	34.7%	33.5%	36.4%	25.6%	29.2%	21.6%
候補者の新聞広告	A	37.7%	41.8%	33.3%	18.9%	17.0%	21.6%	30.6%	34.7%	26.1%
候補者のビラ	A	37.7%	42.6%	32.1%	10.1%	8.5%	12.5%	33.9%	⑤ 39.0%	28.1%
新聞の選挙報道	B	30.0%	30.8%	29.0%	35.1%	⑤ 33.4%	37.0%	19.5%	20.5%	18.3%
電話による勧誘	A	23.9%	30.7%	16.4%	5.2%	2 4.6%	6.3%	22.7%	29.3%	15.3%
政党の新聞広告	A	23.8%	26.5%	20.3%	13.2%	11.5%	15.9%	20.6%	23.4%	17.1%
党首討論会	B	21.9%	21.9%	—	47.8%	① 47.8%	—	11.4%	11.4%	—
候補者の葉書	A	21.4%	27.6%	14.5%	6.4%	3 5.4%	8.6%	20.0%	26.1%	13.3%
街頭演説会	A	19.2%	22.8%	15.2%	21.0%	18.9%	24.6%	15.1%	18.5%	11.4%
個人演説会	A	13.7%	16.5%	10.6%	39.2%	③ 36.5%	44.0%	8.3%	10.5%	5.9%
政党の機関紙	A	13.6%	15.1%	11.7%	17.2%	13.8%	23.0%	11.2%	13.0%	9.0%
立会演説会	A	11.6%	14.3%	9.0%	38.1%	④ 38.4%	37.6%	7.2%	8.8%	5.6%
政見・経歴放送（ラジオ）	A	11.2%	13.1%	9.1%	25.4%	25.2%	25.6%	8.3%	9.8%	6.8%
政党・候補者・後援会のすいせんや依頼	A	10.3%	12.3%	8.1%	22.0%	18.6%	27.6%	8.0%	10.0%	5.9%
政党の演説会	A	7.8%	7.9%	7.7%	24.6%	23.4%	26.4%	5.9%	6.1%	5.6%
ラジオの選挙報道	B	7.5%	8.7%	6.1%	22.6%	22.0%	23.4%	5.8%	6.8%	4.7%
週刊誌・雑誌の選挙報道	B	4.3%	5.2%	3.3%	20.9%	16.9%	27.8%	3.4%	4.3%	2.4%

※ 丸囲み数字は数値の大きいほうからの順位．［効率性］の斜体数字は数値の小さいほうからの順位．
※ 各数値は，1972年以降の衆院選（10回），参院選（9回）の平均．

質問における各媒体の言及率を「接触率」と呼び，後者での言及率を「有効接触率」と呼び，メディア比較の指標とする．

表0-1は，各メディアを接触率の順に並べたものである．「効率性」は有効接触率を接触率で割ったものであり，「受動的接触率」は接触率から有効接触率を引いたものである．これらの指標により各選挙運動メディアの特徴が分かる．

まず接触率を見ると，メディアにより伝達範囲の広さは大きく違うことが確認される．政見放送，ポスターなどは，選挙があればかなりの確率で接触するメディアであるが，政党や候補者の演説会はたまたま居合わせる，依頼があるなど特定の条件下でないと接触できない．

接触したメディアが人々にとってどれだけ役に立ったかを示す効率性を見ていくと，効率性の低いメディアは伝達範囲の広いメディアに多いことが分かる．そしていずれも政党が自前でコントロールできるA類のメディアである．効率性の高いメディアは伝達範囲に拠らず分布しており，伝達範囲が広いからといって情報伝達の効率性が落ちるわけではないことがわかる．効率性が高いのは，テレビ・新聞のマス・メディアの報道と，演説会など候補者と生に近い形で接触するメディアである．これらのメディアは，有権者が候補者の選択に役に立てようと自ら積極的に接触しているために，接触率が高くなっているのである．

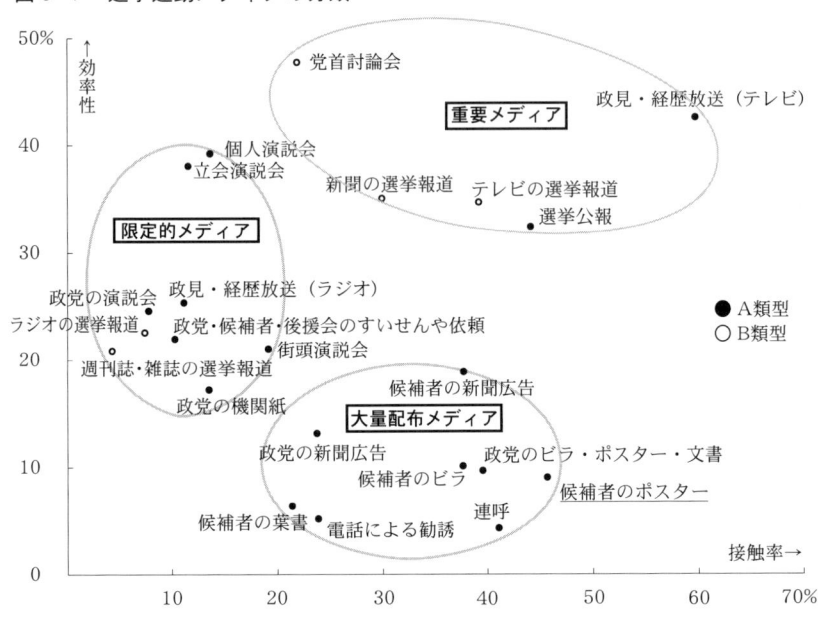

図0-1 選挙運動メディアの分類

接触率と効率性をもとに各メディアを分類すると，大まかに３つのグループに分かれる（図0-1）．それぞれ，多くの有権者に届き，影響力も強い「重要メディア」，多くの有権者に届くが影響力は低い「大量配布メディア」，支持者など一部の人々にしか届かないが，影響力は小さくない「限定的メディア」と名付けよう．候補者の選挙ポスターは，図の右下の大量配布メディアに属する．このような大量配布メディアがなぜ存在するのか考えてみよう．

　効率性が高いメディアはそれだけ有権者を惹きつけ自陣営の得票増に貢献するだろうが，効率性の高いメディアに選挙資金を集中すればいいというわけではない．もしそうなら，街宣カーからの連呼や電話での投票の依頼のような効率性の低いメディアに政党や候補者が資金を多く投入する理由はない．ポスターも含む，有権者へ訴える力の弱いこのようなメディアが広く用いられている理由は，1つは次節で見るように公的補助制度のために低コストであるからで，もう１つは効率性の高いメディア資源が限られているからであると考えられる．大量配布できる低コストメディアは，重要メディアとは違って直接の得票増の効果は期待できないものの，自らの選挙区での認知度，存在感を高めるのには役に立つはずである．各メディアのこの側面を示す指標が表0-1の受動的接触率である．あるメディアに接触したにもかかわらず有権者がそれを有用ではないと感じているならば，そのメディアが果たした役割は純粋にその候補者を認知させたということになるだろう．

　選挙ポスターのメディアとしての特徴は，このもっとも高い受動的接触率に示されよう．選挙ポスターは候補者の政策や経歴などを載せているのにもかかわらず，効率性が非常に低い．有権者にとって候補者選択に役に立つ媒体ではないが，接触率は非常に高く，そのために候補者の認知度を高めるのには役に立っているといえる．候補者にとってこのことは非常に重要である．では他の低コスト大量配布メディアと比較したポスターの特徴は何であろうか．連呼と比較して考えてみよう．

　連呼も受動的接触率が高く，とくに衆議院選挙ではポスターのそれを上回っている[3]．連呼とポスターのメディアとしての違いは，ポスターは名前や簡単なスローガン以外の情報もそれなりに揃っているという点も挙げられるが，それ以上につぎの点が重要である．それは，ポスターは公営掲示板で一覧的に，他の候補と並び目撃されるということである．候補者の選挙ポスターは，けっして有権者の投票選択を導くものではない．しかし，有権者の選択肢に載るか載らないかという重要な一線を形成していると考えられるのだ．ある候補を知っていたとしても，もし掲示板にその候補のポスターがなければ，その候補は泡沫候補であると認識されるだろう．これは新聞広告や電話勧誘とも違う，ポスター独自の機能である．

　ポスターのこの力は，公営掲示板・公的補助制度によって作られていると考えられる．そこでつぎに，ポスターのこの制度的側面を整理してみる．

（2）選挙ポスターを支える制度[4]

　選挙ポスターが，公の制度としてその存在が認められ支えられているというのは分析の重要な前提である．そこで，選挙ポスターがどのように制度化されているのか，この制度化がどのような意味を持つのか，確認しておく必要があるだろう．なお，詳細な規定については第二部「資料篇」に収めているので，そちらを参照されたい．

　選挙ポスター制度について指摘すべき点は，国政選挙における公営のポスター掲示場では全候補に42cm×42cmのスペースが与えられている一方で，供託金没収ラインを超えるある程度有力な候補者のみがポスターにおける公的補助制度を受けることができるという点である．供託金ラインを下回るような有力でない候補者の場合，公営掲示場を利用するのに選挙ポスターを作製する費用がかかることになる一方，有力な候補は公営掲示場をほとんどコストがかからずに利用できるのである．

　このような条件の下では，有力な候補はすべての公営掲示場に自分のポスターを掲げるのが合理的だと考えるだろう．一方，有力な候補がこのようにポスターを大量に作製して公営掲示場を完全に利用する以上，公的助成を受けることができないような非力な候補であっても，ある程度の結果を残そうと考えた場合にはポスターを作らざるを得ない．先に述べたように，公営の掲示板に自分のポスターを貼ることができなければ，票を入れる価値のない完全な泡沫候補と見なされてしまうのだ．とくに政党に所属する候補者はどんな泡沫候補であってもポスターを作製するだろう．現在の選挙制度においては，選挙区での選挙運動は比例区の集票のための重要な資源である．また，たとえ弱小候補であっても，次回以降にチャンスがあるかもしれないと考えれば，プレゼンスを確保するためにポスターをきちんとつくるだろう．ある意味公的助成の制度があるために，多くの候補者が利用せざるを得ないメディアとなっているのが選挙ポスターなのである．

3. 分析視角

　選挙ポスターというメディアには，有権者の投票を左右する力はほとんどない．あくまで認知度を高めるためのものであり，せいぜい有権者に選択肢を提示するくらいの機能しか持っていない．有権者と選挙される側を結ぶ「メディア」としては，ポスターはあまり意味を持っていないということになろう．この点が，これまで政治学において研究されてこなかった1つの要因ではなかろうか．

　選挙ポスターが無意味であるとするなら，このような媒体を分析する意味というのは果たしてどこにあるのだろうか？その1つは「誰も行っていない」という新規性であろう．第4期蒲島郁夫ゼミの目的もまさにこれである．

　選挙ポスターは，政治学的な視点で計量的に分析されたことがないといってよい．選挙ポスターのつくりはどのようなものなのか，候補者はどのようなイメージを送ろうとしているのか，どのような言葉が用いられているのかというような視点から，

選挙ポスターの実態を明らかにしていく必要があるだろう．われわれは選挙ポスターというものの現在形を明らかにするために，デザイン，写真，文字情報という3つの研究グループを組織して分析を進めた．この3つの視点から選挙ポスターの平均と分散を観察した結果を，分析篇の前半では取り扱っている．

選挙ポスターを分析する意味はもう1つあると我々は考える．先に述べたように，エリートの情報発信を，有権者側が利用していないということが明らかとなった．有権者の行動がこれによって規定されていないなら，選挙ポスターを用いて有権者とのコミュニケーションを分析することにはあまり意味がない．しかし逆に考えれば，エリート側の選挙行動を分析する道具として選挙ポスターは有用ではないだろうか．

選挙ポスターは確かに投票行動に影響を及ぼしえない存在である．しかし，誰しもが作り，同じくらいの枚数で，しかも規定のフォーマットを忠実に守り掲示しているというのは，比較のための実験的で純粋な舞台装置を提供しているといえるのではないだろうか．42cm×40cmという狭い平面に，必要なアイテムを戦略的に，あるいは無考慮に各候補が詰め込む．そこには各候補の特徴が出るだろうし，その特徴は候補者の属する政党や立候補した選挙区によっても規定されているだろう．何より，そのときの政治の動向が反映されるはずである．ポスターの背景には，さまざまな政治的要素が絡んでいるのである．

図0-2　選挙運動に影響を与える因子

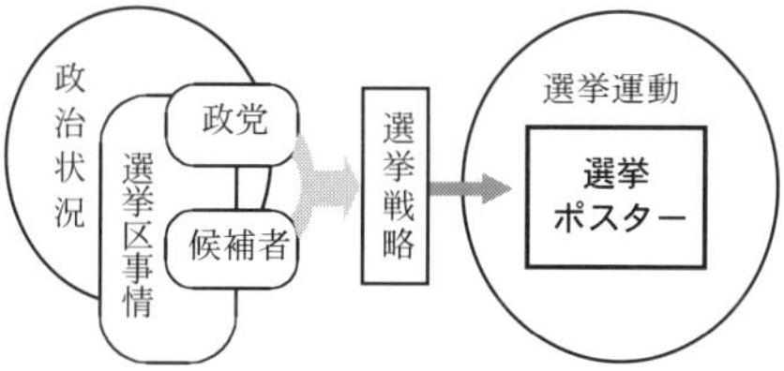

これを整理して示したのが図0-2である．選挙ポスターは，候補者の選挙運動の一部分である．候補者の選挙運動は各自の戦略により規定されており，したがって選挙ポスターもこの戦略に影響を受ける．選挙ポスターは戦略の一部（戦術）を担う1つの要素なのである．

候補者の選挙戦略は，さまざまな条件によって決定されている．選挙制度や選挙の競争条件は戦略の決定に際して重要な考慮事項となるはずである．日本の特殊な選挙制度の下では，当選可能性が低ければ自らのためよりも政党のために選挙活動を行う候補者も多くいる．とくに強力な相手候補がいる場合にはそうであろう．

選挙戦略を規定するのは，このような条件だけではない．候補者や政党の性質が，ときには意識的に，ときには無意識的に注入されるだろう．同様に，選挙ポスター

が有権者とのコミュニケートを意識した「メディア」であることも忘れてはいけないだろう．ときには自らの考えを多少押し殺してまでも，選挙区の有権者を意識してポスター作りをするだろう．

以上のように本書の選挙ポスター分析は，選挙ポスターとは何かという，いわば従属変数的な視角と，選挙ポスターに表現される日本政治のさまざまな現象を抽出するという独立変数的な視角の2つの視角を持つこととなった[5]．この2つの視角をもとに分析篇は構成されている．次節では，分析篇の細かい構成・章立てとその内容を紹介していこう．

4. 分析篇の構成

分析篇は本章と終章を含め全体で12章に分かれている．第1章から第6章までの各章は複数の分析に分かれており，それぞれの章の冒頭には各分析のその章での位置づけなどが示されている．

前節で見たように，選挙ポスター分析には2つの視角がある．1つ目の従属変数的な視角は，これが実質初めての政治学からのポスター研究であるということを背景としたものである．すなわち，選挙ポスターがどのようなものであるのかを丁寧に示すことが重要なのである．今までほとんど研究されていないので，一般にいわれている常識を追認したり，覆したりするだけでも十分な研究になりうるだろう．先に「画一的」と述べたが，この常識も日本全国のさまざまな候補者のポスターを一覧し，項目ごとにつぶさに見ていけば，驚くほど個性的なポスターもあるだろうし，平均的に見ればやはり恐ろしく画一的であるかもしれない．本章を除く前半3章，第1章から第3章ではポスターそのものの探索を主眼とする分析を置いた．

また，政治的アクターを分析する手段として，独立変数的に選挙ポスターを分析するというのが分析のもう1つの視角である．終章を除く後半の7章，第4章から第10章にこのような方向性を持った分析を集めている．

ただし，前半と後半の違いはそれほど明瞭ではない．例えば，ポスターがどのように作られているのかという点に注目すると，これに付随して政党ごとの違いを見るだろう．これはポスター分析というよりは政党組織の分析といったほうがよいものかもしれない．このように前半3章の内容はポスターの基本的分析ではあるが後半7章にも通じており，前提となっている．

基本的分析を担当する前半3章は，前節で説明したグループ分けに沿い，デザイン，写真，文字情報というように分かれている．第1章・デザインは要素の配置や大きさ，色彩などの「見た目」を分析している．候補者のシンボルマークなど，選挙ポスターというメディアに特徴的といえるデザインにも焦点が当たっている．色彩に関する分析は，すでに政治家として活躍している人々にも，これから政治家を目指そうという人々にも参考となるだろう．

第2章・写真と第3章・文字情報はデザインのコンテンツにあたる部分を分析す

る．写真といっても，本人だけでなく，さまざまなものが写っている．これらの政治的意味・無意味を堪能していただきたい．候補者の「眼鏡」も分析されているが，意外なことにこのような細かいファッションにも政治的意味が与えられ，面白い．
　文字情報は，選挙キャンペーン分析の中心となっている「政策」に注目するものがいくつかあるが，実際のポスターが政策よりもイメージを売り込むことが多いのを反映し，候補者のイメージ戦略を詳細に分析したものが多い．経歴表示の分析など，アクターの戦略を追うような大きな分析もあり，後半への橋渡しとなっている側面もある．他方で，候補者の姓名の大きさと配置などはデザインとも関連しており，ここまで読むと現代日本の選挙ポスターがどのような作りになっているのか，だいたい分かるようになっている．
　つぎの第4章から第6章では，本章の第3節でその影響の存在を指摘した候補者，選挙区，政党の各要素をテーマとした分析を集めている．候補者の属性からポスターを分析する第4章は，高齢議員や世襲などともすれば日本の政治のなかでも悪い意味で関心を持たれているようなテーマが多い．このような切り口からポスターを分析することにどれだけの意味があるのか，是非確認していただきたい．一方で，その対象が候補者個人ということもあり，個性的なポスターにもっとも注目しているのがこの章である．候補者が掲示板のなかで埋もれないようにどのような努力をしているのか，巻末のポスター集をめくりながら読み進めていただきたい．
　第5章は選挙区，あるいは地域がポスターに与える影響を分析している．したがってこの章は，本書では数少ない有権者とのコミュニケーションに着目している分析も存在している．ライバル候補を意識したポスターの分析など，エリート間のコミュニケートにも分析の対象は広がっている．
　第6章は政党がテーマである．その視角は時代比較，政党間比較，特定政党の分析など多岐にわたる．日本の政治が連立時代に入ったことで，政党の存在がエリートのなかでは確実に増している．とくに2000年総選挙では，与野党両陣営の選挙協力をめぐり表裏で活発な動きが見られた．政党間での駆け引き，党内の主導権争いなど，政党をめぐる諸相がポスターに表現されていることが明らかとなろう．
　第7章から第10章は，より包括的な分析を行っている．第4章から第6章までが候補者，選挙区，政党の各要素を個別に取り上げていたのとは違い，この各要素間の関係や，選挙制度の影響や，競争パターンに着目し，選挙運動主体の選挙戦略を描き出そうとしている．
　第7章は選挙制度と政党－候補者関係について論じている．そして，選挙制度改革後の現在も，大政党は候補者本位に，小政党は政党本位にという構造を保持し続けていることを，選挙ポスターを選挙戦略の指標として用いることで明らかにしている．
　第8章では，候補者が自党の比例区票のために行う活動を「比例区行動」と名付け，ポスター上の諸々のアイテムをその行動の表現であるとみなして，政党組織の

特性や候補者の合理性について検証している．

第9章は女性候補の選挙運動をターゲットとし，「ジェンダーアピール」が選挙戦略において用いられるのはどのような場合であるかを分析している．結果，自らが用いることのできる政治資源の乏しい候補にとって，女性という性別を資源として有効に活用しようとしていることを発見している．

第10章は，政党ごとに2000年総選挙の政治状況と，そこから導き出された大枠の選挙戦略を示し，戦術としてのポスターにどのような影響が表出されたかをまとめたものである．これは，第1章から第9章までのとりまとめにもなっている．このような章を置いたのはつぎのような理由による．

今回の分析は，一部を除いて2000年総選挙のポスターに関するものである．前節で述べたとおり，選挙戦略はそのときどきの政治状況によって規定されている．2000年総選挙と2001年参院選を比較すれば分かるが，一方は首相が森，他方は小泉という違いしかないにも関わらず，選挙戦略もポスターも大きく違ってくる．2000年では自由党と社民党の特色であったリーダーの写真を入れ，ときには握手もするというようなことが，2001年の自民党のポスターでは当たり前に行われた[6]．われわれが今回行った分析は，初めてのポスター分析でありその意味でポスターの一般的側面に注目しているものの，一方では2000年という時代に限定されているということを忘れてはならない．選挙運動とこれを規定する選挙戦略は，もっとも良い結果を得ようとするアクターたちの手によって常にそのときそのときの状況から臨機応変に作り出されているということは，本書に限らず選挙運動を研究する者にとって重要な指摘となろう．

最後に終章では，分析篇から明らかになったことを集約し，これまでの選挙メディア研究の成果も踏まえながら，選挙ポスターを研究する意義を考えてみる．そして，今回のプロジェクトの結果が，今後にどう生かされるのか，その展望を述べたい．

---

(1) 1993年選挙以前の国政選挙について明るい選挙推進協会の行った意識調査を用いた分析は，東京大学法学部蒲島郁夫研究室のサーバーを用いて行えるようになっている（2002年7月19日現在）．使用法等詳細は蒲島研究室のウェブサイト（http://politics.j.u-tokyo.ac.jp/）をご覧いただきたい．

(2) 明るい選挙推進協会の調査の質問は，つぎのようなものである．（例：98年参院選での調査）

質問1　役に立ったか立たないかは別として，選挙区の選挙で，あなたが見たり，聞いたり，すすめられたりしたものがこの中〔回答票12〕にありましたら，全部おっしゃってください．

質問2　誰に投票するかを決めるのに役立ったものがこの中〔回答票12〕にありましたら，おっしゃって下さい．いくつでも結構です．

（3） 参議院を合わせた平均では連呼の方が下回る．参議院は選挙区が広いため街宣カーに出くわし連呼を聞く確率が減るためである．
（4） 選挙制度研究会編『わかりやすい公職選挙法（第十二次改訂版）』，ぎょうせい，2001年，第四章．
　　山内和夫「選挙行政の理論」白鳥令編『選挙と投票行動の理論』，東海大学出版会，1997年，第9章．
（5） 実際の分析で，選挙ポスターを従属変数・独立変数として用いている，という意味ではないことに注意されたい．
（6） 【他力本願ポスター】(138頁) 参照．

第 1 章

選挙ポスターの構成要素　Ⅰ
デザイン

　遠くから見て注意を引かれ，詳細を確かめたい誘惑にかられる．近づいて見ると一目で大要がつかめ，その場を去った後も強い印象が頭から離れない．よくできたポスターとはそういうものであろう．そのために，制作者は，与えたい情報を限られたポスター面のどこにどのくらいの大きさで配置するか，いわゆるレイアウトに頭をひねる．また，色彩の面でも調和がとれるように配慮し，ときにはロゴマークなどのポスターならではの表現手段をも用いる．

　本書で取り上げた選挙ポスターもポスターの一種である．そこでまず本章では，上述したようなデザイン面を見ていくことで，選挙ポスターという表現の基礎部分の考察を行いたい．

　最初に，レイアウトに関して，【ポスターのレイアウトパターン】で，今回収集したポスターのレイアウトを12種類の定型に分類する試みを行った．つづいて，【ポスターの構成要素の使用割合】では，候補者名・顔写真などのポスターに不可欠の構成要素が紙面上で占める面積を調べた．

　つぎに，色彩に関して，【色彩心理学からポスターを見る】では，ポスターの配色を心理学的な見地から総論的に考察した．そして，各論として，ポスターのなかでも珍しい黒色を主体としたものについて，【黒色系のポスター】で具体的に分析した．

　最後に，各候補者が独自にポスターに載せたさまざまなロゴマークについて，【ロゴマークはどうなのか】で実際の事例を挙げながら論じた．

ポスターのレイアウトパターン

吉田苗未

　選挙ポスターは，そのほとんどが一定の型のレイアウトに収まってしまう．型もそれほど多くはなく，しかもオーソドックスだ．結果，一見するとみな似たり寄ったりに見えてしまうのだが，よく見ると微妙に違うことが分かる．何をアピールしようとしてレイアウトを組むのだろうか．ポスターの型と政党別の使用回数（表1-1）を挙げてみた．

1. パターン①

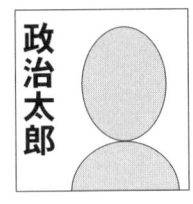

　写真を全面に配し左側に候補者名を書く，一番シンプルなレイアウト．候補者の顔を印象づける，まさに「顔で売る」戦略である．自民党や保守党などでよく見られる．橋本龍太郎（自民）のポスターが典型的な例である．

2. パターン②

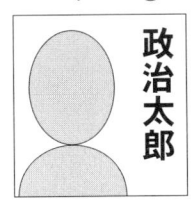

　パターン①を左右反転したもの．写真の右側に候補者名を書く．民主党や社民党，自由党などで使用率が比較的高い．小沢一郎（自由）のポスターが典型的な例である．

3. パターン③

　候補者名の枠を左側に置き，紙面を縦に分割するレイアウト．候補者の名前を印象づける．人物の肩が候補者名の枠より前面にあるもの，枠が紙面の端まで届かないものなどもある．知久馬二三子（社民）のポスターが典型的な例である．

4. パターン④

　パターン③を左右反転したもの．候補者名の枠を右側に置き，紙面を縦に分割する．これもパターン③と同様のバリエーションがある．自由党で比較的多く使われ

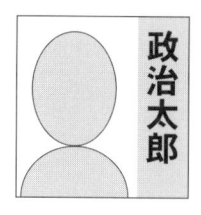

ている．白沢三郎（自由）のポスターが典型的な例である．

5. パターン⑤

候補者名を左側に書き，文字情報（比例代表や経歴など）の枠を下に置いて紙面を横に分割するレイアウト．枠のなかの内容を比較的強調できる．自民党や共産党などで使われる．井川弘光（自民）のポスターが典型的な例である．

6. パターン⑥

パターン⑤を左右反転したもの．候補者名を右側に書き，文字情報の枠を下に置いて紙面を横に分割する．同じく自民党や共産党などで使われる．藤木洋子（共産）のポスターが典型的な例である．

7. パターン⑦

候補者名の枠を左側に，文字情報の枠を下に置いて，紙面を四角に分割するレイアウト．秩序だった印象を与えながら，候補者名の枠を最前面に出して強調する．社民党や共産党などで使われる．柴田久寛（社民）のポスターが典型的な例である．

8. パターン⑧

パターン⑦を左右反転したもの．文字情報の枠を右側に置き，文字情報の枠を下に置いて，紙面を四角に分割する．おもに共産党で使われている．山岸光夫（共産）のポスターが典型的な例である．

第1章　選挙ポスターの構成要素Ⅰ〜デザイン

9. パターン⑨

パターン⑦で文字情報の枠を最前面に出したもの．紙面を四角に分割し，秩序ある構成にしながら文字情報の内容を強調する．自民党や共産党などで使われる．富田茂之（公明）のポスターが典型的な例である．

10. パターン⑩

パターン⑨を左右反転したもの．自民党と共産党で使われ，他の政党では使われていない．宮内俊清（共産）のポスターが典型的な例である．

11. パターン⑪

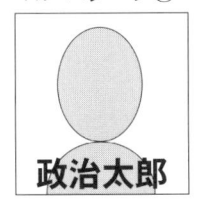

候補者名が横書きのポスターは数が少ない．このパターンは，写真を全面に配し下に候補者名を書いたレイアウトである．民主党や社民党などに多い．田名部匡代（民主）のポスターが典型的な例である．

12. パターン⑫

候補者名の枠を下に置き，紙面を横に分割するレイアウト．候補者名が強調され顔は小さく見える．共産党と保守党ではあまり使用されていない．大口善徳（公明）のポスターが典型的な例である．

13. その他

上記12種類以外のレイアウトのポスターは，数こそ多くないが種類が豊富である．複数枚あるレイアウトとしては，加藤正（507頁）など中央に縦に候補者名を書くもの，河本三郎（417頁）など正方形のなかに候補者名を書くものなどがある．特

筆すべきは共産党で,「その他」に分類される26枚のうち21枚が「共産党にしかないレイアウトの型」にあてはまる．その型とはパターン⑦・⑧の候補者名の枠と文字情報の枠を入れ替え,候補者個人の氏名より政党名を強調するものであるが,これは小選挙区よりも比例区を重視している同党にとって有効な戦略であるといえよう．

表1-1 政党別のレイアウトパターン

パターン	1	2	3	4	5	6	7	8	9	10	11	12	その他
自民	37	17	12	6	31	29	2	6	15	6	18	16	7
共産	25	21	4	11	11	27	14	16	10	6	8	3	26
民主	29	27	14	13	2	3		2			19	15	7
社民	9	15	11	8	3	1	2				9	6	3
自由	9	13	7	13			1	2			6	5	3
公明		3					1		1			3	2
保守	2	2	1	1							1		1
無会		1		1				1			1		1
無所属	6	5	1	2		1					2	3	2
合計	117	104	50	55	47	61	20	27	26	12	64	51	51

※ 「無会」は「無所属の会」を指す．

ポスターの構成要素の使用割合

大野桂嗣

　ポスターも選挙における政治的資源の1つである．また，公設の掲示板用のポスターの大きさは法定されていて，実際にどの候補者もほぼ同じサイズのポスターを制作している．すなわち，現実の選挙においては大変珍しいことに，ポスターは各候補者が平等に有する政治的資源といえるのである．
　そして，その資源の使用法についてもっとも重要な点の1つが，有権者に伝えたいさまざまな事項をそれぞれいかなるサイズで載せるかということである．目立たせるには大きい方がよい．しかし，ポスターという平面は有限であり，すべてを大きくすることはできない．ここがポスター制作者の悩みどころである．
　そこで，本稿では，ポスターの重要な構成要素である候補者名・顔写真[1]・政党名・スローガンの4つに着目して，それらがポスター面上で占める割合を政党ごとに調べてみた（表1-2・図1-1）．

表1-2　ポスター面の政党別の使用用途

	n	候補者名			顔写真		政党名	スローガン	合計
		苗字	名前	合計	実測値	推定値			
自民	202	13.1%	7.4%	20.5%	16.9%	26.5%	2.5%	4.3%	53.8%
共産	182	17.3%	5.1%	22.4%	14.5%	22.8%	8.3%	5.2%	58.7%
民主	131	14.2%	6.3%	20.5%	15.1%	23.7%	1.2%	5.8%	51.2%
社民	67	14.2%	7.5%	21.7%	13.1%	20.6%	3.4%	4.8%	50.5%
自由	59	13.6%	7.8%	21.4%	15.4%	24.2%	1.3%	5.3%	52.2%
無所属	22	11.9%	6.2%	18.1%	14.8%	23.2%	0.3%	6.7%	48.3%
公明	10	24.5%	3.2%	27.7%	9.8%	15.4%	0.3%	4.1%	47.5%
保守	8	16.1%	5.2%	21.3%	14.1%	22.1%	0.4%	3.6%	47.4%
無所会	4	8.1%	9.6%	17.7%	13.2%	20.7%	0.6%	8.0%	47.0%
平均値	685	14.7%	6.5%	21.2%	15.2%	23.9%	3.6%	5.0%	53.7%

　まず，合計面積に注目したい．この値が大きければ，前述の4つの要素を大きくアピールしたいわば「派手」なポスターであり，小さければ「地味」なポスターであるといえる．平均値を見ると，53.7%であり，ポスター面の半分強を4つの要素に費やしていることが分かる．そのなかで，共産党は他党に比べて抜きん出て合計面積が大きく，60%近くまで達している．この共産党の突出は，候補者名と政党名に広い面積を割いていることによる．とくに政党名は，平均値の2倍を軽く超えており，極端に大きい．スローガンは平均程度で，顔写真は逆に小さい部類に入る．共産党のポスターを見て，文字がやたらに大きく，候補者よりも党を重視している印象を受けるのも，この数値からすれば当然であろう[2]．

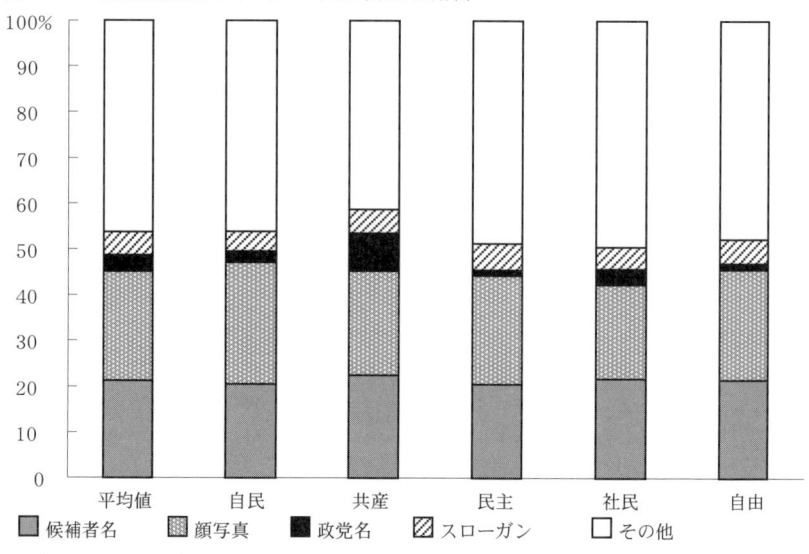

図1-1　各構成要素のポスター面に占める割合

[棒グラフ：平均値、自民、共産、民主、社民、自由。凡例：候補者名／顔写真／政党名／スローガン／その他]

※ 「その他」とは，ポスター面上の4つの要素以外の部分，すなわちロゴマーク・顔写真以外の写真の部分・余白などを指す．
※ 公明党・保守党・無所属の会・無所属の候補者については，ポスター数が少ないため，とくに表さなかった．

　つぎに，自民党と民主党を比較すると，政党名・顔写真は自民党の方が大きく，スローガンは民主党の方が大きい．「顔パス」できるような現職の有力議員が多く，安定した支持層を持つ自民党と，新人の候補者が多く，無党派層に訴えかけたい民主党との違いが表れているといえる．

　同様の関係は，社民党と自由党の間にも見られる．政党名は社民党の方が大きく，顔写真は自由党の方が大きくなっているが，これは，古参の政党として一定の支持層を持っている社民党には政党名のアピールの利益があるが，結党して数年の自由党にはそれがない，ということの表れではないかと思われる．

　その他の政党や無所属の候補者については，ポスターの数が少ないためはっきりしたことはいえないが，ポスター面の半分以下しか利用していない地味で簡素なものが主流のようである．また，政党よりも候補者本人を重視したポスターが多く，この傾向は，当然ながら，所属政党のアピールに面積を割く必要のない無所属の候補者に顕著である[3]．また，奇妙なことに，古くからあって知名度の高いはずの公明党の政党名も同じように小さい[4]．

　このように，ポスターの各構成要素の使用割合は，そのポスターの特徴を知るうえで有効な指標の1つである．本書では，他にもこの指標を利用した分析が見られるので，ぜひご覧いただきたい．

色彩心理学からポスターを見る

吉田苗未

　色彩は心理的にも感情的にもさまざまな影響を人に与える．文字や写真が知識・情報の共有を図る通達的コミュニケーションの手段であるのに対して，色彩は感情・感覚の共有を図る感化的コミュニケーションの手段となるのだ．

　よって，選挙ポスターを通じて候補者が有権者の感情・感覚に訴え，好意的な印象を与えようとする場合，色彩は重要な役割を担う．だが，色彩戦略を練って作られていると感じるポスターは少ない．以下，具体例を挙げながらポスターにおける色彩を見てみる．

1. トーンのイメージ

　トーンとは，人がその色からどんな印象や感じを受けるかに基づいて分類した色の表し方のことである(図1-2)．明度は色の明るさを，彩度は色の鮮やかさを表す．一般に明度が高いほど白っぽく，軽く，膨張・進出して見え，彩度が高いほど鮮やかで，人の目につきやすくなる．それぞれのトーンのイメージ・感情を，以下に挙げてみた．

(1) 低彩度（ペール・ライトグレイッシュ・グレイッシュ・ダークグレイッシュ）
　・ペール：軽い，あっさりした，女性的な，若々しい，優しい，かわいい，弱い
　・ライトグレイッシュ：落ち着いた，渋い，おとなしい
　・グレイッシュ：濁った，地味な
　・ダークグレイッシュ：重い，固い，男性的な，陰気な

(2) 中彩度（ライト，ソフト，ダル，ダーク）
　・ライト：浅い，澄んだ，子供っぽい，さわやかな，楽しい
　・ソフト：柔らかな，穏やかな，ぼんやりした
　・ダル：鈍い，くすんだ，中間色的
　・ダーク：暗い，大人っぽい，丈夫な，円熟した

(3) 高彩度（ブライト，ストロング，ディープ，ビビッド）
　・ブライト：明るい，健康的な，陽気な，華やかな
　・ストロング：強い，動的な，情熱的な，くどい
　・ディープ：濃い，深い，充実した，伝統的な，和風の
　・ビビッド：あざやかな，さえた，派手な，目立つ，いきいきした

2. 色相のイメージ・感情

　色味の種類のことを色相といい，色相の違いにより受ける印象や喚起されるイメージ・感情が異なってくる．地域・民族・年齢・性別によりイメージや感情の内容

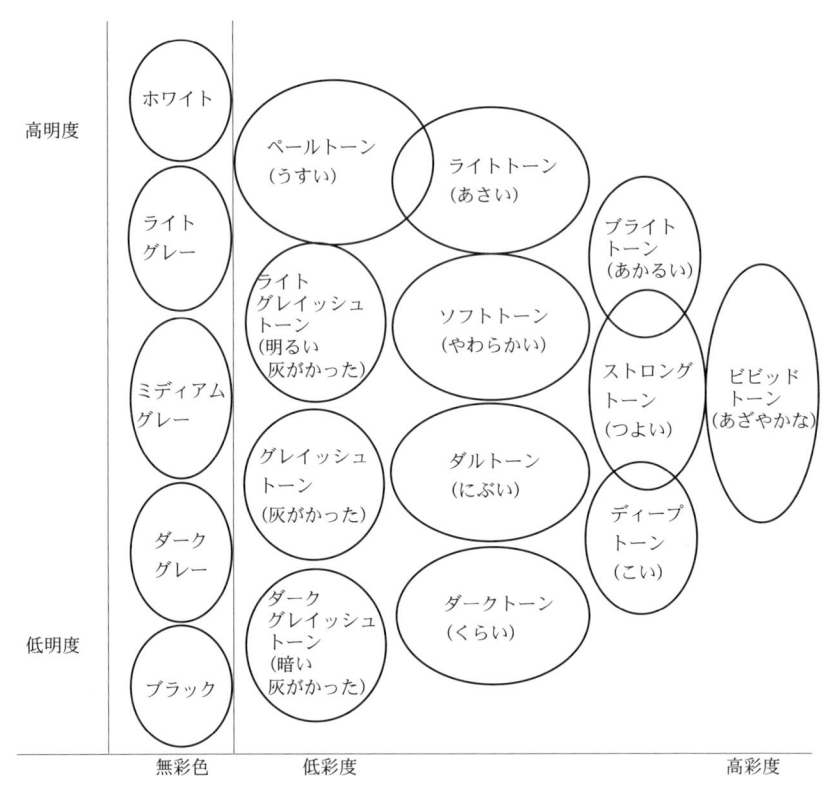

※ P.C.C.S.（日本色彩研究所配色体系）による．

は異なるが，日本で一般的な色相のイメージをもとに分析してみる．
(1) 赤
　赤は情熱や活力を表す．エネルギッシュで前向きなイメージを出すのに最適な色だ．685枚中253枚のポスターで氏名の文字色に使われ，他の色に比べて非常に多い．赤は物を大きく見せる膨張色であると同時に，目の前に迫ってくるように感じさせる進出色である．だから有権者の目に留まるべき氏名の文字色に使うのは合理的だ．小泉純一郎（404頁）のポスターは赤を効果的に使った良い例だろう．
(2) ピンク
　ピンクは赤と同じ色相で明度を高くした色である．軽やかさや愛らしさを感じるとともに，幸福感・ぬくもりを与える．共産党の金元幸枝（465頁）のポスターはピンクのあたたかみと優しさを効果的に使った代表的なポスターだろう．

だが，ピンクを使用しているポスターは少なく，またそのほとんどが社民・共産の女性候補だという特徴がある．例外的に自民党の山口泰明（401頁）が氏名の文字色にピンクを使っている．だが，このポスターでは文字色のピンクが顔写真のくちびるのピンクを浮き上がらせ，なんとなく気持ち悪い．どう見ても「失敗作」である感は否めない．もともとピンクは女性ホルモンを活性化させるといわれる色であり，ジェンダー的にも女性の属性であるから，中年の男性との組み合わせは合わないのだろう．

また，ピンクを使ったポスターの女性候補の平均年齢は，他の女性候補より低い．女性候補の平均年齢は全政党で48.2歳，共産党で50.2歳，社民党で50.0歳であるのに対し，ピンク使用の女性候補者の平均年齢は全政党で45.6歳，共産党で45.3歳，社民党で47.3歳である．多分に好みというのもあるのかもしれないが，若さの持つ軽やかさ・愛らしさを表現したのだろう．

（3）オレンジ

オレンジは一番に連想される太陽のイメージから，暖かさや力強さを思い起こさせる．膨張色・進出色でよく目立ち，また肌の色を明るく見せるので氏名の色やアクセントカラーとして使うとよいだろう．

例えば，無所属の上川陽子（508頁）のポスターの氏名の文字色をオレンジに変えてみると，表情が明るくなって受ける印象が格段に良くなる．前面に押し出している「太陽」のイメージを増幅させ，暖色系でまとまったポスターになる．情報の整理と紙面を引き締めるために下部を寒色にしてもよい（【色彩心理学からポスターを見る】参考ポスター（510頁）参照）．

（4）茶

茶色はオレンジと同じ色彩の彩度が低くなった色．茶色は生理的に人間をリラックスさせる働きがあり，イメージ的にも落ち着き・柔和さを表す．日本では古来から粋な色とされ，身近に感じる色でもある．民主党の加藤公一（436頁）のポスターは茶色で統一され，元サラリーマンという肩書とともに身近さ・親しみやすさを感じさせている．

（5）黄

黄は，希望や幸福を象徴する．鮮やかで目を引くため，氏名や写真の背景色に多く使われている．ただ，橙がかった太陽の光の下では白っぽく見えたり，風雨で色落ちしやすい色でもあるので，インパクトが必要な氏名の文字色にはあまり使われていない．自由党の飯島浩史（487頁）のポスターは紙面のかなりの部分が鮮やかな黄色で塗られ，人目を引くポスターに仕上がっている．

（6）緑

緑は樹木の色であり，可能性，希望，喪失感の克服などを表す．人間の精神をリラックスさせ，癒す色ともいわれる．穏やかで誠実な人柄をアピールするのに適した色だ．また，樹木が生い茂る自然を連想させるので，環境に配慮した政策をさら

に印象づけることができる．自民党の佐藤久一郎（397頁）のポスターは背景全面に緑を使い，「自然と地域から学んだことを活かしたい」という環境・地元よりの自然派イメージをアピールしている．

（7）青

　青は知性・理想を表す．だが何より冷静沈着というイメージが強いこの色は，古来から日本人に好まれてきた．実際に青は神経系統の興奮を静め，人間をリラックスさせる．穏やかで知性的，思慮深い候補者イメージを抱かせるには最適である．例えば，スローガンに「英知」という言葉を使っている自民党の村上誠一郎（422頁）のポスターを青色系の配色でまとめてみると，よりいっそうの冷静さ・知性を強調するポスターになる．

　だが青は物を小さく見せる収縮色であり，遠ざかって見える後退色である．また，あまり紙面で使いすぎると見た目の印象が寂しげになり，人を突き放す冷淡さを持つ．一見鮮やかに見えながらあまりポスターに使われていないのにはそのような理由もあろう．

（8）グレー

　グレーは一般的にはあまりはっきりした象徴的意味を持たず，明るくて白に近いグレーは白に準じ，暗くて黒に近いグレーは黒に準ずるといわれる．主役として使われると無気力・憂鬱をイメージさせるが，1色だけではほとんどポスターに使われていない．

　彩度が低いので自己主張しない脇役の色・背景色に適している．灰色の上に文字や顔写真を重ねると，その文字や写真がよりはっきりと，より目立って見えるようになるのだ．社民党の永和淑子（502頁）のポスターがその典型的な使用例で，背景をグレーにすることによって顔の色を浮き立たせている．

（9）白

　白はもっとも明るい色であり，清潔，純粋というイメージが連想される．だがこの色を主役に使っていることはあまりない．ほとんどが背景，地の色として使われている．何も書いていない，手を入れていない部分＝白（白紙）ということだろう．典型的な例が自民党の中山正暉（415頁）のポスターである．

　白は表現しだいでは政治にクリーンさを求める有権者の心をつかむ主色になるし，地の色としか捉えずその上に文字や写真を重ねていくだけでは背景が「白々しい」という感じを与える．ポスター制作時にもっと研究され，使われるべき色だろう．

3. 配色

　1種類の色だけで構成されているポスターはほとんどない（無所属の加藤正（507頁）のみ）．そこで，複数の色を効果的に組み合わせて紙面を調和させることが重要になってくる．その色の組み合わせを配色という．配色は，ただ美しければいいのではなく，アピールしようとするイメージ，見やすさ・分かりやすさという機能

表1-3　色と感情の関係

属性種別		感情の性質	色の例	感情の性質
色相	暖色	温かい	赤	激情・怒り・歓喜・活力・興奮
		積極的	橙	喜び・活発・元気
		活動的	黄	快活・明朗・愉快・活動的・元気
	中性色	中庸	緑	安らぎ・くつろぎ・平静・若々しさ
		平凡	紫	厳粛・優婉・神秘・不安・優しさ
	寒色	冷たい	青緑	安息・涼しさ・憂鬱
		消極的	青	落ち着き・寂しさ・悲哀・深淵・沈静
		沈静的	青紫	神秘・崇高・孤独
明度	明	陽気，明朗	白	純粋・すがすがしさ
	中	落ち着き	灰	落ち着き・抑鬱
	暗	陰気，重厚	黒	陰鬱・不安・いかめしい
彩度	高	新鮮，はつらつ	朱	熱烈・激しさ・情熱
	中	くつろぎ，温和	ピンク	愛らしさ・優しさ
	低	渋み，落ち着き	赤	落ち着き

※　日本色彩学会編『新編色彩科学ハンドブック（第2版）』，東京大学出版会，1998年にもとづき作成．

表1-4　日本における各色の代表的な象徴内容

色彩	象徴内容
赤	情熱，活気，精神，愛情，喜悦，歓喜，闘争
橙	陽気，気楽，嫉妬，わがまま，疑惑
黄	希望，発展，光明，歓喜，快活，軽薄，猜疑，優柔
緑	平和，親愛，公平，成長，安易，慰安，理想，柔和，永久，青春
青	沈着，冷淡，悠久，真実，冷静，静寂，知性
白	純潔，潔白，清浄，素朴
黒	厳粛，荘重，静寂，沈黙，悲哀，不正，罪悪，失敗

※　松岡武『決定版色彩とパーソナリティー―色でさぐるイメージの世界』，金子書房，1995年にもとづき作成．

性など複数の面から考える必要がある．何を目指して配色するのかを考えてポスターを作らねばならない．

(1) 色相共通の調和

　色相が似た色どうしを組み合わせる，または色相が同じで明度・彩度が異なる色どうしを組み合わせた配色を，色相共通の配色という．自民党の土井喜美夫（397頁）のポスターが典型的な例だ．赤なら赤系の色で，緑なら緑系の色で統一されるので，色相に類似性が感じられてまとまりやすい．だが一方変化に乏しく退屈な印象を与えかねないので，トーン差を大きく取ったりアクセントカラーを少量入れたりして紙面を引き締めるようにすれば，調和しやすくなる．

(2) トーン共通の調和

同じトーンに属する色どうしを組み合わせる，またはトーン分類図で隣り合うトーンに属する色どうしを組み合わせた配色を，トーン共通の配色という．例として自由党の大川優美子（486頁）のポスターがあげられる．同じトーンの色の配色は，各々のトーン独自のイメージがそのまま反映されるので，非常にまとまりやすい．また，隣り合うトーンの色の配色は，明度と彩度のどちらか，あるいは両方が類似した関係になるので，多様な色使いでありながらまとまりのある印象を与える．

（3）色相対照の調和

色相が異なった色どうしの配色を色相対照の配色という．例えば，社民党の土井たか子（501頁）のポスターは青い文字と黄色い服が対照になったポスターである．他にも，赤と緑，茶と紫のようにまったく異なる色相の色を組み合わせることにより，それぞれの色を対比させ目立たせることができる．だがそれだけでは色どうしの共通性がなく，バラバラに見えてしまうので，トーンの関係を近似したものにすることで調和しやすくすればよい．とくに，対照色や補色，純色どうしの配色のように強烈なものは対立しやすいので，注意が必要だ．

（4）トーン対照の調和

トーン分類図で大きく距離が離れたトーンの組み合わせの配色を対照トーンの配色という．対照トーンは，彩度が等しく明度が離れたトーン（縦の距離があるトーン），明度が等しく彩度が離れたトーン（横の距離があるトーン），明度・彩度とも離れたトーンの3種類がある．これによるとさまざまな組み合わせの配色ができるので，表現の幅を広げることができる．社民党の安田節子（497頁）のポスターは明度・彩度ともばらばらの色を使用した例だ．だがこの配色には調和をとるためのマニュアルのようなものが存在せず，うまくいくか否かはケースバイケースであるため，まとまりのある良い印象を与える紙面にするのは至難の業である．

黒色系のポスター

吉田苗未

多くの選挙ポスターがあるが，色彩戦略を練って作られたものは少ないと感じる．紙面のなかでまとまりのない色がひしめいている．カラフルな色の洪水のなかで，あえて無彩色を基調にしたポスターは，色彩について考えて作られていると思われるものが多い．そこで，ここでは黒色系のポスターについて考察してみる．

無彩色と呼ばれる黒・白・グレーは色彩心理学的にシャープ，モダン，スピーディ，高尚，ハイセンスを表し，「できる」人間を演出する．オフィスグッズにモノトーンが多いのも同じ理由だ．

とくにそのなかでも黒はインパクトが強く，視線を引きつける．選挙ポスターでも，黒を強く感じさせたり黒の占める割合が多かったりするもの，いわゆる「黒色系」のポスターは，確かに他のポスターに比べて目立ちやすい．だが黒は闇，恐怖，不安，抑圧，絶望などマイナスイメージが強い色でもある（表1-5）．候補者のイメージアップを図り得票を増やすことを目的とする選挙ポスターに，黒は不向きなのだろうか．

実際に黒色系のポスターを見てみよう．黒色系のポスターは，大きく「文字が黒色系」，「写真が黒色系」，「全体が黒色系」の3つに分類される．

表1-5 各色の有する代表的な感情・感覚・イメージ

	赤	橙	茶	黄	緑	青	紫	白	灰	黒
感情	情熱	喜び	穏やか	楽しい	穏やか	憂鬱	嫉妬	後悔	憂鬱	不満
感覚	興奮	明るさ	落着き	健康	調和	平静	不安	警戒	無気力	恐怖
イメージ	激情	実り	高尚	希望	安らぎ	静か	知性	潔癖	無	荘厳

1. 文字が黒色系

無所属の加藤正（507頁），自民党の塩崎恭久（421頁）などのポスターである．これらは「白い紙の上に黒で文字を書いた」という印象のシンプルなデザインと色数の少なさが特徴だ．黒以外に目を引く色がないことに加え，コントラストがもっとも際立つ白を背景にすることにより，黒を主色として強く感じさせている．とくに対照的な白との組み合わせによって，黒の持つ緊張感・決意・厳粛さというイメージを全面に押し出しているのだ．

2. 写真が黒色系

自民党の山崎拓（423頁），自由党の藤井裕久（488頁）などのポスターである．こ

れらは候補者の白黒写真（またはそれに近い色合い）に1,2色を加えてデザインされたポスターで,ファッションでいうところのブラックプラスワン／プラスツー（黒でまとめた服装にアクセントとしてビビッドなカラーを1,2色足すこと）に通じたかっこよさがある．シャープ・ハイセンスを表す黒で写真を見せ,視覚的にアピールすることにより,候補者自身を「できる」人間としてイメージさせている．それに加え,黒以外の色のイメージを重ね,厚みのある候補者像を作り上げている．例を挙げると,山崎拓は「可能性　具体性　発展　夢　確信　ある。」というコピーに赤っぽい橙を使い,赤の情熱・エネルギー,橙の実り・明るさというイメージでコピーの印象をより強めている．

3. 全体が黒色系

自民党の林幹雄（403頁）,民主党の松野頼久（447頁）などのポスターである．これらは氏名は白・黄などの明るい色で書かれているものの,一目見た感じが黒っぽく,暗い背景の写真が中心となっていることが特徴だ．候補者の顔写真が強い印象を残し,とりわけ「目の強さ」を感じさせる．日本人の黒い目と黒い背景が白い肌との対比で浮き立つ,ということもあるのだろう．だが黒色の持つ不安,不信感,絶望というマイナスイメージこそが候補者の目の強さ,眼光の鋭さを際立たせ,まわりの強制や抑圧を跳ね返す意思を感じさせるのだ．色彩心理学的に黒色には「不満を隠した感情の制御」という側面がある．現状・将来への不安,政治への不信感を前提としてそれを克服しようとする候補者は,あえてネガティブな黒を使うことによって「それに負けない」精神を示そうとするのである．実際,林幹雄は「一意専心」,松野頼久は「これでいいのか！日本の将来」というコピーを使い,苦境のなかで踏みとどまるイメージをアピールしている．このように黒色は逆境を跳ね返して発展する可能性を表す色となる．

以上のように,マイナスイメージで捉えられがちな黒色も,使いようによっては見るものの目を引き,候補者のイメージアップに大きく貢献する．ポスターにおける色彩の重要性が認識されれば,黒色系ポスターも増加し,またバリエーションも豊富になるだろう[5]．

ロゴマークはどうなのか

平田知弘

　選挙ポスターに，ロゴマークをいれる候補者がいる．全体で97人のポスターに候補者独自のロゴマークがあって，14％に達する．一言でロゴマークといっても多様で，大変凝ったつくりのイラストから，何を表しているのか分からないものまで，玉石混淆だ．そこでまず，どんなロゴがあったのか事例的に見ながら，傾向を探っていきたい．

1. 候補者本人のイラスト

　もっとも多かったのは，候補者本人のイラストで，97人のうち13人がこのパターンだった（表1-6）．本人の写真の脇に，かわいらしくデフォルメ化された本人のイラストを載せている．笑顔をつくり，有権者に愛想をふりまいている．有名なところでは，最年少候補25歳の原陽子(498頁)．ひまわりに囲まれた本人のイラストで，若さ新鮮さエネルギーといったイメージだ．一方このタイプの最高齢は自由党塩田晋74歳（492頁）．イラストは，年齢を意識し，若く見せようという狙いだろう．その脇には「自由党最重点候補」とあり，趣向を凝らしたポスターになっているが，結果は3位に終わった．年齢に着目すると，全候補の平均年齢52歳を超えたのは13人のうち2人だけで，本人イラストはやはり若い候補に多いようだ．ちなみにもう1人平均年齢を超えていたのは，現職大臣ながら"小沢王国"岩手で自由党候補に苦杯をなめた自民党の玉沢徳一郎62歳（395頁）であった．

表1-6　本人イラストを載せた候補者

名前	選挙区	政党	年齢	新旧	当落
戸来　勉	青森1区	民主	46	新	落
江渡　聡徳	青森2区	自民	44	前	落
玉沢徳一郎	岩手1区	自民	62	前	落
八木　隆次	栃木1区	社民	35	新	落
田川　秀明	埼玉7区	民主	41	新	落
原　陽子	神奈川14区	社民	25	新	落
戸田　二郎	岐阜1区	社民	49	新	落
中川　正春	三重2区	民主	50	前	当選
真鍋　晃篤	大阪12区	自由	29	新	落
辻　泰弘	兵庫10区	民主	44	新	落
塩田　晋	兵庫10区	自由	74	前	落
藤沢　裕美	佐賀3区	民主	31	新	落
浜田　健一	鹿児島4区	社民	49	前	落

政党の立場をよく表すイラストもあった．民主党の辻泰弘（443頁）のイラストは柔道着を着て，「奪る」と訴えている．民主党の政党ポスターにある「奪る」で，もちろん意味するところは政権奪取だ．社民党の戸田二郎（499頁）は，車椅子に乗った本人のイラストで，「バリアフリーの福祉の街をつくる」とある．「げんきに福祉」のスローガンもあり，"社民党らしい"福祉を訴えるイラストといえそうだ．ちなみに，年齢が若いこともあるが，このように本人のイラストをロゴマークとしてポスターに載せた候補者で当選したのは，わずか1人，民主党の中川正春（440頁）だけであった．

2. 地球，日本列島，そして地域

日本列島を載せた候補者が2人いた．どちらも民主党で，千葉10区の黒柳博司（432頁），兵庫6区の市村浩一郎（443頁）だ（表1-7）．スローガンを見ると，黒柳は，「明日の日本を始めましょう!!」とあり，市村は，日本列島が洗濯板で洗濯されているロゴに付して，「『日本の洗濯』ジャブ，ジャブ」とある．どちらも，民主党らしい．それは改革を訴えるとともに，日本列島のロゴが，国会議員は国政の代表であって地域の代表ではないという立場を強調するロゴのように思われるからだ．同様に，地球をロゴにしている候補者が3人いたが，いずれも野党であった．対照的に，自民党埼玉9区の大野松茂（401頁）は，その選挙区の地図をロゴにし，スローガンに「まず地域、まずくらし」と載せている．地域への利益誘導を得意とする自民党候補の特徴を端的に表している．このように，日本全体さらには地球全体のロゴは野党にしかなく，地域の地図のロゴが自民党に見られたということは，皮肉のようで面白い結果だった．さらに皮肉なことに，ここで紹介した候補のうち当選したのは，「まず地域」を訴えた自民党大野だけであった．

表1-7 地球，日本列島，地域をロゴにした候補者

ロゴの種類	名前	選挙区	政党	年齢	新旧	当落	スローガン
日本列島	黒柳 博司	千葉10区	民主	41	新	落	明日の日本を始めましょう!!
	市村浩一郎	兵庫6区	民主	35	新	落	「日本の洗濯」ジャブ、ジャブ
地球	ツルネン・マルテイ	神奈川17区	民主	60	新	落	市民の力で地球が変わる
	渡辺浩一郎	東京19区	自由	56	元	落	NIPPON no MIRAI KODOMO no MIRAI
	目黒吉之助	新潟5区	社民	66	元	落	変えよう・日本！
地域	大野 松茂	埼玉9区	自民	64	前	当選	まず地域、まずくらし

3. 自民党に特徴的な各種のロゴ

自民党はもっともロゴマークを表記した候補者が多い政党だった．後ほど紹介するが，主要政党のロゴ表記率は自民25％に対して，民主15％，社民18％，自由12％

第1章　選挙ポスターの構成要素Ⅰ〜デザイン　59

だった．自民党の選挙ポスター作成マニュアル(6)では，政策，スローガン，写真などと並んで，候補者各自が作るシンボルマーク（本稿では「ロゴ」にあたる）について触れており，作成を奨励しているかのように見える．候補者の多くはこのマニュアルを読むと思われるから，自民党のロゴマーク表記率の高さにこのマニュアルが反映しているといえよう．さて，マニュアルには，「シンボルマークは，身近な動物や植物などを図案化したり，特定の図形に意味づけしたりして作ります…」とある．ここでは，このマニュアルに準拠するかたちで，自民党の候補者ロゴを分析してみよう（表1-8）．

表1-8　自民党候補特有のロゴ

ロゴの種類	名　　前	選挙区	政党	年齢	新旧	当落	備考
候補者のイニシャル	石崎　岳	北海道3区	自民	44	前	落	岳のG
	今津　寛	北海道6区	自民	53	元	落	今津のI
	中川　昭一	北海道11区	自民	46	前	当選	中川のN
	江渡　聡徳	青森2区	自民	44	前	落	ETO
	愛知　和男	宮城1区	自民	62	前	落	愛知のA
	森　英介	千葉11区	自民	51	前	当選	森のロゴ
	桜井　新	新潟2区	自民	67	前	落	桜井のS
	塩谷　立	静岡8区	自民	50	前	落	"立"のロゴ
	安倍　晋三	山口4区	自民	45	前	当選	安倍のA
	塩崎　恭久	愛媛1区	自民	49	元	当選	恭久のY
	麻生　太郎	福岡8区	自民	59	前	当選	麻生のA
「21世紀へニッポン回復」	穂積　良行	福島3区	自民	65	前	落	
	戸塚　進也	静岡1区	自民	60	元	落	
	奥山　茂彦	京都3区	自民	57	前	当選	
	菱田　嘉明	京都6区	自民	56	新	当選	
	福井　照	高知1区	自民	46	新	当選	
	山本　有二	高知3区	自民	48	前	当選	
太陽	北村　直人	北海道13区	自民	52	前	当選	
	根本　匠	福島2区	自民	49	前	当選	
	山内日出夫	福島4区	自民	48	新	落	
	上川　陽子	静岡1区	無所属	47	新	当選	
	谷　洋一	兵庫5区	自民	73	前	当選	

（1）候補者名のイニシャルの図案化

　候補者の姓，名のイニシャルを図案化したロゴマークである．麻生太郎（424頁）ならば麻生のA，塩崎恭久（421頁）なら恭久のY，といった具合だ．このタイプは自民党にしかなく，11人にのぼった．自民党にしかなかったのは，候補者がマニュアルの「特定の図形に意味づけして」の文言を真に受けて，無理やり作ったからだと思われる．イニシャルを図案化するというやり方は，マニュアルの文言がなけれ

ば思いもつかないだろう．マニュアルの影響力恐るべしである．デザイン的にはかなり強引で，ロゴマークとしてはひねりがないといわざるを得ない．ポスターに載せるにはあまりに工夫がなく，自民党では選挙ポスターがそれほど重要視されていないことの裏返しに思われる．逆にいえば，もっと工夫を凝らした選挙ポスターが期待される．11人中当選5人で，全員が自民党の現職あるいは元職議員だったにしてはかなり低い当選率だった．

(2)「21世紀へニッポン回復」

　自民党に共通のロゴマークである．赤丸印に「21世紀へニッポン回復」とある．6人に見られたが，すべてごくごく小さな表記で，何のために載せているのかよく分からない．2人が落選したが，高い当選率だった．

(3) 太陽

　太陽のロゴが多く，4人いた．自民党の政党ロゴマークは，2人の人間が太陽を仰いでいる構図である．太陽のロゴが多かったのは，ここからとったものだろう．ちなみに，自民党以外で唯一太陽のロゴがあった上川陽子(508頁)は無所属だが，自民系の離反候補である．このうち，落選したのは福島4区の山内日出夫(398頁)だけだった．候補者本人イラストを載せた候補者が13人中1人しか当選しなかったことを考えると，太陽の当選率は高く，偶然とはいえ不思議であった．

4. キャラクターもの

　3. で見たように，自民党のロゴには，工夫がないものが多かった．一方，できはどうあれ，自分でキャラクターを作って載せてしまう変り種の候補者がいた．なかでも目を引いてしまうのが，キャラクターに名前までつけてしまった2候補．無所属の会の中田宏(506頁)は「トースト君」，自民党の今村雅弘(424頁)は「スクスク君」と名づけたキャラクターがポスターに登場している．「トースト君」は"トータルコスト"の略ということで一応何のことがわかるが,「スクスク君」に関してはまったく由来が不明で，何のことなのか分からない．

　その他，名前からの連想で無理やりキャラクターを作った候補が3人いた．自由党の鰐淵俊之(484頁)はワニのキャラクター，自民党の熊代昭彦(419頁)はクマのキャラクター，民主党の宇佐美登(434頁)はウサギのキャラクターといった具

表1-9　迷ロゴマーク

名　前	選挙区	政党	年齢	新旧	当落	ロ　ゴ
鰐淵　俊之	北海道13区	自由	63	前	落	ワニ
中田　宏	神奈川8区	無所会	35	前	当選	「トースト君」(トータルコストの略)
宇佐美　登	東京4区	民主	33	元	落	ウサギ
石田　敏高	大阪19区	民主	35	新	落	かえる
熊代　昭彦	岡山2区	自民	60	前	当選	熊
今村　雅弘	佐賀2区	自民	53	前	当選	「スクスク君」

合だ．

　また，動物のキャラクターという点では，民主党の石田敏高（442頁）が「ぼくはカエル・日本をカエル」というキャッチコピーとともに，かえるを載せていた．
　このタイプのロゴについてもいえるのは，無理やりキャラクターを作って載せたという感が否めないことだ．政治家のセンスのなさが見えて，何か哀愁さえただよっているように感じるのは，筆者だけだろうか．ポスターなのだからもう少し工夫を考えられないものだろうか．3．の自民党の節でも若干述べたが，政党のメディア軽視が見えるようだ．
　選挙の結果は，はじめから70％程度は決まっているともいわれる．中選挙区制下で候補者後援会中心に行われた選挙運動は，党員や各種団体を向いて行われていた．投票所に来るかどうか未知数の一般有権者を動員しようとするのではなく，確実に得票を期待できる党員や団体からの支持を強化しようという意識が強かった．しかし，90年代の政党の離合集散は，有権者の政党支持を混乱させ，無党派が再び増加している．支持政党が変質もしくは消滅したために支持政党を失うという，新たな無党派の拡大が見られるのだ．彼らをいかに動員できるかが，選挙の帰趨を決めるといってよい．メディアを有効に使い，広く有権者にアピールできる政党が勝利する時代になりつつある．しかしそのような時代にあっても，選挙ポスターの"いいかげんな"ロゴマークからは，そんな選挙戦術のあり方はまったく見えてこないのである．

5．その他

　共産党ではきわめて画一的なポスター制作が行われていて，とても候補者がロゴマークを入れるといった"遊び"はない．そのなかでひとりだけ，ロゴマークを入れた候補者がいるので紹介する．東京15区の榛田敦行（462頁）だ．ロゴは，「ムツゴロウ」．スローガンに「埋め立てから東京湾の自然を守ろう」とある．大変珍しい，地域争点をポスターに明記した例だ．これも，当選可能性の低い共産党候補だからこそできたことだろう[7]．
　ここまでで，47人のロゴマークに言及した．他の50人については，類型化しがたい．トマトからてるてる坊主，ペガサスまで，ありとあらゆるロゴマークがあった．動物だけでも，カバ，鳥，鳩と多種多様だ．ぜひ，ポスターの写真を見ながら，探していただきたいものである．抱腹絶倒もののロゴも….

表1-10　政党別ロゴマーク表記率

	自民	公明	保守	民主	社民	自由	共産	無所会	無所属	計
ロゴあり	50	3	0	20	12	7	1	1	3	97
総数	202	10	8	131	67	59	182	4	22	685
％	25％	30％	0％	15％	18％	12％	1％	25％	14％	14％

ここまで，目につくロゴを取り上げて解説を加えてみた．ここからは，政党，年齢，新人か現職かなど，ロゴありとロゴなしの候補者にどんな特徴があるのか探ってみよう．

政党別特徴は表1-10のようになった．自民党（25％）に多く，野党には少ないという傾向がある．自民党のロゴの特徴については，前述の事例の考察3.で取り上げたので参照していただきたい．共産党にはロゴは1つしかなかった（前述の榛田敦行）．

つぎに，ロゴありとロゴなしの平均年齢を見てみる．政党別に，ロゴあり候補とロゴなし候補の平均年齢をとったのが，表1-11である．自由党を除き全政党でロゴあり候補の方が若い．全体，民主，社民では，1％水準で有意な差だった．ロゴあり候補は若いのである．

表1-11　平均年齢（ロゴの有無別）

	自民	公明	保守	民主	社民	自由	共産	無所会	無所属	全体
ロゴあり	53.8	47.3	—	40.5	47.5	54.1	29.0	35.0	47.7	49.5
なし	56.4	50.6	—	48.7	55.8	48.6	51.1	51.3	47.8	52.2
差	2.5	3.2	—	8.2	8.3	-5.5	22.1	16.3	0.2	2.8

最後に，当選率の違いを見てみよう（表1-12）．

表1-12　当選率（ロゴの有無別）

	当選数	総数	％	当・現職	総・現職	％・現職	当・新人	総・新人	％・新人
ロゴあり	43	97	44.3％	34	49	69.4％	8	40	20.0％
なし	180	588	30.6％	143	203	70.4％	34	358	9.5％

全体で見ると，ロゴありの当選率は44.3％で，ロゴなしの30.6％を大きく上回っている．そこで，これを細かく新人と現職に分けてみると，現職ではロゴあり69.4％，ロゴなし70.4％とほとんど差がないのに対して，新人では，ロゴあり20.0％，ロゴなし9.5％と大きく差が開いている．新人のロゴあり候補の当選率が，全体のロゴあり候補の当選率を引き上げた格好だ．なぜ新人に限ってロゴを入れた候補者の当選率がここまで高いのか不明だが，現職ではこのような現象は見られなかった．新人では，ロゴが効果的に働くことが多いということだろうか．

（1）　顔写真については，実測値（顔の上下左右の4点を結ぶ四角形の面積）と推定値（実測値に1.57を乗じて求めた4点を通る楕円の面積であり，実際の顔の面積に近似する）を併記し，合計の計算や図1-1の作成においては推定値を用いた．これらの値について，詳しくは第二部「資料篇」を参照．

（2） 共産党のポスターの特徴について，詳しくは第8章「政党組織と候補者の比例区行動」を参照．
（3） 無所属候補のポスターに存在する政党の面積は，「無所属」と載せた面積を指している．
（4） これについては，【拒否度への対応〜公明党と共産党】(191頁) を参照．
（5） 本文で取り上げた以外の黒色系のポスターには，自民党の中野正志（396頁），今井宏（401頁），金子一義（409頁），浅野勝人（412頁），谷畑孝（416頁），民主党の田名部匡代（428頁），安住淳（428頁），上田清司（430頁），楢崎欣弥（446頁），無所属の栄博士（508頁），がある．
（6） 自民党「ポスター作成マニュアル」については，第二部「資料篇」参照．
（7） 地域争点を明記したポスターについては，【地域争点】(167頁) 参照．

第2章

選挙ポスターの構成要素　II

写真

　初対面の人間から受けた第一印象は，なかなか揺らぐものではない．選挙において，有権者が候補者に対して抱くイメージに関しても同じことがいえる．とくに，最近増加が叫ばれているいわゆる無党派層の有権者は，第一印象だけを手がかりに投票する候補者を決めることもしばしばであろう．有権者に良い第一印象を与えることは，候補者にとって当落を左右しかねない課題となってきている．

　そして，選挙ポスターのなかで第一印象に直結するものといえば，俗に「男の顔は履歴書」などといわれるように，間違いなく顔写真であろう．本章では，こうした重要な要素である候補者の写真について考察していく．

　まず，【候補者の写り方】・【候補者の顔の位置】では，おもに写真のレイアウトの側面に注目した．前者は，候補者の体のどの部分まで写っているかなどに触れ，後者は，顔の部分がポスター面のどのあたりに位置するかを求めたものである．

　つぎに，ポスターの多くが候補者の胸部から上を写したいわゆるバストショットの写真を用いているのに対して，例外といえる【全身を写したポスター】・【手の写っているポスター】のさまざまな事例を見た．

　最後に，候補者の服装・装飾品を分析した．服装については，【候補者のファッションチェック】で，候補者のスーツ・シャツ・ネクタイなどに注目した．装飾品については，【小道具を使ったイメージ戦略】で具体例を挙げ，そのなかでもとくに興味深い2種の装飾品について，【議員バッジの有無】・【共産党は眼鏡がお好き？】でそれぞれ詳細に分析した．

候補者の写り方

境家史郎

　選挙ポスターにおける写真部分の構成要素は，大きく「候補者の肖像写真部分」とその他（小物[1]や候補者本人以外の顔写真など）に二分することができる．この稿では，候補者の写真部分に焦点を絞ってその全体的特徴を示したい[2]．

1. 写真の範囲

表 2-1　候補者写真の範囲

	顔のみ	首まで	上半身	それ以上
候補者数	2	53	614	15
割合(%)	0.3	7.7	89.8	2.2

　表2-1は，候補者のどの部位が写真に写っているかについて示している．これによると，「上半身」の範囲で写っている候補者が90％近くに上っていることが分かる．これは，選挙ポスターの一般的イメージと合致するデータであるといえよう．

　極端なところでは，顔しか写っていない候補者が2人存在する．辻元清美（社民，500頁）と中山正暉（自民，415頁）がそれであるが，どちらも大阪の候補者であることが印象的である[3]．ただし，中山は当選回数10回のベテランであり，辻元も当選回数こそ少ないが知名度は相当高かった，つまり2人ともかなり顔が売れていたという事情がある．実際に見れば分かるが，顔しか写っていないポスターは非常にインパクトがある．候補者の知名度を活かすことに成功している例だといえよう．

　また逆に，下半身までポスターに写っている候補者も15人いる．これらの候補者は所属政党で見ても，当選回数から見ても多様であって，そのような写真を採用した意図は候補者それぞれによって異なると考えられる[4]．

2. 表情

　一見して，笑顔の候補者が多い．「笑顔かどうか」を客観的な指標で測定することは難しいが，単純に「口が開いているかどうか」で見ても，自民党候補の55.4％（202人中112人）の候補者が笑顔であることが分かる[5]（もちろん，口を閉じていても笑顔は作れるし，実際そのような候補者はかなりいるように見える[6]）．多くの候補者は，笑顔によって温和さや爽やかさをアピールしようとしていると考えられる．

　では，明らかに「笑顔でない」候補者はいるだろうか．まじめな顔をしている候補者は比較的多いが[7]，怒った顔となるとほとんど存在しない．そのなかで，亀井善之（自民，404頁）と栄博士（無所属，508頁）は，背景色の暗さともあいまって

比較的「怖い」表情をしている．本人の気合は伝わってくるが，やや迫力がありすぎるように思える．

3. 服装・装飾品

まず，服装に関してはやはり圧倒的にスーツが多い．実に，95.3％（684人中652人）の候補者がスーツを着用している[8]．スーツは堅苦しさがある反面，「まじめ」あるいは「きっちりしている」といったイメージを出すことができ，候補者としては安全な選択だといえよう．「スーツでない」候補者にしろ，その多くはカッターシャツにネクタイという姿であり，カジュアルであるわけではない[9]．

「スーツでない」候補者の特徴としては，平均年齢，平均当選回数ともにスーツの候補者より低いということが挙げられる[10]．また，スーツでもカッターシャツでもない候補者は，元の職業にちなんだ服装をしていることが多い．元パイロットの西川将人（484頁）は操縦士の服装，元プロ野球選手の三沢淳（482頁）はユニフォーム，医師である真鍋穣（473頁）と藤末衛（474頁）は白衣を着用している．このように，積極的にアピールするポイントがある候補者でなければ，フォーマルな姿で写真に写るのが「常識」であるようだ．

表2-2　装飾品の数

装飾品数	男性	割合(%)	女性	割合(%)	計	割合(%)
0	588	97.7	20	24.4	608	88.9
1	15	2.5	35	42.7	50	7.3
2	0	0.0	27	32.9	27	3.9

つぎに，装飾品[11]について見ると，90％近くの候補者は1つもこれを付けていない（表2-2）．装飾品は，効果的に用いれば有権者に良い印象を与えられるが，ともすれば「華美」「けばい」といったイメージで見られるという逆効果を生んでしまうため，利用の仕方が難しい．装飾品を付けた候補者が少ないということにも，服装同様に安全志向が表れている．

ただし，この傾向は性別を考慮するとかなり異なった様相を呈する．すなわち，女性候補の場合，7割以上が装飾品を付け，32.9％がこれを複数付けている．一般的に女性の方がファッションの選択の幅が広いということもあるが，男性より女性の方がより身だしなみに気を配っていることの表れだともいえるだろう．

候補者の顔の位置

泉澤潤一

　選挙ポスターにおける候補者の顔写真の位置について，散布図を用いながら簡単に分析してみたい．

　前提として，候補者の顔の位置を探るために「顔の中心」という指標を定義しよう．まず，ポスターを一種の座標平面と捉え，候補者の顔を「頭頂部」「左耳，または顔写真の左端」「あご先」「右耳，または顔写真の右端」の4点からなる四角形で把握する[12]．そのうえで，その4点の平均値をはじき出す．そこで機械的に与えられる座標が「顔の中心」である．つぎに，その「顔の中心」を，政党を単位として候補者ごとにプロットしたのが図2-1の散布図である（さらに，各党の候補者集団の「顔の中心」の平均値を求め，その平均たる1点を中心とする同心円を図に添えてある）．なお，分布を表すもう1つの指標として各党ごとに標準偏差を計算し，表にした（表2-3）．各人の「顔の中心」が同心円の中心から平均してどれくらい離れているかを縦方向と横方向に分けて表したものである．

　まず，全体的な傾向として，顔写真を載せる位置は中央やや上部であり，政党に

図2-1 「顔の中心」の散布図（政党別）

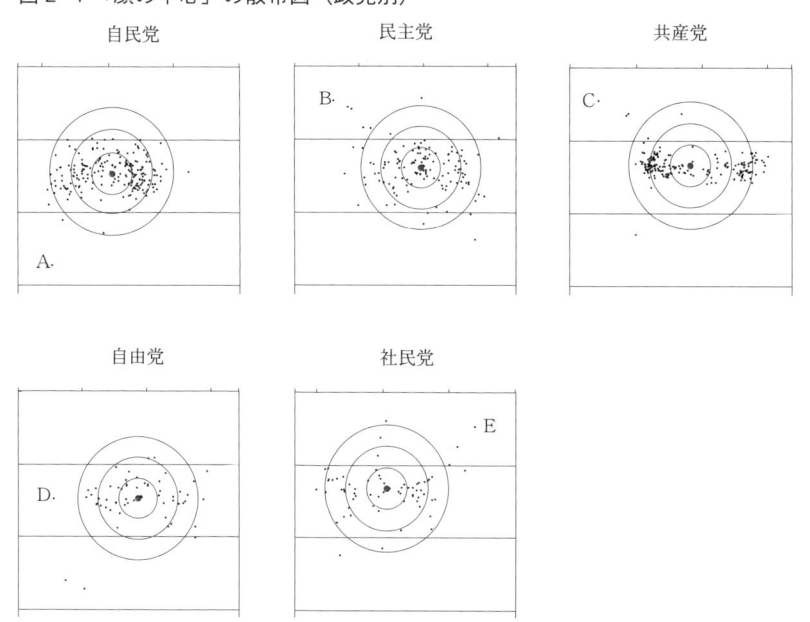

　自民党　　　　　　　　　民主党　　　　　　　　　共産党

　自由党　　　　　　　　　社民党

表 2-3 「顔の中心」の分布の数値データ

		自民	民主	共産	自由	社民
ポスター数(枚)		202	131	182	59	67
標準偏差	横方向	0.119	0.132	0.161	0.141	0.149
	縦方向	0.057	0.076	0.043	0.078	0.079

よってあまり違いがないということがいえる．そもそも候補者は投票用紙に名前を書いてもらうことが目的であって，有権者には顔を知られずともよいはずである．それにもかかわらずあえて顔をさらすのは，有権者に与えるイメージを重視するからである．笑顔，若さ，やる気…それらをアピールために候補者の写真をポスター中央に持ってくるのは，イメージが重視される今日の選挙では政党の枠を超えた「常識」ということだろう．

したがって，政党ごとの違いを見出すのは難しい．あえて相違を探るとすれば，ポスター数の多さの割に自民党・共産党では点がまとまっているのに対し（ただし，共産党の場合は2つの集団に分かれている），民主党は点が散り気味なことだろうか．要するに，前者の2党は，顔写真の位置を基準とすれば似たり寄ったりのポスターが多いということだろう．

さて，もし上記の「常識」にとらわれないポスターがあったら，ということを考えてみたい．ポスターのレイアウトに占める顔写真の存在感の大きさからすれば，顔をポスターの中央から外すだけでも，一味違ったポスターとなろう．散布図上で同心円に収まらない点のうちアルファベットを振ったものは，各政党の，いわば「常識外れ」のポスターの代表格である．点Aの砂田圭佑（416頁），点Bの竹内圭司（431頁），点Cの中島武敏（461頁），点Dの長尾彰久（490頁），点Eの藤原信（497頁），以上各氏のポスターを見ると，写真を端に据えるとともに中央を名前・スローガンにあてるレイアウトになっている．だが，これらの候補者はいずれも落選の憂き目に遭ったことも指摘しておく．ポスターの奇抜さが原因で落選したというよりも，もともと勝算の少ない候補者が奇をてらったポスターを作ってみた，というのが自然な解釈だろう．当選が有力視される候補者はあえて奇抜な戦略を採るまでもないのだろう．

全身を写したポスター

古賀光生

　ポスターにおける候補者の写真の大半は，顔を中心にして肩から胸元まで写っているものであり（684枚中669枚），下半身まで，あるいは候補者の全身が写った写真を利用しているポスターは全体の2.2％（684枚中15枚）にすぎない（候補者写真自体存在しない加藤正（無所属）は総数から除く）．

　ポスターの役割として，有権者に顔を売り込むことが挙げられる．ポスターの紙面は限られており，全身を写せば顔写真の面積が小さくなることは免れない．全身を写したポスターが少ないのは顔のサイズが小さくなるのを防ぐためであると考えられる．

　これらの候補者の属性として，まず自民党の候補が少なく，社民党，民主党の候補が比較的多いことが挙げられる．自民党候補が少ないのは，自民党候補には有力な候補者が多く，ポスターにおいて自分の顔を強調する人が多いためであろう．当選回数を見ると新人候補が8名と，半数以上を占めた．

　このうちとくに全身の写真を使ったものについて言及すると，大きく分けて，直立の姿勢と何かに乗っているものとがある．直立しているポスターの意図はおそらくライバルとの差別化だが，直立しているポスターには党首と握手をしているポスターが数多く含まれる．党首と写ったポスターの意図は明確で[13]，「党首と握手」の構図を作るために全身を写す必要が生じたのであろう．党首が写ったポスターには党首の顔だけが挿入されているものもあるが，握手写真の方がより候補者と党首のイメージを重ね合わせるには有効であろう．社民党の候補には土井党首との握手写真が多い．

　何かに乗っているものとは，車椅子に乗っている候補，自転車に乗っている候補である．車椅子の候補は共産党の宮内俊清（462頁），社民党の戸田二郎（499頁）で，戸田は写真ではなく絵を使っている．社民党や共産党のような福祉を重視する政党としては，車椅子を使用する候補の存在はハンディキャップのある人の視点で政策を立案できるという利点を強調することになる．戸田は「バリアフリーの福祉の街をつくる」としており，福祉を前面に打ち出している．

　自転車のポスターは民主党の山崎桃生（445頁），自由党の真鍋晃篤（492頁）のポスターである[14]．このうち真鍋のポスターは顔のみが写真で，自転車を含めた体の部分が絵で構成されている．これは自転車のイメージをアピールしながら，全身を写すことで顔写真が小さくなることを防ぐために採用された方法であると思われる．戸田のポスターも同様であろう．しかし，すべてがイラストで描かれた戸田と異なり，真鍋のポスターは顔の写真と体のイラストがアンバランスになっていて，いささかコミカルな印象を免れない．

手の写っているポスター

古賀光生

　ポスターの写真は顔写真が中心である．全身が写っている場合を除いて，ポスターに手が写っている場合，候補者は何らかのポーズをとっている．そのポーズの意味も含めて考察してみたい．

　もっとも多いパターンは握りこぶしをしている場合である．国政に向かううえでの決意を表したものであると思われる．23枚のポスターで候補者が握りこぶしを作っていた．若手の候補者に好まれる構図のようで，平均年齢は47.7歳と候補者全体の平均（50.9歳）よりも低く，年代別に見ても20代の候補が1人，30代の候補が5人，40代の候補が10人と，若い年代に多く見られる．また，新人候補が17人と，挑戦者のポスターに多いのも特徴である．実績を訴えるベテラン候補に対抗するために，熱意をアピールしたと考えれば合理的である．特徴的なものとしては愛知県の自民党の鈴木淳司（411頁），鈴木雅博（411頁），杉浦正健（412頁）が赤い背景に黄色い文字，上着を脱いで握りこぶしという同じ構図で写っており，ポスター全体で熱血さをアピールしている．また，社民党の八木隆次（496頁），民主党の竹内圭司（431頁）がボクシングでいうファイティングポーズをとっている．八木は35歳で，スローガンには社民党の候補らしく「巨船を砕く!! 弱肉強食を許さない!!」とある．「巨船（＝船田元）」と戦う決意の表れがファイティングポーズであろう．一方，竹内は32歳の候補で，スローガンは「私の決意。今こそ政治を変えます!!」とあり，古い政治に立ち向かう姿勢ともいえる．しかし表情がやわらかく，「あなたと語りたい」というスローガンも併記されており，八木のポスターと比較すると戦闘的な雰囲気は明らかに少ない．なお女性では唯一，社民党の大島令子（500頁）がこぶしを握っている．

　民主党の赤松広隆（439頁），自由党の鈴木淑夫（488頁）のような，あごに手をあてたポーズはおそらく何か思案しているのだろう．自民党の山口俊一（421頁），自由党の古山和宏（489頁），民主党の上田清司（430頁）は腕を組んでいるが，これも同じように何か思案しているのであろうか．これら3枚のポスターでの候補者を見ると，前記2枚のポスターに比べて表情も柔和であり，思案しているというよりも何かを語りかけようとしているのかもしれない．

　相手に語りかける雰囲気を演出しているポスターとしては，手を前に差し出したり，高く掲げたりしているものもある．自民党の小此木八郎（404頁），柳沢伯夫（409頁），公明党の若松謙維（449頁）などである．保守党の岡島正之（482頁）は有権者に向かって，握手を求めて手を差し伸べている．民主党の海江田万里（434頁）は手を振っている．これらはより明確なメッセージを有権者に送っている．

　何かを持っている場合でも，手が写っている．典型的にはマイクを持って演説場

面を演出しているものである．子供を抱いている民主党の大石尚子（433頁）や自民党の坂井隆憲（424頁），葉っぱを持っている藤沢裕美（447頁），懐中電灯を持っている真鍋稔（473頁）など何らかのイメージを想起する意図がある[15]．

　社民党の北川れん子（501頁），社民党の目黒吉之助（499頁）のように何かを指差しているものもある．北川の場合でいえば，さまざまなスローガンを書いた鳩の絵を指差し，独自のロゴマークを巧みに強調している．目黒の場合は，背景に地球があるが，指の先には何もないことから，単に指を1本掲げているだけかもしれない．指を掲げているだけの写真は自民党の大木浩（411頁）も使用しているが，意図は明らかではない．

候補者のファッションチェック

古賀光生・境家史郎

　2000年のアメリカ大統領選挙では，テレビ討論会において，ブッシュ，ゴア両候補がともに紺色のスーツとえんじ色のネクタイという組み合わせで登場し，それが心理学的な観点から採用されたことが話題になった．日本の選挙においても，今後このような知見をもとに服装を決定する候補者が増えるものと考えられるが，今回収集したポスターを並べてもみても，紺のスーツと赤系統のネクタイの組み合わせが比較的多いように見える．これは，好印象を与えられる組み合わせが経験的に選択された結果かもしれない[16]．

　候補者の服装を分析することは重要であるが，スーツの色やネクタイの色・柄はポスター上からは判別しづらく，類型化が困難で客観的分析が難しい．本稿では，比較的これが容易であった男性候補のシャツの色・柄についての考察を試みたい[17]．

　ポスターに写る男性候補のほとんどは無地の白いシャツを着用している．もっとも無難な選択であろう．そのなかで，あえて色の付いたシャツを着ている候補が38名いる．候補者全体の平均年齢は50.9歳（ポスターのある候補者の平均は51.9歳）であるのに対して，色シャツ候補の平均年齢は47.7歳のため，比較的若い候補が色シャツを選択しているといえる．しかし60歳以上の候補が8名いるなど，必ずしも若い候補だけが色の付いたシャツを着ているわけではない．

　色付きのシャツを着ている60代の候補のうち，自民党の愛知和男（396頁），狩野勝（402頁），坪井一宇（415頁）は民主党候補に惜敗している．対立候補の年齢はそれぞれ52歳，43歳，51歳である．これらの候補は自分より若いライバルに対して，ラフな服装で若さに対抗しようとしたものと考えられる．とくに愛知は上着なし，ノーネクタイのラフな格好で，子どもを抱いて芝生に座っている．これはタカ派的な発言で知られ，強面の印象のある彼がイメージの転換を図ったものであろうか．

　一方，30代の候補で色シャツを着用しているのは12名いる．色シャツ候補38人中青以外の色であるのは6名にすぎないが，そのうち3名が30代の候補である[18]．また，これらの候補者のうち9名がポスターに自分の年齢を表記しており，若さを全面的にアピールしたポスターとなっている．彼らにおいては，型にはまらない服装が若さや斬新さの間接的なアピールになっているものと思われる．

　色シャツの候補者は，政党別に見ると民主党が13名ともっとも多い．民主党の候補は自民党に比べて平均年齢が低く，当選回数も少ないため，色付きのシャツの着用には有力な対立候補との差別化の意図もあるだろう．また色シャツ候補は，東京，神奈川，大阪などの大都市を中心に，おもに都市部を選挙区としていることも特徴的である[19]．都市部の有権者が，フォーマルな服装にこだわらないか，あるいは定番のスーツに白いシャツという服装に対して飽きを示していることの反映かもしれ

第 2 章　選挙ポスターの構成要素 II 〜写真

ない．

　一方，柄の付いたシャツを着用した候補は 53 人であった．柄シャツ候補は平均年齢（51.7 歳）から見ても，選挙区の都市度[20] から見てもあまり特徴的とはいえない．これは色シャツ候補との相違点である．柄シャツは色シャツほど意識的に利用されているわけではないのかもしれない．実際，柄シャツの大半は白いシャツにピンストライプというもので，ポスター上でそれほど目立つものではない．そのなかで，色付きの柄シャツを着た候補が 10 人いた（自民の伊吹文明（413 頁）・坪井一宇（415 頁），民主の大島敦（430 頁）・黒柳博司（432 頁），共産の鈴木新三郎（459 頁），自由の西村真悟（492 頁），社民の横光克彦（504 頁）・浜田健一（504 頁），無所属の会の伊藤健一（506 頁），無所属の鈴木克昌（509 頁））．彼らにあっては単に色付きのシャツを着るよりも一層服装によるアピールに重きを置いているものと思われる．

小道具を使ったイメージ戦略

古賀光生

　選挙ポスターのなかには，小道具を使って候補者の特性をアピールしたものが数多くある．それらの小道具から有権者に特定のイメージを喚起し，それによって候補者の個性を際立たせて深く印象付けようという工夫が感じられる．

　もっとも多く利用される小道具がマイクである．演説風景を演出し，雄弁なイメージをアピールしている．社民党の佐々木利夫（497頁）と加藤繁秋（502頁），民主党の小沢鋭仁（434頁），自由党の谷口徹（491頁），無所属の会の中田宏（506頁）の5名の候補が使用しているが，すべて野党の候補者である．対案を提示する野党の印象を有権者に与える意図があるものと推測できる．ちなみに中田は「中田の八策」と題した政策提示を行っているが，ポスターの紙面の関係か細かい内容については触れられていない．

　より抽象的なイメージのアピールとして，ボールを使ったポスターがある．民主党の西尾政英（445頁）はバレーボール，自由党の村上史好（492頁）は野球のボールを使用している．それぞれ，「エースアタッカー登場」「直球派」と，スポーツが持つさわやかな印象を自身の個性と結びつけようとしたものであると考えられる．元プロ野球選手で保守党の三沢淳（482頁）が野球のユニフォームを着用しているのも同様の目的からであろう．もっとも三沢の場合は，政治家としての知名度よりも元プロ野球投手としての知名度の方が高いと判断し，そちらをアピールしたものかもしれない．

　さわやかさをアピールするものとして自転車を使った候補もいる．民主党の山崎桃生（445頁）と自由党の真鍋晃篤（492頁）である．山崎は「あなたの想いを伝えたい　MESSENGER」，真鍋は「29才　走ります」というスローガンがそれぞれ添えられており，ともに若さと行動力をアピールしたものと考えられる．真鍋のポスターでは自転車に選挙用ののぼりが描かれており，自転車を使った「お金をかけない選挙」のイメージで，クリーンな印象もアピールしている．

　白衣と聴診器を身にまとった候補者は2名いる．ともに共産党の真鍋穣（473頁）と藤末衛（474頁）である．真鍋は懐中電灯をもって診察中の様子までアピールしている．2名とも医師であり，その経歴をアピールするためのものであろう．単に「医師である」と直接表記するよりも，より親しみやすい印象を与える．

　携帯電話とノートパソコンを持った民主党の玉置一弥（441頁）のポスターは，一見して何を訴えているかは不明であるが，おそらく働き盛りをアピールしたのか，またはIT（情報技術）に精通した印象を有権者に与えることを意図したものであろう．

　自由党の広野允士（490頁）のポスターには子供の書いた似顔絵とおぼしきイラ

ストが切手風に描かれている．その上に「小さな手に明るい未来のプレゼント!!」というスローガンが書かれている．子供と未来というモチーフは多くの候補者に用いられており，子供を抱いた写真などで表現されることが多いが，広野は絵を用いて表現した．切手風のデザインは「プレゼント＝贈り物」を届ける媒介として働く決意の表れなのかもしれない．

　民主党の加藤尚彦（433頁）はペンライトのような棒で世界地図を指し示している．キャッチフレーズには「日本に未来をアジアに！」とあり，地図上でもフィリピン付近を指していることから，アジア重視の外交政策をアピールする意図があったのだろう．具体的な政策に関して小道具を使って訴えるという点では，他に指摘した例とはいくぶん異なっている．

　以上のような例は視覚的なアピールを意識したつくりになっている．選挙ポスターが視覚的なメディアであることを十分に活用して，候補者としてのアピールを行っている点では工夫を凝らしたものといえよう．もちろんイメージ先行のきらいはあるが，それはこれらのポスターに限ったことではなく，抽象的な言葉を並べたポスターにもいえることである．限られたスペースで多くの情報を伝えようとする候補者の意図を考えると，今後もこのような小道具は活用されていくであろう．

議員バッジの有無

境家史郎

　一般的に選挙では現職候補が新人よりも有利であるといわれる[21]．実際2000年総選挙でも，新人が7.5％（769人中58人）しか選挙区で当選していないのに対し，現職は62.6％（369人中231人）の当選率となっている．選挙において現職であることをアピールすることは，一般的には，有権者に対し安心感や信頼感を与えることになり，有効であると考えられる．この前提にしたがうと，現職候補は自分が現職であるということを示すために，議員バッジをつけてポスターに写るのが合理的であろう[22]．ところが，今回ポスターを収集できた現職候補252人のうち議員バッジをつけて写真に写っているのは46人（18.3％）にすぎない．これはいかなる理由によるのだろう．

　まず，議員バッジの有無と現職候補の選挙時当選回数の相関をとったところ，r=0.01となり，ほとんど相関関係は見られない．議員バッジをつけることが「現職性」のアピールになるとすれば，比較的知名度の低い当選回数の少ない候補者ほど議員バッジをつけていそうにも思えるが，そうした傾向は見られないのである．

　つぎに，所属政党別に調べてみる（表2-4）．

表2-4　議員バッジ「あり」の割合

	自民	民主	自由	公明	共産	社民	保守	その他	計
現職者数	151	48	13	10	10	9	8	3	252
バッジあり(%)	19(12.6)	16(33.3)	2(15.4)	3(30.0)	1(10.0)	1(11.1)	3(37.5)	1(33.3)	46(18.3)

※　「現職者数」はポスターがある候補者について示している．

　比較的ポスターの多い自民党と民主党を比べると，民主党候補の方が議員バッジをつけている傾向があることが分かる．これは都市度と関係があるのではないか．前述のように，有権者に現職であると認知されることが有利であるということを前提にすると，「現職であることの認知度」が低い候補者ほど，より熱心に現職であることをアピールする必要があることになる．そしてこの認知度は，都市度によって異なると考えられる．すなわち，地方であるほど，有権者と代議士との親近性や利益誘導の有効性が高いために，候補者が現職であることの自明性も高まり，逆に都会になるほどその自明性は薄れる．したがって，都市度の高い選挙区の候補者ほど，議員バッジをつけてみずからアピールする必要が出てくると考えることができる．

　このような予測のもとで，議員バッジ「あり」の候補者の選挙区と，「なし」の選挙区の都市度（DID比）を比較したところ，やはり「あり」の選挙区の方が，「なし」よりも有意に高いことがわかった[23]．つまり，比較的都会の代議士が議員バッジを

つける傾向があるのである[24].

　以上の解釈はあくまで仮説にすぎないのだが，これを裏付ける事実をさらに示すことは可能である．肩書きとして「前衆議院議員」[25]とポスターに入れることは，議員バッジ同様あるいはそれ以上に「現職性」のアピールになると考えられる．そこでこうした肩書き「あり」と「なし」の選挙区で都市度を比較したところ，やはり「あり」の方が有意に高いことがわかった[26]．都市部の現職候補は，意識して自分が現職であることを示そうとしているのである．

　ところで，議員バッジと選挙の当落の関係について調べると，「バッジあり」は80.4％（46人中37人）が当選しているのに対し，「バッジなし」は68.0％（206人中140人）となっている．事実としては，バッジをつけて「現職性」をアピールしている候補者の方が当選しているわけである．また，1979年ポスターと比較してみると，79年では29.5％（95枚中28枚）のポスターに議員バッジが見られ，00年の18.3％よりもかなり大きな割合となっている．これは，近年の政治不信・政治家不信の強さを，候補者も意識しているということの表れではないだろうか．つまり，現職であると認知されることが必ずしも有利にならないと見る候補者が20年前よりも増加したと考えられよう．

共産党は眼鏡がお好き？

北岡　亮

　候補者を，眼鏡をかけている人，かけていない人に分類して，データ入力しているうちに私はつぎのようなことを考えるようになった．それは「共産党に，眼鏡をかけている候補者が多いのではないか」ということである．さっそく表を作ってみたところ表2-5[27]のようになった．この表を見ると，やはり共産党は他党に比べてかなり眼鏡をかけている人が多い．

表2-5　眼鏡をかけている割合

	共産	自由	自民	社民	民主	その他	計
眼鏡有	99	28	83	27	50	14	301
総　数	182	59	202	67	131	43	684
割合（％）	54.4	47.5	41.1	40.3	38.2	32.6	44.0

　しかし，これだけでは「共産党の候補に眼鏡をかける人が多いのは，候補者の帰属政党以外の要因によって引き起こされた現象」といえる恐れがある．したがって，眼鏡の有無（1／0）をYとし，共産党以外の政党[28]への帰属の有無と，その他，眼鏡の有無に影響を与えそうなさまざまな要素をXとしたロジット分析を行ってみた．その結果が表2-6である．

　この結果を見ると，自民，民主，社民，自由，その他[29]のどの政党も10％水準で有意であり，かつ係数はすべて負である．したがって，眼鏡の有無に影響を与えそうなさまざまな要素をコントロールしても，これらの政党の候補者に対して，共産党の候補者は眼鏡をかける傾向があるといえる．では，なぜ共産党の候補者は眼鏡をかける傾向があるのだろうか．

　まず，単純に共産党の候補者には目が悪い人が多いということが考えられる．しかし，このロジット分析では，年齢という要素をコントロールしているので，共産党だけに目が悪い高齢の候補が多いということはいえない．また表2-5を見ると，高齢の候補者が多い自民党と比べてみても共産党の候補者の眼鏡をかけている割合は10ポイント以上も多いのである．したがって，共産党の候補者に目が悪い人が多いから眼鏡をかけている人も多いという仮説は成り立ちそうにない．そもそも，目が悪いから眼鏡をかけなければいけないというものではない．コンタクトレンズという手段もある．こうした代替手段があるにもかかわらず，わざわざ眼鏡をかけた姿でポスターに写るということは，そこに何らかの意図があると考えるのが自然である．

　ここで，眼鏡をかけた姿が相手にどのような印象を与えるのかについて考えてみ

表2-6 眼鏡をYとしたロジット分析結果

	眼鏡		
	係数	wald	有意確率
(定数)	-2.33	16.25	0.00
当落	-0.23	1.11	0.29
性別	1.71	28.23	0.00
弁護士	0.24	0.07	0.80
公務員	0.41	3.48	0.06
医者等	0.10	0.02	0.90
年齢	0.02	3.54	0.06
DID	0.27	0.91	0.34
最終学歴	0.21	0.76	0.38
自民	-0.85	8.92	0.00
民主	-0.85	9.58	0.00
社民	-0.55	3.08	0.08
自由	-0.56	2.94	0.09
その他	-1.19	9.27	0.00
-2 Log Likelihood		877.46	
CoxとSnellの擬似R2乗		0.09	
的中率		62.3%	
N=684			

ると，それは，一般的には「インテリである」「真面目である」といった印象であろう．しかし，表2-6を見てみると「弁護士[30]」や「医者[31]」や「最終学歴[32]」は有意ではない．したがって「インテリである」といった点をアピールする意図はないといえそうである．ところが「公務員[33]」は10％水準で有意であり，かつ係数は正の数である．ということは公務員経験のある候補者であれば眼鏡をかける傾向があるといえる．この「公務員」という要素から読み取れる印象は何か．

私はやはり「真面目さ」であると思う．「眼鏡をかけた公務員」という姿からは，まず真っ先に「真面目な人」という印象が出てくる．よって，私は眼鏡をかけた候補者は自らの「真面目さ」をアピールする意図があると考える．そして，この「真面目さ」という印象は共産党に非常によくあてはまることから，私は共産党の候補者に眼鏡をかける人が多いのではないかと思うのである．

---

(1) 【小道具を使ったイメージ戦略】(74頁) 参照．
(2) 以下の分析においては候補者写真のない加藤正（無所属）は除くものとする．
(3) 大阪の候補者の特徴については，【大阪VS東京】(165頁) 参照．
(4) 詳しくは【全身を写したポスター】(69頁) 参照．
(5) もちろん「口を開いている」からといって，必ずしも笑顔に見えるというわ

けではないが，少なくとも候補者の意図としては笑顔にしようとしていると思われる．
(6) 例えば，橋本龍太郎（自民，420頁）のポスター参照．
(7) 例えば，枝野幸男（民主，430頁）のポスターを参照．
(8) 【候補者のファッションチェック】(72頁) 参照．
(9) カジュアルな服装をしている候補者としては，四ツ谷恵（共産，466頁），赤池誠章（無所属，507頁）を挙げることができる．
(10) スーツでない候補者の平均年齢，平均当選回数はそれぞれ46.3歳，1.21回である．一方スーツの候補者では，それぞれ52.1歳，1.53回となっている（ただし，t検定によると当選回数は統計的に有意な差ではない）．
(11) ここでいう「装飾品」とは，イヤリング，ネックレス，ハンカチ，スカーフ，バッジ，レッドリボン，弁護士バッジ，腕時計，鉢巻，たすきのいずれかを指している．
(12) 分析法の詳細は，第二部「資料篇」を参照．
(13) 詳細は【他力本願ポスター】(138頁) 参照．
(14) 両者のポスターについては【小道具を使ったイメージ戦略】(74頁) 参照．
(15) 詳細は【小道具を使ったイメージ戦略】(74頁)を参照．
(16) 自民党のポスター作成マニュアルには，スーツについて，「スーツの色や柄は季節に合ったものを選びましょう．紺，グレーなど比較的濃い色の場合は，ストライプやパターン模様が入った，多少派手な感じのほうが仕上がりが映えます．」，ネクタイについて，「全体を引き締めるアクセントとして目立つものを選ぶのがコツです．顔だけを拡大して使う場合は結び目部分しか出ないこともありますから柄や模様の位置にも注意してください．」とある（自由民主党公報本部編『選挙宣伝－新・目で見る選挙戦－』，自由民主党公報本部，1997年，6頁）．
(17) 自民党のポスター作成マニュアルには，ワイシャツについて，「スーツ，ネクタイとの調和を第一に，淡い色の着なれたものを選びましょう．新しいワイシャツは首になじまず，不自然な感じになることがあります．」とある（前掲書6頁）．
(18) 谷口雅典（民主，430頁）がピンク，石田敏高（民主，442頁）が黄色，安住淳（民主，428頁）が黒のシャツをそれぞれ着用している．
(19) 色シャツ男性候補の選挙区におけるDID人口比は平均0.66であるのに対し，白シャツ候補のそれは0.57である．これはt検定によると10％水準で統計的に有意な差である．
(20) 柄シャツ男性候補の選挙区におけるDID人口比は平均0.60であるのに対し，無地シャツ候補のそれは0.57である．これはt検定によると統計的に有意な差ではない．
(21) 山田真裕は，現職が新人よりも有利になる理由として，第一に新人よりも知名度が高く，しかも好意的に認知されている場合が多いこと，第二に，好意的認知を獲得するための資源調達が新人より容易であることを挙げている（山田「選挙運動の理論」白鳥令編『選挙と投票行動の理論』，東海大学出版会，1997年，

(22) 実際には，有権者がポスターの議員バッジまで注意して見ているとは考えにくいが，ここでは有権者への影響力ではなく候補者側の意識を問題としているのである（これはポスター分析全般についていえることである）．
(23) DID比は，議員バッジ「あり」の方で平均0.65なのに対し，「なし」の方は平均0.56である．t検定によると5％水準で有意に前者の方が大きい．
(24) この結果に対して，例えば「東京近郊を選挙区とする現職候補者が，国会からの帰りに議員バッジをつけたまま写真撮影した」といった解釈もありうる．実際，東京の現職候補者12人中，議員バッジをつけているのは4人で，全体では18.3％しか議員バッジをつけていないことから考えると，大きな割合である．
(25) 「衆院2期」なども含む．
(26) DID比は，肩書き「あり」の方で平均0.83なのに対し，「なし」の方は平均0.55である．t検定によると1％水準で有意に前者の方が大きい．
(27) 無所属の加藤正は選挙ポスターに写真が掲載されていないためデータから外した．
(28) 共産党以外の政党をXとしたのは共産党との比較をよりはっきりさせるためである．具体的にいえば，自民党とYとの関係が有意で，かつ係数が正の数である場合「自民党の候補者は共産党の候補者に比べて眼鏡をかける傾向がある」といえるわけである．
(29) 「その他」には公明，保守，無所属の会，無所属が含まれる．
(30) 「弁護士資格保持者」を1，それ以外の人を0としたダミー変数．
(31) 「医師，医療法人幹部」（看護婦は含まず）の経験のある人を1，それ以外の人を0としたダミー変数．
(32) 「大学の学部，大学院を卒業，在籍，中退」のいずれかに該当する人を1とし，それ以外の人を0としたダミー変数．
(33) 「中央官庁職員，都道府県職員，市区町村職員，小中高教諭，保育士」のいずれかを経験している人を1，それ以外の人を0としたダミー変数．

第3章
選挙ポスターの構成要素　Ⅲ
文字情報

　ポスターの最終目的は，与えたい情報を見る者にはっきりと理解させることである．スポーツメーカーのナイキのポスターのように，有名な企業ロゴだけを載せたシンプルなものも確かに存在するが，通常のポスターでは，やはり文字情報なしには適切な情報伝達は期待できない．

　ひるがえって選挙ポスターを見ると，「候補者名」，「政党名」，そして候補者がアピールしたい内容がポスターのなかでもっとも明確に表れている「スローガン」の3つが，代表的な文字情報である．本章では，これらの文字情報について考察したい．

　まず，候補者名については，【苗字の位置と大きさ】・【名前は縦書きか横書きか】で，そのレイアウト上の特徴に着目して分析を行った．そして，【姓名の表記方法】では，漢字をあえてカナに変えて表記した理由を探り，【候補者名の書体】では，明朝体・ゴシック体といった書体の選択に込められた意味を探った．

　政党名については，その表記の個数や大きさなどに注目した【政党名の表記の仕方】と，比例区での投票を呼びかける言葉に注目した【「比例代表は○○党へ」の謎】を収めた．

　また，候補者の経歴に触れた【経歴をアピールする候補者たち】も，文字情報の1つとして本章に含めた．

　最後に，スローガンについては，【スローガンに置かれたウェイトを見る】で，スローガンの文字数・大きさという観点から総論的に分析した．さらに，各論として，スローガンのなかの特徴的な言葉について，【古臭い「新しさ」～カタカナ語・英語・URL】・【スローガンのなかの未来志向】・【地元志向に見る候補者の建前と本音】で，それぞれ「カタカナ語など」「未来志向の言葉」「地元志向の言葉」に焦点を絞って論じた．

苗字の位置と大きさ

泉澤潤一

　当然のことながら，候補者名というものは立候補者が有権者にもっとも知っておいてもらわねばならない情報である．投票用紙に自分の名を書いてもらうべく候補者はポスターに自分の名を大きく記す．筆者は，その名前のうち，「苗字」に注目した．選挙ポスターという限られたスペースのうち，候補者がどこに苗字を記し，あるいはどの程度の面積を割りあてているかを探っていきたい．

　図3-1　苗字の位置と面積

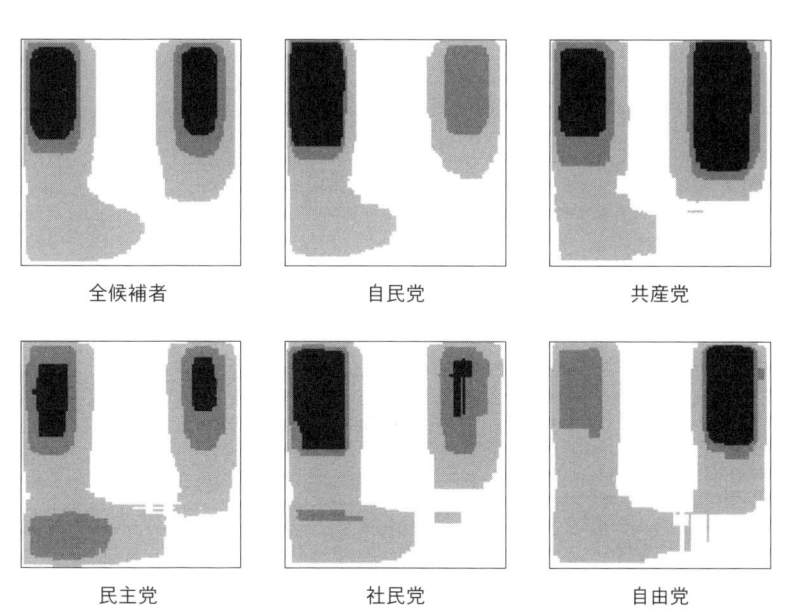

全候補者　　　　　　　　自民党　　　　　　　　共産党

民主党　　　　　　　　社民党　　　　　　　　自由党

　図3-1は，候補者の苗字が描かれている位置およびその面積を影の濃淡によって表したものである．まず，苗字の部分は長方形として把握する．そして，ポスターを縦100×横100の計1万のセルに分割し，そのセルが苗字の長方形内に含まれる候補者の割合が当該集団内で多ければ多いほど，そのセルの影の色合いが濃くなっている．以下，同図から読み取れる特徴を簡単に述べていきたい．

　まず，全体的な傾向としていえるのは，苗字をポスターの左端か右端に縦書きで記す候補者の割合が多いことである．端に苗字を記し，中央のスペースを写真やス

ローガンに割くポスターが，標準的な選挙ポスターの型であることが分かる．

つぎに，政党別の特徴を述べていこう．

まず，目立つのが共産党である．他党と比較して中央への影の張り出し具合が大きい．苗字に多くの面積が充てられている証拠だ．候補者の名前が大きく打ち出されているということだろう．その反面，下方のスペースの色合いは薄い．これは，「比例区は共産党へ」という文句を下部に帯として記しているポスターが同党に多いからに他ならない．

つぎに，民主党と社民党の構図が似ていることが挙げられよう．とくに，左下の浮島のような影が両党に共通する特徴である（社民党は分かりにくいが）．この浮島の正体は下方で横書きされている苗字である．左端の縦書き，右端の縦書き，下方の横書きという3つの表記パターンが両党の候補者集団のなかで混在しているのである．政党内での統一が見られないといっても良さそうだ．

一方，自民党や自由党はそれほど苗字にスペースを割いていないようである（ただし，自由党では右上の影の濃さから分かるように，右端に名前を書く候補者が多く，自民党では逆に，左上の影の濃さから左端に名前を書く候補者が多いことが分かる）．名前ではなく，顔やスローガンで勝負する候補者が，両党に多いということだろうか．

名前は縦書きか横書きか

平田知弘

　ポスターには，必ず候補者の名前が載っている．今回収集した685枚のポスターのうち，苗字だけで名前のないポスターが15枚あったが，全体のわずか2.2％で，ほとんどはフルネームを載せる．

　では，候補者名（苗字を基準にした）は，縦書きなのだろうか，横書きなのだろうか．全体では，23.1％が横書きだった．つまり4分の3は，縦書きである．これを政党別に見ると，表3-1のようになる．

表3-1　政党別横書き比率

	自民	公明	保守	民主	社民	自由	共産	無所属	無所会	全体
横書き	41	3	3	38	18	15	33	6	1	158
総数	202	10	8	131	67	59	182	22	4	685
比率(%)	20.3	30.0	37.5	29.0	26.9	25.4	18.1	27.3	25.0	23.1

　ポスター数の少ない公明党，保守党，無所属の会を除くと，もっとも横書きの比率が高かったのは民主党の29.0％，もっとも低かったのは共産党の18.1％で，自民党も20.3％と低かった．共産党は県ごとに定型のポスターが作られていて，候補者の属性や選挙区の状況がポスターにほとんど反映されていない．党の意向が強すぎて画一的なのだ．そこでここでは，自民党と民主党のポスターについて，対比して分析したい．

　自民党では縦書きが多く，民主党では横書きが多かった．このような政党ごとの傾向は，今回だけのものなのだろうか．1979年衆院総選挙のポスター[1]があるので，それと2000年のポスターを比較して，こうした傾向が続いているものなのか，見てみよう．表3-2を見ていただきたい．

　79年と00年で，存続している自民党，公明党，共産党の横書き候補の全体に占める比率を，それぞれ集計したものである．全政党→自民→公明→共産の順に，79年には21.9％→11.9％→35.7％→14.3％，00年には20.2％→16.2％→30.0％→18.1％とな

表3-2　79年と00年の横書き率比較

	79年・全	79年・自	79年・公	79年・共	00年・全	00年・自	00年・公	00年・共
横書き	21	5	10	1	45	23	3	33
総数	96	42	28	7	223	142	10	182
比率(%)	21.9	11.9	35.7	14.3	20.2	16.2	30.0	18.1

※　「全」は全候補，「自」は自民党，「公」は公明党，「共」は共産党候補をそれぞれ示す．

っている．自民党，共産党には横書きが少なく，公明党には多いという傾向は，昔も今も変わっていない．縦書き横書きの傾向は，今回2000年総選挙だけの結果ではなく，政党ごとの特色として続いているといえそうだ．

さて，2000年総選挙の話に戻ろう．縦書きの自民党，横書きの民主党という特徴があったわけだが，ではそれは，候補者の属性，選挙区の情勢といった政党以外の要因とどれほど関係しているだろうか．例えば，若年層の多い選挙区では老年層の多い選挙区よりも横書き比率が高いというようなことはないだろうか．そのような観点から，面白い分析結果がある．表3-3～表3-6は，縦書き候補と横書き候補の，当選回数の平均，平均年齢，選挙区の平均都市度，選挙区の青年老年人口率の平均の4つを集計したものである．

表3-3 平均当選回数（苗字の方向別）

	全政党*	自民**	民主	共産
縦	1.6	3.5	1.3	0.2
横	1.2	2.2	1.1	0.2

* 5％水準で有意差あり
** 1％水準で有意差あり

表3-4 平均年齢（苗字の方向別）

	全政党	自民*	民主
縦	52.0	56.4	47.5
横	51.2	53.1	47.3

* 5％水準で有意差あり

表3-5 平均都市度（DID比）（苗字の方向別）

	全政党	自民	民主
縦	0.59	0.50	0.66
横	0.59	0.56	0.66

表3-6 青年人口比，老年人口比（苗字の方向別）

	平均老年人口比			平均青年人口比		
	全政党	自民**	民主	全政党	自民*	民主
縦	10.5%	11.1%	9.8%	7.4%	7.2%	7.6%
横	10.1%	9.8%	9.7%	7.4%	7.5%	7.6%

* 5％水準で有意差あり
** 1％水準で有意差あり

自民党は，都市度を除いてすべてに有意差がある．自民党は，横書き候補ほど，当選回数が少なく，年齢が若く，その選挙区では老年人口比が低く青年人口比が高い，といえる．一方，民主党では候補者の属性にも選挙区の情勢にも，まったく傾向といったものがうかがえない．つまり，自民党が候補者の当選回数や年齢に合わせた，さらには選挙区の有権者構成に合わせたポスター作りをしている一方，民主党ではそのような配慮はまったく感じられないのだ．

やや強引だが，この結果を解釈しよう．1993年まで自民党一党優位体制が38年間にわたって続いたのは，自民党がイデオロギー性を弱め，全国民から得票できる包括政党化したからだといわれる．イデオロギー性を出すのではなく，その土地の有権者全体に好まれる地域密着型の選挙が展開された．ポスター作りでも，自民党は政党色を前面に出すのではなく，候補者の属性，選挙区の状況に合わせて臨機応変な，比較的政党の拘束から自由なポスター作りが行われているのではないだろうか．

実際，自民党発行の選挙ポスターマニュアル(2)（候補者向けのもの）を見ると，ポスター作成の第一に掲げられているのは「選挙区データ分析」であり，第二には「イメージづくり」である．「政策」はその後に来ている．第一の「選挙区データ分析」の項では，自分の選挙区のデータから有権者の動向や意識を把握し，「婦人層や若者層，あるいは勤労者といったように，比較的重点を置く有権者層を設定」してポスター作りをするように書かれている．第二の「イメージづくり」については，候補者の年齢や属性を意識するようにとある．政党の「政策」はそのつぎに置かれている．つまり，政党の政策よりも，選挙区の状況，候補者の属性にあわせてポスターを作れといっているのである．一方民主党は，革新政党としての色があり，その得票も無党派や労組に偏っている．ポスターにも，政党にあった統一的な候補者イメージがあるし，選挙区の地域性よりも政党色が強いと考えられるのではないか．そのために，候補者の年齢や当選回数，選挙区状況に影響されてポスターが変わるというよりは，むしろ民主党的であるという点がポスターに出たように思う．

　以上，候補者名の縦書き横書きという指標から，政党色ではなく候補者や選挙区に合わせて多様なポスターが作られるのか（自民党），それとも政党としてのイメージが優先して比較的画一的なポスターが作られるのか（民主党），考察してきた．政党の性質は，ポスターにも表れているといえよう．

姓名の表記方法

泉澤潤一

　選挙ポスターの候補者名が漢字で書かれているか，それともカナで書かれているかを単純に調べてみた．はたして珍しい姓名の候補者は漢字表記よりもカナ表記を好むのか，性別や年齢によって，姓名のアピールの仕方に差はあるのか，素朴な疑問を抱いたのである．

図3-2　候補者名の表記方法（政党別・男女別・年代別）

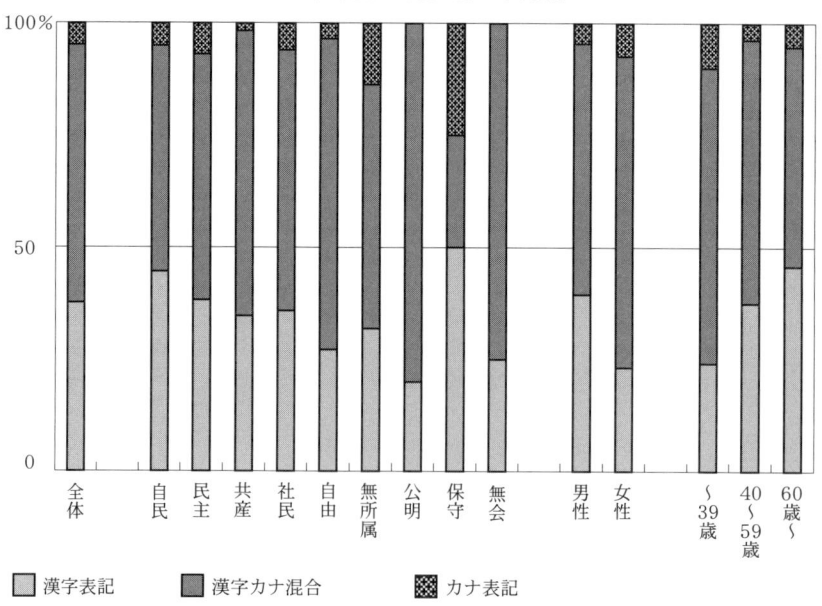

■ 漢字表記　　■ 漢字カナ混合　　▨ カナ表記

　まず，姓名の表記方法を類型化しよう．「漢字表記のみ」，「漢字カナ混合表記」，「カナ表記のみ」の3パターンである[3]．そして，それを政党別，男女別，年代別に分けたのが図3-2である．ご覧のとおり，漢字カナ混合表記のケースが各集団のなかでも過半数を占めていることがお分かりいただけよう．カナ表記のみの数字も加えて，何らかのかたちでカナを姓名に含める候補者が多いということだ．柔らかい印象を有権者に与えることを狙っての仕掛けだろう．そんな全体の傾向からすれば，「自民党候補者」，「男性」，「60歳以上」の各候補者群における漢字表記の割合の高さが特徴的だ．また，女性候補者に混合表記が多いのは，「たか子」，「よし子」といった書き

表 3-7 「カナを含むか否か」と他要素との相関

	苗字にカナを含む	名前にカナを含む
漢字表記の場合の画数	0.26	0.10
カナにした場合の字数	-0.14	-0.16
文字の難易度	0.26	0.11
性別	0.03	-0.18
年代	-0.02	-0.13
選挙時当選回数	-0.01	-0.20
現職か否か	0.00	-0.15

※「文字の難易度」については，苗字または名前が，常用漢字のみで構成されている場合を0，常用外の人名用漢字が使われている場合を1，常用外で人名用漢字でもない漢字が使われている場合を2とした．
※「性別」については，男性を1，女性を0とした．
※「年代」については，39歳以下を1，40〜59歳を2，60歳以上を3とした．
※「現職か否か」については，現職を1，新人・元職を0とした．

方が多いことによる．ちなみに，カナ表記のみのパターンは極端に少ないが，「かみせ」，「みはら」というように姓のみしか書かれていないポスターに対象を限定すれば，その割合は60%以上に跳ね上がる(25枚中16枚)[4]．徹底したシンプル化戦術の表れといえよう．

　つぎに，「カナを含んでいるかどうか」と他の要素との関係に目を向けたい．どうして姓名をカナで書くのだろうか．単純に考えれば，「画数が多くて見にくい」，「珍しい名前で読みづらい」などが正の要因として，一方，「カナにすると長くなる」，「候補者が有名でなじみがある」などが負の要因として挙げられる．そこで，苗字と名前を分けたうえで，「カナを含むか否か」という変数と他要素との相関を調べたのが表3-7である[5]．苗字では，漢字の画数が多い，あるいは難しい漢字を含んでいる場合にカナ化される傾向が見受けられた．有権者が投票用紙に何を書くかを考えれば，名前よりも苗字に気をつかうのは自然な対応だろう．一方，名前に関しては，苗字とは対照的に，姓名に内在する要素以外のものに影響を受けているようだ．名前をカナ化する女性が多いのは前述した「たか子」といった書き方の影響であるとして，とくに注目すべきは，年代・選挙時当選回数・現職といった経験値に関わる要素も顔をのぞかせていることだ．年配の議員は「名前は漢字で」というこだわりを持っていると結論づけることにしよう．

候補者名の書体

大野桂嗣

　選挙ポスターに必須の情報は何であろうか．それは間違いなく候補者名であろう．候補者が得票するには，有権者にその名を覚えてもらい，それを投票用紙に書いてもらわねばならないからである．スローガンや顔写真のないポスターは存在するが，さすがに候補者名のないポスターは存在しない．

　このように，重要な候補者名が少しでも目立つように，ポスターの制作者はさまざまな工夫を重ねている．難しい漢字をカナに変えて読みやすくしたり[6]，縦書きか横書きかに頭を悩ませたり[7]，文字の色を特徴的なものにしたり[8] といったぐあいである．同様に，文字情報の大切な一要素である「書体」にも何らかの工夫が見られるのではないかと考え，調べてみることにした．なお，本稿で扱った書体の一般的な特徴は，表3-8のとおりである．

表3-8　各書体の特徴・具体例

書体名	特徴	例
ゴシック体	線の太さが一定した肉太の書体．字面（文字サイズに対して文字が実際に占める大きさ）が大きく，遠方からの視認性がよいため，活字時代から見出し用書体として用いられてきた．	政治
丸ゴシック体	ゴシック体の文字の線の末端に丸みをつけた書体．ゴシック体より柔らかい印象を与える．字面が大きく，水平方向の並びがよく見えるため，横組みに適している．	政治
明朝体	横線が細く，縦線が太く，線の末端に飾り（ウロコ）が付いた書体．幕末に我が国で初めて活字が鋳造されて以来，その可読性のよさによって，もっとも広範に用いられてきた．	政治
筆書系書体	実際に筆で書いた風味の書体．中国・日本の伝統的な書の様式にもとづいて，行書体・楷書体・隷書体・篆書（てんしょ）体・筆画のわかりやすい教科書体など，さまざまな種類がある．	政治

※『現代デザイン辞典 2001年版』，平凡社，2001年，関善造『編集 印刷 デザイン用語辞典』，誠文堂新光社，1977年を参考にした．

　まず，候補者名の書体を「ゴシック体[9]」「丸ゴシック体」「明朝体」「筆書系書体」「その他[10]」の5つに分類し，政党・性別・年齢の各観点から分析した（表3-9）[11]．つづいて，珍しい書体を用いる，文字を独自に加工するなどして，良い意味でも悪い意味でも書体に工夫を凝らしたポスターの具体例を挙げた．

1. 書体と政党・性別・年齢

　表3-9からまず分かるのは，ゴシック体を使用するポスターがどの政党でも圧倒的

表3-9 候補者名の書体と候補者の政党・性別・年齢

	ポスター	ゴシック体 使用数 使用率	丸ゴシック体 使用数 使用率	明朝体 使用数 使用率	筆書系書体 使用数 使用率	その他 使用数 使用率
自民	202	163 80.7%	7 3.5%	14 6.9%	11 5.4%	7 3.5%
共産	182	146 80.2%	23 12.6%	1 0.5%	12 6.6%	0 0.0%
民主	131	111 84.7%	4 3.1%	6 4.6%	5 3.8%	5 3.8%
社民	67	52 77.6%	10 14.9%	1 1.5%	3 4.5%	1 1.5%
自由	59	50 84.7%	1 1.7%	3 5.1%	3 5.1%	2 3.4%
無所属	22	20 90.9%	0 0.0%	1 4.5%	1 4.5%	0 0.0%
公明	10	10 100.0%	0 0.0%	0 0.0%	0 0.0%	0 0.0%
保守	8	7 87.5%	0 0.0%	0 0.0%	1 12.5%	0 0.0%
無所会	4	4 100.0%	0 0.0%	0 0.0%	0 0.0%	0 0.0%
男性候補者	603	516 85.6%	15 2.5%	25 4.1%	32 5.3%	15 2.5%
女性候補者	82	47 57.3%	30 36.6%	1 1.2%	4 4.9%	0 0.0%
合計	685	563 82.2%	45 6.6%	26 3.8%	36 5.3%	15 2.2%
平均年齢(歳)	51.9	51.2	50.9	55.8	59.3	53.4

に多く,全体では8割以上にも及んでいることである.表3-8に示したように,ゴシック体は遠くからもっともはっきりと見える書体であるから,ポスターの候補者名の記載にはまさにうってつけなのであろう.

つぎに目を引くのは,男性候補者のごくわずかしか使っていない丸ゴシック体を,女性候補者の3分の1以上が使用していることである.丸ゴシック体はその名のとおり見た目が丸っこく,女性的な優しい印象を与える書体であり,女性候補者のアピールに適しているのであろう.しかし,これだけでは女性候補者が一律に丸ゴシック体を好むとは即断できず,共産党・社民党の丸ゴシック体の使用率が他党に比べて非常に高い点にも留意しなければならない.

これを踏まえて総合的に分析すると,表3-10のようになった.共産党・社民党の

女性候補者の丸ゴシック体の使用率は43.3%と非常に高いが,両党以外の女性候補者のそれは18.2%にとどまることが分かる.結論としては,一般に,女性候補者は男性候補者よりも丸ゴシック体を多く使用しているが,そのなかでも共産党・社民党の女性候補者の使用率はきわめて高いということができる.

表3-10 丸ゴシック体の使用率

	男性候補者		女性候補者		合計	
	使用率	使用数	使用率	使用数	使用率	使用数
共産・社民	3.7%	7/189	43.3%	26/60	13.3%	33/249
両党以外	1.9%	8/414	18.2%	4/22	2.8%	12/436
合 計	2.5%	15/603	36.6%	30/82	6.6%	45/685

それでは,なぜ両党の女性候補者は好んで丸ゴシック体を使用するのであろうか.両党とも他党に比べて多くの女性候補者を擁立しており,共産党は生活者の党を標榜し,社民党はまさに女性の党としての色彩を強めている.丸ゴシック体の使用も,そうした党の特徴をきわだたせる目的によるものかもしれない.また,両党ともイデオロギー的に左派に属していることから,その影響によることも考えられる.明確な理由づけは困難であるが,以上のような推察が可能であろう.

共産党・社民党以外の党については,どの党もこれといった特徴はなく,かなり似通った使用割合である.

最後に,各書体を使用した候補者の平均年齢を見ると,明朝体を使用した候補者の年齢は全体の平均よりもやや高く,筆書系書体を使用した候補者の年齢はさらに高く,60歳近くに達していることが分かる.明朝体は,本書を含めて一般に本文で使われる書体であり,真面目で目立たない,悪く言えば堅苦しいイメージを持っている.また,筆書系書体は,一般には年賀状の宛名などの筆文字の代用として用いられる書体であり,格式を重んじた伝統的な,悪く言えば古臭いイメージを持っている.こうした特性から,これらの書体が似合うのはベテランの候補者であるといえるが,実際に高齢の候補者ほど明朝体・筆書系書体を使用していることが分かった.

2. 書体に工夫を凝らしたポスター例
(1) 吉田六左衛門 (405頁)

やや時代がかった「六左衛門」という名前からして,普通ならば前述したように筆書系書体を使うところである.しかしこのポスターでは,「六ざえもん」とあえて中途半端にカナを用い,さらに丸ゴシック系の書体を使用している.明らかに人気漫画「ドラえもん」の文字を真似たものであろう.この書体のおかげで,ポスター全体にほのぼの感がただよい,候補者の顔もどことなくドラえもん似に見えてくる

から不思議である．

(2) 吉田泉（429頁）

　書道の心得のまったくない者が，墨汁を含みすぎた太い筆で書初めをしたような書体である．候補者の直筆であろうか．この文字自体になんともいえない重苦しいイメージがあるうえ，黒のバックに深緑という色合いが事態を悪化させている．失礼ながら，「芯のある国をつくろう」というスローガンとこの書体の組み合わせは，明らかに不つりあいではないであろうか．

(3) 玉置一弥（441頁）

　丸みを帯びたウロコのついた独特の書体を使用している．注目すべきは，大書された苗字の「玉」の字の点が，他の文字と異なって，やけに丸く立体的に描かれていることである．「玉」をイメージしたものであることは明らかであろう．この玉のおかげか，候補者名の全体にそこはかとない高級感を覚える．そのことが得票につながるか否かはまた別問題であるが．

(4) 阿部知子（497頁）

　カナで書かれた苗字の「ベ」の字の濁点が図案化されている．一昔前に，おもに子供や若い女性の間で，手紙の宛名に「○○へ」と書くときに「へ」の字に濁点のようなものを打つのが流行した．これを意識したものではないかと思われる．候補者が若く，女性であることをアピールする狙いがあるのであろう．また，ポスターの背景にたくさんのハートマークが描かれていて，いわゆるプリクラで撮った写真にする落書きのようである．これも同じ目的によるものであろう．

　以上に見てきたように，候補者は，必ずしも無目的に候補者名の書体を決めているのではなく，それぞれの書体が見る者に与える印象を考慮に入れたうえで，できるだけ効果的な書体を用いようとしているのである．

政党名の表記の仕方

泉澤潤一

　候補者は選挙ポスターに政党名を書くのが普通である．無所属候補ですら，堂々と「無所属」と記すことが少なくない．「○○党アレルギー」という言い方もあるように，政党にもイメージがつきまとう．そのような状況の下で，各候補者が，政党名をどのようにポスターに書いているかを簡単に見ていきたい．

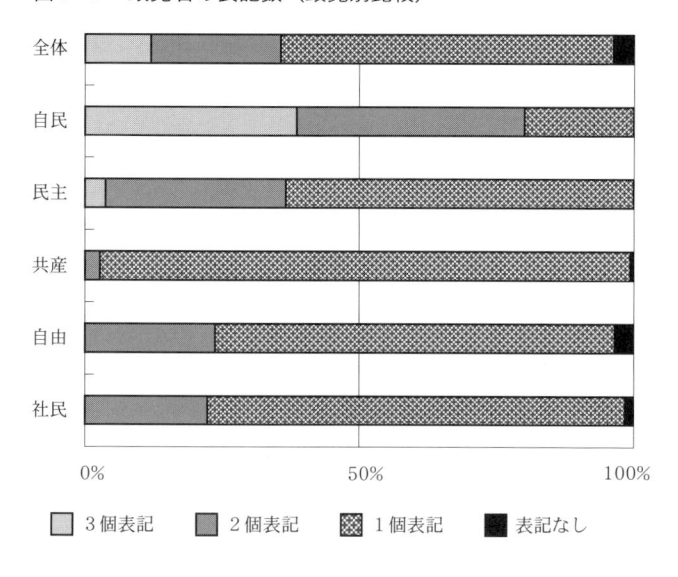

図3-3　政党名の表記数（政党別比較）

凡例：3個表記　2個表記　1個表記　表記なし

　まず，候補者が政党名をいくつポスターに表記しているかを政党別に調べたのが図3-3である．自民党の候補者のほとんどが2箇所以上に「自民党」と書いているのが目立つ．民主党の候補者も，自民党ほどではないが，2個以上表記した者が少なくない．そこで自民・民主両党の候補者をさらに分類した．すなわち，政党名の表記の仕方としては，「比例区は○○党へ」という比例区向けのもの，「○○党公認」という公認明記のもの，そしてスローガンや政党ロゴに政党名を記すタイプの計3パターンがあるが，どのパターンにもっとも多くのスペースを割いたかを調べたのが表3-11である．興味深いのは，自民党の候補者が二極化していることだろう．「自民党」を複数表記した者の9割以上が比例区向けのパターンを前面に打ち出しているのに対し，「自民党」を1つしか用いない者はほとんど公認明記のパターンに集中し

第3章　選挙ポスターの構成要素Ⅲ〜文字情報　95

表3-11　政党名の表記パターン
　　　　　　　　　（自民・民主比較）

		n	比例区重視	公認重視	その他
政党名を複数表記	自民	162	92.6%	6.8%	0.6%
	民主	48	22.9%	45.8%	31.3%
政党名を1つ表記	自民	40	15.0%	77.5%	7.5%
	民主	83	4.8%	28.9%	66.2%

表3-12　「政党名の表記数」と
　　　　　　　　　他要素との相関

	自民	民主	共産	自由	社民
性別	-0.16	0.05	0.07	0.00	-0.23
年代	-0.17	0.06	0.05	-0.03	-0.10
都市度（DID）	-0.02	-0.04	-0.09	0.10	0.19
選挙時当選回数	-0.27	-0.02	-0.02	0.04	0.07
立候補者数	0.01	0.19	-0.10	0.04	0.10

※「性別」については、男性を1、女性を0とした．
※「年代」については、39歳以下を1、40〜59歳を2、60歳以上を3とした．

ている．前者の集団は「自民党公認」の文字を見えないくらい小さく記すにとどめているようだ．逆に後者は堂々と「自民党」を名乗る一団である．

　つぎに，政党名の表記数と他の要素との相関を調べた結果が表3-12である．意外だったのは都市度との関係だろう．自民・民主2党は「地方対都市」の構図で語られることが多いが，政党名の表記に関しては，候補者はあまり意識をしていなかったようだ．そうした意識の希薄さは，自民党の都市部での大敗をもたらした「有権者とのコミュニケーション失敗」の1つの表れともいえそうだ．また，社民党では，性別との関係において若干だが負の相関が見られた．つまり，男性よりも女性のほうが「社民党」の名を出したがる傾向があるようだ．

　一方，政党名に割いた面積という基準から見たのが表3-13である．共産党がずば抜けているのが一目瞭然である．全国一丸となった「比例区は共産党へ」の大合唱は並ではない．一方で，社民党も共産党ほどではないが，比較的広いスペースを政党名に与えているようだ．自民・民主に比べて複数表記の候補者が少ないにもかかわらず面積で2党を上回っていることから，「社民党」の名を武器にしようとした戦術が読み取れよう．

表3-13　「政党名の表記数」と
　　　　　　「政党名が占める総面積」（1枚あたり）

	自民	民主	共産	自由	社民
表記数（個）	2.19	1.40	1.02	1.20	1.21
総面積	2.5%	1.2%	8.3%	1.3%	3.4%

※　総面積とは、政党名に割いたスペースをすべて足し合わせた面積を指す．

「比例代表は〇〇党へ」の謎

境家史郎

現行選挙制度では，小選挙区立候補者に比例区のための選挙運動が求められている．選挙ポスターでそれが明示的に表れるのは，「比例代表は〇〇党へ」（以下，これを「比例区宣伝」という）という文句においてであるが，表3-14から分かるように，そのあり方は政党ごとに異なっている．

表3-14 各党の比例区宣伝率

	自民	共産	民主	社民	自由	公明
比例区宣伝あり	167(82.7%)	171(94.0%)	25(19.1%)	44(65.7%)	5(8.5%)	1(10.0%)
重複立候補者数	195(96.5%)	18(9.9%)	129(98.5%)	67(100.0%)	56(94.9%)	2(20.0%)
ポスター数	202	182	131	67	59	10

※ 括弧内はいずれもポスター数に占める割合．

比例区宣伝のあり方を捉えるうえでは，各党の重複立候補者数を考慮しなければならない．共産党と公明党はこれが少なく，自民党，民主党，社民党，自由党ではほとんどの候補者が重複立候補しているから，この2グループはひとまず分けて考えるべきだろう．

まず，共産党と公明党を比較すると，両党はいずれもほとんどの候補者が小選挙区単独の立候補であるにもかかわらず，比例区宣伝のあり方は大きく異なっている．すなわち，共産党においては171人（94.0％）の候補者が比例区宣伝を入れているのに対し，公明党では1人にすぎない．重複立候補していなければ，候補者が当選を目指すうえで比例区宣伝を入れるメリットは存在しないから，共産党候補の比例区宣伝率の高さは，政党の候補者に対するコントロールの強さを示唆しているといえる．一方，公明党も共産党同様に「組織政党」だと一般にいわれるが，共産党と比べてかなり比例区宣伝率が低くなっている理由は公明党候補の小選挙区戦略に求めることができる（この点については，【拒否度への対応～公明党と共産党】(191頁)，【ポスターから見る創価学会票論争】(193頁)でより詳しく論じられているので，そちらを参照されたい）．

相対的に重複立候補者の多い自民党，民主党，社民党，自由党を比較すると，自民党と社民党は他の2党よりも比例区宣伝率が高いことが分かる．自民党については，比例区宣伝のフォーマットの統一性から見て[12]，党の意向を受けて比例区宣伝を入れた候補者が多かったと筆者は推測している．この点，社民党ははっきりとしないが，民主党と自由党については比例区宣伝を候補者の自主性に任せた結果，低い宣伝率となってしまったと考えられる．ここから，重複立候補しているからとい

って必ずしも比例区得票のための選挙運動をするインセンティヴが高まるわけではないということが示唆されよう．

つぎに注目すべきは，比例区宣伝のタイプである．比例区宣伝は，大きく分けて「比例代表は○○党へ」と「比例代表も○○党へ」という2つのタイプがある．この2種類がどこまで意識的に使い分けられているかは疑問であるが，政党ごとに明瞭な使用率の差があることも事実である（表3-15）．例えば，自民党は典型的な「も」タイプ[13]，共産党は典型的な「は」タイプである．

表3-15　各党の比例区宣伝タイプ

	自民	共産	民主	社民	自由	公明
「は」タイプ	16	168	22	42	5	1
「も」タイプ	151	0	3	2	0	0

※　共産党にはこの他のタイプが3例存在する（第二部「資料篇」参照）．

「比例代表も」と「比例代表は」の間には，微妙ではあるが，しかし重要なニュアンスの違いがある．候補者は，小選挙区での当選を第一目標とする限りにおいて，「比例代表も」と書くのが合理的（自然）である．一方，「は」タイプは，「小選挙区ではともかく，せめて比例代表では」というニュアンスを感じさせる．ただし，この場合にも候補者が重複立候補しているかどうかは重要なポイントである．重複立候補しているならば，小選挙区で比較的「弱い」候補者が復活当選のために「せめて比例代表では」と訴えることも故なきことではない．実際，第8章「政党組織と候補者の比例区行動」では，「は」タイプの多い民主党では，比例区宣伝を入れている候補者は比較的小選挙区では弱かったことが実証されている（一方，民主党の「も」タイプ3人のうち，2人は小選挙区で当選している）．同様のことは，比例区票依存度が比較的高い社民党，自由党についてもいえる[14]．それに対して，重複立候補していない場合（つまり，共産党候補の場合），「せめて比例代表では」と訴えることは完全に党の利益のためにであって，候補者はここではいわば比例区のために党の広告塔となっているわけである．以上のことから，おおまかにいって，「も」タイプは小選挙区重視，「は」タイプは比例区重視の表れだと見なすことができよう．たった1文字の違いにも候補者の選挙戦略や政党の組織的特性が反映されているのである．

経歴をアピールする候補者たち

平田知弘

候補者にとって，ポスターに自分の経歴を載せることは，有効な戦略だろうか．

ポスターの限られた紙面のなかで，候補者は何を載せるかの選択をしている．外せないのは，顔写真，名前，政党宣伝である．政党宣伝は，必ずしも必須のポスター構成要素とはなっていないが，現行の比例代表との並立選挙制度においては，政党宣伝も重要な位置を占める[15]．この3要素以外は，ポスターに何を載せるかは基本的に候補者のオプションといえる．スローガン，イラストなどとともに考えられるオプションの1つが，候補者の経歴である．

経歴はごくわずかのスペースがあれば載せられるから，他のポスター構成要素と対抗関係にはならないだろう．例えば，顔写真とスローガンは対抗関係にあり，両者のサイズは負の相関を示す[16]．顔写真を大きくするとその分スローガンに割けるスペースが限られ，スローガンサイズが小さくならざるを得ない．経歴に関しては，他の要素とそのような関係はないと思われ，経歴を載せるか否は，純粋に「経歴を載せることが有効か」という点に求められるだろう．経歴は載せたいのだが，紙面の都合上載せられない…ということはないだろう．

候補者は，自分の持つ政治的資源を総動員して当選を目指す．有権者にアピールできるものは何でも利用する．ここに，自民党の選挙ポスター作成マニュアル[17]があるのでその文章を引用しよう．

> 「候補者イメージの要素としては庶民性，実行力，温か味，政治力，誠実さ，頼もしさ，清潔さ，などがあります．経歴や実績，家庭環境を含めて，あらゆる角度から候補者が持ち合わせているものはどれかを良く見きわめましょう．」

自分の持つ政治的資源を見きわめ，活用することの重要性がよく認識されている．具体的には，例えばタレント候補は，他の候補者にはない知名度という資源を持っているし，女性は，女性ということ自体が1つの資源だろう[18]．同様に，経歴は自らの実績を有権者に示す重要な政治的資源の1つである．

経歴を載せるには，当然，それがアピールとなりうる相当の経歴でなければならない．経歴といっても，限られた重要ポストの方が，ポスターに載せるインセンティブは当然，高いだろう．閣僚と市議会議員では，閣僚の方が有効な資源といえよう．そのような視点から経歴を以下のように分類する．表記の多かった順に10に経歴を分類し，さらに便宜的だが，重要経歴と普通経歴とに分けた．重要経歴は，「閣僚」，「政務次官もしくは副長官」，「議院における役職」の3つで，与党の有力議員でないと就くことができない限られたポストである．一方，普通経歴は，ポストではなく，あくまで経歴に留まるものである．

○経歴の分類[19]
（a～c：重要経歴，d～j：普通経歴）
a「閣僚」
b「政務次官もしくは副長官」
c「議院における役職[20]」
d「現職もしくは元衆議院議員[21]」
e「地方政治家[22]」
f「議員秘書もしくは大臣秘書官[23]」
g「政党内部の役職」
h「出身大学」
i「松下政経塾出身」
j「その他経歴[24]」

1. 政党別

政党別の経歴表記率を集計すると，表3-16のようになる．これは，経歴分類a－jの，どれか1つでも表記があったポスターの割合である．

表3-16 政党別の経歴表記率

	自民	公明	保守	与党全体	民主	社民	自由	共産	無所会	無所属	野党全体	全体
経歴あり	48	5	2	55	26	9	13	38	1	5	92	147
ポスター総数	202	10	8	220	131	67	59	182	4	22	465	685
％	24%	50%	25%	25%	20%	13%	22%	21%	25%	23%	20%	21%

与党に多く野党に少ない．与党の方が有力候補者が多く，アピールできるような経歴そのものが豊富だからだろう．なかでも特徴的なのは，公明党の経歴表記率の高さだ．10人中5人が経歴表記している．これは，公明党の小選挙区公認候補18人全員が現職だったため，現職の実績アピールが多かったためだ．与党3党で候補者調整を進め，公明党は小選挙区では現有18議席の確保に目標を据えていた．与党3党の推薦候補となった"少数精鋭"18人だが，結果は11人が落選と，惨敗に終わった．

より詳しく経歴表記の内容を知るため，先ほどの10の分類別に経歴表記を集計した．政党ごとの表記ポスターの実数が，表3-17である．

いかに経歴表記したポスターの実数が多くても，その母数の大きさを無視して考えることはできないだろう．閣僚経験者の多い自民党での閣僚経験と，経験者のきわめて少ない野党での閣僚経験では，その重みが違う．そこで，候補者685人の経歴のデータをもとに，「経歴をポスターに表記した候補者数／当該経歴を持つ候補者数」の割合を算出した（表3-18）．たとえば，自民党では，今回ポスターを収集できた202人のうち，閣僚経験者は58人いる．そのうちポスターに表記したのは表3-17にあるように18人であった．そこで表3-18では，18/58で，およそ31%ということになる．こうすることにより，そもそも経歴豊富で母数が大きいために経歴表記が多かった，というような政党ごとのバイアスを取り除くことができるだろう．ここ

表3-17 経歴表記(実数)

	a	b	c	d	e	f	g	h	i	j	合計
自民	18	14	9	3	3	2	12	1	1	4	202
公明	0	2	0	3	0	0	1	0	0	4	10
保守	2	0	0	0	0	0	1	0	0	0	8
与党全体	20	16	9	6	3	2	14	1	1	8	220
民主	0	0	0	8	3	3	6	5	7	8	131
社民	0	0	0	0	2	1	3	0	0	5	67
自由	1	2	1	2	0	2	6	1	1	4	59
共産	0	0	0	6	3	1	22	0	0	10	182
無所会	0	0	0	0	0	0	0	0	1	0	4
無所属	0	0	0	0	2	0	1	1	1	2	22
野党全体	1	2	1	16	10	7	38	7	10	29	465
全体	21	18	10	22	13	9	52	8	11	37	685

※ a〜jの各項目については前頁を参照.
※ 「野党全体」には無所属候補も含む.

表3-18 経歴表記者数／当該経歴を持つ候補者数(%)

	a	b	c	d	e	f	g	h	i
自民	31%	17%	21%	2%	5%	5%	9%	1%	50%
公明	―	67%	0%	30%	0%	0%	10%	0%	―
保守	50%	0%	0%	0%	0%	―	20%	0%	―
与党全体	32%	18%	18%	3%	5%	5%	9%	0%	50%
民主	0%	0%	0%	14%	10%	10%	7%	4%	88%
社民	0%	0%	0%	0%	11%	6%	0%	―	
自由	25%	33%	13%	8%	0%	11%	15%	2%	100%
共産	―	―	0%	60%	10%	13%	13%	0%	―
無所属の会	―	―	0%	0%	0%	0%	―	0%	―
無所属	―	―	0%	0%	40%	0%	―	5%	100%
野党全体	8%	13%	5%	15%	10%	10%	11%	2%	100%
全体	28%	18%	14%	8%	8%	8%	10%	1%	92%

※ j(その他経歴)についてはデータ不備のため除外してある.

で使用した候補者経歴のデータは,朝日新聞社asahi.comの2000年総選挙立候補者情報より作成した.

　全体の集計結果を見ると,重要経歴とした「閣僚」,「政務次官もしくは副長官」,「議院役職」の3つが,普通経歴とした6つの経歴よりも若干高い表記率を示した(j「その他経歴」についてはデータ不備により表から除いてある).「限られた重要ポストほどポスターに表記するインセンティブは高い」との推察が妥当している.

　以下,与党⇔野党という軸,重要経歴⇔普通経歴という軸,2つの軸で表3-18を詳細に検討する.まず,与党では,普通経歴より重要経歴の%が高い.これは,重要

ポストほどポスターに表記するインセンティブが高いという推察どおりの結果だ．一方野党では，全体が平坦である．重要経歴を表記する候補者が比較的少なく，普通経歴を表記する候補者が比較的多いのだ．それぞれについて検討する．

　野党は，重要経歴を積極的には載せていない．93年の自民党一党優位体制の崩壊で連立の時代になり，共産党を除くほぼすべての政党が政権に加わったことがある．野党でも，多くの閣僚，政務次官および副長官，議院役職経験者はいる（それぞれ，13人，15人，19人）．しかし，ポスターにそれら重要ポストの役職経験を載せたのは，すべて自由党で，それぞれ1人，2人，1人にすぎない．自由党は政権にあった期間が長く，また選挙の2ヶ月前まで政権にいたこともあってか，野党の中では唯一，閣僚，政務次官および副長官，議院役職という"与党的"経歴を表記した．その他の野党には，これらの経歴を表記した候補者はいなかった．自民党がそれぞれ，31％，17％，21％の表記率だったのに対して，民主党はすべて0％であった．民主党はとかく政権担当能力を問われるが，閣僚，政務次官，議院役職の実績をアピールした候補者はいなかった．

　一方で野党は，普通経歴を比較的積極的に載せている．これは，新人候補が多いためだと思われる[25]．新人候補と現職元職候補の普通経歴表記率は表3-19のようであった．新人候補は概して知名度が低い．現職候補は顔と名前だけで投票してもらえるかも知れないが，新人候補はそうはいかない．自分がどういう人間なのか，有権者に知ってもらうことが第一である．そこで，現職議員では表記しないような経歴まで積極的に表記した．

表3-19　新人と現職元職の普通経歴表記率

	地方政治家	議員秘書・大臣秘書官	党役職	出身大学
新人	14％	12％	10％	2％
現職元職	1％	1％	6％	1％

2. 都市と農村

　経歴を載せるか載せないかという選択と，候補者の認知度とは，関係があると思われる．すなわち，有権者によく知られた認知度の高い候補者は，ことさら自らの経歴をアピールする必要はない．極端な話，顔と名前だけ載せれば有権者が投票してくれる．一方，認知度の低い候補者は，人物をより知ってもらいたいはずで，経歴をアピールするインセンティブは高いと考えられる．

　ここでは，認知度と経歴アピールについて，都市⇔地方という軸を調べたい[26]．地方であるほど，有権者と候補者との親近性が高いために認知度が高いと考えられる．すなわち，都市の候補者は有権者に対する認知度が低いため，経歴を載せる傾向にあり，地方の候補者は選挙区民に対する認知度が高いため，経歴を載せるのに

熱心ではない，と推論できるのである．
　以下の方法で，経歴アピールを都市⇔地方という軸で捉えた．まず，収集されたポスター685枚を該当選挙区のDID比（都市度）の順に3つに分け，都市度3, 2, 1,とした（都市度3がもっとも都市度が高い）．そのうえで，候補者を「新人グループ」と「現職または元職グループ」に分け，それぞれで，何らかの経歴を載せたポスターの割合（以下，これを「経歴表記率」と呼ぶ）を調べた（表3-20）．新人グループと現職元職グループに分けたのは，重要経歴の多い後者の方が明らかに経歴表記率が高いので[27]，そのバイアスを取り除くためである．

表3-20　都市⇔農村と経歴表記率

		経歴あり	経歴なし	合計	経歴あり割合(%)
都市度3	新人	34	104	138	24.6
	現職元職	32	56	88	36.4
都市度2	新人	24	105	129	18.6
	現職元職	27	74	101	26.7
都市度1	新人	10	121	131	7.6
	現職元職	20	78	98	20.4

　はっきりと，都市度と経歴表記率との間に関連性が見られる．都市度が高いほど，経歴を載せる候補者が多いのだ．新人グループでも現職元職グループでもそれは変わらない．自らが新人か現職あるいは元職かに関わらず，都市の候補者は自らの認知度を高めるべく経歴を積極的にアピールしていることが分かる[28]．
　さらに，このことを裏付けるデータが，比例区別に経歴表記率を調べた表3-21だ．

表3-21　比例区と経歴表記率

	北海道	東北	北関東	南関東	東京	北陸	東海	近畿	中国	四国	九州沖縄
経歴あり	2	4	14	22	20	6	30	28	8	4	9
総数	24	74	67	71	62	51	82	119	35	26	74
%	8%	5%	21%	31%	32%	12%	37%	24%	23%	15%	12%

　東京，名古屋，大阪という大都市を抱える南関東，東京，東海，近畿では，いずれも経歴表記率が高かった．やはり，農村より都市で，経歴表記率が高いのだ．

3. 79年選挙ポスターとの比較

　93年，衆院総選挙で敗れた自民党は政権を追われ，自民党一党優位体制は崩れた．8党派による政治改革内閣は1年ももたず，細川首相自身のスキャンダルで終わりを告げる．その後は，社会党は驚くべき中道化路線をとり，これまでの常識を覆す自社さ連立内閣が組織され，新党は新党で離合集散を繰り返した．政界再編の動きは，

これまでの政党概念を破壊し，同時に有権者の政党不信を招く結果を生んだ．

このような政治状況にあっては，経歴を有権者に認知されることが候補者にとって有利であるという前提には疑問がある．政治家としての実績が有権者に喚起させるイメージも，ダメージを受けざるを得ないのではないか．

政党不信がポスター上で観察できるとしたら，79年よりも00年の方が政党アピールが弱まっているというのが直接的である．しかし，選挙制度が並立制に移行したために政党アピールは必然的に強まっている[29]から，この比較は難しい．そこで，経歴のうち政党内部の役職に注目した．79年と00年で，政党内部の役職をポスターに載せた候補の割合を示す（表3-22）．

表3-22 政党役職表記の時代変化

	政党役職表記	ポスター総数	％
79年	14	95	15％
00年	17	223	8％

79年では15％のポスターに政党役職表記があるのに対し，00年には当選者223人という同じ条件下[30]で，8％しか表記がない．これは5％水準で有意な差である．20年前に比べて，ポスターに政党役職を載せる候補者は減っている．これには，90年代の政党不信の影響があるように思われる．政党の役職が，かつてのように有権者の評価を受けないことが，候補者の側にも意識されているのではなかろうか．

4. 対立候補を意識した経歴アピール戦略：特徴的な経歴アピール

選挙区状況，とくに対立候補の様子は，ポスターにも反映されることがある．対立候補を意識したと思われる経歴表記がいくつかあった．

強力な与党調整候補に対抗した民主党新人のポスターに，特徴的な経歴表記が見受けられた．埼玉6区と東京20区は，ともに候補者調整の結果自民党が擁立せず公明党候補が立った選挙区だった．自民党の推薦を受けた現職の公明党候補に，民主党新人が挑む構図だ．埼玉6区，民主新人大島敦は，「政治にパンチ」というスローガンに，「候補者公募で選ばれた新鋭」との経歴を相当な大きさでアピールして，与党3党推薦候補（公明党の若松謙維）にフレッシュなイメージで対抗した．東京20区の加藤公一は，36歳という年齢をアピールするとともに，「元サラリーマン」という，なんとも言い難い経歴を表記した．いずれも現職の与党候補を強く意識したポスターで，無党派層にアピールしようとしている．結果は，両選挙区とも民主党の勝利だった．

新人のフレッシュ戦略が当たった選挙区もあれば，逆に現職の実績アピールで当選した候補もいる．大阪16区の公明党北側一雄，和歌山3区の保守党二階俊博がそれである．2人は，ともに与党3党の推薦を受けた調整候補でありながら，自民党

の公認を漏れた候補が保守系無所属で立候補した競合選挙区で，しかも他には共産党候補しかいないという，事実上一騎打ちの選挙区だった．北側も二階も，各党公認，推薦を大きく載せて「こちらが与党公認候補だ」と"正統性"をアピールし，さらにその上に政務次官や大臣経験を載せて，実績を強烈にアピールした．明らかに，相手の無所属新人候補を意識したポスターとなっている．こちらの結果は，上記の民主新人2候補の例とは反対に，予想通り北側，二階の圧勝に終わった．

5. まとめ

　以上，経歴表記について検討した．与党候補者は野党候補者より経歴アピールに熱心だった．政権党ゆえに就ける限られたポスト，ときには閣僚級の経歴を強力にアピールしていた．一方野党の新人候補者は，新人らしいフレッシュな経歴をアピールして果敢に与党の現職候補に挑戦していた．また有権者になんとか自分を売り込むため，細かい経歴までも積極的に載せている様子も明らかになった．また，有権者と候補者の距離を反映してか，有権者との距離が遠い都市部で経歴表記が盛んに行われ，候補者が身近な農村部では経歴表記する候補者はそう多くはなかった．20年前に重要だった政党の役職は，いまや有権者には訴えかけないらしいことも分かった．

　与党と野党では，そのよって立つ立場の違いからおのずと経歴アピールの持つ意味あいも違っていた．また都市と農村では経歴アピールの重要性は違い，さらには20年前と今との違いもあった．いえるのは，その方向性は多様にしても，経歴が自分を有権者にアピールする1つの有効な資源であるということだろう．候補者は，経歴をたくみに使って，なんとか有権者に訴えかけようとしているのである．

スローガンに置かれたウェイトを見る

泉澤潤一

　候補者が選挙ポスターに載せる文字情報として欠かせないのがスローガンである．他の候補者との差異を有権者に印象づけるため，自己のよって立つところを明らかにするために，候補者はさまざまなスローガンをひねり出す．そこで，今回はそのスローガンに注目してみた．まず第一に考えるのがスローガンに使われている文字の数である．シンプルに攻めるか，丁寧に公約を書きつらねるか，候補者の意識がうかがえよう．さらに，第二の要素として考えるべきは，スローガンに割かれているスペースの大きさである．ポスターが有権者に与えるインパクトという点では，文字数よりも面積こそが重要と考えるのが自然だ．

　まず，文字数[31]についてであるが，やはり分量が少ない．文字数が100を超えるような公約を詳しく書きつらねた候補者はわずかに6人である．いかにシンプルに，そして印象に残るような言葉を打ち出すか．「力」(石原健太郎・自由党)，「奪る」(辻泰弘・民主党)，「挑む」(加藤繁秋・社民党) などの例には，ポスターはイメージを売る媒体だということが如実に表れているといえよう．そこで，政党別，男女別，年代別に集計したものが図3-4である．

図3-4　スローガン文字数（政党別・男女別・年代別）

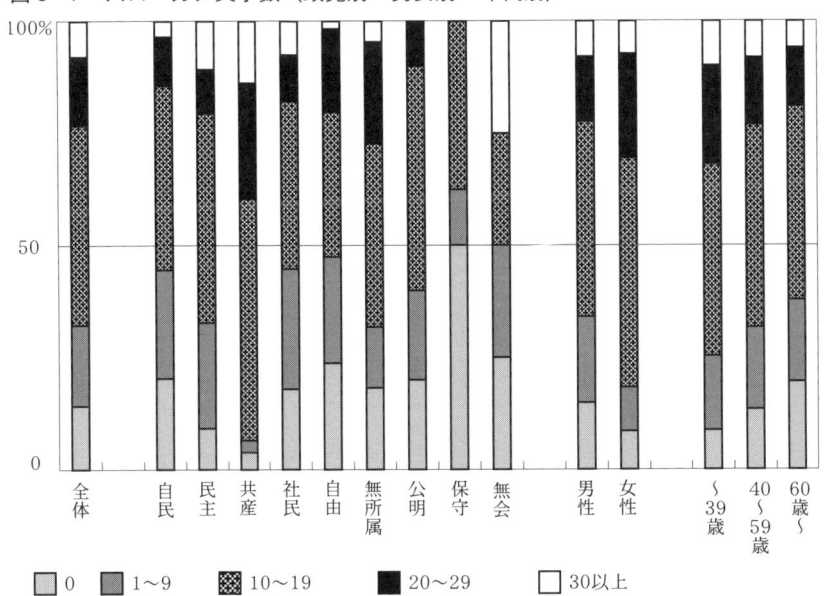

全体を見ると，10文字以上20文字未満のケースが半分近くを占める．これを標準として比較すると，共産党の候補者の文字数がとくに多い．共産党は，党全体の方針として「税金」・「介護」・「くらし」・「憲法まもる」・「雇用まもる」・「国民が主人公」といったキーワードをこれでもかと並べるスタイルを採用したため，結果的に文字数が増えたようである．同じ野党でも，候補者個人の裁量を広く認めたスローガンが多い民主党では，共産党に比べると文字数は少なくなっている．また，社民党も共産党と同じく「平和」・「福祉」といった視点を党として重視したが，比較的少ない文字数で簡潔に訴えた点で共産党と決定的に異なっている．

さて，ここで問題になることがある．スローガンなし（つまり文字数が0）の候補者の扱いだ．文字数0と文字数1以上の間には，大きな意味が隠されている可能性もある．まず，政党別に見れば，民主党はスローガンなしの候補者が少ないことが分かる[32]．「何かを書かなくては」という彼らの思いが背後にうかがえるデータだ．また，年代別で見れば，若い年代ではスローガンなしの候補者が少ない．単純に考えれば，スローガンがなければ顔写真が前面に出てくるのだから，イメージという点で年配の候補者よりも若い候補者の方が有利なはずである．だが，表が語っているのは，「多くの文字数を費やしているのはむしろ後者」という事実である．青臭さを文字情報でカバーする青年層と風格を漂わせる年配層という位置づけだ．候補者自身が，年齢を「精悍さ・行動力」ではなく「実績・経験」の視点から捉えていると結論づけられよう．ちなみに，スローガンの「有」を1，「無」を0として，諸要素との相関を計ったところ，興味深いデータが得られた（表3-23）．60歳以上の候補者群では，現職の候補者にはスローガンを書かない傾向が見られたのである．練達の議員に余計な言葉は不要ということだろうか．

表3-23 「スローガンの有無」と他要素との相関

	～39歳	40～59歳	60歳～
選挙時当選回数	-0.01	-0.11	-0.28
現職か否か	0.02	-0.05	-0.26

※ 「現職か否か」については，現職1，新人・元職0とした．

つづいて，スローガンに割かれているスペースに注目したい．スローガンの占める総面積を「スローガン面積」と見なし，分析を加えた結果，さまざまな事実が浮き彫りとなった（表3-24）．

はじめにスローガン面積について全候補者の平均値と主要政党ごとの平均値を比較すると，自民党は小さく，民主党は大きい傾向にあることが判明した．さらに，面積を文字数で割って1文字あたりの大きさを求めてみた．すると，両党と社民党の3党は文字の大きさがほぼ同じであり，文字数の多寡がそのままスローガン面積の大小となって表れていることが分かった．自由党は1文字あたりの大きさでは他

表3-24 スローガン面積（政党別比較）

	全体	自民	民主	共産	社民	自由
スローガン面積	5.0%	4.3%	5.8%	5.2%	4.8%	5.3%
平均文字数	14.4	11.3	15.3	19.1	12.6	11.8
1文字あたりの面積	0.35%	0.38%	0.38%	0.27%	0.38%	0.45%

※ ポスターの全面積を100%とした値である．「平均文字数」「1文字あたりの面積」の算出においては，極端に文字数の多い3例（長妻昭，熊谷修二，藤原信）は外れ値として除外した．

党を凌いでおり，分かりやすい大きな文字でアピールしようとした同党の姿勢がうかがえる．逆に，共産党は1文字あたりの大きさが小さく，スローガン面積に割くスペースは平均並みだが，他党に比べて文字数が多いぶん，いろいろと詰め込んだ印象になっている．

表3-25 スローガン面積と他要素との相関

	自民	民主	共産	社民	自由
性別	0.04	0.15	0.17	0.17	0.02
年代	0.01	-0.01	0.07	-0.05	0.02
選挙時当選回数	-0.08	0.03	0.11	-0.24	-0.22
都市度（DID）	0.12	0.05	-0.32	0.18	0.24
現職か否か	-0.07	0.03	0.04	-0.18	-0.10
青年人口割合	0.17	-0.01	-0.20	0.12	0.09
幼年人口割合	0.05	-0.04	0.20	-0.05	-0.23
老年人口割合	-0.17	-0.05	0.16	-0.19	-0.12
就業年齢人口割合	0.18	0.09	-0.27	0.24	0.28

※ 「性別」については，女性は0，男性は1とした．
※ 「年代」については，39歳以下を1，40〜59歳を2，60歳以上を3とした．

つぎに，スローガン面積と他の要素との相関関係を調べたのが表3-25である．自民党・民主党という2大政党については，とくに相関を見出すことはできなかった．両党ではスローガンに関するポスターごとの差異がそれほど大きくないといえるだろう．共産党では，都市度・就業年齢人口割合という要素に負の相関が見られた．無党派層からの得票の可能性のある都市部では，スローガンを大きく打ち出した「共産党色」の強いポスターを避けたということだろうか．社民党・自由党が都市部でスローガンを大きくしている（都市度・就業年齢人口割合について正の相関がある）こととの対比が興味深い．しかし，両党については，選挙時当選回数との間では負の相関が見られ，経験豊かな候補者ほどスローガンに割く面積が小さくなっていることも指摘しておきたい．経験の豊かさが，有権者とのコミュニケーションの欠如につながる危険がありはしないだろうか．この選挙で善戦した野党2党の意外な一面が垣間見えた気がした．

古臭い「新しさ」〜カタカナ語・英語・URL

大野桂嗣

　私たちが日常目にする広報・宣伝のポスターには，カタカナ語や英語が多く使われている．より現代的・都会的で洗練されたイメージを見る者に与えるためであろう．最近では，濫用ぎみのカタカナ語や英語よりも昔ながらの和語や漢語を用いたポスターの方に，逆に新鮮な印象を受ける場合すらある．
　また，インターネット利用者の増加にともなって，ウェブサイトのアドレス（以下，「URL」と呼ぶ）の記載されたポスターも増えている．直接の目的は，ウェブ上の詳細な情報を見てもらうためであろう．しかし，二次的には，カタカナ語や英語を使用する前述の理由と同様に，URLを載せることで新規性・先進性をアピールするという狙いもあるのではないであろうか[33]．
　本稿では，以上に挙げたカタカナ語[34]・英語[35]・URL[36]（以下，まとめて「3要素」と呼ぶ）の選挙ポスターでの用いられ方について分析したい．
　最初に，ポスター全体での3要素の使用率を見てみると，カタカナ語が8.9％，英語が3.3％，URLが3.5％，総合使用率が14.5％となっている．正確な比較はできないが，いずれも一般の広報・宣伝のポスターに比べると非常に低い割合であると思われる．
　また，冒頭の仮説を検証するために，3要素の使用と候補者の年齢との関係を調べると，3要素のいずれかを使用している候補者の平均年齢は46.6歳であるのに対して，いずれも使用していない候補者の平均年齢は52.5歳であった（ポスターがある候補者全員の平均年齢は51.9歳）．仮説で示したように，「新しさ」をアピールしたいであろう「若い」候補者ほど，実際に3要素を積極的に用いているようである．
　つぎに，政党別の3要素の使用率を見てみよう（表3-26）[37]．自民党と民主党を比較すると，民主党のカタカナ語・URLの使用率は自民党よりきわだって高く，英語の使用率については自民党の方がわずかに高いものの，総合使用率では自民党の12.5％に対して民主党は22.9％と大きな差があり，民主党は積極的に3要素を利用しているといえる．これは，革新勢力としていわゆる無党派層の票を取り込みたい民主党らしさの表れであり，逆に，自民党は保守層の従来からの支持を確保するために3要素をむしろ控えたのであろう．
　同じことは社民党と自由党についてもいえ，野党のなかでも革新系の社民党は3要素を多く使っているのに対して，保守系の自由党はあまり使っていない．また，共産党では，画一的なポスターであることの影響か，3要素のいずれもほとんど使用されていなかった．
　さらに，今回調査した2000年選挙から20年あまり前の1979年選挙のポスターの3要素についても調べてみた．すると，英語・URLの使用は皆無であった[38]が，カ

表 3-26 カタカナ語・英語・URL の政党別使用率

	ポスター総数	カタカナ語		英語		URL		総合	
		使用数	使用率	使用数	使用率	使用数	使用率	使用数	使用率
自民	160	8	5.0%	8	5.0%	5	3.1%	20	12.5%
共産	151	6	4.0%	0	0.0%	0	0.0%	6	4.0%
民主	118	17	14.4%	4	3.4%	8	6.8%	27	22.9%
社民	46	10	21.7%	1	2.2%	1	2.2%	12	26.1%
自由	42	5	11.9%	1	2.4%	2	4.8%	7	16.7%
無所属	18	1	5.6%	1	5.6%	2	11.1%	3	16.7%
公明	8	2	25.0%	3	37.5%	0	0.0%	4	50.0%
保守	4	0	0.0%	0	0.0%	0	0.0%	0	0.0%
無所会	3	0	0.0%	0	0.0%	1	33.3%	1	33.3%
合計	550	49	8.9%	18	3.3%	19	3.5%	80	14.5%
1979年	38	10	26.3%	0	0.0%	0	0.0%	10	26.3%

※ 「ポスター総数」とは，スローガン（個人的なスローガンは含むが，政党のスローガン・統一スローガン・ロゴマーク内の小さな文字は除く）を使用しているポスターの総数を指す．
※ 「総合使用数・使用率」とは，3要素のいずれか1つでも使用しているポスターの数・総数に対する割合を，それぞれ指す．

タカナ語の使用率は26.3%であり，意外にも2000年のポスターの約3倍の高さであった[39]．

では，この両年のポスターにおいて，それぞれ具体的にどのようなカタカナ語が使用されたのであろうか．2000年のポスターでは，「アジア」「ストップ」「チャレンジ（含チャレンジャー）」が各4回ともっとも多く使われ，ついで「クリーン」「チェンジ」が各3回使われていた．対して，1979年のポスターでは，「エンジン」「フレッシュ」「リード（含リーダー）」が各2回，「エネルギッシュ」「オピニオン」「スピード」「チャレンジ」「パワー」「ホープ」が各1回用いられていた[40]．

2000年のポスターで特徴的なのは，「アジア」という社会の国際化を示す言葉が見られる点である．また，野党のポスターで3要素が多く使用されている影響であろうか，1979年のポスターに比べて，悪政を「ストップ」し，「クリーン」な候補者が政治を「チェンジ」するといった，現状変革的な言葉が目立つ．しかし，両年に共通の言葉もあり，一見すると両年とも同じような印象を受けるため，全体としてカタカナ語に大きな変化があったとはいえないであろう．「新しさ」をアピールする言葉自体は，昔ながらの古臭いものなのである．

以上に見てきたように，選挙ポスターにはもともと3要素があまり使用されておらず，実際に使用されているカタカナ語についても時代による変化に乏しい．その時代の世相や風俗を反映して常に変化しつづける広報・宣伝のポスターと比べて，選挙ポスターの場合は，いつの時代も「十年一日」「お堅い」という印象を受けがちであるが，これらのこともその一因となっているのではないかと思われる．

スローガンのなかの未来志向

大野桂嗣

　旧来，どの政党であっても保守・革新の軸上にマッピングすることができ，通常は，各政党の政策もその位置に見合ったものとなっていた．一般に，保守政党は，良い現状を維持し，場合によってはより良い過去へ回帰することをも訴え，革新政党は，悪い現状を批判し，より好ましい未来を創造するための転換を訴えるものとされていた．

　しかし，従来型の日本的なシステムの機能不全が叫ばれている昨今では，保革を問わず，何らかの変革をともなった未来への展望を打ち出さなければならない状況となっている．また，今回調査した選挙は，21世紀を目前にひかえたいわゆる「ミレニアムイヤー」である2000年に行われたものであり，時代の転換期であることをアピールするには非常に適した時期であった．

　そこで，各政党が，抽象的な意味での未来をどの程度志向していたか，そのポスターのスローガンから分析してみた．どの言葉が有権者に未来をイメージさせるスローガン（以下，「未来志向スローガン」と呼ぶ）といえるか，できるだけ主観を交えずに判断するために，意味が一義的で使用回数が多い言葉に絞ったうえで，それらを6つに分類してそれぞれの使用率を調べてみた（表3-27）[41]．

　全体を概観すると，41.2%のポスターでいずれかの未来志向スローガンが使われていることが分かる．的確な比較対象がないため，この数値を評価するのは困難だが，やはり高い割合といえるのではないか．

　それでは，政党ごとに見てみよう．まず，自民党と民主党を比較すると，民主党は全体の6割近くのポスターで未来志向スローガンを使っていて，野党第一党として政権交代を目指していることをアピールする姿勢がうかがえる．これに対して，自民党も全体の平均値にほぼ等しい約42%のポスターで未来志向スローガンを使っているが，梶山弘志の「愛郷無限－新時代」，谷津義男の「郷土の未来のために」，三塚博の「力強く、県南の21世紀を拓きます。」，平沼赳夫の「日本の未来、郷土岡山のために！」，中村正三郎の「未来の安心をめざし　明日の房総を創る」などのように，地元の未来について語ったものがいくつも見られることがその特徴といえる．

　各分類に注目すると，4つの分類においては総合使用率と同じく民主党の使用率が自民党のそれを上回っているが，逆に分類（A）と分類（F）では民主党より自民党の使用率の方が高い．なぜこのような逆転現象が起こるのであろうか．

　まず，「21世紀，2000年」という言葉を数えた分類（A）については，「21世紀へニッポン回復」という統一スローガンを用いた自民党のポスターが9例あることの影響であろう．これらを除いた個人スローガンだけで比較すると，自民党の使用率は

表3-27 未来志向スローガンの政党別使用率

		共産	自民	民主	社民	自由	無所属	公明	保守	無所会	合計
	ポスター総数	175	161	119	55	45	18	8	4	3	588
(A)	使用数	21	20	11	2	3	3	0	0	0	60
	使用率	12.0%	12.4%	9.2%	3.6%	6.7%	16.7%	0.0%	0.0%	0.0%	10.2%
(B)	使用数	42	17	23	3	11	3	0	0	0	99
	使用率	24.0%	10.6%	19.3%	5.5%	24.4%	16.7%	0.0%	0.0%	0.0%	16.8%
(C)	使用数	1	18	17	2	6	0	0	1	0	45
	使用率	0.6%	11.2%	14.3%	3.6%	13.3%	0.0%	0.0%	25.0%	0.0%	7.7%
(D)	使用数	3	11	11	0	1	0	0	0	0	26
	使用率	1.7%	6.8%	9.2%	0.0%	2.2%	0.0%	0.0%	0.0%	0.0%	4.4%
(E)	使用数	7	5	22	3	5	2	0	0	0	44
	使用率	4.0%	3.1%	18.5%	5.5%	11.1%	11.1%	0.0%	0.0%	0.0%	7.5%
(F)	使用数	6	6	3	0	1	0	1	0	1	18
	使用率	3.4%	3.7%	2.5%	0.0%	2.2%	0.0%	12.5%	0.0%	33.3%	3.1%
総合	使用数	63	68	71	10	21	6	1	1	1	242
	使用率	36.0%	42.2%	59.7%	18.2%	46.7%	33.3%	12.5%	25.0%	33.3%	41.2%

凡例 (A) 21世紀,2000年　　　　　　　　　　　　(D) 夢,希望
　　 (B) 新(新世紀,新時代,新しい,新たな,など)　(E) 変(変える,変わる,など)
　　 (C) 未来(MIRAI,futureを含む),将来,明日,次　(F) 改革,変革

※ 「ポスター総数」とは,何らかのスローガン(個人的なスローガン・政党のスローガン・統一スローガンは含むが,ロゴマーク内の小さな文字は除く)を使用しているポスターの総数を指す.
※ 「総合使用数・使用率」とは,(A)から(F)までの言葉をいずれか1つでも使用しているポスターの数・総数に対する割合を,それぞれ指す.

民主党を下回ることになる.

「改革,変革」という言葉を数えた分類(F)については,「変(変わる,変える,など)」という言葉を数えた分類(E)との相違が興味深い.双方とも,現状を変化させるという点で非常に似た内容の言葉であるにもかかわらず,分類(E)は民主党の使用率が圧倒的に高く,分類(F)は自民党の使用率の方が高いのである.これについて私的な見解を挙げれば,「変わる,変える」という包括的な言葉は,政権交代を含めたドラスティックな変化をイメージさせるので,民主党には親和的であるが,自民党には使いづらい.しかし,「改革・変革」という言葉は,「政治改革」「行政改革」などの言葉でも分かるとおり,現行の枠組のなかでものごとを変化させるというイメージを持つ(今回数えたなかにも,「改革」の語を「教育改革」や「税制改革」という個別的な改革の意で用いた例が4例あった)ので,守旧的な印象を払拭したい自民党の候補者にはうってつけの語であった,ということではないかと思われる.

つぎに,社民党と自由党を比較すると,社民党の使用率は約18%と著しく低いが,

一方の自由党は民主党についで高い使用率である[42]．社民党が未来志向スローガンをほとんど使っていないのは，護憲を全面に打ち出し，その限りではむしろ保守的なスローガンを多用していることが原因であろう．

　最後に，共産党を見てみると，平均よりは少ないものの，やはり全体の3分の1以上のポスターで未来志向スローガンを使っている．このうち大きなウェイトを占めているのが分類（B）であるが，これは，自民党・自由党と同様に，「国民と心の通う新しい政治」という統一スローガンがきわめて多くのポスター（29例）で使用されていることの影響が非常に大きい．また，地域レベルの統一スローガンといえるものも多用されている[43]．これら以外に，候補者が独自に未来志向スローガンを使用している例は非常に少ないのが，共産党の特徴といえる．

地元志向に見る候補者の建前と本音

大野桂嗣

　日本国憲法によれば，国会議員は全国民の代表であり，特定の地方の住民のために活動するものでないことは，衆目の一致するところである．しかし，現実の選挙は地域で区切られた選挙区ごとに行われるため，多数の有権者の支持を得るには，地元へのアピールが不可欠なのもまた事実である．

　そこで，選挙ポスターの候補者の肩書・スローガンのなかに，いわば地元志向といえる内容がどれくらい含まれているかを調べてみた．具体的には，地元志向の内容を4つに分類し，政党ごとにまとめた（表3-28）[44]．以下，分類ごとに見ていこう．

　分類（A）「候補者本人タイプ」は，全体の使用例が12と少なく，もっとも多く使用しているのは民主党の6例である．地元の高校・大学卒であることを肩書としているものや，小島昭次郎の「生粋！西美濃育ち」のように地元出身を全面的にアピ

表3-28　地元志向の肩書・スローガンの政党別使用率

	ポスター総数	(A) 使用数	(A) 使用率	(B) 使用数	(B) 使用率	(C) 使用数	(C) 使用率	(D) 使用数	(D) 使用率	総合 使用数	総合 使用率
共産	175	1	0.6%	25	14.3%	18	10.3%	4	2.3%	33	18.9%
自民	167	1	0.6%	11	6.6%	0	0.0%	45	26.9%	55	32.9%
民主	120	6	5.0%	15	12.5%	0	0.0%	16	13.3%	34	28.3%
社民	59	2	3.4%	4	6.8%	1	1.7%	5	8.5%	9	15.3%
自由	49	0	0.0%	3	6.1%	0	0.0%	5	10.2%	8	16.3%
無所属	19	2	10.5%	3	15.8%	1	5.3%	1	5.3%	6	31.6%
公明	8	0	0.0%	2	25.0%	1	12.5%	0	0.0%	2	25.0%
保守	6	0	0.0%	0	0.0%	0	0.0%	1	16.7%	1	16.7%
無所会	3	0	0.0%	0	0.0%	0	0.0%	0	0.0%	0	0.0%
合計	606	12	2.0%	63	10.4%	21	3.5%	77	12.7%	148	24.4%

凡例　(A) 候補者本人タイプ　候補者本人と地元との近接性を示すもの．たとえば，候補者がその地域出身である，その地域の学校を出ている，その地域に在住である，など．
　　　(B) 候補者肩書タイプ　候補者の政治的な肩書と地元との近接性を示すもの．たとえば，候補者がその地域で地方議員等の公職を務めている，所属政党のその地域における役職を務めている，地域レベルの団体の支持を受けている，など．
　　　(C) 地元争点タイプ　スローガンの中で地元固有の政治的争点に触れているもの．多くが大規模公共事業の見直しを訴えるものである．
　　　(D) 地元イメージタイプ　(A) から (C) の分類に該当しないあり方で，地元についてスローガンのなかで触れているもの．具体的な地域名を挙げている場合もあれば抽象的な表現の場合もある．

※　「ポスター総数」とは，何らかの肩書（小さい文字で羅列してあるプロフィールは除く）・スローガン（個人的なスローガン・政党のスローガン・統一スローガンは含むが，ロゴマーク内の小さな文字は除く）を使用しているポスターの総数を指す．
※　「総合使用数・使用率」とは，(A) から (D) までに1度でも該当するポスターの数・総数に対する割合を，それぞれ指す．

ールしたものが見られた.

　分類(B)「候補者肩書タイプ」をさらに細分化すると,凡例の説明に示したように3つに分かれた[45].

　1つは地方議員や地方公共団体の首長などの経歴表示であり,これはどの党にも数例ずつ見られ,合計は15例であった.

　つぎに,所属政党の地域レベルの役職の表示が30例見られたが,そのうち大部分(21例)は共産党の候補者であった.ただし,その内実は石田保の「党一宮・尾北地区教育くらし対策委員長」や榛田敦行の「党東京都文化知識人委員会副責任者」といった複雑な名称のものばかりであり,地元志向によってではなく,共産党の党組織の特性によって,こうした表示をしていると考えるのが適切であろう.

　最後に,地域の団体の推薦などの表示が21例あり,そのなかで,民主党の候補者が連合の推薦を受けるケースが11例,自民党の候補者が農政連[46]の推薦を受けるケースが5例あった.

　分類(C)「地元争点タイプ」については,ほとんどが共産党の候補者であり,そのなかでも大部分(15例)が,愛知の候補者による「万博・空港の見直しを」という統一したスローガンであった.これも,地元志向というよりは,共産党の方針として現行行政を批判していることによるものが大きいと思われる.

　分類(D)「地元イメージタイプ」は自民党の独壇場であり,全77例の半数以上にあたる45例が自民党の候補者であった.「地方の自民党」はいまだ健在といえる.また,具体的な地域名を挙げたものは48例,抽象的な表現のものは29例であった.抽象的な表現のなかには,「ふるさと」「郷土」といった単純なものから,福岡の岩本司の「このままで、いいのですか。よかとですか。」のように方言を駆使したものまで,さまざまなものが見られた.

　分類(D)についてさらに詳しく見ると,興味深いことが見えてきた.それは,地元への極端に強い志向が見られるものは少なく,むしろ地元から国政へとベクトルが向いているものが意外に多いということである.

　77例中,表3-29に掲げた37例を見てもらいたい.このなかには,「日本」「国政」「国」「国会」という言葉を使用しているもの(○印)が27例あり,それ以外のものも,何らかの形で国政志向を示していたり(◎印),国政を飛び越して世界や地球を扱っていたり(●印)するものばかりである.端的に言って,これら37例はいずれも,地元と同時に国政を志向しているといえる.また,この37例のなかで,具体的な地域名を挙げているもの(☆印)は27例に及び,具体的な地域名を挙げた48例の実に半数以上のポスターが,国政への志向を同時に見せていることになる[47].

　ここで取り上げなかった残り40例についても,地元への極端に強い志向を示したものは少なく,例外的に,杉浦正健の「100%がふるさとの仕事」や,大野松茂の「まず地域、まず暮らし」などがあるくらいである.

　これらの背景には,候補者の意識のなかでの本音と建前のせめぎ合いがあるので

表3-29 地元と国政を同時に志向するスローガン例

候補者名	スローガン（抜粋）	志向	地域名
桜庭　康喜	未来へつなぐ、北・北海道の大いなる夢を国政へ	○	☆
中川　昭一	十勝のため　日本のため　あなたのため	○	☆
木下千代治	県議三期の実績でむつ下北の為に働く，むつ下北初の国会議員に	○	☆
玉沢徳一郎	岩手発元気	◎	☆
熊谷　修二	（省略）	●	☆
佐藤　剛男	うつくしい地球　日本一のふるさとづくり	●	
福永　信彦	元気な日本　豊かなさいたま！	○	☆
森　英介	力強い風を、房総から！	◎	☆
永井　英慈	経済再生・世界平和のために!!，地元代表は政策・実績・人柄の市民派	●	
藤井　裕久	安心できる日本のために、住みやすい相模原のために。	○	☆
松原　仁	都民の怒りを国政にガツン	○	☆
佐々木陸海	足立区民の願いを国政に生かす	○	☆
塩沢　俊之	下町の声を国政に	○	
関山　信之	変えよう日本　つくろう新潟	○	☆
瓦　力	日本の中枢に　能登の先頭に	○	☆
羽田　孜	ひたすら郷土のため国のため	○	
宮下　創平	安心してくらせる日本、そして伊奈谷のために	○	☆
棚橋　泰文	西濃から、安心できる日本を再生します，ともに語り、ともに考え、西濃と日本の直面する（中略）問題にチャレンジしていきます。	○	☆
武藤　嘉文	日本の改革、郷土の発展	○	
上川　陽子	静岡から、政策おこし。	◎	☆
戸塚　進也	今度こそ静岡から国政へ，県都と国を結ぶ架け橋	○	☆
島津　幸広	静岡市から国政へ挑戦！	○	☆
岡田　克也	私は変える　三重そして日本。	○	☆
谷垣　禎一	元気な日本は郷土から	○	
中野　寛成	豊中育ち。豊中から日本の政策発信！	○	☆
森岡　正宏	奈良発　即戦力！	◎	☆
平沼　赳夫	日本の未来、郷土岡山のために！	○	☆
後藤田正純	政治に新風・徳島から	◎	☆
渡辺　具能	よい子、よい町、よい国づくり。	○	
麻生　太郎	郷土と国の未来を見つめて	○	
樋口　博康	佐賀から世界へ―。　世界を佐賀へ―。	●	☆
西岡　武夫	日本をただす力　長崎をいかす力	○	☆
岩下　栄一	子供たちに誇れる日本を、熊本を。	○	A
松岡　利勝	熊本の夢と希望を国政に直結!!	○	☆
重野　安正	ふるさとの声、つたえたい。	◎	
小里　貞利	ふるさとの声を日本の政治の屋根に！	○	
東門美津子	沖縄から初の女性国会議員を！	○	☆

はないか．すなわち，本音としては，当選したあかつきには国会議員の大きな権力を使って地元に有形無形の利益を与えられることをアピールした方が，実利的な有権者の心をとらえることができる．しかし，冒頭でも述べたように，建前上は国会議員は全国民の代表であり，一地域の利益のためではなく国家的な見地から国政に携わらなければならない．しかも，一昔前の自民党政治の象徴であった「地域への公共事業のばらまき」などに対して全国的に反対の風潮にある現在では，あまり地元への利権を強調すると逆に無党派の有権者にはそっぽを向かれてしまう….

こうしたもろもろの事情を衡量した結果，極端に強い地元志向を敬遠しがちになるのであろう．また，具体的な地域名を挙げることである程度強い地元志向を示した場合には，同時に国政への志向を示すことで，地元志向の強さをいわば「中和」しようとしているのではないかと思われる．

───────────────

(1) 「79年ポスター」については，「分析対象とサンプルのバイアス」参照．
(2) 自民党「選挙ポスターマニュアル」については，第二部「資料篇」参照．
(3) 候補者名の同一部分を漢字・カナの両方で表記したポスター（漢字の横にふりがなのようなカナを付けるなど）については，漢字・カナのうち大きい方を把握した．
(4) 加藤紘一（397頁）のように，名前も小さく記載してはあるものの明らかに苗字のみを強調している候補者については，姓のみしか記載されていないものとして扱った．
(5) 前述した苗字のみ記載し名前を記載していない候補者については，「名前にカナを含む」から除外した．
(6) これについては，【姓名の表記方法】(88頁) を参照．
(7) これについては，【名前は縦書きか横書きか】(85頁) を参照．
(8) これについては，【色彩心理学からポスターを見る】(49頁) を参照．
(9) いわゆるポップ体6例（津島雄二（395頁）など），文字の一部が図案化されたゴシック体2例（後述の阿部知子など），ゴシック体とポップ体を併用しているもの1例（山岡賢次（486頁））も，ここに分類した．
(10) 他の4分類にあてはまらない特殊な書体のもの15例（木村幸弘（495頁），藤本欣三（443頁）など）をここに分類した．
(11) 公明党・保守党・無所属の会・無所属の候補者については，サンプル数が少ないため，本文ではとくに言及しなかった．
(12) これについては，実際に自民党ポスターを見ていただきたい．
(13) 自民党のポスター作成マニュアルには，「『比例代表も自由民主党』と明記しましょう．」とある（自由民主党公報本部編『選挙宣伝―新・目で見る選挙戦―』，自由民主党広報本部，1997年，3頁）．政党自身が「も」タイプを指定しているわけである．
(14) 一方，自民党候補の「は」タイプは，16人中12人が小選挙区で当選しており

比較的「強かった」といえるが，自民党「は」タイプのうち11人が同一県（千葉県）の候補であることに注意する必要がある．おそらくは，党千葉県連の意向により（あまり意識せずに？）「は」タイプが選ばれたのだろう．

(15) 第8章「政党組織と候補者の比例区行動」参照．
(16) 相関係数は－0.29．
(17) 自民党「選挙ポスター作成マニュアル」については，第二部「資料篇」参照．
(18) 女性候補については，第9章「選挙キャンペーンにおける『ジェンダーアピール』の位置付け」参照．
(19) ここでは文字による経歴表記だけを扱うが，経歴は文字のみで表されるわけではないことには注意が必要である．例えば，白衣を着た候補者がいるが，それは医者という経歴をアピールするものと考えられる．【小道具を使ったイメージ戦略】(74頁) 参照．
(20) 例えば，「前衆議院議長」(自民党　伊藤宗一郎（397頁))．
(21) ポスターには，単に「衆議院議員」あるいは「元衆議院議員」と載せる候補者が多いのである．
(22) 例えば，「元豊中市議会議員」(民主党　中野寛成（442頁))．
(23) 例えば，「小沢一郎秘書」(自由党　樋高剛（487頁))．
(24) 「弁護士」が7人でもっとも多く，他に，「公認会計士」(2人)，「元日経ビジネス記者」(民主党　長妻昭（435頁))など．
(25) 新人候補は，与党で42人（19％），野党で356人（77％）であった（いずれも，ポスターのある候補のなかで)．
(26) 候補者の認知度と現職アピールについて，【議員バッジの有無】(76頁) 参照．
(27) 新人グループ全体の経歴表記率が13.3％だったのに対して，現職元職グループでは，25.4％に達した．
(28) ちなみに，経歴ありの候補者の選挙区の平均DID比は0.68（ポスター数126)，経歴なしの候補者の選挙区では0.50（ポスター数559）であった．1％水準で有意に経歴ありの候補者の選挙区のDID比が高い．これを見ても，都市の候補者ほど経歴アピールに熱心であることがいえる．
(29) 【79年ポスターとの比較（政党篇）】(174頁) 参照．
(30) 79年のポスターサンプルは，ほとんどが当選者のものである．
(31) 句読点・括弧・記号などは文字数に含めなかった．また，ロゴマークに付属している微小な文字なども無視した．
(32) 共産党のスローガンなしの候補者はさらに少ないが，これは，前述のように党全体の方針に従ったポスター制作が行われたためと思われる．
(33) インターネットがさらに普及すれば，URLの記載はもはや新規性・先進性を体現しなくなるであろうが，今回収集したポスターが作られた2000年の時点では，まだその域にまでは至っていなかったと思われる．
(34) カタカナで書かれた言葉のうち，「チャレンジ」などのもともとが外来語のものを指し，「ニッポン」「イキイキ」などのもともとが日本語のものは除く．

(35) 英単語・英文を指し，ローマ字や英略語は除く．なお，英語以外の外来語の使用は見られなかった．
(36) 電子メールのアドレスについては，ウェブを見れば通常知ることのできるものであり，記載されたポスターの絶対数も少ないので，とくに調べなかった．
(37) ここで調べたのは，3要素の記載自体の個数ではなく，使用しているポスターの枚数である．すなわち，1枚のポスターで，3つのカタカナ語を使用していても，使用数は1ということになる．また，無所属・公明党・保守党・無所属の会の候補については，ポスター数が少ないため，本文ではとくに言及しなかった．
(38) 1979年には現在のようなインターネットが存在しなかったのであるから，URLの記載はなくて当然である．
(39) ただし統計学的には，1979年のポスターの数の少なさを考慮する必要がある．
(40) 使用数が10と少ないので，全使用例を挙げた．
(41) ここで調べたのは，特定の言葉の記載自体の個数ではなく，使用しているポスターの枚数である．すなわち，1枚のポスターで，同じ分類に該当する言葉を複数回または複数種類使用していても，使用数は1ということになる．また，ふりがなの内容については無視した．また，公明党・保守党・無所属の会・無所属の候補者については，ポスター数が少ないため，本文ではとくに言及しなかった．
(42) ただし，前述の分類（A）についての自民党の例と同じく，統一スローガン「日本一新」を使っているポスターが7例あり，その分類（B）への影響を考慮せねばならない．
(43) 例えば，「21世紀に新しい政治を」（愛知選挙区）が10例，「自民党政治をおおもとから改革する」（和歌山選挙区）が3例，などである．
(44) ここで調べたのは，特定の言葉の記載自体の個数ではなく，使用しているポスターの枚数である．すなわち，1枚のポスターで，同じ分類に該当する言葉を複数回または複数種類使用していても，使用数は1ということになる．
(45) 2種類にあてはまる肩書のあるポスターが3例あるため，以下の事例の合計は66となっている．
(46) 詳しくは，【他力本願ポスター】(138頁)の7. 団体推薦の節を参照．
(47) 地元志向と国政志向（本文中で挙げたものだけでなく「国民」「国家」なども含めた）との関連性をさらに詳しく見てみよう．ただし，ほとんど一律に国政志向が見られる統一スローガン・政党のスローガンについては除外した．

　国政志向の言葉を使用しているものの割合は，何らかの肩書・スローガンのある全ポスターについては25.1％（606例中152例），何らかの地元指向が見られる（分類（A）から分類（D）までのいずれかに該当する）ポスターについては35.9％（148例中53例）となっている．そして，前述したように，分類（D）に該当するポスターについては48.1％（77例中37例），分類（D）のなかでも具体的な地域名を挙げたポスターについては56.3％（48例中27例）となっている．すなわち，地元志向が強くなるほど，同時に国政志向の言葉を併用するようになるといえるのである．このことは，χ^2（カイ2乗）検定でも統計的な有意性が認められた．

第4章
候補者属性と選挙ポスター

　第1章から第3章までの論稿は，デザイン・写真・文字情報というポスターのいずれかの要素におもに着眼したものであった．ここからは，前述の各要素を横断的に分析の手がかりとしながらも，視座をそれ以外に置いたものを取り上げたい．

　まず本章では，候補者個人に注目して考察を行う．年齢・性別などの候補者に固有の特性が，そのポスター制作にいかなる影響を与えているのであろうか．

　まず，【79年ポスターとの比較（個人篇）】では，話題性の高い候補者のポスターに関して，1979年衆院選のポスターとの比較を行った．

　つぎに，候補者の年齢について，【老兵たちの肖像】・【若者たちの肖像】では，老齢候補者と若年候補者のポスターの事例を挙げてそれぞれの特徴を探り，【年齢表記に見られる候補者の選挙戦略】では，年齢の記載という視点から若さを主張する意義を考察した．

　以下，【勝ち組と負け組】では，圧勝候補・泡沫候補のポスターの相違に触れ，【世襲候補のポスター】・【無所属候補のポスター】では，それぞれ世襲候補・無所属候補のポスターを取り上げ，【他力本願ポスター】では，さまざまな種類の応援・推薦を表記したポスターについて網羅的に分析を行い，【捲土重来を誓う候補者たち】では，「今度こそ」などの言葉を記載したポスターの事例を見た．

　最後に，【派手なポスター】では，型破りのポスターを制作する術を説き，【迷スローガン・迷デザイン】では，いろいろな意味で面白いポスターの実例を挙げた．息抜きとして読んでいただきたい．

79年ポスターとの比較（個人篇）

境家史郎

　1979年と2000年両方のポスターを参照できる候補者は，11名[1]存在する．ここでは，新旧首相のポスターと，その変化を見てみよう．

1. 小泉純一郎の場合

　79年では，トレードマークの「ライオンヘアー」は，まだ現れていない．小泉の七三分けは，今となっては違和感を覚える．

　ポスター全体の配色は基本的に変化していない．青を基調にした背景に，赤字で「小泉純一郎」である．とくに「小泉純一郎」の字体は，よく見るとまったく同じものが使われている．ただし，79年は「小泉」を強調しているが，00年は「純」を強調しているという違いがある．79年総選挙では，小泉はいまだ当選2回であり，世襲候補としてのアピールが有効であったのであろう．それに対し，00年総選挙では自分の名前をアピールしている．いわば，「小泉純也の跡取り」から「純ちゃん」への変化だといえよう．

　79年では，背景の波しぶき，00年では「ライオンヘアー」で，小泉はワイルドさをアピールしているように思われる（候補者名の字体もワイルドな印象を与えている）．行動力や「変革の人」というイメージを有権者に与えるためであろうか．少なくともポスター上においては，79年当時から異端であったようだ．

2. 森喜朗と橋本龍太郎の場合

　以上のように，小泉が比較的「目立つ」ポスターであるのに比べると，森のポスターは79年，00年ともにかなりシンプルな作りになっている．また，00年ポスターの「日本の政治を変えよう．」（小泉）と「やっぱり石川県の代表です．」（森）というスローガンの違いは，この2人のスタンスの違いを象徴しているようである．

　79年と00年を比べると，森の場合は，小泉以上にポスターに変化は感じられない．レイアウトが似ているということもあるが，森自身の見た目があまり変わっていないことが大きい（表情まで同じである）．しかし「変化が感じられない」という点に関しては，橋本龍太郎のポスターに並ぶものはない．橋本のポスターは，候補者名と顔写真のみというこれ以上ないほどシンプルな作りであるが，橋本自身が老けたことと，「元内閣総理大臣」という肩書きが入ったこと以外には，この20年間まったく変化していないのである．「三つ子の魂百まで」ということであろうか[2]．

　ただ，森の場合79年と00年のポスターで1つ異なる点がある．それは，00年ポスターではつぎの文句が消えていることである[3]．

——「若さ・知性・実行力」——

老兵たちの肖像

中西俊一

1. 序

　本稿では，老齢の候補者に注目する．老齢候補は，ポスターの作り方にしても，若手（老齢ではないという意味で）と異なる戦略の下に制作している可能性があってしかるべきだし，逆に昔ながらのポスターをそのまま踏襲している可能性もある．そこで，今回は70歳以上の候補者に注目してその特徴を探る．

　対象となる老齢候補者50人中，ポスターが届いているのは31人である．その内訳は，自民21人，社民5人，共産3人，民主と自由がそれぞれ1人ずつ，となっている．

2. 検討

　まず，彼らの文字情報について調査してみる．「老い」そのものを訴えかけるような文字情報は少ない．山中貞則の「最後の御奉公」，かなり定義を拡張すれば大木浩の「即戦力！」も含まれるだろうか．逆に，スローガンに「新世紀を拓く」とか「夢を未来に」，「燃えよ2000年」といった未来志向の内容が入っているポスターが10枚を超えている[4]．平均寿命を考えると老齢候補者のアピールとしては違和感を覚える内容なので，候補者本人の特性ではなく選挙区の人口構成をはじめ選挙区の社会情勢に違いがあるのではないかと思ったが，他の老齢候補者の選挙区と比較して（わずかに老年人口に差が出たものの）それほど年齢構成の違いは表れなかった．ただし DID 人口比には多少の差が出た（表4-1）．平均値では老年人口割合がわずかに高く，DID 比では未来志向の候補者のいる選挙区の方が低い．将来に対する不安が都市に比べて高い地域，ということなのだろうか．

表4-1　未来志向の言葉の有無と選挙区

	老年割合	青年割合	幼年割合	DID 人口割合
未来志向者	0.122	0.068	0.217	0.307
老人全体	0.111	0.072	0.216	0.488

　政策の内容に触れているのが6例．ただし社民の憲法関係や共産党の消費税減税といった党の統一的な内容のものが3例含まれている．

　自民党のポスターが多いためであろうが，「県南」「伊那谷」「郷土の発展」といったポスターがそれについで4例．このあたりまで来ると，若年候補者とあまり変わらない．

　老人であればそれなりの経歴をウリにすることも考えられる．だいたいが大臣の

経歴を載せ，例外的に衆議院議長（伊藤宗一郎）や幹事長（野中広務），憲法調査会長（中山太郎）と知名度が比較的高いものを掲載している．

また，「老人らしさ」を感じる色使いをしたポスターはないか調べてみると，塩川正十郎（415頁），奥野誠亮（418頁），山中貞則（426頁），山口鶴男（496頁），辻一彦（437頁）の5名のポスターが，「親しみのあるおじいさん」といった印象を狙っているように見える（これらは，背景に白を加えて（薄い水色，灰色）明度を高くし，圧迫感を感じさせなくしている）．一方，まったく逆に背景に森の写真を取り入れ，マスコットを用い，スローガンを"WakeUp!"と英語で表すというとても若々しいポスターに仕上げた塩田晋（自由，492頁）のような候補者もいる．

3. 含意

老人という属性を積極的に有権者に訴えかけるという方法は多少見られるが，むしろ年齢を感じさせないようなポスター作りを考えている（ないしポスター作りに年齢を考慮することがない），といった結論が導けそうである．ただし，小泉内閣成立以後に塩川正十郎が一部で人気を博している状況を鑑みると，今後老人という特性を有効活用する戦略を考える候補者が増える可能性もあるだろう[5]．

若者たちの肖像

中西俊一

1. 序

　前回,「老兵たちの肖像」と称して70歳以上の候補者に注目して何らかの特徴があるのかを分析した．今回はそのカウンターパートとして，ポスター作りにおいても若年候補者は若さという属性を戦略的に生かしているのだろうか，という視点から彼ら若年候補者のポスターの特徴を探る．

　今回は若年ということでとくに「若い」ということができそうな30歳以下の候補者を対象とする[6]．対象者は34人で，ポスターが届いている候補者は18人である．その内訳は，民主党6人，共産党5人，自民党と自由党が3人で社民党が1人となっている．

2. 検討

　最初に，文字情報について検討してみる．まず，若さを訴えかけるもっとも有効な手段は年齢を表記することだと考えられる．表記しているのは若い順に原陽子，泉健太，谷口徹，岡本準一郎，榛田敦行，真鍋晃篤，後藤田正純の7名である．これは年齢を掲載している候補者の年齢ごとの割合としては決して高い方ではない[7]．文字そのもので「若さ」を出しているのは榛田敦行，原陽子，中村哲治，後藤田正純とさらに少なく，むしろ他の年齢層の候補者もよく使う[8]「新」「21世紀」の2つが目立っていた．

　さすがに若年候補者には経歴として訴えかけるものが少ないようで，党の地方組織の肩書(例：真鍋晃篤の「自由党大坂府連副幹事長・教育対策委員長」)以外には泉健太が「参議院議員秘書」ときわめて小さい字で掲載しているにすぎない．

　また，服装について調べてみる．服装については山崎桃生がメッセンジャーの格好をし，真鍋晃篤が下半身をイラスト化しているのを除けば，全員がスーツ姿である．男性の場合紺か灰の背広に原色を避けたネクタイという，いわゆる就職活動の身なりに見えるのは若さゆえであろうか．少しカジュアルなのはベージュのスーツだが，これを用いているのは2人ながら双方共産党の候補(佐藤亜希子と鈴木拓也)というのは就職活動をしなかったがゆえか，それとも服装においても革新の立場をとるがゆえか．

　色使いについては,「若さが生む情熱→赤・黄」という戦略が見られるのでは，と予想していたが，10人近くが名前のうしろに濃い青色を置き自分の写真の背景には白に近い色を使っていた．例えば谷口徹(自由，491頁)は背景色として白・水色の2色を採用しているし，小渕優子(自民，400頁)も白い背景を基調にスローガンのうしろに青と水色の細いストライプを配置してアクセントにしている．青は知

性・理想を表し白は清潔・純真というイメージが連想される[9]ことを考えると，この色の取り合わせは「若くてこれまでの政治とのしがらみがなく，しかも国の未来を真剣に考えています」というようなイメージを惹起すると思われる．これまでに政治経験がないことを逆に自分の資源に使おうという若年候補者には適した手法ではないだろうか．

3. 含意

若年候補者は自分が若いということを積極的に文字でアピールしているとは言い難い．それよりはむしろ一目で感じ取ることのできる服装や色彩に「若さが出ている」というところが現状であろう．とくに色使いについては，若さが生み出す特性（知性・冷静・理想・純粋など？）と関連させて，青・白を戦略的に使っているようだ．

年齢表記に見られる候補者の選挙戦略

菅原　琢

　ポスターに年齢を表記するのは，自らの若さをアピールすることが目的である．逆にいえば，高齢になればなるほど年齢を表記する積極的意味は薄れると考えられる．実際，全候補者（1199人）の平均年齢50.9歳，ポスター送付者（685人）の51.9歳に対し，ポスターに年齢を表記した候補者（89人）の平均年齢は39.0歳である．

　年齢の表記が若さを強調しているということは，ポスターに年齢を表記した候補者と全候補者の年齢分布を比較するとさらに分かりやすい（図4-1）．全候補者の年齢の山は50歳代を中心としているが，年齢を表記している候補者の場合，年齢構成の山はより険しくなり，その中心は30歳代となる．

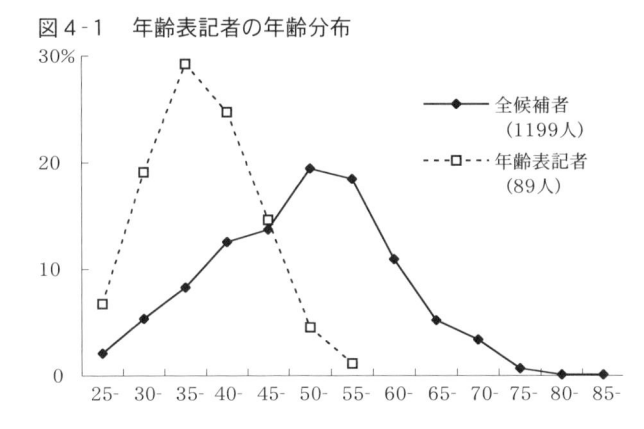

図4-1　年齢表記者の年齢分布

表4-2　世代ごとの年齢表記率

年齢	表記率	実数
25-	46.2%	6/13
30-	60.7%	17/28
35-	52.0%	26/50
40-	27.8%	22/79
45-	13.8%	13/94
50-	3.1%	4/127
55-	0.7%	1/141
60-	0.0%	0/85
65-	0.0%	0/37
70-	0.0%	0/22
75-	0.0%	0/7
80-	0.0%	0/1
85-	0.0%	0/1
全	13.0%	89/685

　表4-2は5歳刻みに世代ごとの年齢表記率を示している．全ポスターのうち年齢が表記されていたのは13.0%であるが，49歳以下の世代ではすべてこれを上回っている．一方50歳から54歳の世代になるとたった3%の表記率となる．「50歳」が政治家にとっての若さの境目となっていることは間違いないだろう．

　表4-3は，この若さの一線を超えて年齢を表記した5人の候補者たちである．年齢表記が自らの若さのアピールであるとしたら，これらの候補者は若くないにもかかわらずそれをアピールしている不思議な存在であるが，それぞれのポスターを見ていくと，彼らが実績をアピールする目的で年齢を表記している可能性が浮かぶ．年

表4-3　50歳代の年齢表記者

候補者名	政党	在職	年齢	選挙区	都市度	当落
山田　英介	自由	元5	55	埼玉14	66%	落
大畠　章宏	民主	前3	52	茨城5	61%	当
森　　英介	自民	前3	51	千葉11	13%	当
山本　幸三	無所属	前2	51	福岡11	25%	当
豊田潤多郎	自由	元1	50	京都4	74%	落

齢表記者のうちの最高齢であった山田英介は，ポスターに「5期55歳」と縦書きし，「5」を強調している．これに続いて「即戦力！」という言葉を配置している．森英介は党役職「国会対策副委員長」，政府役職「元労働政務次官」，個人的経歴「工学博士」を年齢とともに掲げており，豊田潤多郎は「元衆議院議員」と経歴「元大蔵企画官」を一緒に大きく表記している．候補者全体の現職・元職割合35.9%に対し，年齢表記者の現職・元職割合は24.7%と10ポイント以上小さくなっているが，50歳代の5人はいずれも年齢表記者のなかでは稀少な代議士経験者であり，政治家としての実績を持っているといえる．一方で，この5人全員が全体の現職・元職の平均年齢56.3歳を下回っており，実績のわりにかなり若い候補者たちであることが分かる[10]．このように，これらの高齢表記者は，実績に比し若い，若いが安心できる，というようなイメージを作るために年齢を表記しているのではないかと考えられる．

　つぎに，もっとも若い候補者たちの年齢表記状況を見てみる[11]．表4-2を見ると20歳代は30歳代に比べ年齢を表記しない傾向があるように見て取れる．見た目で明らかに若いと感じられる20歳代の候補者よりも30歳代の候補者の方が年齢を表記するという戦術を有益だと考えるのではないかと思われるが，サンプル数が少ないので推測にすぎない．ただ，圧倒的に若いのにもかかわらずそれを表明しない候補者が少なからず存在するということは重要な発見である．では，このようなポスターに年齢表記をする，しないという戦術はどのように決定されるのであろうか？

　表4-4はいずれも新人である20歳代の候補者の年齢表記，訴えなどをまとめたものである．このうち選挙区で当選したのは小渕優子のみである．これらの候補の選挙区での立場は，泉や谷口が訴えているように挑戦者である．年齢を表記した6人の候補者は，訴えの面でもはっきりと若さを主張している．単に若いと入れるだけでなく，訴えの内容自体が若々しい．泉の「ぼくたち」という一人称などはその好例である[12]．ただし年齢を表記していない7人の候補者が，若さを訴えていないというわけでもない．つまり，若さを訴えるというイメージ戦略を取らなかった結果年齢を表記していない，というわけではないのだ．

　表4-4を見ると，年齢を表記するかどうかと都市度にはっきりとした関係があることが分かる．この13人の選挙区を都市度順に並べると上位6人が年齢を表記し，下

第4章　候補者属性と選挙ポスター

表4-4　20歳代の候補者と年齢の表記，アピール戦略

候補者名	政党	年齢	選挙区	都市度	訴え
佐藤亜希子	共産	25	山形1	59%	国民と心の通う政治をおこす
原　陽子	社民	○25	神奈川14	95%	日本一若い候補者として
泉　健太	民主	○25	京都3	88%	ぼくたちの日本、じゃないか！25歳の挑戦
小渕　優子	自民	26	群馬5	13%	21世紀にチャレンジ!!
山崎　桃生	民主	26	山口1	48%	MESSENGER あなたの想い伝えたい。
佐藤　雅之	共産	27	山形4	35%	国民と心の通う政治をおこす
斎藤　啓	共産	28	愛知15	52%	21世紀に新しい政治を税金は景気や介護に
谷口　徹	自由	○28	京都2	93%	既存への挑戦!!
岡本準一郎	民主	○28	大阪13	98%	直球勝負!!
中村　哲治	民主	28	奈良2	52%	時代がかわる。若い力で政治をかえる。
高井　美穂	民主	28	徳島2	12%	いっしょに変えましょう、応援してください。
榛田　敦行	共産	○29	東京15	100%	29歳政治を変える新しい若い力
真鍋　晃篤	自由	○29	大阪12	97%	21世紀に向かって29歳、走ります!!

※　年齢欄の○はポスターに年齢を表記していることを示す．
※　一部の候補者は訴えを省略している．正確な文字情報は第二部「資料篇」を参照していただきたい．

位7人が表記していないというように，明確に分かれている．これは表4-3の5候補の選挙区都市度がまちまちなのと対照的である．この選挙区の性質の違いが，若い候補者が自分の若さをどれだけ・どのようにアピールするかという選挙戦略の違いに影響しているのだ．

　都市であれば若い世代が多く，若いということを前面に打ち出すことは有効な手段である．しかし地方では，若さに頼りなさ・実力のなさを感じる人々が多くいるために都市のようなストレートなアピールをしにくいのではと考えられ，結果，20代のような若すぎる年齢は表記しない方が良いということになったのではないだろうか．これは共産党の候補者に絞って見てみると分かりやすい．東京の榛田が年齢を表記したうえで「政治を変える」「新しい若い力」などを並べているのに対し，山形と愛知の3候補は党の統一的なスローガンを並べている．共産党は都市で強いということもあるだろうが，選挙区の特性によって選挙戦略を変えている様子がうかがえる．

　つぎに，年齢表記割合を政党ごとに見ていく（表4-5）．泉の所属する民主党が26.7%，山田の自由党が32.2%と高い率を示す一方で，共産党3.3%，自民党6.4%，

表4-5　政党別年齢表記割合

政党	自民	民主	公明	自由	社民	共産	保守	無所会	無所属	全候補
表記割合(%)	6.4	26.7	20.0	32.2	10.4	3.3	0.0	25.0	27.3	13.0
実数	13/202	35/131	6/182	19/59	7/67	2/10	0/8	1/4	6/22	89/685
平均年齢(歳)	55.7	47.4	49.6	49.3	54.3	51.0	61.1	47.3	47.8	51.9

社民党10.4％と歴史の古い政党は年齢を表記していない傾向にある．この傾向は新しい政党ほど若い候補者が多いためであるが，自由党は平均年齢からしてもずいぶん多くの候補者が年齢を表記していることが分かる．自由党は新自由主義を標榜し，都市部のサラリーマン，インテリ層，あるいはバッファープレイヤーを狙って「実行力」をアピールしていたのではないかと考えられる[13]が，このことが表4-3の山田や豊田，あるいは元参院議員の都築譲（49歳）など年齢の高い方の候補者にも実績アピールとしての年齢表記を促したのではないだろうか．

　年齢表記と性別の関係を見ると，女性候補も男性候補も平均年齢は51歳前後でほぼ同じであり，女性候補の方が高齢の候補者が少ないにもかかわらず，男性の13.9％に対し女性で年齢を表記しているのは6.1％と少ない．女性の方が男性よりも若く見え，年齢をとくに強調しない方が良いためといえるかもしれない．一般的傾向として，女性は自分の年齢を明かしたがらないということがあるのかもしれない[14]．

　さて，ポスターに年齢を表記するかしないかという戦術の違いは，候補者の選挙戦略の一端を示すものである．自らの資源をいかに有効に用いるか，どれだけコスト（票の流出）を減らすか，といったことを考えた結果，選挙運動の全体の戦略が決まり，その一端としての戦術が決定される．ここでは年齢の表記という戦術の決定に関わる要因を，候補者の年齢，都市度，所属政党，性別の順に見てきた．これら要因群は，例えば共産党の候補者には女性が多いなど，互いに密接に関係している部分があり，整理する必要がある．そこで候補者の年齢，性別（女性＝0，男性＝1），衆議院議員経験の有無，選挙区の都市度（DID人口比），スローガンの面積比，主要政党でもっとも表記率の低い共産党を標準とする政党所属ダミーを独立変数とし，年齢表記の有無を従属変数とするロジット分析を行った．スローガン面積比を独立変数として投入したのは，スローガンをたくさん入れる性格の候補者は，年齢も表記する確率が高いと考えたからである．

　結果は表4-6の通りである．有意確率を見ると，議員経験とスローガン面積比を除いて5％水準で有意となっている．

　年齢は若いほど，性別は男性であるほど年齢を表記していることが分かる．これはこれまでの観察結果そのままである．議員経験と年齢表記の関係は，経験がない新人の候補者の方が何も他にアピールするものがない分，年齢をアピールするのではという可能性もあったが，結果を見るととくに明確な関係はなかった．これは，先に見たように議員経験のある「実績に比し若い」候補者が年齢を表記した影響であろう．都市では年齢を表記し，地方では年齢を表記しないという傾向は，20代のような若い候補者だけでなく全候補者についても確認できた．政党のダミー変数は全政党で係数がプラス（年齢を表記する方向）になっており，共産党がもっとも年齢を表記しない政党であることが分かる．係数を見ると，年齢をもっとも表記する傾向にあるのは自由党で，社民党，その他の候補（公明，保守，無所属の会，無所属），民主党の順に年齢を表記する傾向にあり，自民党は共産党とともに年齢を表

表4-6　年齢表記の規定要因

	年齢表記の有無		
	係数	Wald	有意確率
（定数）	2.18	4.66	0.03
年齢	-0.20	81.56	0.00
性別	2.32	13.29	0.00
議員経験	-0.26	0.53	0.47
都市度	1.11	4.63	0.03
スローガン面積	0.04	1.40	0.24
自民	1.71	7.50	0.01
民主	2.30	17.65	0.00
自由	3.10	23.33	0.00
社民	2.53	12.60	0.00
その他	2.40	12.49	0.00
-2 Log Likelihood		293.82	
CoxとSnellの擬似R^2		0.29	
的中率		91.5%	
N=685			

記していないことになる．

　まとめると，ポスターに年齢を表記する戦術は自分の若さをアピールすることが第一目的であると考えられるが，どこまでが「若い」のかは実績などの要素が絡み相対的になっている．各候補者は，若さをアピールして意味がある（得票につながる）のか意味がない（得票が減る可能性がある）のかを自分の年齢だけでなく選挙区の特性（都市的かどうか）を考慮して判断している．一方で，この候補者の戦術選択は政党の性格によって規定されている面もある，ということが分かった．年齢をポスターの上に載せるか載せないかという戦術判断が，本人の年齢だけでなく，政党や選挙区の特性によっても左右されているのである．そしてこのような規定構造は，年齢表記という選挙運動末端の戦術に限らず，候補者の選挙戦略全体に関して存在しているのではないだろうか．

勝ち組と負け組

中西俊一

1. 序

　候補者はポスター制作時点での期待得票数を基礎にしてどのようなポスターを作るかを考えている．そう考えると，制作時点ですでに勝利を確信できる候補者と，期待得票数と当選に必要な得票数が離れている候補者とでは，ポスター制作の手法が異なってくるだろう．そこで今回は，比較対象として相対得票率60％以上の候補者たち（ここでは勝ち組と呼ぶ）と6％以下の候補者たち（ここでは負け組と呼ぶ）を選び，双方の群を比較しその特徴について考える．

2. 勝ち組

　勝ち組の人数は40人．内訳は自民党35人，保守党3人，民主党・社民党1人ずつとなっている．自民党以外の政党の該当者は党の幹部クラスで占められ（野田毅，二階俊博，井上喜一，羽田孜，土井たか子），自民党でも当選回数を重ねた党の大物（瓦力，小里貞利など）ないしは世襲議員（過半の議員，大物かつ世襲の候補者が多い）が該当者になっている．

　勝ち組の場合はポスター制作時にすでに勝率が十分に高かろうから，とくに候補者の特性を意図的にアピールする必要性には乏しい．それでも多少の特徴がないわけではない．

（1）何もないポスター

　本人の写真と名前を除いて装飾を排したポスター．背景もほとんど1色だけで抑えられている．木村太郎（395頁）や亀井久興（419頁）がその典型．わずかに肩書を付す場合もあるが小さな文字で目立たない程度にしている（土井たか子（501頁），井上喜一（482頁），橋本龍太郎（420頁））．

（2）少しだけ飾ったポスター

　（1）に何らかのスローガンを加えてみたポスター．スローガンの内容は未来志向の内容（堀内光雄「新世紀を拓く」，小渕優子「21世紀にチャレンジ」など），政権党の立場をアピールするもの（加藤紘一「自由民主の旗のもと力強い日本を！」，小泉純一郎「日本の政治を変えよう」，渡部喜美「まかせてください日本の政治」など），地域の代表という立場を示すもの（梶山弘志「愛郷無限」，森喜朗「やっぱり石川県の代表です」，竹下亘「ふるさと創生21」など）といった分類ができる．

　（1）と（2）の双方に共通している点は，名前の縦書きが極端に多いこと．該当者40人中実に37人が縦書きで，非採用者は茂木敏光・金子一義・田村憲久の3名．茂木は勝ち組のなかでは少数派の非世襲候補，また茂木と田村は比較的若く（44歳と35歳）党内部での経歴も当選回数も比較的浅いが，金子の場合は既に57歳と落ち着

いた年齢で当選4回の衆議院大蔵委員長まで務め上げた世襲議員のためやや意外の感を与える．

　また，候補者自身に投票してくれるだろうという期待が十分にあるため，ポスターという資源を党の戦略のために振り分けるという行動も考えられる．そこで，比例区への言及度合いを調べると34人の候補者が比例区投票を呼びかけていた．興味深いのは，言及しなかった候補者は，橋本龍太郎・加藤紘一・山中貞則の自民党の大物3名，あと保守党の野田毅は保守党が九州で比例区候補を出していないこと，二階俊博・井上喜一は自民党の推薦を受け選挙協力を仰いでいることを考慮して掲載していない．他党との協力を重視しなくてはならない保守党に比べて，自党の選挙戦略をより展開しやすい自民党は，投票前の時点で「自民党の候補には投票するが，比例区では自民党以外に投票したい」という分裂行動をとられる恐れをより強く持っていた，ということを示してはいないだろうか．

3. 負け組

　負け組の該当者は44人．内訳は共産党29人，自由党5人，無所属5人，社民党4人，民主党1人となっている．

　負け組に位置する候補者の場合，おそらくポスター制作時点ですでに候補者自身の当選確率はかなり低かったと考えられる．この状況下でどのような戦略を立てるだろうか．

(1) 党という要素を使う

　この戦略は共産党に典型的に見られる．共産党候補は(負け組でもそれ以外でも)比例区の言及度合いが非常に大きく，とくに負け組の場合は岩手・福島・茨城をはじめ保守層の多い地域での選挙活動のため，候補者独自の要素（経歴や独自のスローガンなど）さえ掲載せず党のスローガン「くらし・社会保障を予算の主役に」「国民と心の通う新しい政治を」を重点的に掲載している．候補者の当選より比例区で1人でも当選者を確保するという戦略が見えてくる．

　一方，民主党はじめ他党の候補者10人の場合は社民党の梅蘭・八木隆次を除いて比例区への言及はない．その一方で政党名は記載し公認候補への言及も多い．これは候補者が所属する政党の支持者に，自分自身への投票を促そうという戦略の表れではないだろうか．

　無所属の候補者の場合は党の支持者を動員できない．しかし，現在の政党政治への異議申し立てを行って，支持政党のない有権者の投票を求めるという方法をとることができる．具体的には伊藤智巳の「政治家が変わる日本が変わる」や加藤正・栄博士のように無所属を明示する方法が挙げられる．

(2) スローガン

　当選確率の低い候補者としてはできる限りの資源を動員する必要がある．そのためにはスローガンを明示し政策志向を訴えかけるという方法も考えられる．

表4-7 勝ち組一覧

候補者名	政党	相対得票率	当選回数	地盤継承	名前は縦か横か
山本 公一	自民	83.60	2	○	縦
渡辺 喜美	自民	83.38	1		縦
梶山 弘志	自民	83.35	0	○	縦
園田 博之	自民	79.18	4	○	縦
小渕 優子	自民	76.38	0	○	縦
堀内 光雄	自民	75.02	7	○	縦
保利 耕輔	自民	73.94	7	○	縦
瓦 力	自民	72.39	9		縦
加藤 紘一	自民	72.14	9	○	縦
宮路 和明	自民	72.11	3		縦
安倍 晋三	自民	71.71	2		縦
小泉 純一郎	自民	69.03	9	○	縦
木村 太郎	自民	68.98	1	○	縦
牧野 隆守	自民	68.49	5		縦
河村 建夫	自民	68.07	3		縦
森 英介	自民	66.35	3	○	縦
亀井 久興	自民	66.12	2		縦
竹下 亘	自民	66.08	0	○	縦
橋本 龍太郎	自民	65.60	12	○	縦
高村 正彦	自民	65.47	6	○	縦
井上 喜一	保守	64.90	4		縦
森 喜朗	自民	64.44	10		縦
村上 誠一郎	自民	64.10	4	○	縦
平沼 赳夫	自民	64.07	6		縦
中川 秀直	自民	63.99	6	○	縦
林 幹雄	自民	63.89	2	○	縦
茂木 敏充	自民	63.61	2		横
松岡 利勝	自民	63.57	3		縦
谷垣 禎一	自民	63.54	6	○	縦
二階 俊博	保守	63.08	5		縦
小里 貞利	自民	62.96	7		縦
土井 たか子	社民	62.82	10		縦
田村 憲久	自民	62.78	1	○	横
金子 一義	自民	62.48	4	○	横
村田 吉隆	自民	62.37	3	○	縦
今村 雅弘	自民	61.96	1		縦
山本 有二	自民	61.31	3		縦
羽田 孜	民主	61.24	10	○	縦
山中 貞則	自民	60.64	15		縦
野田 毅	保守	60.39	9	○	縦

表4-8 負け組一覧

候補者名	政党	相対得票率	比例代表の記述
近藤 薫	無所属	0.69	
加藤 正	無所属	1.49	
栄 博士	無所属	2.54	
橋田 芳昭	共産	2.89	有
大川 優美子	自由	3.00	
伊藤 智巳	無所属	3.44	
阿部 正義	共産	3.68	有
久野 正義	共産	3.73	有
福原 秋一	共産	3.84	有
吉永 二千六百年	自由	3.90	
藤倉 喜久治	民主	4.00	
川浪 隆幸	共産	4.11	有
益田 健宏	共産	4.16	有
上村 泰稔	共産	4.17	有
船川 克夫	自由	4.52	
野村 節子	共産	4.65	有
芳賀 芳昭	共産	4.69	有
八木 隆次	社民	4.72	
小柳 茂臣	共産	4.75	有
山口 陽規	共産	4.80	有
鈴木 正一	共産	4.85	有
山田 和明	共産	4.95	有
岩永 尚之	共産	5.06	
平野 繁展	自由	5.16	
中北 龍太郎	社民	5.17	
西山 剛	共産	5.17	有
山下 千秋	共産	5.22	有
飛田 利光	共産	5.26	有
猪葉 武	無所属	5.27	
稲葉 修敏	共産	5.30	有
飯塚 正	共産	5.30	有
上田 弘	共産	5.30	有
佐藤 隆五郎	共産	5.32	有
大曽根 勝正	共産	5.39	有
梅 蘭	社民	5.42	有
半田 正	共産	5.44	有
菊池 幸夫	共産	5.47	有
原田 俊広	共産	5.59	有
福田 道夫	共産	5.62	有
横倉 達士	共産	5.64	有
武藤 博光	自由	5.67	
木場 満義	共産	5.71	有
戸田 二郎	社民	5.82	
太田 清幸	共産	5.98	有

ところが，実際には具体的な政策言及というのは他の候補者に比べて多いということはない．「巨船を砕く」(八木隆次) といった気合を見せる内容の方がむしろ多く，「働ける職場を増やす」(船川克夫)，「永代信用組合の不正追及」(近藤薫)，「21世紀はインターネットと地球環境の時代」(猪塚武) と，候補者独自の政策アピールが散見される程度にとどまる．

(3)「勝ち組的」負け組ポスター

ところで栄博士 (508頁) と吉永二千六百年 (493頁) のポスターは，一見すると勝ち組ポスターかと見まごうシンプルなポスターになっている．吉永の場合は自由党の名前を載せ，栄は無所属で東大医学部卒の医師だと載せているが，それで勝ち組並みの効果が出ると思ったのだろうか．むしろ出馬自体に現在の政治への異議申し立ての意味を見出していたのかもしれない．

4. 含意

これまで見たところ，勝ち組の場合は豊富な資源を，負け組の場合は不足する資源を政党との関係を視野に入れつつポスター作りをしていると考えられる．勝ち組の場合は政党への配慮を加えた点を除けばそれほど戦略的でなくてかまわないため，20年前と比べて見た目の違いがあまりないという結果を惹起している．一方の負け組は党との関係で戦略が異なってくるが，少なくとも勝ち組並みのポスター制作というのは贅沢な戦略なのではないだろうか．

世襲候補のポスター

泉本宅朗

　選挙ポスターにどのような情報を盛り込むかは候補者によって千差万別である．その違いを生み出す要因はさまざまあろうが，ある候補者が世襲候補者か非世襲候補者かということは，重要な要素の1つであろうと思われる．

　世襲議員は，親など先代の議員が構築した地元の選挙ネットワークにただ乗りしやすい．それゆえ，ポスターの作成に際して，例えば選挙区民の感情に訴えかけるようなスローガンを入れたり，あるいは当選の可能性が相対的に高いので，冒険を避けた無難な構成にしたりするといったことがよくあるのではないか．

　そう考えた私は，候補者が世襲であるということが，スローガン・小物等の有無・候補者写真の範囲・苗字の大きさに対して影響を与えているか調べてみた．これらは人目につきやすく，したがって各候補者が自分の個性・スタイルを出すうえで比較的有効な要素であるといえる．それゆえ，候補者のスタイルや考え方の違いがこれらの要素にはよく反映されると思われるのである（ただし，比較的画一的に作られている共産党のポスターは以下除いて考えることにする）．

　ポスターを送っていただいた候補者の方のうち，世襲候補[15]は92名，非世襲候補は411名であった（共産党候補は除く．以下同様）．

1. スローガン

　スローガンは各候補者が自らの基本的な政治姿勢や目標を手短に示したものであり，ポスターの諸情報のなかでも比較的候補者間の違いが大きいと考えられる．したがって，そこには候補者のスタンスの違いが如実に表れているのではと考え，最初に調べることとする．

　まず，スローガンを掲げている人の割合が世襲候補では79.3％（73名）であるのに対し，非世襲候補では82.7％（340名）であった．χ^2検定の結果，世襲か非世襲かということとスローガンの有無との間に関連性は認められなかった．

　ついで，スローガンを掲げたもののなかで，キーワードごとに世襲か非世襲かということとの関連性を調べてみた．その対象は，「郷」,「安心」,「21世紀（二十一世紀）」,「新」,「変える」である．前2つは世襲候補が，残り3つは非世襲候補が多く使っていそうな言葉である．

　結果は表4-9のようになった．まず,「郷」を含むものは世襲候補の7.6％，非世襲候補の1.2％であった．この文字の有無と世襲−非世襲との間には，1％水準で統計的に有意な関連性が認められた．ことに,「愛郷無限」あるいは「郷土愛」を含むものは4名あったが，そのうち3名が世襲候補で，かつ自民党からの立候補であった．[16]このうち，新人でもある梶山弘志は「愛郷無限」に並べて,「新時代」という語

第4章　候補者属性と選挙ポスター　135

表4-9　世襲とスローガン中のキーワード

	「郷」	「安心」	「21世紀」	「新」	「変える」	ポスター数
世襲	7(7.6%)	5(5.4%)	8(8.7%)	9(9.8%)	0(0.0%)	92
非世襲	5(1.2%)	8(1.9%)	28(6.8%)	49(11.9%)	11(2.7%)	411

を載せていることには注目すべきであろう．つぎに，「安心」を含むものは世襲候補の5.4％，非世襲候補の1.9％であり，この文字の有無と世襲－非世襲との間にも10％水準では有意な関連性が認められた．

「21世紀（二十一世紀）」については，世襲候補の8.7％，非世襲候補の6.8％がこれを含んでいるが，この文字の有無と世襲－非世襲との間に有意な関連性は認められなかった．なお，故小渕総理の娘で，新人でもある小渕優子のスローガンは「21世紀にチャレンジ!!」であった．また，「新」は世襲候補の9.8％，非世襲候補の11.9％が，「変える」については非世襲候補のみ（2.7％）が含んでいた．これらについては，非世襲候補の方により用いられる傾向が見られるが，統計的には有意ではない．

2．小物等の利用

つぎに，世襲と小物等の有無について述べる．「小物等」とは，ここでは選挙ポスターに写された「マイク」，「ボール」，「自転車」，「指示棒」，「パソコン」，「車椅子」，「聴診器」，「懐中電灯」，「一緒に写した子供の写真」を指すものとする．これらは候補者が自分の特性や政策上のイメージを示すために掲げたものといえよう[17]．

候補者の世襲－非世襲との関係からいえば，これらは総じて非世襲候補の方が多く用いる傾向にあると思われる．なぜなら，一般に世襲でない候補者の方が個人の性格や政策上のイメージをとくに強くアピールすると考えられるからである．ところが，分析の結果，世襲－非世襲とこれらの要素の有無には有意な関連性は見られなかった（小物等使用者19名中，3名が世襲）．

3．写真の範囲

ついで，世襲－非世襲と候補者写真の範囲との関係について述べる．写真に体のどこまでを写すかということも，候補者のイメージ作りには重要な要素の1つであろう．顔しか写っていない，あるいは逆に全身が写っているポスターは，奇抜な印象を与えることができる．このようなポスターは非世襲に多いのではないか．

表4-10　世襲と候補者写真の範囲

	顔のみ	首まで	上半身	それ以上	計
世襲	1(1.1%)	7(7.6%)	82(89.1%)	2(2.2%)	92
非世襲	1(0.2%)	20(4.9%)	377(91.7%)	12(2.9%)	410

※　候補者の写真がない加藤正（無所属，非世襲）は除いている．

しかし、表4-10から判断すると、世襲－非世襲と写真の範囲にはほとんど関連性が認められない。データの分け方のせいであるかもしれない。「上半身」というカテゴリーに極端に多くの候補者が集まっているが、それには肩や胸を少し写したものから手の先や腹部まで写したものまでさまざまあろう。ただ、世襲で「顔のみ」と「それ以上」の3人[18]は、いずれもかなり当選回数が多く、「世襲性」が比較的低い（あるいは、「世襲であることをアピールする必要がない」）候補者であることには注意すべきであろう。

4. 苗字の大きさ

最後に、世襲－非世襲と苗字の大きさとの関係について述べることとする。

世襲候補は、当該選挙区における先代議員と同じ苗字であることが多い。それゆえ、先代との連続性を強調して苗字を大きく書くことが多いと予想できる。ただし、同じ世襲候補といっても、当選回数によって世襲であることのアピール度は異なってくると考えられるので、当選2回までの世襲候補の苗字の大きさも別に調べる。

表4-11 苗字の大きさの比較

	世襲	当選2回まで（世襲）	非世襲
苗字の大きさ	14.0%	14.7%	13.7%

表4-11から分かるように、やはり世襲候補は、非世襲候補よりも苗字を大きく載せる傾向がある（当選2回までの世襲候補は、とくに苗字を大きくしている）。しかし、これらは統計的には有意な差ではなく、結局はほとんど違いはないといえる。

5. まとめ

一般に、世襲候補は地元への愛着、安定性、よく知られた名前、およびそれにつながるイメージを真正面に打ち出すことが多く、他方非世襲候補は新鮮さ、開放性、場合によっては奇抜さなどを売り物にすることが多いと考えられる。本稿の分析によると、スローガンに含まれるいくつかのキーワード（とくに「郷」、「安心」）や苗字の大きさにおいて、若干この予想に適合的な結果が得られた。しかし、全体としては、世襲候補と非世襲候補のポスターにはほとんど違いがないといえそうである。ただし、事例的に見ると面白い例もある。例えば、竹下亘の「ふるさと創生21」や、楢崎欣弥の「父、弥之助の志を継ぎます。」といったスローガンがそれである。

無所属候補の選挙ポスター

河野一郎・境家史郎

　無所属候補の選挙ポスターの特徴を一言でいい表すことは容易ではない．無所属といっても，それぞれの政治的なスタンスはさまざまであるし，並べて比べてみても統一感がない．しかし，政党所属候補の選挙ポスターと比べて最大の特徴は，当然のことだが，政党のために割かれたスペースがなくすべて候補者のＰＲであるということであろう．とはいえ，おもに都市部の自民党や民主党などのポスターを見て分かるように，所属政党名を極小化しているポスターと無所属候補のポスターとでは一見して区別がつかないものもある[19]．したがって「候補者アピールの多さ」も無所属候補の決定的な特徴とはいえないだろう．

　今回収集できた無所属候補のポスターは22枚しかなく断定できることは多くない．しかし，なまのポスターにふれて感じることは，おそらくは限られた予算のなかで，少なくとも１つだけは他のポスターにはない特別な意味・メッセージがそれぞれのポスターに込められているということである．無所属候補の場合，政党に頼らない分候補者の積極的な自己顕示の部分が必要である．その部分を探ることには意義があると思われる．そこで，独断と偏見に基づき「無所属らしい」と思われるポスターを，以下事例的に挙げることにする．

①加藤正（507頁）　良かれ悪しかれ，もっとも「無所属らしい」ポスターである．予算の都合であろう，候補者の写真がないのである．無所属で，かつ顔が分からない候補者は正体不明との印象を与える．インパクトはあるから名前は覚えられるかもしれないが，このポスターを見て，果たして票を投じる気になるかどうかは疑問である．

②伊藤智巳（507頁）　「21世紀の男」の意味も分からないが，もっと分からないのは「みずから変わる」である．政治を「みずから変える」のならともかく，「変わる」とはどういうことなのか．どう「変わる」のかは分からないが（ひょっとして「21世紀の男」に変わろうとしているのか？），次回選挙に是非期待したい．

③増原義剛（509頁）　デザインが奇抜である．これはもしかするとプリクラ写真をイメージしているのではないか．若い有権者に受けると考えたのだろうか．個人的には，やや「安っぽい」との印象を受けてしまうのだが，ともあれ目立つことは間違いない．

④室井邦彦（509頁）　「今度こそ」というスローガンを載せる候補者は他にもいるが，ここまで大きく「こんどは!!」と強調しているポスターは他にない．実に，候補者名と同じくらいの面積をこのスローガンに割いている．候補者の意気込みがよく伝わってくるポスターだが，結局は次点に終わり，「こんども!!」という結果になった[20]．

他力本願ポスター

菅原　琢

　選挙公報やポスターは一般的に自己の当選，政党の議席数の最大化を目的に作られている．これを商品広告にたとえてみよう．政党や候補者は，消費者である有権者たちに自分を買ってもらうために，製品名（候補者名）を分かりやすく目立つようにしたり，むしろブランド名（政党名）に頼って製品の名前にとくに工夫しなかったりする．数字と記号の羅列を製品名にしてしまっているパソコンなどは，後者の典型である．パソコンにはスペック表示がついているが，その製品の能力の提示と考えると，候補者の経歴や実績の表示と同じである．「スマートなモバイル生活」よろしく，イメージをすりこむための具体性に欠ける表現の氾濫は，候補者ポスターでもしかりである[21]．消費者たちがパソコンを買うのは何かしらの目的ももちろんあるのだが，いざどの商品を買うかということになると，似たような各社の製品のなかで迷い，また，似ているからこそこのようなイメージや見た目が重要な要素となってくる．そこで各社は有名タレントを起用し，自らの製品のブランドイメージを高めようと努力する．選挙ポスターで，自分や自党以外の「有名人」や支援勢力を登場させるのは，これと同じことではないだろうか．

　前置きが長くなったが，各候補者ポスターに表記される「他者」をここでは分析する．他者とは，ここでは候補者本人以外の人，所属する政党以外の勢力のことであり，685枚のポスターのうち67枚（約10％）にこのような記載があった．以下，党首，党幹部（三役クラス），地盤継承議員，地域の有力政治家，有名人，政党推薦，団体推薦に分けて紹介していき，最後に全体の傾向をまとめる．

1．党首[22]

　写真を含め，自党の党首を登場させている政党公認候補は664人中17人であり，非常に少ない．ここではこれらを政党ごとに見ていく．

　各党のなかでもっとも党首使用が目立つのは社民党である．67人中6人が土井たか子を登場させており，うち5人が写真を使用している．自由党は59人中3人が小沢一郎を出しているが，やはりいずれも写真である．この2党は政党CMでも党首をうまく使っているように，党首イメージを選挙戦略の重要な要素として考えているようだ．民主党は131人中3人が鳩山由紀夫を登場させ，うち2人が写真を用いている．ただし一方は幹事長の菅直人と並べ登場させており，民主党では党首を選挙向けタレントとは考えていないようである．民主党のタレントは後に見るように菅である．

　共産党の福島県の5候補が不破哲三の名前を表示しているが，これは福島駅前での演説の告知であり，党首を客寄せパンダとして利用しているという点で他の政党

と戦術としては似ていよう．なお，与党の候補者ポスターには党首の名前すら書いていなかった．

17のポスターのうち10候補のポスターに党首の写真が登場しているが，いずれも応援を依頼するなど，候補者とのつながりを示すなんらかのアクションをともなっている．「私の愛弟子です」（末次精一，自由，488頁），「大石尚子に投票してね！」（民主，433頁），「頼もしい仲間です」（辻元清美，社民，500頁）などのようにしゃべらせるものと元小沢一郎秘書である樋高剛（487頁）のように候補者本人と握手をしている[23]のが一般的で，小林俊博（486頁）のように「小沢一郎推薦」と添えているようなおとなしいものは少ない．党首写真はいずれも明るく，笑っている場合が多く，コミカルさを出した社民，自由両党のCMと傾向は同じであるといえる．なお，自由党の長尾彰久（490頁）のポスターには党首である小沢一郎は登場していないが，彼のポスターは自由党の政党ポスターと構図・色が同じである．向かって右側を見つめる長尾の姿は，党首である小沢が政党ポスターでとっていたポーズである．したがって彼のポスターも党首が登場しているといえるが，見る人が自由党の政党ポスターを思い出せなければ，あまり効果はないかもしれない[24]．

2. 党幹部

党幹部を登場させたのは8人であるが，そのうち5人は民主党である．無所属の1候補（米山久美子）を合わせて5人が菅直人を登場させており，うち3人が東京の候補である．米山（508頁）は選挙区事情[25]から選挙途中で民主党の推薦が決まり，「私の親友米山さんをよろしく」という，おそらく96年の衆院選での応援演説の写真を使ったシールを後から貼っている．民主党の残り1人（佐々木秀典（427頁））は元北海道知事で社会党系の横路孝弘を登場させており，地域の有力政治家として登場したと見なせる．社民党の安田節子（497頁）は95年参院選比例区1位で社民党の顔である福島瑞穂（2001年に幹事長に就任）を土井と並べて写真で登場させている．共産党はやはり志位和夫の演説の案内である．こうして見ると菅は例外で，ほとんどの党の幹部クラスにはアピール力がないと見なされているようである．

3. 地盤継承議員[26]

全部で7候補がかつて同地域で衆議院議員として国政に携わっていた人物の名前を出している．そのうちわけは，共産3人，民主2人，社民，自由各1人である．

共産党の井口真美（458頁）は「中路まさひろ秘書」，鈴木進（463頁）は「いわさえみ事務所前所長」であり，いずれも長年共産党の有力国会議員として活躍し，共産党の支持者以外からも幅広く得票していた元衆議院議員である．共産党のもう1人浦田宣昭（478頁）も同様で，「山原さんのあとをついで全力」と，こちらは前2者よりさらに強く後継候補であることを意識している．これは超ベテランで名物議員であった山原健二郎が前回選挙で獲得した数少ない共産党の小選挙区の議席を，

なんとしてでも死守したいという党の願望の表れであろう．

民主党の寒河江孝允（429頁）と社民党の木村幸弘（495頁）は面白いことに「掲示責任者」としてそれぞれ阿部昭吾（社会→社民連→新進），沢藤礼次郎（社会）という元衆議院議員を登場させている．両者ともわざわざ大きく表示しており，あきらかに両元議員の名前を見せたいと考えているようだ．どうして掲示責任者としたのかは不明である．

自由党の工藤富裕（485頁）の場合は「尊敬する石田博英先生の意思を継がせてください。」とストレートである．ただし実際の組織などを引き継いでいる（地盤を継承している）かどうかは不明である[27]．

しかしもっとも強く地盤継承を意識しているのはつぎの2名の世襲議員である．

民主党の楢崎欣弥（446頁）は，国会質問で鳴らした社民連の名物議員弥之助を父に持つ2世候補であった．弥之助の偉大さにあやかりたいという欣弥の意思は「父、弥之助の志を継ぎます。」という言葉だけでも十分伝わるが，それだけでなくこのポスターの構図，色，そして親子なので当たり前だが写真の本人も，1979年当時の楢崎弥之助とそっくりなのである．ここまでやられると，2世議員批判というのも吹っ飛ぶのかもしれない．それだけ弥之助が選挙民から愛されていたということだろう．

もう1人の世襲候補は，自民党の竹下亘（419頁）である[28]．いわずと知れた，選挙前に急死した竹下登の弟である．亘のポスターにはどこにも登の名前は出てこない．だが唯一掲げられた彼のスローガンは「ふるさと創生21」である．これが何を指すのかは選挙民誰もが知っているだろう．

4. 地域の有力政治家

民主党4人，社民党2人，自民，共産各1人が地域の有力政治家を表記している．

民主党北海道の佐々木秀典（427頁），桜庭康喜（427頁）の2名は横路を含めると4人ずつの有力政治家を登場させている．佐々木は横路，五十嵐広三，芳賀貢，菅野久光の名前を写真とともに，桜庭は横路，五十嵐，安井吉典，竹村泰子を縦書きの文字で推せん者として並べている．五十嵐，芳賀，安井は社会党の衆議院議員としてこの地域から長年選出されており，横路はやはり代議士でもあるが北海道の知事でもあった．菅野，竹村は現役の民主党参議院議員でありやはり旧社会党出身である．

民主党の長妻昭（小川敏夫）（435頁），泉健太（福山哲郎）（441頁），共産党の井口真美（畑野君枝）（458頁），社民党の梅蘭（田英夫）（498頁）など同じ党の現役参議院議員の名前を挙げる例が多いが，長妻は東京選出の中村敦夫（国民会議→さきがけ）の名前も載せている．衆議院議員では，社民党の中北龍太郎（500頁）が辻元清美を土井と並べて登場させている．2000年の選挙ではじめて大阪10区から立候補した辻元だが，党の顔として隣接する地域でも知名度抜群であったようだ．

自民党の松本和那（403頁）は，「私たちも応援します」と選挙区内全4自治体の首長の名前を掲げている．2000年総選挙の事前の予想では，千葉7区は松本の圧勝といわれていた．そのため民主党は2回も公認した候補者が辞退するなどしたが[29]，3人目の候補は予想を大きく上回って善戦した．ポスターに示される松本の選挙運動スタイルは，千葉7区の有権者には古すぎたのではないかと想像できる．なお，梅蘭も地元区議などたくさんの地方政治家を載せている．

　これらの政治家たちを載せる理由は，1つはより多くの票をこういった有力者の名前を借りることで得ようということだろう．だが単にそれだけでなく，民主党北海道の2人に見られるような党内での主張・グループの違いも反映している．また，参院議員が多いのはこの衆院選を利用して名前を売る目的であるかもしれない．

5．有名人

　ここに入るポスターは5枚である．今までの類型とは違い，選挙区や政党と無関係な議員や非政治家を表示させる例を見ていく．歌手である梅蘭は，吉幾三氏をはじめたくさんの有名人を載せている．共産党の井口は「コスモス女性クリニック」の野末悦子という人物を載せている．調べてみたところ，著名な婦人科医でNHKなどテレビ番組にも出演し，著作も多数あるそうであるが，井口の選挙区での野末氏の知名度がいかほどかは不明である．この2名以外はおおかた政治的なイメージの強いキャラクターを登場させている．

　前述の長妻は「平成維新の会」で活躍した大前研一氏と菅直人夫人の菅伸子氏を推薦人として登場させている．民主党の阿久津幸彦（436頁）は石原慎太郎都知事の元秘書であることを強調している．また枚数にはカウントしていないが，民主党の宇佐美登（434頁）は「個人の魅力がキラリと光る社会」という言葉を打ち込んでいる．これは宇佐美がもともと所属したさきがけの代表であり，秘書も務めていた武村正義の「小さくてもキラリと光る国」から取ったものであろうと想像される．

　これまでの候補は実際に縁故関係があったり，応援や推薦を受けたことが明白であるが，「田中真紀子さん，石原慎太郎さんをめざして！」の宮田正之（508頁）は実際に両人とどういう関係があるのかまったく不明である．しかし他人の名前を表記している他のポスターに比べても大きめの文字であり，政策スローガンも掲げていないのでこの両人の名前はかなり目立つ．自己のイメージをこの両人の名前を利用して売り込もうという意図があることは確かだろう．

6．政党推薦

　純粋な推薦だけでなく，支持や応援も含めて政党推薦と見なす．全体で22候補が他の政党の推薦表示をしている．政党別内訳は自民2，公明5，民主4，社民4，保守4，無所属2，無所属の会1である．

　自民党の2人は公明党，保守党の推薦を表記している．これについては【ポスタ

ーから見る創価学会票論争】(193頁)をご覧いただきたい．

　民主党のうち2名は福井県の候補で，社民党の支持を受けたが，両党の間に立った連合の推薦も併記されているのが特徴である．残り2名もやはり連合が橋渡しをした兵庫五党協推薦候補で，これ以外の候補には社民党や自由党の表記はない．

　公明党は半分の5候補が自民党や保守党の推薦を表記している[30]．このなかで白保台一（450頁）は，さらに新進沖縄（地域政党）とスポーツ平和党の推薦を表記している．

　社民党4名のうち2名は県レベルで選挙協力体制を敷いた大分県の候補であるが，大分の民主党候補中村太郎（448頁）には社民党の名は登場していない．その他の2候補は，「新社会党支援，さきがけ推薦」の辻元清美（500頁）と「社大党，自由連合推薦」の東門美津子（505頁）である．地域政党・沖縄社会大衆党と，やはり沖縄では一定の強さを持つ自由連合の推薦を表記することは得票増を期待してのものであろうが，選挙区内にほとんど勢力がないであろう新社会党とさきがけを表記した理由は不明である．ただ，小選挙区で当選を果たした土井以外の社民党候補全員が何らかの他勢力表記をしているということは，示唆に富む．

　ポスターのある保守党候補のうち，元首相海部俊樹と有力な対抗候補が共産党の候補だけだった兵庫五党協候補の井上喜一以外の4候補は，自民，公明両党から推薦をもらっている場合はすべて表記している．とくに中西啓介（482頁）はロゴによる自党の表記の5倍くらいの面積を用いて「自由民主党推薦」と入れている．これは明らかに，この選挙区から自民党中央の意向に反して立候補した谷本龍哉を意識したものである．しかし結果は惨敗に終わった．

7. 団体推薦

　18候補が団体推薦を表記しているが，自民党系候補6人を応援した福岡農政連以外は連合関係の団体である．連合関係の政党内訳は10人が民主党であり，公明，自由各1人となっている．

　自民党の5人と自民公認を争って無所属となった山本幸三（510頁）は地方政党福岡農政連の推薦を表記している．農政連自体は農業に従事する人々を代表する政治団体，あるいは業界団体である．しかし福岡の農政連は，以前は県議会に独自の会派を持っていたように，非常に強力な組織であり，また自民党に対する独立心も高いようである．今回の選挙も山本の例がそうであるように独自に推薦候補者の選考を行い，かつ選挙結果にも一定の影響を与えている．このような選挙結果に影響を与えうるほど強力な団体の推薦が，対抗する候補者ではなく自分に与えられているということを選挙区民に知らせることは重要な選挙戦術の1つである．

　民主党の10人は，茨城の小泉俊明以外は名古屋以西の西日本の候補である．民主党は西日本に弱く，選挙協力も西日本を中心に行われているので，西日本にこれらの表記が集中しているのは自然なことである．一方，西日本で強い社民党に連合推

薦の表記が見られない理由は不明であるが，興味深い．

　自由党の中井洽は連合の推薦をもらっているが，これは三重県内の民主党との選挙協力を反映してのものである．彼自身は旧民社党の出身であるため，他の自由党候補と違い，連合推薦を掲げることに抵抗がないと思われる．公明党の北側一雄は大阪民社協会から推薦を得ているが，これも大阪府内の民主党との協力によるものである．

　民社協会は，民主党へ完全に合流することを警戒して作られた旧民社党中心の組織であるが，公民協力の伝統を受け継ぎ，民主党と公明党を橋渡しする役割を担っている．このように政党と政党をとりもつ役割は，兵庫五党協などで見られる連合の役割と同一である．このことから，連合のような団体の推薦の表示は，単にそうした組織の構成員に訴えるためというだけでなく，広く一般の有権者にたくさんの勢力から支援を受けているということのシンボルであるということができる．逆に，そのようなシンボルとはいえないような団体（特定利益団体など）を表示することは，有権者の離脱を招くおそれがあり，上記農政連のような強力な組織でない限り容易に表示できないだろう．

　このように，候補者ポスターに本人以外の人物，自分の所属する政党以外の勢力を登場させるポスターを，他者の種類別に見てきた．これを政党別，選挙結果別に見たのが表4-12である．これを見ると，自民党と共産党の他者記載割合が低いことが分かる．共産党は他党や有力な団体と選挙協力をせず，自前の組織，団体を基盤として選挙戦を展開しているのでこの結果は当然であろう．一方の自民党は，公明党との選挙協力を展開しながらも，それを記載していない．これは別の分析[31]でも述べるとおり，それが合理的だからである．

表4-12　政党・選挙結果別の推薦等記載割合

	自民	民主	公明	自由	共産	社民	保守	無所会	無所属	総計
合計	4.0%	15.3%	50.0%	8.5%	4.9%	14.9%	50.0%	25.0%	18.2%	9.6%
落選	1.7%	16.9%	33.3%	8.9%	4.9%	11.1%	50.0%	0.0%	18.8%	8.9%
当選	4.9%	13.0%	57.1%	0.0%	—	75.0%	50.0%	33.3%	16.7%	11.2%

　自由党も他者が表記される割合が低いが，これもあまり選挙協力を展開していないからである．具体的な票につながる選挙協力が少ないため，小沢一郎を登場させる例の割合が高い．結果，他者記載のすべてが落選者に集中した．

　記載割合が高かった公明党は，選挙協力の成否がポスターにも色濃く反映しており，選挙協力に失敗した選挙区では当然他者記載がなくなり，落選者の他者記載率は低い．一方，与党間の選挙協力に成功した選挙区では他者記載が行われ，結果，当選者の他者記載率は高まった．当選者で選挙協力の存在を記載していないのは，いわゆる公共対決となった選挙区である[32]．保守党についても公明党と同様与党間

選挙協力の影響で記載率が高い．

　社民党は小選挙区の当選者が少なかったが，圧勝だった土井たか子を除く3人の当選者[33]のいずれもが他者記載をしていたのが興味深い．ただし，辻元清美についてはあまり得票に無関係の政党を載せていたという点で特異である．無所属の会も同様に，民主党などの推薦を受け当選した候補者は，かなりの確率でそれをポスター上で示していた．

　他者記載，とくに具体的な選挙協力に関係しない他者記載がもっとも盛んなのは民主党である．民主党は連合という日本最大規模の団体がバックについているが，これに限らず菅直人をはじめとしたさまざまな人々を登場させていた．

　これまで見てきた結果から，他者記載は，選挙協力が存在し実際に票が動く場合と，力の弱い候補者が認知度の上昇と得票を狙って行う場合に分けられるようだ．そしてこの違いは他者が団体であるのか個人であるのかの違いに一致する．表4-13に示されるように，2000年総選挙の時点で与党3党は前者の意味で団体記載が多く，野党はその逆に個人記載が多かった．

表4-13　他者記載に占める個人と団体の比率

	自民	民主	公明	自由	共産	社民	保守	無所会	無所属	総計
個人	13%	50%	0%	80%	100%	64%	0%	0%	40%	49%
	(1)	(10)	(0)	(4)	(9)	(7)	(0)	(0)	(2)	(33)
団体	88%	50%	100%	20%	0%	36%	100%	100%	60%	51%
	(7)	(10)	(5)	(1)	(0)	(4)	(4)	(1)	(3)	(35)

※　他者記載のある66人のうち2名は個人，団体両方の記載があるため，合計は68例となる．

　ところが，2001年の参院選では小泉ブームが起き，選挙スタイルが一変した．自民党だけでなく公明党，保守党も，2000年総選挙で自由党，社民党が行ったような党首中心の選挙運動キャンペーンを展開した．民主党，共産党は完全にこの流れに乗り遅れ，選挙結果も厳しいものとなった．このことは参院選とはいえ，候補者や党首などの「個人」中心の，より現代的な選挙運動スタイルに変わり始めたことを示しているのかもしれない．

捲土重来を誓う候補者たち

大野桂嗣

　前回の落選がよほど悔しかったのであろうか，リベンジへの誓いの言葉をポスターに刻み込んだ候補者たちがいる．本稿ではこうした言葉を「捲土重来スローガン」と呼び，なぜそうしたスローガンを使ったのか，その結果捲土重来できたのか，といった視点から，使用した候補者の実像に迫ってみたい．
　捲土重来スローガンを用いた候補者は全部で14人いた（表4-14）．もっとも人気があったのは「今度（こんど）こそ」で，9人が使用しており，他には「今度（こんど）は」を4人，「再起を期す」を1人が使っていた．

表4-14　捲土重来スローガンを用いた全候補者例

候補者名	捲土重来スローガン	当落	96年選挙の得票順位	掲載頁
志賀　　節	今度こそ！	落(3位)	2位	396
佐田玄一郎	今度は私の番です！	当	立候補せず	399
松野　博一	今度こそ！	当	2位	402
古山　和宏	前回、次点。今度こそ！	落(4位)	2位	489
松宮　　勲	今度こそ!!	当	2位	407
高木　　毅	今度こそ	当	2位	407
戸塚　進也	今度こそ静岡から国政へ	落(4位)	2位	409
室井　邦彦	こんどは!!	落(2位)	2位	509
松本　剛明	今度は…	当	4位	444
山口　　壯	変えてみせます。こんど、こそ。	当	2位	509
奥田　研二	こんどこそ	落(2位)	3位	502
福井　　照	こんどは！	当	立候補せず	422
西田　藤二	あなたがいるから今度こそ！	落(2位)	2位	423
三原　朝彦	再起を期す！	落(2位)	2位	424

　捲土重来スローガンは，前回の選挙で箸にも棒にもかからない負け方をした候補者にとっては使うのが恥ずかしく，やはり惜敗した候補者にこそふさわしいものであろう．はたして，14人中10人は前回（1996年）の衆院選で同一選挙区に立候補して次点に甘んじた候補者であった．また，政党別に見ると，自民党の候補者が9人と圧倒的に多く，以下，無所属の候補者が2人，民主党・社民党・自由党の候補者が各1人となっている．これは，負けたにしても次点で踏みとどまれるような有力候補者が自民党に多いことによるものであろう．
　ところで，前回の同一選挙区の選挙にそもそも立候補していない2人の候補者も捲土重来スローガンを使っている．佐田玄一郎と福井照である．彼らはいかなる理

由でこのようなスローガンを用いたのか，以下に考察したい．

　佐田の立候補した選挙区（群馬一区）では，自民党は公認調整のために佐田と尾身幸次が比例区・選挙区を交互に立候補するコスタリカ方式を採用していた．そのため，佐田は前回の選挙では比例区（北関東ブロック）名簿に名をつらねて当選し，同選挙区では尾身が立候補して当選していたのである．すなわち，「今度は私の番です！」という佐田のスローガンは，尾身に代わって今回は自分が選挙区で立候補するという宣言であり，前回の選挙で尾身に入れた票を自分にも入れてほしいという願望の表れであろう．こうしたアピールと，自民王国である群馬という地の利もあってか，佐田は次点の候補者にダブルスコアの票差をつけて圧勝した．

　また，新人である福井の立候補した選挙区（高知1区）では，共産党の山原健二郎が10期という長期にわたって連続当選をはたしていた[34]．自民党にとって，この選挙区での議席獲得は長年の悲願ともいえるものであった．しかし，前回の選挙では，党本部の意向を無視して高知市連会長が立候補するなど，自民党は分裂選挙となり，山原に塩を送る結果となった．今回の選挙でも，山原の引退によって議席奪取の好機となったものの，選挙協力に失敗して連立を組む公明党の独自候補と争うことになるなど，やはり楽ではない選挙戦を強いられていた．すなわち，「こんどは！」という福井のスローガンは，福井自身のアピールというよりは自民党の決意表明とでもいうべきものであり，今回も厳しい情勢ではあるが，前回の轍は踏まずに今度こそ議席を獲得したいという党の願望の表れであろう．この一言が効いたのであろうか，福井は民主党・公明党の各候補を振り切って当選をはたした．

　この2人を除いた12人の選挙結果について見ると，5人が当選し，7人はまたも涙を飲んだ．特筆すべきなのが，落選した7人の候補者のなかで，とくに不本意な結果に終わったと思われる古山和宏と西田藤二である[35]．

　古山は，「前回，次点．今度こそ！」というスローガンに加えて，プロフィールでは前回の得票数（61,221票）まで示して，今回に賭ける意気込みを見せた．しかし，結果は，前回の2位から4位へと後退し，得票数も前回の半分以下（29,307票）になるという惨敗であった．前回の選挙では，野党第一党であった新進党から立候補し，公明党の支援も受けて善戦したが，今回は自由党からの立候補であり，自民党・民主党・共産党の各有力候補者に太刀打ちできなかったようである[36]．

　西田は，「あなたがいるから今度こそ！」というスローガンだけでなく，同じ文をあしらったロゴマークまで載せ，あなたの一票に賭ける強い思いをアピールした．しかし，結果は，前回と同じく民主党の松本龍に敗れて次点であった．

　小選挙区で当選できるのはわずか1人であり，その道は険しい．やはり，捲土重来スローガンを用いただけで，簡単に捲土重来できるというわけではないようである．

派手なポスター

畑江大致

　道端で選挙ポスターを見かけたとして，立ち止まってじっくり眺めるという人は少ないだろう．まして，そのポスターの隅々にまでしっかり目を通す人となるとほとんどいまい．見る側にしてみれば具体的な政策など長々と連ねてあったところで辟易とするだけであるが，その辺りのことはポスターを作る側も充分心得ているらしく，まず有権者の感性に訴えることに主眼をおいているように思われる．さて，集めたポスターを見渡してみると，イメージを重視するあまりか当り障りのない，無難な作りに終始し，個性に乏しいと感じられるポスターが多い．一方で，街頭に貼り出されるものである以上，いかに人目を惹くかということも重要である．ここでは，何よりも「目立つ」ことを優先させた意欲作を紹介する．

1. まずは名前だ！

　何はともあれ，有権者に名前を覚えてもらうことが肝要．できるだけ名前を大きく打ち出すことで人目を惹き，記憶の片隅にでも残るようにする．だが，当然他の候補者も同じことを考えているわけで，少々名前を大きくした程度では目立たない．それならば…というわけかはともかく，ひたすら候補者の名前を大きくとったポスターが，共産党の菅野泰介（473頁），真鍋穣（473頁）両候補のものである．ともに，「すがの」「まなべ」の3文字で全体の5割強を占めている一方で，候補者の顔写真は申し訳程度にしか載せられていない．この2枚は構図がまったく同じであるが，ともすれば開き直りともとれるような思い切りの良さである．他の共産党のポスターとはまた違った面で，同党の愚直なまでの真面目さの表れといえるかもしれない．だが，あまりに冒険的にすぎるため，傍から見れば単なる手抜きにも思えてしまうのは気の毒か．

　また，無所属の加藤正（507頁）のポスターは，そもそも顔写真が載せられておらず，候補者の氏名を真ん中に据えてある．とはいえこれは，ポスター全体が白黒であることも考え合わせると，単なる予算上の制約によるところが大きいと思われる．結果として他のポスターとの違いが際立っており，その意味ではけがの功名ともいえるかもしれないが，さすがに票の獲得にまでつながるとは思えない．候補者の顔が見えないというのは，有権者からすると不安なものであろう．

2. 顔も使おう！

　名前を大きくとるといってももちろん限界がある．そればかりを強調すれば全体として見た目のバランスを損なうことは明らかであろう．極端な言い方をすれば，前述の3枚などはもはやポスターと呼べるのかさえ疑問である．しかも，いくら名前

だけを大きくしたところで，確実に目立つかといえばそうとも言い切れない．そこで，顔写真の載せ方も工夫の見せ所になる．ただ大きくするだけでなく，コミカルな雰囲気をもたせるなどして他のポスターとの違いを演出しようとするものが多いが，その中でも辻元清美（社民，500頁）のポスターはひときわ目を引く．まず，異常なまでに顔写真がデカい．そして，思い切って首から下は一切カット[37]．結果，良い悪いは別にして一度見たら忘れられないほど印象に残るポスターに仕上がっている．ちなみに，顔写真の大きさだけなら辻元のそれを上回るポスターも何枚かはあるのだが[38]，見た目の強烈さにおいてはやはり及ばない．これらは顔写真に名前が重なる形になってしまっている他，全体としてやや詰め込みすぎの感があるのが原因か．見る者に強い印象を与えるためには，ある程度の余白を残すなどしてポスター全体にメリハリをもたせることも重要なポイントであるといえよう．

一味違った工夫として，戸田二郎（社民，499頁）のポスターでは，写真ではなくイラストが用いられている．正直，苦肉の策という感は否めないが，選挙ポスターにありがちな堅苦しさはなく，他の候補者にとっても選択肢の1つとして検討に値するのではないだろうか．

3. 背景で決めろ！

比較的よく見られる工夫として，ポスターの背景に風景などの写真を用いるというものがある．青空や森林といったあたりがポピュラーだが，ありきたりで今1つ面白くない．

やはり，どうせならばもうひとひねり欲しいところである．そのなかで，燃え盛る炎を背にした亀井善之（自民，404頁）のポスターはインパクトもあり，なかなかに格好良い．また，フィンランドからの帰化人であるツルネン・マルテイ（民主，433頁）のポスターは，その出自を意識してか宇宙から見た地球，そしてオーロラを背景にしている．もっとも，この候補はその経歴からして他の候補とは毛色の違う異色中の異色候補であり，ポスターがどうこうという以前にその存在自体がそもそも目を惹くともいえる．

4. 色で勝負！

ポスターの色が，全体の印象を左右する重要な要素であることは疑いようがない．ざっと見渡してみると，白または青（水色を含む）を基調としたポスターが全体の6割強を占めているが，その中で異彩を放っているのが，冬柴鉄三（公明，450頁）のポスターである．何といっても，一面ピンク色．「目立ちたければ派手にいけ！」の旗の下…かどうかはさておき，御年63才，安定路線に走らず，敢えて好き嫌いの分かれそうな色を選択したその姿勢には敬意を表したい．が，それにしてもなぜ，この色なのだろうか．にこやかな微笑みと相まって，何ともいえない怪しい雰囲気を醸し出している．単に以前から同じ色を使っていただけなのかも知れないが，そ

れはそれで不思議であることに変わりはない．

　ところで，黄色やオレンジ色も同じく派手ではあるのだが，アクの強さに欠けるためかそれほど印象には残らない．数多あるポスターの中でも人目を惹くためには，やはり見た人間が一瞬ひるむくらいの色使いが求められよう．ただ，一歩後ずさった人間がそのまま遠ざかっていってしまう危険性はある．そういった意味では，ある種の賭けといえるかもしれない．

　似通ったポスターばかりであれば，たとえ何枚あったところで有権者が興味を示すとは考えがたい．これでは，選挙ポスターの存在意義そのものも疑わしくなる．個性的なポスターが増えればそれだけ有権者の目を引くようになり，選挙への関心が高まることにもつながるだろう．各候補者には，今後はより一層バラエティに富んだポスターを作っていってもらいたいものである．何より，見る側としてもその方が面白い．

迷スローガン・迷デザイン

大野桂嗣

　真面目一辺倒では有権者の心はつかめない．ときにはジョークも飛ばさなければ．ポスター制作者がこう考えたのであろうか，今回調査したポスターのスローガンのなかにも，言葉遊びを取り入れたものや非常に奇抜なものが散見された．また，ポスター全体のデザイン面で明らかに何かを「狙っている」と思われるものも，少数ではあるが存在した．ここでは，それらをまとめて紹介したい．

1. 言葉遊びを用いたスローガン・奇抜なスローガン

　まず，言葉遊びを用いたスローガンの全使用例を挙げた表4-15を見ると，候補者名とスローガンとの掛け言葉と，ある言葉に意図的に別の字をあてた「感字」とでもいうべきものとが，好んで使用されていることが分かる．また，候補者名の「克」とスローガンの「カツ」を掛けたものが2例，「新鮮力」が2例あり，わずか16例という少ない全使用例のなかですら重複が見られ，候補者ごとの独自性には乏しい．言葉遊びの内容も非常に簡単なものであり，いわゆる「オヤジギャグ」の域を出ない．あまりに高度な言葉遊びは，有権者に理解してもらえないおそれがあることを考慮してであろうか[39]．

　つぎに，表4-16では奇抜なスローガンの一例を示した．無意味に迫力のある言葉

表4-15 言葉遊びを用いたスローガン

候補者名	スローガンの問題部分	（野暮な）解説	掲載頁
目片　信	信（まこと）の政治へ	「信」と「信」	413
北川　知克	カツを入れよう	「知克」と「カツ」	415
田中　甲	こう！と決めたら	「甲」と「こう」	432
生方　幸夫	生方（うぶかた）の生き方	「生方」と「生き方」	432
松沢　成文	政権ダッシュ	「奪取」と「ダッシュ(dash)」	433
山花　郁夫	IKUOでいこう！	「郁夫」と「いこう！」	436
古川　元久	フル・アクション	「古川」と「フル」（背景にも「Full」とある）	439
近藤　剛	Go	「剛」と背景の「Go」	440
平岡　秀夫	山口の新鮮力	「戦」を「鮮」に変えた	445
大園　勝司	清治家	「政」を「清」に変えた	448
島尻　昇	新鮮力	「戦」を「鮮」に変えた	448
豊田潤多郎	豊かで潤い多い未来を!!	「豊」「潤」「多」と「豊かで潤い多い」	491
菅野　哲雄	世直しかんてつ	「菅」「哲」と「かんてつ(貫徹)」	495
森本　由美	You&Me	「由美」と「You&Me」	503
緒方　克陽	「不安」な政治にカツ！	「克陽」と「カツ」	503
上川　陽子	政治に太陽を	「陽子」と「太陽」	508

第 4 章　候補者属性と選挙ポスター　151

表 4-16　奇抜なスローガン

候補者名	スローガンの問題部分	コメント	掲載頁
岩永　峯一	いつも熱い。いつも動いてる。	動物的な印象.	413
山中　貞則	最後の御奉公	失礼ながら，切腹前の武士に見える.	426
西尾　政英	エースアタッカー登場！	今まさにアタックする瞬間.	445
若松　謙維	スーパー電卓！100倍やる男。	候補者が公認会計士・税理士だからか.	449
三沢　淳	全力投球　6月25日登板	実際に元中日ドラゴンズ.	482
生方　伸	地鳴り山鳴り自由の叫び	何だか分からないがすさまじい迫力.	487
蒲池　重徳	国政 行政に一揆を！	鎮圧されないように.	487
渡辺浩一郎	NIPPON no MIRAI　KODOMO no MIRAI	ローマ字の羅列は気恥ずかしい.	490
鈴木　盛夫	情熱のストライカー　足に力を！	足以外にも力を入れてほしい.	490
八木　隆次	巨船を砕く!!	「巨船」=「船田元」？	496

づかいや，スポーツ用語を用いたものが目につく．後者のなかでとくに人気があるのは野球の投手をイメージしたものであり，表 4-16 の三沢淳以外にも数例見られた．なお，「直球派」「直球勝負」はあっても「変化球」は一例もなかったので，やはりからめ手を使う政治家は好まれないということであろう．

政党別に見ると，言葉遊びを用いたスローガンはどの党も同じように使用しており，奇抜なスローガンは自由党にやや多かった．共産党については，遊びや奇抜さの対極にある真面目で画一的なポスターが主流ということもあり，ここではほとんど取り上げられなかった．

2．デザイン面で狙いがあるポスター

最後に，デザイン面で何かを「狙っている」ポスターをいくつか挙げてみよう．ぜひ実際のポスターを参照しながら読んでもらいたい．

（1）末次精一（488頁）

白い鉢巻にネクタイとスーツ，そして力強く振り上げた握りこぶし．これは，テレビドラマにもなった本宮ひろ志の人気漫画「サラリーマン金太郎」の主人公・矢島金太郎の真似ではないか？なるほど，曲がったことが嫌いで熱血漢の金太郎は，清潔で実行力のある政治家のイメージにぴったりである．ただ，かつて伝説の暴走族の頭であった金太郎にしては，候補者の顔写真の目じりは下がりすぎている気もするが…．スローガンの面でも，「今・スグ，すえつぐ」という軽やかな押韻，応援の自由党小沢党首を大リーガーのイチローよろしく「イチロー」と表記している点など，工夫の凝らされたポスターといえる．

（2）梅蘭（498頁）

「歌手・女優・エッセイスト」という肩書どおり，他の女性候補者に比べて顔写真の化粧や装飾品が洗練されており，推薦人リストには芸能関係者の名前も見られる．と，ここまでは良いのだが，肌色の背景と桃色の「めいらん」の組み合わせは

いかがなものか．この配色では，失礼ながら，一見すると「歓楽街の劇場の張り紙」と見まごう恐れがある．いったんこういった第一印象を受けると，前述した顔写真の化粧や装飾品も，「めいらん」の丸ゴシック体とその他の文字の明朝体の組み合わせ[40]も，このポスターの妖しい側面を強調する効果しか持たなくなってしまう．ポスターにおいて配色がいかに大切かを知らしめる反面教師のような例である[41]．

(3) 加藤公一（436頁）

　生成りの白の背景と焦げ茶の文字の組み合わせは，「無印良品」を彷彿とさせる．隠すことは何もないという雰囲気の全身像の写真や，「元サラリーマン」という経歴を大きく表示している点などから見ても，候補者が有権者と同じ「無印」の一市民であることを強調したいのであろう．

(4) 岡本準一郎（442頁）

　候補者が大リーガーのイチローにかなり似ていることもあって，候補者名を「準イチロー」，スローガンを「直球勝負!!」とするなど，イチローを相当に意識している（イチローは投手ではないが）．失礼ながら，候補者はイチローよりやや貧相な印象を受けるので，「『準』イチロー」という表記はまさにぴったりである．

---

(1) 愛知和男，加藤紘一，小泉純一郎，橋本龍太郎，東中光雄，船田元，松永光，武藤嘉文，森喜朗，山崎拓，山中貞則の11名である．本稿を読むにあたっては，実際に『候補者のイメージ戦略（第35回総選挙用図画資料集）』（天野昭・河野淑・田中克人編，1980）を参照していただきたい．なお小泉，森，橋本の79年ポスターについては『AERA』2001年5月28日号（朝日新聞社）でも見ることができる．

(2) 橋本自身は，ポリシーをもってポスターを変えていないようである．橋本事務所によると，「政治家はキャッチフレーズで有権者にその場限りの訴えをするのでなく，現実的政策を訴え，真剣な行動を有権者に見てもらい，審判を仰ぐものだと理解」しているという（『AERA』2001年5月28日号，朝日新聞社，20頁）．

(3) 2000年当時，森は失言等により首相としての資質を厳しく問われていた．

(4) この点については【スローガンのなかの未来志向】（110頁）が全体的な傾向について述べている．

(5) 2001年の参議院選挙では，広田貞治（社民党，東京都選挙区）候補などが「老人らしい」色使いややさしげな表情を取り入れたポスター作りを行っている．

(6) 何歳までを若いと考えるかについては，ポスターのある候補者の平均年齢が51歳程度ということで，70歳以上の老齢候補者と同程度平均から離れている30歳以下ということにした．ただし，候補者の年齢上限はないのに対し下限は25歳と法定されている点で範囲がより狭くなっている．

(7) 【年齢表記に見られる候補者の選挙戦略】（125頁）を参照．この7名のうち当選したのはわずかに原陽子と後藤田正純の2名のみ．

(8) 【スローガンのなかの未来志向】（110頁）を参照．

(9) 【色彩心理学からポスターを見る】（49頁）の青・白の項目を参照．

(10) 年齢を表記している50歳目前の49歳の2候補もいずれも国会議員経験者であった．このうち社民党の浜田健一は「若さと行動力」と自らを表現しており，本稿の論に沿った選挙戦略を展開していたようだ．
(11) より一般的に若い候補者がどのような選挙戦術を取っているかということについては,【若者たちの肖像】(123頁) をご覧いただきたい．
(12) 【スローガンのなかの未来志向】(110頁) では,「新」の字などについて別の視点から分析されているのでそちらも参照されたい．
(13) 第10章「2000年総選挙・各政党の戦術とポスター分析のまとめ」の自由党の節参照．
(14) 性別のファッションへの影響については【候補者の写り方】(65頁)，一般的なジェンダーアピール戦略については第9章「選挙キャンペーンにおける『ジェンダーアピール』の位置付け」を参照していただきたい．
(15) ここでいう「世襲候補」とは，先代の代議士の地盤を継承している候補者のことを指す．
(16) 「愛郷無限」を含むのは，北村直人（自民，世襲），梶山弘志（自民，世襲），熊谷修二（民主，非世襲）の3人である．「郷土愛」を含むのは，斉藤斗志二（自民，世襲）である．
(17) 【小道具を使ったイメージ戦略】(74頁) 参照．
(18) 「顔のみ」は中山正暉（当選10回），「それ以上」は愛知和男（同8回），玉置一弥（同6回）．
(19) 例えば，福田康夫（自民，400頁）のポスター．
(20) 「今度こそ」というスローガンについては,【捲土重来を誓う候補者たち】(145頁) でより詳しい分析がなされている．
(21) 【迷スローガン・迷デザイン】(150頁) では候補者のイメージ戦略の一環として「狙った」ポスターが紹介されている．
(22) 【党首対決】(184頁) では党首本人の側から分析を試みている．
(23) 【全身を写したポスター】(69頁) 参照．
(24) 長尾は自由党の候補のなかで最後に立候補が決定した候補であり，したがって自身の名前をもっとも浸透させる方法として政党ポスターを利用したのだと思われる．詳しくは第7章「並立制下の選挙運動」参照．
(25) 民主党は当初，東京17区で公明党の候補を推す代わりに他の選挙区での創価学会の協力を期待していた．詳しくは第10章「2000年総選挙・各政党の戦術とポスター分析のまとめ」民主党の節を参照．
(26) 【世襲候補のポスター】(134頁) 参照．
(27) 工藤は「後援会組織を持たず『後援会長は石田博英先生の魂』と断言」しているが，故石田代議士とのつながりを示す情報は今のところない（秋田魁新報のウェブサイト（http://www.sakigake.co.jp/kikaku/2000/syuinsen/soten/soten.html）より）．もし無関係であるなら，後に触れる宮田正之の採った戦術と同様，自分のイメージを郷土の有名政治家を利用して広めようとしているといえよう．

(28) 具体的人名が登場しているわけではないので，該当人数には数えていない．
(29) 第10章「2000年総選挙・各政党の戦術とポスター分析のまとめ」民主党の節を参照．
(30) 【拒否度への対応〜公明党と共産党】(191頁)，【ポスターに見る創価学会票論争】(193頁) 参照．
(31) 【ポスターから見る創価学会票論争】(193頁) 参照．
(32) 【拒否度への対応〜公明党と共産党】(191頁) 参照．
(33) 辻元清美，横光克彦，東門美津子．
(34) 山原について，詳しくは【他力本願ポスター】(138頁) の3.地盤継承議員の節を参照．
(35) 捲土重来スローガンを使ってはいないが，同じように不本意な負け方であったであろう候補者に穂積良行(398頁)がいる．穂積は「次は、大臣！」という皮算用スローガンとでもいうべきスローガンを用いた．「つぎに当選すれば，当選回数からして大臣職になれます！」と堂々と宣言しているわけであり，大胆不敵としかいいようがない．しかし，結果は次点に終わり，みごとに皮算用となってしまった．
(36) 前回の選挙結果は，①下村博文（自民），②古山和宏（新進），③中島武敏（共産），④渋谷修（民主），⑤西川進（新社会），であり，当選した下村と古川の差はわずか7,000票あまりであった．しかし，今回は，①下村，②渋谷，③中島，④古山（自由），となり，古山は下村の3分の1以下しか得票できなかった．前回の選挙で結成直後の民主党から立候補して4位であった渋谷は，今回の選挙では次点になり善戦したが，これは民主党が今回の選挙時には揺るぎない野党第一党となっていたことによるものが大きいと思われ，古山の結果とはまさに対照的である．なお，古山については，【競合候補者を意識したポスター】(169頁)でも触れられている．
(37) 自民党の中山正暉のポスター(415頁)も，写真の大きさは辻元よりやや控えめではあるものの，やはり首から下をカットしている．「建設大臣・国土庁長官」という大層な肩書きとのミスマッチが面白い．辻元，中山とも大阪府の候補者であるが，これも土地柄なのだろうか．
(38) 民主党の松本剛明(444頁)，自由党の西村真悟(492頁)がその例．
(39) 同様の言葉遊びをロゴマークで行った候補者については，【ロゴマークはどうなのか】(57頁)の4.キャラクターものの節を参照．
(40) 書体については，【候補者名の書体】(90頁)を参照．
(41) ポスターにおける配色については，【色彩心理学からポスターを見る】(49頁)を参照．

第5章
選挙区属性と選挙ポスター

　本章では，選挙区に焦点を当てる．すなわち，選挙区の地域的な特性が，ポスターのあり方にいかなる影響を与えているのかを考察していきたい．

　まず，複数の選挙区のまとまりとしての地域レベルでのポスターの特徴を扱ったのが，【レイアウトの地域格差】・【田舎のポスター・都会のポスター】である．前者は，ポスターを地方ごとに分類して，後者は，選挙区の都市度をおもな尺度として，それぞれポスターと地域との関係を見た．また，【大阪 VS 東京】では，具体的に2大都市圏のポスターを比較することによって，両地域の選挙戦略の相違を探った．

　さらに，【地域争点】・【競合候補者を意識したポスター】では，個別の選挙区の事情に注目した．前者は，その選挙区に特有の争点に言及したポスターを，後者は，その選挙区の他の候補者への意識がスローガンなどに見られるポスターを，それぞれ事例的に取り上げたものである．

レイアウトの地域格差

菅原　琢

　本稿では衆院の比例代表選挙ブロックというより大まかな単位を基準として地域を分け，そのなかでポスターに表示される各構成要素の面積比に違いがあるのか，観察する。

表5-1　各ブロックごとのポスター構成要素面積比

ブロック	政党	顔	姓名 合計	苗字	名前	スローガン	全要素
北海道	2.2%	19.1%	22.2%	(16.6%)	(5.8%)	3.4%	46.9%
東北	3.8%	15.3%	19.8%	(11.5%)	(8.3%)	4.6%	43.4%
北関東	3.5%	15.4%	19.3%	(12.1%)	(7.3%)	5.7%	43.8%
南関東	2.9%	14.0%	20.8%	(13.7%)	(7.1%)	6.1%	43.9%
東京	3.7%	12.8%	21.6%	(15.9%)	(5.7%)	5.9%	44.0%
北陸	3.3%	16.0%	21.2%	(14.6%)	(6.8%)	5.4%	45.8%
東海	2.2%	16.7%	20.2%	(12.9%)	(7.3%)	5.4%	44.6%
近畿	5.8%	14.2%	25.2%	(20.4%)	(5.1%)	4.3%	49.5%
中国	2.4%	15.9%	22.5%	(14.9%)	(7.6%)	3.6%	44.5%
四国	2.9%	14.9%	19.9%	(12.8%)	(7.1%)	5.7%	43.4%
九州	3.8%	16.3%	18.7%	(13.0%)	(5.9%)	4.6%	43.4%
総計	3.6%	15.2%	21.2%	(14.7%)	(6.6%)	5.0%	45.1%
地域比	2.64	1.49	1.35	1.77	1.64	1.81	1.14

※　地域比は最大の地域の面積を最小の地域の面積で割って算出した。

表5-2　ブロックごとの各政党の候補者の割合

ブロック	自民	民主	公明	共産	自由	社民	保守	無会	無所属
北海道	54.2%	29.2%	—	—	12.5%	4.2%	—	—	—
東北	29.7%	10.8%	—	25.7%	10.8%	16.2%	1.4%	1.4%	4.1%
北関東	29.9%	19.4%	1.5%	25.4%	11.9%	7.5%	—	1.5%	3.0%
南関東	26.8%	22.5%	1.4%	22.5%	9.9%	12.7%	1.4%	1.4%	1.4%
東京	3.2%	24.2%	—	40.3%	21.0%	4.8%	—	—	6.5%
北陸	33.3%	17.6%	—	31.4%	7.8%	9.8%	—	—	—
東海	35.4%	19.5%	1.2%	30.5%	2.4%	3.7%	2.4%	1.2%	3.7%
近畿	26.9%	19.3%	5.0%	31.1%	6.7%	5.9%	2.5%	—	2.5%
中国	42.9%	14.3%	—	20.0%	2.9%	14.3%	—	—	5.7%
四国	42.3%	11.5%	—	11.5%	3.8%	23.1%	—	—	7.7%
九州	29.7%	21.6%	1.4%	23.0%	5.4%	14.9%	1.4%	—	2.7%
総計	29.5%	19.1%	1.5%	26.6%	8.6%	9.8%	1.2%	0.6%	3.2%

※　各ブロックのポスター送付者のうちの各党の占める割合。
※　「無会」は「無所属の会」（表5-3も同様）。

全国11のブロックごとにポスター各要素の平均を見ると（表5-1），全要素合計は各ブロックであまり変わらないものの，地域比に示されるように各項目ではばらつきがあることが分かる．面積の小さいアイテム（政党，スローガン）でとくに大きく差が出ているが，比較的大きな面積を占め，ポスターのもっとも重要な構成要素である候補者の姓が，地域でかなりのばらつきがあることが分かる．ただしこれらのデータは，表5-2に示したようなブロックごとの政党の構成に影響を受けているはずである[1]．表5-3は各政党で各要素の平均面積比を出したものであるが，共産党候補は政党名が大きく，公明党は顔が小さいなど各政党に特徴があることが明らかである[2]．したがってこの政党によるバイアスを調整したうえで地域格差を見ることが必要である．

表5-3 ポスター構成要素の各党平均面積比

	自民	民主	公明	自由	共産	社民	保守	無会	無所属
政党	2.5%	1.2%	0.3%	1.3%	8.3%	3.4%	0.4%	0.6%	0.3%
顔	16.9%	15.1%	9.8%	15.4%	14.5%	13.1%	14.1%	13.2%	15.5%
姓名	20.6%	20.5%	27.7%	21.4%	22.4%	21.7%	21.2%	17.7%	18.1%
苗字	(13.1%)	(14.2%)	(24.5%)	(13.6%)	(17.3%)	(14.2%)	(16.1%)	(8.1%)	(11.9%)
名前	(7.6%)	(6.4%)	(3.6%)	(7.8%)	(5.1%)	(7.7%)	(5.2%)	(9.6%)	(6.5%)
スローガン	4.3%	5.8%	4.1%	5.3%	5.2%	4.8%	3.6%	8.0%	6.7%
総計	44.3%	42.5%	41.9%	43.4%	50.4%	42.9%	39.4%	39.4%	40.0%

表5-4は，各ブロックの各要素面積比の平均値を全国平均（左）と各ブロックの理論値（右）でそれぞれ割ったものを示している．理論値とは，表5-3に示した各政党の平均面積比に表5-2で示した各ブロックの候補者の政党構成比率をかけて求めたものである．この両表を比較すると，それぞれの基準値と実測値の差が1割以上[3]あるセルは左表では33，右表では30であり，あまり差がない．各政党によるバイアスを取り除いたとしても，地域差はかなりの程度残っているということが分かる[4]．

表5-4を項目ごとに見ていく．政党の面積は，近畿が圧倒的に大きい．激戦区が多いために比例区での復活に期待を寄せる候補が多く，かつ比例区の定数が多いことが近畿ブロックでの政党表記の強調に関係しているのかもしれない．

顔の大きさは，北海道で大きく，南関東と東京で小さい．レイアウト的に顔とスローガンは対抗関係にあると考えられるが，いずれのブロックもこの関係に当てはまっているように見える．すなわち，北海道は候補者の顔が大きいためスローガンが小さくなっており，南関東と東京はその逆にスローガンが大きくなり顔が小さめになる．

苗字は近畿，北海道が大きく，名前は東北，東海が大きい．これらの地域では苗字と名前のトレードオフ関係が確認される．一方九州では苗字，名前ともに平均より小さいことが確認される一方，政党の表示が大きい．九州は政党・団体推薦の表

表 5-4　ポスター要素の全国平均・理論値とブロック別実測値の比較

ブロック	全国平均との比較							理論値との比較						
	政党	顔	姓名 合計	姓名 苗字	姓名 名前	スローガン	全要素	政党	顔	姓名 合計	姓名 苗字	姓名 名前	スローガン	全要素
北海道	0.61	1.25	1.05	1.13	0.88	0.67	1.04	1.10	1.19	1.07	1.23	0.80	0.69	1.07
東北	1.06	1.01	0.93	0.78	1.25	0.92	0.96	1.03	1.01	0.94	0.80	1.22	0.92	0.96
北関東	0.96	1.01	0.91	0.82	1.09	1.14	0.97	0.99	1.01	0.91	0.83	1.08	1.13	0.97
南関東	0.81	0.92	0.98	0.93	1.07	1.21	0.97	0.87	0.93	0.98	0.94	1.05	1.20	0.98
東京	1.01	0.84	1.02	1.08	0.87	1.18	0.98	0.88	0.86	1.01	1.05	0.91	1.09	0.96
北陸	0.90	1.05	1.00	1.00	1.03	1.06	1.02	0.80	1.04	1.00	0.99	1.03	1.08	1.00
東海	0.61	1.10	0.95	0.88	1.10	1.08	0.99	0.58	1.08	0.96	0.88	1.12	1.08	0.98
近畿	1.60	0.93	1.19	1.39	0.76	0.86	1.10	1.53	0.94	1.17	1.33	0.80	0.87	1.09
中国	0.68	1.04	1.06	1.02	1.14	0.72	0.99	0.71	1.02	1.07	1.05	1.10	0.74	0.99
四国	0.79	0.98	0.94	0.87	1.07	1.14	0.96	0.95	0.97	0.95	0.92	0.99	1.17	0.98
九州	1.06	1.07	0.88	0.89	0.89	0.91	0.96	1.10	1.08	0.88	0.89	0.88	0.91	0.97
総計	1.00	1.00	1.00	1.00	1.00	1.00	1.00	1.00	1.00	1.00	1.00	1.00	1.00	1.00

※　1.10以上は濃い灰色，0.909以下のものは薄い灰色で示している．

示が圧倒的に多いことから[5]，他地域よりも組織を重視した選挙運動が行われているのかもしれない．

　スローガンについては先に見たとおり南関東が大きいが，北関東，四国も大きい．群馬県を除き，全般的に関東はスローガンが大きい．面積が小さいのは近畿，中国である．近畿は他の要素の占める割合が大きく，スローガンを入れる場所が小さくなっているためと思われる．ポスターは基本的に有権者にとっては受動的なメディアであり，政策などを知るための積極的な媒体ではない[6]という意味では，近畿ブロックの候補者は非常に「合理的」にポスターを作製しているようだ[7]．一方中国ブロックは，近畿とはまったく違う政党の要素がかなり小さくなっている．代わって顔や名前が大きくなっており，個人中心で，かつ政策やイメージではなく後援会など組織中心に選挙運動が展開されているためではないだろうか．もちろんこれは憶測にすぎないのだが．

　こうして見ていくと，日本の各地方でそれぞれポスターの作りに特徴があるだけでなく，それが選挙運動形態と結びついている可能性を示せる．ここでは比例ブロックを分類に用いたが，次稿【田舎のポスター・都会のポスター】では選挙区の人口統計データを用いて分析しており，地域とポスター，地域と選挙運動に関しての結論もそちらに譲ることにする．

田舎のポスター・都会のポスター

菅原　琢・大野桂嗣

　2000年総選挙を分析した蒲島は，都市と農村で選挙結果が大幅に違っているということを強調している[8]．最近の国政選挙の結果を左右しているのは「無党派」と呼ばれる有権者層であるが，特定の政党に支持を固着させないこの種の有権者は都市部に非常に多い．政党システムを規定しているような旧来の利害，あるいは職種からやや距離のある都市の人々に，選挙のたびに投票行動を変える傾向があるのは当然であろう．構造改革の必要に迫られている現代の日本において，選挙結果をもっとも規定しているのは都市と農村，中央と地方の軸であるといえるかもしれない．

　選挙運動は，選挙運動主体の資源や競争の状況などを条件として，もっとも良い結果を残せるように最適化されると考えられる．日本全土を分け隔てる対立軸として都市と農村の軸が存在するなら，選挙運動にも色濃くこれが反映されるだろう．本稿では，選挙ポスターは候補者の選挙運動スタイルを基本的に反映しているものだと想定し，選挙区の人口統計データとポスターの関連を分析することで選挙運動における都市－農村軸を浮き彫りにする．まずはポスターの各構成要素の面積が都市度（DID人口比）とどのように関連するか見てみよう．

　表5-5は，都市度とポスターの各構成要素の面積比の相関係数を示したものである．この数値が正であれば「都会のポスターほど，その要素を強調している（面積が大きい）」といえ，負であれば逆に「都会のポスターほど，その要素を強調していない（面積が小さい）」といえる．ここでは，相関係数の絶対値が0.2を超えるものについて太字斜体で示している．

表5-5　都市度とポスター構成要素面積比の相関係数

	都市度との相関係数					
	全体	自民	民主	共産	自由	社民
姓名	*0.22*	*0.26*	-0.04	*0.42*	0.00	0.16
苗字	*0.27*	*0.32*	0.03	*0.42*	0.13	0.16
名前	-0.16	-0.15	-0.11	-0.12	*-0.23*	-0.04
顔写真	-0.17	-0.08	-0.17	-0.12	-0.13	-0.17
政党	0.02	0.00	0.15	0.03	0.07	0.01
スローガン	0.08	0.12	0.05	*-0.32*	*0.24*	0.18
全面積合計	0.16	*0.25*	-0.10	*0.37*	0.04	0.14

　まず，全候補のポスターについて見ると，都市度と候補者名，とくに苗字の大きさとの間に弱い正の相関があることが確認される．政党別では，自民党と共産党ではっきりした正の相関があり（とくに後者のそれは強い），他の政党でも弱いなが

らもこの傾向が見られる．この意味で，都市度と候補者名（苗字）の関係は安定的であるといえるかもしれない．また，はっきりした関係ではないが各政党に共通して顔写真と都市度の間に弱い負の関係がある．都会のポスターほど候補者名が大きくなり，代わりに顔写真が小さくなるようである．都会は田舎に比べて若い有権者が多く，人口の流動も激しいため，「顔パス」できる候補は少ないということであろう．有権者の性質に合わせ選挙運動は構成されているのだ．

　共産党と自由党では，スローガンの大きさと都市度に関係が見られる．一般に，都市部ほど政策を重視し，地方の有権者ほど候補者の人柄を重視するといわれる．とすると，都市部では政策を重視してスローガンの面積が大きくなると考えられる．共産党がこれと逆の方向を示すのは，地方ほど有力な候補が少なく，党の宣伝活動のために候補者ポスターの表面という資源を使用するためである．逆に自由党は，選挙区選出議員や有力候補は地方に多く，政党自体の支持は岩手を除き都市部で多いというように，政党イメージと候補者に乖離がある．比例区票掘り起こしのために立候補させた都市部の候補者が，党の戦略に沿って党の宣伝をし，スローガンを大きくしたために，都市度とスローガン面積の相関係数が高くなったといえよう[9]．

　このように，都市度とポスター構成要素の面積にはある程度の関係が存在している．しかし，候補者と選挙区有権者の関係をより深くその意味から考えていくためには，ポスターの内容からの分析が必要である．候補者がどのような選挙運動を展開しているかはポスター自体の構成よりも，そこに示されたメッセージに強く現れるはずだ．ポスターの場合，名前や顔が大きな面積を占め，有権者に向けたメッセージは限られる．だからこそ，もっとも訴えたい言葉，もっとも集票に有効だと思われる言葉を選んでポスターに記載していると考えられる．本稿では大野の【地元志向に見る候補者の建前と本音】(113頁) に引き続いて地元志向スローガン[10]を分析する[11]．

表5-6　都市度と候補者の地元志向・国政志向分布

区分	地元志向		国政志向	
	割合	実数	割合	実数
田舎	18.7%	(42/225)	22.2%	(50/225)
中間	11.4%	(25/219)	20.1%	(44/219)
都会	12.4%	(30/241)	24.1%	(58/241)
全国	14.2%	(97/685)	22.2%	(152/685)

　表5-6は，地元志向型と国政志向型のポスターが都市度によりどれくらいの頻度で見られるのかを示したものである．これを見ると，地元志向型のポスターは田舎では都会の1.5倍の頻度で制作されていることが分かる．一方，国政志向型のポスターは，都会カテゴリーが若干多いが，明確な差はない．これは大野の分析で見られた

とおり，地元志向を中和する目的で国政志向の言葉が用いられているためである．

この結果からは，地元志向型のポスターは田舎で多いということはいえる．しかし候補者が選挙区の特性を考慮して地元志向型の選挙戦略を採用した，とは直ちにはいえない．田舎の方が選挙の構造から年齢の高い候補が多く野党系の候補が少ないが，このような候補者個人の属性や政党の影響（偽の相関）を示しているだけかもしれない．そこでつぎに，選挙運動の形態が規定される構造を見るために，地元志向型のポスターかどうかを従属変数とするロジット分析を行ってみた．基本的な独立変数として，年齢，性別（女性＝0，男性＝1），議員経験（新人＝0，前職・元職＝1）など候補者要因と，自民党を基準とした政党のダミー変数，ポスターの作りをコントロールするためにスローガン面積比と国政志向スローガンの有無（有＝1，無＝0）を入れた．

表5-7 地元志向型ポスターの規定要因

	候補者・政党要因			候補者・政党・選挙区要因		
	係数	Wald	有意確率	係数	Wald	有意確率
(定数)	-4.19	20.54	0.00	-5.36	26.76	0.00
年齢	0.03	6.42	0.01	0.03	5.84	0.02
性別	1.11	2.93	0.09	0.99	2.32	0.13
議員経験	-0.74	5.80	0.02	-0.73	5.51	0.02
国政志向	1.66	42.82	0.00	1.69	42.87	0.00
スローガン面積比	0.06	4.17	0.04	0.07	5.51	0.02
民主 D	-0.80	5.41	0.02	-0.71	4.20	0.04
自由 D	-1.51	8.03	0.00	-1.39	6.69	0.01
共産 D	-2.36	26.81	0.00	-2.42	26.95	0.00
社民 D	-1.49	7.87	0.01	-1.48	7.82	0.01
その他	-0.83	2.60	0.11	-0.77	2.21	0.14
老年人口割合				11.71	7.15	0.01
-2 Log Likelihood		457.043			449.783	
Cox と Snell の擬似 R^2		0.138			0.147	
的中率		86.13%			86.42%	

N=685

表5-7の左の表はこの結果である．これを見ると年齢が高く，男性の候補者は地元志向型のポスターを作製する傾向にあることが分かる．議員経験は負の方向に働いているが，単回帰分析を行うと正の方向に有意に働いている．議員経験は一見すると経験のある候補の方が地元志向型の訴えを行っているが，政党属性などを考慮すると逆に新人の方が地元志向型のポスターを作製しているということが分かる．他に効果的に訴えられるものがないために，地元意識を喚起しようとしているのだろう．最後に政党所属は，自民党を基準とするとすべての政党が負の方向に作用して

表5-8 選挙区特性の地元志向ポスターに与える影響

	係数	Wald	有意確率	
DID 人口割合	-0.67	2.52	0.11	
幼年人口割合	-7.67	1.62	0.20	
青年人口割合	-28.88	3.82	0.05	▼
就業年齢人口割合	-9.17	3.62	0.06	▼
老年人口割合	11.71	7.15	0.01	△
第1次産業従事者割合	5.91	5.12	0.02	△
第2次産業従事者割合	-1.67	0.32	0.57	
第3次産業従事者割合	-2.65	0.93	0.34	
専門・技術的職業従事者割合	-20.15	2.93	0.09	▼
管理職従事者割合	-24.45	1.02	0.31	
専門職従事者割合	-17.11	5.66	0.02	▼
卸・小売業従事者割合	-3.82	0.54	0.46	
公務員割合	17.81	0.78	0.38	

※ 表5-7の個人・政党要因に選挙区属性として上記の変数を1つずつ代入し，算出された各変数ごとの係数とWald統計量，係数の有意確率を示している．独立変数としてこれらの変数を同時に投入したわけではない．
※ 有意確率の△は有意水準10％以下で正の影響，▼は負の影響を示した変数に付している．

おり，とくに共産党が強くマイナスであるという順当な結果となった．

この基本的な独立変数セットに加えて，選挙区有権者の特徴を示す変数として表5-8に示した選挙区の人口統計データを1つずつ加えた[12]．表5-8の数値は基本的な独立変数の結果を省き選挙区属性の数値だけを取り出したものである（もっとも有意確率の高かった老年人口割合を投入した結果を表5-7の右側に示した）．これを見ると，高齢化が進み，農家が多いような地域の候補が地元志向型のポスターを制作していることがわかる．蒲島がバッファー・プレイヤーを示すのに用いた人口統計データに含まれる専門・技術的職業従事者割合，専門職従事者割合もマイナスの方向に有意な影響を与えている．バッファー・プレイヤーとは与党の「勝ち過ぎ」を牽制する目的で野党に投票する有権者のことである．このような投票態度は地元の利益を考えての投票とは対極にあるといえ，ポスターを作る側もそれを認識しているのではないだろうか．これ以外に，都市－農村を示すのに用いられるDID人口比が10％の有意水準に届いてはいないものの係数がマイナスとなっており，納得のいく結果となっている．

ここまでの分析の結果から，候補者は立候補する選挙区の有権者の性質を考慮してポスターを制作しているといってよいだろう．しかしこれだけでは田舎では地元志向型のポスターを作る候補者が多いということを示しただけともいえる．したがってつぎに，このような候補者の「合理性」は確かなものなのか検証してみる必要がある．候補者が選挙区の有権者の性質を考慮して選挙運動を展開したとしても，

これに有権者が無反応であれば意味はない．蒲島研究室が実施した2000年衆議院選挙調査（JES Ⅱ第8波調査）のうち，有権者の投票志向を聞いた質問(13) を利用して有権者の意識・投票行動と選挙運動の関係について分析していく．

まず地元志向の有権者が選挙区の特性ごとにどのように分布しているか見てみる（表5-9）．これを見ると，田舎，あるいは老年人口割合の高い地域に地元志向の有権者が分布しているという明確な傾向が見られる．田舎の候補者が地元利益を重視する有権者をターゲットとして地元志向型のポスターを作るというのは理にかなっているといえる．とくに都市度による3分類は，都会カテゴリーで国政志向の有権者の方が多くなっているように，老年人口比よりも強く有権者の地元志向を反映させているのが分かる．

つぎに，地元志向を示す有権者が，実際に地元志向型の候補者に投票しているのかどうかを分析した(14)（表5-10）．地元志向型の候補は，地元志向有権者の6割の票を獲得している．ポスターの存在する候補に投票した有権者の中では7割以上の票

表5-9　選挙区特性と有権者の地元志向・国政志向分布

DID	有権者志向分布						地元÷国政
	地元重視		中間		国政重視		
	割合	実数	割合	実数	割合	実数	
田舎	33.3%	69	50.7%	105	15.9%	33	2.1倍
中間	26.5%	75	53.7%	152	19.8%	56	1.3倍
都会	16.7%	42	61.8%	155	21.5%	54	0.8倍
全国	25.1%	186	55.6%	412	19.3%	143	1.3倍

老年	有権者志向分布						地元÷国政
	地元重視		中間		国政重視		
	割合	実数	割合	実数	割合	実数	
高	28.5%	55	54.4%	105	17.1%	33	1.7倍
中	25.8%	82	54.4%	173	19.8%	63	1.3倍
低	21.3%	49	58.3%	134	20.4%	47	1.0倍
全国	25.1%	186	55.6%	412	19.3%	143	1.3倍

表5-10　地元志向型候補の有権者志向別得票率

有権者志向	地元志向型候補		非地元志向型候補		投票先不明	
	割合	実数	割合	実数	割合	実数
地元重視	62.8%	(27)	25.6%	(11)	11.6%	(5)
中間	40.4%	(36)	30.3%	(27)	29.2%	(26)
国政重視	27.8%	(10)	41.7%	(15)	30.6%	(11)
全国	43.5%	(73)	31.5%	(53)	25.0%	(42)

※　「投票先不明」は，ポスターがない候補者に投票した場合と棄権した場合，答えなかった場合の総計である．

表 5-11　都市度の地元志向投票への影響

区分	有権者志向	地元志向型候補 割合	実数	非地元志向型候補 割合	実数	投票先不明 割合	実数
田舎	地元重視	72.7%	(16)	13.6%	(3)	13.6%	(3)
	中間	43.3%	(13)	20.0%	(6)	36.7%	(11)
	国政重視	33.3%	(3)	33.3%	(3)	33.3%	(3)
中間	地元重視	70.0%	(7)	30.0%	(3)		
	中間	34.8%	(8)	43.5%	(10)	21.7%	(5)
	国政重視	25.0%	(2)	37.5%	(3)	37.5%	(3)
都会	地元重視	36.4%	(4)	45.5%	(5)	18.2%	(2)
	中間	41.7%	(15)	30.6%	(11)	27.8%	(10)
	国政重視	26.3%	(5)	47.4%	(9)	26.3%	(5)
	全国	43.5%	(73)	31.5%	(53)	25.0%	(42)

を獲得したことになる．一方，国政を重視する有権者からは 3 割弱の票しか獲得できていない．このように，候補者の選挙戦略の型と有権者の投票志向は一致している．候補者の選挙運動は有権者の志向に対し合理的であり効率的であるといえよう．これを都市度によりさらに細かく見たのが表 5-11 であるが，田舎，中間では表 5-10 とほぼ同様の結果が得られた．しかし，都会では必ずしも地元志向の候補が地元志向の有権者から得票しているとはいえず，曖昧な結果となっている．これは，地元志向意識の投票決定における役割が都市では低下しているということなのかもしれない．

ここで確認した有権者と候補者の地元志向の一致は，政党を媒介しているものかもしれない．しかし，地元志向を示す政党が地元志向型の有権者を惹きつけていると考えれば同じであろう．得票の増大を目指して選挙運動のやり方を決定するのは，候補者にとって当然のことである．重要なのは，そのやり方が実際に得票に結びついているかどうかである．憲法問題を避け，経済成長と所得の再分配に重点を置くという路線の選択は，有権者を惹きつけるやり方を模索した結果の，非常に理にかなった判断だったということができるだろう．

大阪 VS 東京

菅原　琢

　アメリカ大統領選の2人の候補者の服装が似てくるのは，互いにもっとも好まれると考える「見栄え」を作ろうとするからである．オーソドックスを目指すというのは1票でも欲しい政治家候補たちにとってごく自然な行いであり，ライバルたちはある程度の個性を分散として残しながらも，互いに相手を意識しながら平均値のまわりに収束するだろう．

　日本の衆院選の場合，ここでいうライバル関係は選挙区で争う候補者同士の関係である．したがって，平均値は選挙区ごとに設定される．この選挙区ごとの平均値は，遠い選挙区間で比較した場合にその選挙区の個性として認識することができる．

　タイガースとジャイアンツの例を出すまでもなく，大阪と東京ほど互いに比較される地域というのは日本にはない．ここでは，この両地域をポスターの各項目により比較してみることで，選挙運動に見られる地域性を考えてみたい(15)．

　表5-12はポスターに占める各要素の面積率を，大阪と東京で平均したものである

表5-12　大阪と東京のポスター各アイテムの平均面積率

	政党名	顔	姓名			スローガン	全要素
			総計	苗字	名前		
大阪 (43人)	6.6%	13.9%	27.2%	(23.3%)	(3.9%)	4.1%	51.8%
東京 (61人)	3.7%	12.8%	21.6%	(15.9%)	(5.7%)	5.9%	44.0%
全国 (1199人)	3.6%	15.2%	21.2%	(14.7%)	(6.5%)	5.0%	45.1%

(16)．これを見ると，名前とスローガン以外の項目で大阪は東京に比べ広い面積を割いていることが分かる．逆にいえば，項目に挙げられた以外の部分，すなわち空白域が大阪の候補者たちのポスターは狭いことになる．ここから，大阪の候補者は自分の持てるリソースを無駄なく利用しようとしているのではと想像される．全要素における約8%の違いは，目で見てはっきり分かる差である（図5-1）(17)．

　表の各要素を見ると，もっとも目立つのは苗字の差である．一方名前の方は，大阪は東京よりも狭くなっている．この名前の差は「名前を表記していない候補者」を計算に含めた結果である．このような候補者を除くと，両地域ともほぼ同じ面積率となる．東京では名前を表記していない候補者はゼロであるのに対し，大阪では5人の候補者（11.6%）が名前を表記していない．全国では名前を表記していない候補者は12人しかおらず，ポスターのある候補者全体のなかで1.8%を占めるにすぎない．有権者が投票するとき，候補者の苗字さえ書けばその候補の得票になる．すなわち，苗字と名前セットにして覚えてもらうのは非効率的であるといえる．苗字を大きくし，名前を書かない傾向は，限られた資源を有効利用して自己の当選可能

166　第一部　分析篇

図 5-1　東京と大阪のポスターの空白域比較

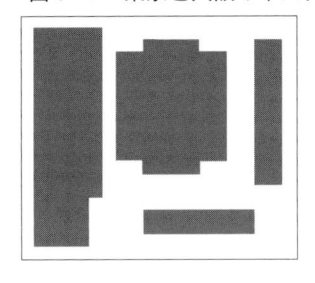

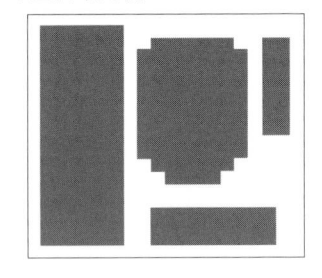

　　　　東京　　　　　　　　　　大阪

性をできるだけ高めようという大阪の候補者の気質を示しているのかもしれない．
　政党の要素に関しては，大阪は東京の1.8倍の面積を割いている．レイアウト的に必要な空白を削ってまで政党名を入れるのは，もし選挙区で落選しても比例区でなんとか拾ってもらいたいという気持ちの強さの表れではないか．だとすれば，大阪は全国でももっとも各政党の実力が拮抗しているために激戦区が多く，したがって惜敗率による復活を受けやすい地域であるというのも影響しているだろう．政党ラベルを大きくする一方で，政党の中身である政策スローガンに重きを置いていないが，スローガン自体は候補者の当選にとってはおそらく不必要であり，その意味では「無駄」なものである．無駄を省くという大阪の候補者の特性からすれば，スローガンを重視しないというのはきわめて自然なことである．
　最後に，顔の面積率を見てみると，大阪は東京に比べ1.1倍大きいだけであり，それほどの差はない．しかしこの数値は，ポスターの半分をひらがな3文字の苗字のみに費やした結果，顔の面積が極端に小さくなってしまった共産党の菅野泰介（473頁），真鍋穣（473頁）と，自らの顔をポスターの枠内に収めきれず，したがって見た目の顔の大きさに比べデータ上の数値が過小評価されている辻元清美（500頁），西村真悟（492頁）の4名を考慮に入れて解釈せねばならない．大阪の候補者の顔写真の大きさは，数値上の印象よりも確実に大きく感じられるだろう．
　辻元もそうであるが，自民党の中山正暉（415頁）は顔のみくりぬいた，したがって首のない，正直いって怖い印象を受ける写真を使用している．悪い話題でもいいからテレビに映りさえすれば500票増える，という言葉を聞いたことがあるが，このような写真を使うのもとにかくインパクトを与え，嫌でも名前を覚えさせてしまおうという合理的な戦略なのである．実際，彼のポスターはゼミ生のなかでももっとも印象的に覚えられているものの1つである[18]．　ポスターの各要素の面積を手がかりに，ポスターが地域によって特徴づけられる様子を見てきた．政治に限らず地域として独特である大阪を対象としており，単純に一般化はできないが，日本で長年なされてきた政党ではなく候補者に投票するという制度は，選挙運動を地域化する特徴を持つという可能性を示すことができたのではないだろうか．

地域争点

河野一郎・境家史郎

　一般に，争点とは「選挙時点において社会が直面している主要な政治的問題」をいう．しかし，すべての争点が選挙結果に影響をおよぼすわけではなく，①多くの有権者がその争点に関心を持っていること②有権者の意見の分布が一方に偏っていること③その争点に関する政党の立場が明快であること，の3要件がそろうとき，選挙結果にもっとも大きな影響をおよぼすとされる[19]．

　選挙ポスターのスローガンに現れる争点は多種多様だが，景気，福祉，税金など典型的な争点も実は数多く含まれており興味深い[20]．ただ，スローガンの大半は，候補者に票田として見える有権者に対して情緒的に訴えるもので，客観的に見ると具体的な政治的選択を何1つ含まない無内容なものが多い（「福祉の街」，「地域」など）．しかし，それと対照的に特定の選挙区・地域レベルの争点と思われるものも散見される．そのようなポスターを集めてみたものが表5-13である．

表5-13　地域争点を含んだポスター

候補者名	所属政党	選挙区	新旧	当落	相対得票率	惜敗率	地域争点
福田　道夫	共産党	栃木2区	新	落	5.62	11.69	ダム（思川開発事業）
近藤　薫	無所属	東京15区	新	落	0.69	2.40	永代信用組合の不正追及
榛田　敦行	共産党	東京15区	新	落	15.61	54.17	東京湾埋立て
藤原　信	社民党	千葉5区	新	落	7.92	18.20	「三番瀬」の環境保全
新谷由紀子など	共産党	愛知1～15区	—	—	—	—	空港，愛知万博
梶浦　勇	共産党	愛知8区	新	落	7.64	21.69	長良川河口堰
桧山　秋彦	共産党	滋賀2区	新	落	12.26	26.79	びわこ空港
白保　台一	公明党	沖縄1区	前	当	52.55	100.00	サミット成功，国連アジア本部誘致

　表5-13に列挙したように，全685枚のポスターのうち地域争点について触れたポスターはごく少数である．しかも，地域争点に触れているのはほとんど野党のポスター（とくに共産党）である．内容的には環境保全や公共事業見直しを訴えるものが多い．

　これらの地域争点の提起は，結果から見れば，候補者の当選にとってプラスになったとはいえない．実際，表5-13に挙げられた候補者のなかで，当選したのは公明党の白保台一のみである．地域争点を掲げることは，それが合意争点でない限り，小選挙区での当選に必ずしも有効な戦略ではない．小選挙区制の下では，幅広い支持者を取り込まないと当選できないからである．地域争点を掲げたポスターが少ないのも，その意味では当然だといえよう．

しかし，本来，争点は候補者の当選可能性を高めるという目的のためだけに提起されるわけではない．むしろ問題提起すること自体に意味があるのである．表5-13の候補者はほとんどが泡沫候補である．これらの候補者は自分の当選を度外視して，地域争点の提起を第一義的な目的としていたと考えることもできる．ただし，表5-13のほとんどが共産党候補である点は注意すべきであろう．【拒否度への対応〜公明党と共産党】(191頁）で古賀がいうように，共産党はその拒否度の高さにもかかわらず，比例区の得票増を目指し政党名を前面に出している．地域争点の提起もこの観点から見れば，比例区で一定の票を確保するための戦略の一環と見なすことができよう．

競合候補者を意識したポスター

河野一郎

　選挙ポスターには，他候補にない特徴を強調しているものがあり，ネガティブキャンペーンに近い表現を用いているものもある．ここでは，ポスターの作り手の差別化戦略を取り上げたい．ただし，単に政権交代や世代交代を訴えるものは除外した．分析の対象は，同じ選挙区内の他の候補者を意識したポスターである．

1. 競合候補者の年齢を意識したポスター

(1) 岡島正之（千葉3区，482頁）

　現職であった岡島のポスターは，候補者の写真の右側に「日本の未来は，経験曲線」と書かれている．その下に「国政14年、ますます！」とある．千葉3区の候補者のデータは表5-14のとおりである．岡島以外の候補者は全員30歳代であり，岡島とは親子ほどの年齢差がある．「経験」を強調する岡島のポスターは，他の競合候補者の「若さ」を強く意識したポスターといえよう（対照的に，対立候補は年齢を表記して若さを強調している）．

(2) 植田至紀（奈良3区，501頁）

　岡島とは逆に，植田のポスターは政界最年長，現職の奥野誠亮を強く意識したものとなっている．植田のスローガンは，「チェンジ！人も政治も」「34歳」（とくに34を強調）である．ここにいう「人」とは，事実上奥野1人を指すと見られる（表5-14）．

表5-14　千葉3区，奈良3区の候補者

選挙区	候補者	所属政党	年齢	新旧	当選回数	選挙結果	惜敗率	備考
千葉3区	松野　博一	自民	37	新	0	当	100.00	年齢表記あり
	岡島　正之	保守	69	前	4	落	67.34	
	竹内　圭司	民主	32	新	0	落	56.51	年齢表記あり
	黒須　康代	共産	39	新	0	落	28.59	（ポスターなし）
	藤野　正剛	自連	37	新	0	落	3.91	（ポスターなし）
奈良3区	奥野　誠亮	自民	86	前	12	当	100.00	
	福岡　ともみ	民主	44	新	0	落	72.79	（ポスターなし）
	植田　至紀	社民	34	新	0	落	34.16	
	正木　敦	共産	28	新	0	落	30.86	（ポスターなし）

※　「選挙結果」は，小選挙区についてのもの．
※　「惜敗率」は，重複立候補していない候補者についても算出してある（以下の表も同様）．

2. 競合候補者の政治経験・政治資源を意識したポスター
(1) 古山和宏（東京11区，489頁）

古山のスローガン「役に立たない政治家　全員交代」は全面積の半分近くを占める．東京11区は現職3人がひしめく激戦区であった（表5-15）．名指しはしていないが「役に立たない政治家」は現職3人を指すことは選挙区の有権者にとって明らかであろう．

表5-15　東京11区の候補者

選挙区	候補者	所属政党	新旧	96年選挙	選挙結果	惜敗率
東京11区	下村　博文	自民	前	当選	当	100.00
	渋谷　修	民主	前	復活	落	71.96
	中島　武敏	共産	前	復活	落	60.45
	古山　和宏	自由	新	落選	落	32.39

(2) 梶原康弘（兵庫5区，492頁）

「時代が変わる．政治を変える．組織・団体でなく私達の代表を！」は他の有力3候補を意識している（表5-16）．自民，民主，共産の各候補はそれぞれ支持基盤として後援会，労働組合，党組織を有している．そのような組織票，団体票のない自候補を「私たちの代表」と位置付けるイメージ戦略の1つと考えられる．

表5-16　兵庫5区の候補者

選挙区	候補者	所属政党	当選回数	選挙結果	惜敗率	経歴
兵庫5区	谷　洋一	自民	8	当	100.00	党県会長・北海道沖縄開発庁長官・県議
	吉岡　賢治	民主	2	落	84.01	但馬地方労働組合協議会議長・豊岡市議
	梶原　康弘	自由	0	落	28.07	丹波雇用開発協会副会長・参院議員秘書
	西本　嘉宏	共産	0	落	17.44	春日町議・国鉄職員・氷上郡青年団協議会長
	斎藤　義明	自連	0	落	6.91	東急不動産課長

3. その他

タカ派的な発言や女性議員の抗議を招いた失言で知られる西村真悟が出馬した大阪17区では，社民党の中北龍太郎（500頁）が「憲法改悪を許さない！」，自民党の岡下信子（416頁）が「女性の声　庶民の声を国政に」というスローガンを掲げている．また中北の場合，西村の失言問題の際に抗議をした辻元清美の顔写真を載せている．これらの候補者は明らかに現職である西村を意識しているといえよう．

また，性別によって他候補との差別化を図るものとして沖縄3区の東門美津子（505頁）のポスターがある．東門は当選を果たし，文字通り「沖縄初の女性国会議

員」となった.

（1）「分析対象とサンプルのバイアス」参照.
（2）【ポスターの構成要素の使用割合】(47頁) 参照.
（3）大きい値から小さい値を引いた差が，小さい値に占める割合をここでは「差」とした.
（4）各ブロックの各アイテムの値の最大値を最小値で割る地域比を求めると，左表の値（表5-1と同じ値である）に比べ右表の値は政党の面積以外の項目で減っており，サンプルバイアスの影響が若干あったことは確認できる.
（5）【他力本願ポスター】(138頁) 参照.
（6）序章「選挙ポスター研究の意義」参照.
（7）大阪のポスターに絞って分析しても同様の傾向が見られる．詳細は【大阪VS東京】(165頁) 参照.
（8）蒲島郁夫「地方の『王国』と都市の反乱」東大法・蒲島郁夫ゼミ編『有権者の肖像－55年体制崩壊後の投票行動－』，木鐸社，2001年参照.
（9）第10章「2000年総選挙・各政党の戦術とポスター分析のまとめ」の自由党の節を参照.
（10）ただし，大野の地元志向の分類のうち (B) の党地方役職と団体推薦を除いたものを地元志向型ポスターとする．前者は大野の分析でも触れられているように，地元志向というより党組織を反映したものであり，後者は選挙協力を反映したものだからである．この結果，該当候補者は97人（14.2%）に絞られる.
（11）なお，政策的な訴えなども分析したが意味のある結果は出なかった．このことは，「地元志向」が持つ投票行動への規定力の強さを示すものであろう.
（12）人口統計データはその性質上互いに相関が高く，独立変数として複数投入すると多重共線性の疑いが消えない．したがってこのように1つ1つを別々に投入した.
（13）質問文と選択肢はつぎの通りである.
「あなたは次のどちらの候補者に投票しますか．1つ選んで○をつけてください.
 1. 外交問題など国全体の問題では活躍するが，地元の面倒をあまり見ない候補者
 2. 中央への陳情の仲介など，地元のための世話役活動にもっぱら努力する候補者
 3. 場合による」
（東大法・蒲島郁夫ゼミ編，前掲書，附録B参照.）
（14）ただし全候補者についてポスターが揃っているわけではないので，地元志向型の候補者がいる選挙区の有権者に対象を絞った．この方法は，地元志向型の候補者がアクセス可能だった有権者のうちどれくらいの有権者を獲得したかという観点から見ることを意味する.
（15）ポスター構成要素の地域による差は【レイアウトの地域格差】(156頁) 参照.
（16）東京のポスターには自民党候補が少ないというサンプルのバイアスが存在する（「分析対象とサンプルのバイアス」参照）が，前述の【レイアウトの地域格

差】で政党によるサンプルバイアスを考慮して計算したところ，東京と近畿にはやはり大きな差が存在している．政党ごとのポスター構成要素の面積の違いは【ポスターの構成要素の使用割合】(47頁) を参照．
(17) 東京と大阪のポスター構成要素の面積率をもとに作成している．顔のまわりの空白が小さくなり，デザインに余裕がなくなる様子が分かる．なお，実態に近づけるため，顔の面積は1.57倍している（第二部「資料篇」参照）．
(18) このような異彩を放つポスターについては【派手なポスター】(147頁) を参照されたい．やはり大阪周辺の候補者のポスターが多く採用されていることに気づくであろう．取り上げられている11のポスターのうち7つまでが大阪と兵庫のポスターである．また【候補者の写り方】(65頁) によると，写真に首以下が写っていないポスターはやはり大阪，兵庫に集中している．
(19) 蒲島郁夫『政権交代と有権者の態度変容』，木鐸社，1998年，47-48頁．
(20) 【政党別公約】(185頁) 参照．

第6章
政党と選挙ポスター

　本章では，政党を中心にポスターを分析し，各政党のポスターにどのような特徴が見られるのかを探っていきたい．

　まず，【79年ポスターとの比較(政党篇)】は，第4章の冒頭で行った1979年のポスターとの比較を政党レベルで行い，20年余の間の選挙制度改革の影響について見たものである．

　また，【政党のアピール戦略】では，候補者の背景にある政党のポスターでのアピール方法を，【党首対決】では，政党の顔である党首のポスターを，【政党別公約】では，スローガンなどに表れた各政党の公約を，それぞれ俎上に載せた．

　さらに，個々の政党に絞って考察の対象とした．

　自民党について，【自民王国】では，自民党が確固たる地盤を持ち全選挙区で自民党議員を輩出している都道府県のポスターを取り上げ，【自民党「改革派」のジレンマ】では，自民党内で改革派を自称する候補者のポスターに改革の姿勢が見られるかを調べた．

　公明党・共産党については，【拒否度への対応～公明党と共産党】で，多数の有権者に拒否感を持たれている両党の選挙戦略の相違を探り，加えて公明党に関しては，【ポスターから見る創価学会票論争】で，2000年の衆院選における公明票の位置付けをポスターの側面から分析した．

79年ポスターとの比較（政党篇）

境家史郎

　ここでは，1979年ポスターと2000年ポスターを比較して，選挙ポスターがどのように変化しているのか（していないのか）について分析する．

1. 全体的傾向

　79年ポスターと00年ポスターの全体を対象に，姓名サイズ，顔サイズ，総党名サイズ，スローガンサイズについて比較したものが表6-1である．

表6-1　79年ポスターと00年ポスターの比較

	79年平均		00年平均
候補者名サイズ	25.9%	>	21.2%
顔サイズ	17.6%	>	15.2%
総党名サイズ	0.9%	<	3.6%
スローガンサイズ	1.7%	<	5.0%
ポスター数	95		685

※ 不等号は，t検定で5％水準で有意差が見られる場合にのみ表記している（以下の表でも同様）．

　これから分かるように，79年ポスターの方が，姓名サイズが大きく，顔サイズが大きく，党名サイズが小さく，スローガンサイズも小さい．つまり，79年の方が候補者アピールが重視され，スローガンが少ないということになる．
　この結果を解釈しよう．まずスローガンについては，79年ポスターは比較的有力候補が多いためスローガンに頼らなくてもアピールできていると考えることができる．00年ポスターにおいても有力候補はスローガンが少ない傾向がある[1]．スローガンの内容についてみると，79年では公約や政策をアピールしているものはほとんど存在しない[2]．00年では，少ない党でも10％以上の候補はこうしたスローガンを掲げている[3]ことから見て，中選挙区時代よりも「政策本位」化は進んだといえるかもしれない[4]．
　つぎに79年の方が候補者アピールを重視していることについては，選挙制度の変化の影響が表れていると考えられる．第一に，並立制における比例区の存在が政党アピールの合理性を高める．これは，政党にとってはもちろん，重複立候補している候補者にとってもいえることである．第二に，小選挙区では，中選挙区制下で（とくに自民党に）見られた同一政党候補間の競合がないため，候補者ではなく政党の違いをアピールする合理性が高まる．このように，少なくともポスター上では，政治改革時に唱えられた「候補者本位から政党本位へ」という方向が出ているとい

える．

なお，中選挙区制と違って並立制の場合，小選挙区と比例区にいかに資源を配分するかという戦略上の問題があり，これは政党ごとに異なる[5]．したがって，一般的には並立制の方が，政党の違いが選挙運動の戦略に大きく反映し，選挙ポスターも多様化する傾向があるようだ．一見して，79年ポスターは画一的であって，自民党と共産党のポスターでさえも政党名が違うだけ，との印象を受けるのである．

2. 政党ごとの比較

つぎに，政党ごとに変化を見てみよう．対象は，79年と00年両方に存在した自民党，公明党，共産党である[6]．表6-2は，3党それぞれについて両年のポスターを比較したものである．

表6-2 政党ごとの比較（自民，公明，共産）

	自民79年		自民00年	公明79年		公明00年	共産79年		共産00年
候補者名サイズ	23.6%	>	20.6%	29.7%		27.7%	27.3%	>	22.4%
顔サイズ	17.9%		16.9%	14.8%	>	9.8%	22.8%	>	14.5%
総党名サイズ	1.0%	<	2.5%	0.5%		0.3%	1.2%	<	8.3%
スローガンサイズ	2.3%	<	4.3%	1.8%	<	4.1%	0.0%	<	5.2%
ポスター数	41		202	28		10	7		182

※ 数値はすべて平均値．

これによると，統計的に有意な差のある項目（不等号が示してあるもの）に関しては，すべて表6-1の場合と同じ傾向が見られることが分かる．結局，上述した全体的特徴は，政党ごとに比較しても見られるものだといえそうである．すなわち，党を超えて，79年の方が，候補者イメージの強調度が高くスローガンが少ない．以下では，より具体的に3党の変化を見ることにする．

（1）自民党

3党のうち，ポスターがもっとも変化してないのが自民党だと思われる．他のところでも書いたように，橋本龍太郎，山中貞則のように79年と00年でほとんど違いが見られない候補者もいる[7]．

79年の方がスローガンが少ないという点は違いとして挙げられるが，これは前述のように党を超えて見られる変化である．その一方で「燃える郷土の力」，「国も郷土もまかせてください」[8]といった，あからさまな地元代表アピールが見られる点は今も昔も変わらない．

自民党ポスターの目立った変化といえば，「比例区も自民党へ」という文句が00年ポスターの多くに入っていることぐらいに限られよう．もちろんこれは，選挙制度改変の直接的な影響である．やはり公明党，共産党と比較すると変化は少ないと見

(2) 公明党

　公明党は79年では野党，00年では与党と立場が変わっているため，ポスターも変化していると予想できる．

　ところが，スローガンを見てみると79年の方ではそれほど「野党的」なものはない(9)．むしろ，「鋭い政治感覚」「庶民の政治家」(10)といった候補者のイメージをアピールをしたものが目立つ．やはり中選挙区制下の選挙運動は候補者アピール重視であったようだ．もっとも，79年のポスターがそれほど「野党的」でないのは，当時公明党が中道化・現実路線化を進めていたことの反映とも考えられる．

　その一方で，00年では「連立与党の候補です」(11)といったスローガン，あるいは「沖縄開発総括政務次官」(12)といった肩書きが見られ，与党であることをアピールしている．ただし，拒否政党度の高さを考慮してか，政党名サイズ自体は大きくない．そのかわり，自民党推薦を強調して，公明党支持者以外からも得票しようという姿勢がうかがわれる．

　総じて，公明党は今も昔も政党よりも候補者をアピールしているが，00年ポスターでは与党であることや自民党との選挙協力を反映した作りに変化しているといえよう．

(3) 共産党

　3党のうち，もっとも変化しているのは疑いなく共産党である．表6-2を見て分かるように，政党名サイズが00年では約7倍にもなっている．顔サイズもかなり小さくなっている．これは，まぎれもなく制度改変の影響であって，共産党が並立制への移行によってもっとも選挙戦略が変化したことをうかがわせる．

　ただし共産党の場合，00年のほとんどが泡沫候補であるという点で，79年の「有力候補バイアス」の影響をもっとも大きく受けていることに注意しなければならない．そこで，00年の現職候補と79年のポスターを比較してみよう．

表6-3　共産党79年と00年（現職）との比較

	79年平均		00年平均
候補者名サイズ	27.3%		26.4%
顔サイズ	22.8%	>	13.9%
総党名サイズ	1.2%	<	8.2%
ポスター数	7		10

　表6-3から分かるように，79年ポスターは00年よりも，候補者名サイズ・顔サイズが大きく，党名サイズは小さい（ただし，候補者名サイズについては統計的に有意な差ではない）．これを表6-2と比較すると，やはりほぼ同じ結果が得られていることが分かる．つまり，「有力候補バイアス」を除いても，なお00年の方が政党アピー

ルが重視されているといえよう[13].

　以上，この稿ではおもに選挙制度の違いに着目してポスターの変化を説明してきたが，当然のことながらこの変化は制度改変だけによるものではない．他にも政治的文脈の違いや政党自体の変化などの要因が考えられる．また，ポスターを作るうえでの，当時の慣習も影響しているだろう．例えば79年ポスターにスローガンが少ないのは，当時ポスターはシンプルな方が良いと思われていただけかもしれない．このように，要因はさまざま考えられるものの，いずれにしろポスターは変化しているのである．

政党のアピール戦略

平田知弘

　2000年総選挙は，小選挙区比例代表並立制という世界的にも珍しい制度で行われた．この2制度並立の選挙制度下では，小選挙区での候補者個人票，比例区での政党票，両方の集票が目指される．ただ小選挙区候補者としては，比例区に重複立候補していない限り，比例区での政党票の集票には消極的であろう．一方政党としては，まず候補者が小選挙区で当選してくれることを望むが，比例区のために政党の宣伝もして欲しいと考えるだろう．ポスターは小選挙区候補者によって作られるが，政党は，比例区の集票のためになんとか政党の宣伝を載せたいと考えるのである．例えば，自民党には候補者のための選挙ポスターマニュアル[14]がある．これは小選挙区立候補者向けのポスター作成マニュアルなのだが，「比例代表との連動を考慮し，ポスターに『比例代表も自由民主党』と明記しましょう」とある．また，「党のシンボルマークを活用しましょう」とも書かれている．比例区名簿に名前のない小選挙区候補にとっては，比例区の宣伝も党のシンボルマークも，ポスターに載せる直接的なインセンティブはないはずだ．しかし政党としては，なんとかこれらをポスターに表記させようとがんばっている様子がよく分かるだろう．後ほど紹介するが，自民党は，比例区宣伝表記率は82.7％，政党ロゴ表記率は77.7％と，いずれも高い率を示しているのである．このように2制度並立の選挙制度の下，1つしかないポスター上で，候補者と政党の駆け引きが行われていると見ることができよう．限られた紙面上で，政党宣伝はどのように行われていて，そこからどんなことが見えてくるだろうか．本稿では，ポスター上における政党宣伝について，多角的に分析する．

1．方法

　政党宣伝の指標として，境家は第8章「政党組織と候補者の比例区行動」において，「比例代表は○○党へ」という宣伝文句（彼はこれを"比例区宣伝"と呼んでいる）を用いた．また，【ポスターの構成要素の使用割合】(47頁)で，大野はポスター全面に占める政党名の面積合計の割合に言及している．本稿では，これに，「政党ロゴマーク」「政党公認」の2つを指標として加えたい．すなわち，ポスターにおける政党宣伝を以下の4つの指標で計ることにする．

　　（1）比例区宣伝（「比例代表は（も）○○党へ」の文句）
　　（2）政党ロゴマーク
　　（3）政党公認（「○○党公認」の文句）
　　（4）ポスター全面に占める政党名の面積合計の割合

（1）〜（3）は，そのような記述（もしくはロゴマーク）があったポスター枚

数の全ポスター枚数に占める割合で表し,(4)は,ポスター全面に占める面積の割合で表す.

このように4つの指標を用いる理由は,比例区での集票を意図した政党宣伝を分析するには,ポスターを通じてどれほど政党を前面に出しているかを総合的に捉える必要があると考えるためである.1つの指標だけを見て,その政党が政党宣伝に熱心すなわち比例区戦略に力を入れているということはできない.例えば,民主党は(1)比例区宣伝はあまり行っていないが,このことをもって民主党は政党宣伝に熱心でないとはいえない.なぜなら民主党ポスターの90％以上に(2)政党ロゴマークが入っていて,十分に政党宣伝を行っているからである.一方,(3)政党公認は,上の2つとは性質が異なる.「比例区宣伝」「政党ロゴ」が政党の比例区戦略の一環として基本的には政党側が候補者に"表記させる"という性質のものであるのに対して,政党公認は,候補者が自分の小選挙区での得票のために自発的に表記するものである.しかし,このように,政党公認表記が小選挙区で政党の支持者票を集めることを第一義的な目的としているとしても,同時に「党はこんな人を公認しています」とのメッセージを伝え,政党宣伝を行いひいては比例区の集票につながることが期待されているともいえるだろう.

2. 政党

表6-4 政党別構成要素比較

	自民	公明	保守	民主	社民	自由	共産	全体
比例区宣伝	82.7%	10.0%	0.0%	19.1%	65.7%	8.5%	94.0%	62.7%
政党ロゴ	77.7%	20.0%	37.5%	90.1%	6.0%	54.2%	0.0%	48.0%
公認	95.5%	30.0%	62.5%	50.4%	25.4%	59.3%	0.0%	48.9%
政党名*	2.5%	0.3%	0.4%	1.2%	3.4%	1.3%	8.3%	3.6%

* 政党名は,政党名サイズの合計が,ポスター全面のどれほどを占めるかである.

前提として,比例区宣伝,政党ロゴ,公認,この3つの要素いずれも,顔写真の大きさ,名前の大きさとトレードオフの関係にはない[15].候補者が比例区宣伝を載せたから名前を小さくせざるを得ないというような難しい選択を迫られた様子はうかがえなかった.

この3要素のなかで,比例区での集票をもっとも意識しているのは比例区宣伝である.自民党と共産党の率の高さが際立っていて,つぎに社民党も率が高い.他の3党と比較すると大きな差がある.先ほども述べたが,小選挙区で戦う候補者は積極的には比例区宣伝しないだろう.では,3党で比例区宣伝が積極的に行われたのは,いかなる理由によるだろうか.共産党は小選挙区での当選が一部の選挙区を除き期待できず比例区中心の選挙戦であったこと[16],また政党組織が強く政党中心の選挙運動が行われることを考えれば,比例区宣伝の表記率の高さは納得できる.一方自

民党は，後援会による候補者中心の選挙運動が行われるが，厳しい公認争いの過程で党の一定の影響力が確保されると考えられる．また，ほとんどの候補者を比例区で重複立候補させ，比例区宣伝のインセンティブを持たせる戦略を採ったことも，表記率の高さに貢献しているだろう．社民党は，比例区当選の比率の高い小政党である点では共産党に近く，重複戦略を採った点では自民党に近いといえる．

　政党ロゴマークの表記率では，民主党，自民党，自由党の順に高い．比例区宣伝の表記率が高かった共産党，社民党はロゴの表記は皆無だった．とくに，ロゴの多かった3党のなかでも，民主党の表記率の高さは際立っている．実に9割を超えている．先ほどの議論に即していうならば，民主党は，共産党のように小選挙区当選が事実上望めず比例区に重点を置かざるを得ない小政党でもないし，強い政党の下で組織選挙を展開するわけでもない．また，自民党のように熾烈な公認争いがあるわけでもなく，小選挙区候補者を比例区で重複立候補させる戦略を採っているわけでもない．候補者が政党宣伝に熱心になる理由は見当たらないのである．にもかかわらず，ロゴ表記率はかなり高かった．これは，党の戦略の勝利だったのではないか．候補者には積極的に政党宣伝するインセンティブはなかったと考えられるし，党にはそれを強制する力もなかったが，「ロゴ」という，あまりポスター紙面をとらず統一的に載せやすいシンボルを用意したことで，ほとんどのポスターに民主党のロゴが載ることになったのだと考えられる．また，民主党にとって追い風選挙だったため，候補者としても民主党をアピールすることには積極的になり得たこともあるだろう．ともかく，民主党，自由党のロゴは，党のシンボルとして定着しており，有権者の政党イメージ向上にも成功している．民主党のようにほとんどのポスターにロゴが入っているとなると，広い意味でのメディア戦略として成功しているといえるのではないか．90年代，政党の離合集散により従来の政党支持は揺らぎ，無党派層が増えている．有権者はかつてのように支持政党に投票するのではなく，政党イメージに投票するのである．

　政党公認表記は，比例区の集票が目的の比例区宣伝や政党ロゴと違って，候補者が小選挙区での戦いに有利だと考えてみずから表記するものである．いわば，自分が正規の公認候補だという"お墨付き"を政党から与えられているわけだ．ここでは，自民党の圧倒的な率の高さが目立つ．2000年総選挙は，自公保連立の是非を問

表6-5　自民党の公認候補でありながらポスターに公認表記しなかった候補者

名前	選挙区	年齢	新旧	当落	名前	選挙区	年齢	新旧	当落
木本　由孝	北海道1区	56	新	落	下村　博文	東京11区	45	前	当
石崎　岳	北海道3区	55	前	落	木村　隆秀	愛知5区	52	前	落
町村　信孝	北海道5区	58	前	当	川崎　二郎	三重1区	57	前	当
武部　勤	北海道12区	49	前	当	中馬　弘毅	大阪1区	63	前	当
笹川　堯	群馬2区	59	前	当					

われ，自民党にとって逆風の選挙だった．それでも96％の候補が公認をポスターに載せ，公認を載せなかったのはわずか9人だった．この公認表記率の高さは，自民党の公認争いの厳しさを反映しているようだ．では，公認を勝ち取ったにもかかわらずあえてポスターに表記しなかった9人の候補とは，どのような候補だったのか．

表6-5によると，そのような候補は北海道に4人が集中している．北海道では自民党は弱く民主党が強い（全国11の比例区で，自民党より民主党の方が当選者が多かったのは東京と北海道だけであった）．小選挙区制は第一党に有利に働くといわれる．自民党の公認表記率の高さは，その優位性を活かそうとの戦略的選択の結果といえるのだが，北海道では，自民党は第一党とはいえない．そこで，公認アピールを弱める戦略が採られたと考えられるのである．自党支持者の票を固めるのではなく，無党派もしくは他党支持者を取り込む戦略が採られた（採らざるを得なかった）ということである．結果は，1区，3区では民主党候補に敗れた．

それ以外の5人の候補者の選挙区でも，比較的自民党が弱いという傾向があった．自民党の比例区得票率の全国平均は28.3％であったが，5人のうちこれを超えるのは1人にすぎず，下村博文の東京11区，木村隆秀の愛知5区では比例区得票で民主党に敗れた．相対的に自民党が弱い選挙区で，公認表記が見送られたのである．選挙ポスターが戦略的に作られていることがよく分かる．

つぎに，9人の選挙区の平均DID比（都市度）をとってみたところ，公認を載せた候補の選挙区の平均DID比は0.51だったのに対して，公認を載せなかった候補の選挙区では0.61だった（表6-6）．人口集中度の高い都市部の候補者が，自民党公認をポスターに載せなかったということを示している．この結果も，00年選挙での自民党の集票パターンと整合的である．本選挙では，自民党は都市部で民主党に敗れた[17]．民主党が都市の無党派の受け皿となったのだ．この傾向は自公保連立批判が吹き荒れた選挙戦を通して明らかであり，逆風を恐れた都市部の自民党候補者が，無党派や他党支持者にアピールするためにあえて自民党の公認表記をしなかったと考えられる．とくに東京，愛知，大阪の大都市に1人ずつ公認表記をしなかった候補者が出ているのは，納得できる結果だ．

ポスター全面に占める政党名の面積合計の割合は，そのまま政党の政党宣伝への熱心さと受け取れる．共産党が群を抜いて高い．ついで，社民→自民→自由→民主→保守→公明，の順だ．共産党と公明党はともに有権者の拒否度が高い政党だが[18]，その政党宣伝の戦略は対照的だ．共産党の政党名の面積合計がポスター全面の8.3％を占めるのに対して，公明党ではわずか0.3％にすぎない．共産党は小選挙区での勝

表6-6 平均DID比（自民党・公認表記の有無別）

	ポスター数	平均DID比
公認載せた	193	0.51
公認載せない	9	0.61

算が薄く比例区中心の選挙戦であったため，あえて政党名を前面に出している．一方で，自民党と14選挙区で選挙協力し，小選挙区で当選を目指した公明党は，高い拒否度を意識して政党名を前面に出していないのである[19]．

3. 79年と00年の比較

選挙制度が中選挙区制から小選挙区比例代表並立制に変わって，政党宣伝は強まっている．実際，政党宣伝の強さを直接表すであろう，ポスター全面に占める政党名の面積合計の割合を，79年と00年の選挙ポスターで比較した表6-7によると，比例代表並立制となった2000年の方が，1％水準で有意に，政党名サイズが大きい．

さて，「ポスター全面に占める政党名の面積合計」とは，上述の（1）比例区宣伝に表れる政党名，（3）政党公認に表れる政党名，それに単独で表記されている政党名，この3種の政党名のサイズの合計を指している．面積合計が00年で格段に大きくなったのは，79年には選挙制度上ありえなかった比例区宣伝が大きな面積を占めたからだ．表6-8右欄を見ていただこう．

表6-8は，79年と00年で，政党"公認"を明記したポスターの割合を示している（共産党にはまったく政党公認表記がないので，バイアスを取り除くため除外してある．また，00年は当選者のみである）．これによると，79年から00年で，公認表記率は11ポイントも下がったことになる．表6-7の結果を合わせると，「確かに選挙制度が変わって政党宣伝は強まった．が，それはこれまでにない比例区宣伝が表記されるようになったからで，政党公認だけ見ると，むしろアピールが弱まっている」ということがいえるのである．

なぜだろうか．ここにも，選挙制度改変の影響があると考えられる．中選挙区制では，1選挙区から最大6人が当選した．小選挙区制と違って得票1位を目指す必

表6-7 79年と00年の政党名サイズ

	党名サイズ	サンプル数
79年	0.9％	95
00年	1.9％	223*

* 79年ポスターは，サンプルの多くが当選した有力候補のポスターである．少しでも条件を近づけるため，00年でも，当選した候補のポスターのみ採用した．
※ 00年の方が，1％水準で有意に政党名サイズが大きい．

表6-8 公認表記率の推移

	自民		自民以外*		全政党*	
	79年	00年	79年	00年	79年	00年
公認表記あり	36	136	41	34	77	170
ポスター総数	42	142	49	81	89	223
％	86％	96％	84％	42％	87％	76％

* 共産党は除く．　※ 00年は，当選者のみ．

要がない状況では，主要政党の候補者はまず自党支持者を固めるのが合理的である．単純に考えて，5人当選の選挙区では，第五党までの候補者は，自党支持者の票だけで当選できる．現実には，自民党が複数候補を立てるので，野党は自党支持者の票だけで当選できたわけではなかったが，少なくとも，小選挙区制よりも低い得票率で当選できる中選挙区制では，自党支持者の票を"確実に"集めることの重要性は相対的に高かった．そのような状況では当然，自党支持者にアピールする，公認表記が重視されたのである．だが，小選挙区制では，得票1位の候補者しか当選できない．その場合，第一党の候補者を除き，得票1位になるためには他党支持者や無党派の票を獲得する以外にない．政党公認は，自党支持者には強力にアピールするが，他党支持者にはマイナス効果しかなく，無党派にも効果は未知数である．そこで，小選挙区制の下で各候補者は他党支持者や無党派を意識せざるを得なくなったため，政党公認のアピールが弱まったと考えられる．

　第一党である自民党の場合と，その他の政党の場合を比較すると，この議論が裏付けられる．表6-8左欄は，自民党とその他の政党に分けて，79年と00年の政党公認表記率を示したものである．79年には，自民以外の公認表記率が84%，自民党でも86%と，ほぼ同じである．しかし00年には，自民以外の表記率が42%にまで低下しているのにもかかわらず，自民党に限ると，逆に96%に上がっていて，政党公認アピールが強まっている．他の政党が，小選挙区制への移行により自党支持者以外からの得票が相対的に重要性を増した（1位得票でないと当選できないことによる）ことに鑑みて，他党支持者へのマイナス効果が強いであろう公認表記を控えたのに対して，第一党である自民党は，逆に公認表記を強めている．これは明らかに，小選挙区制が第一党に有利な制度であることを意識した結果だ．小選挙区制では得票1位の候補者しか当選しないため，必然的に，もっとも多くの支持者を持つ第一党が有利になる．小選挙区制における"第一党の優位性"を，自民党が十分に意識してポスター作りをしていることがはっきりと分かる．一方，このような第一党の優位性を過信し他党支持者や無党派を軽視する姿勢が，自民党支持者の比較的少ない都市部での大敗につながったと考えることもできよう．

　以上，政党アピールを，政党による戦略の違い，時代による戦略の変化，2つの点で比較分析してきた．小選挙区比例代表並立制に移行して今回が2回目の選挙だった．この制度は2つの制度が互いに独立して行われているということである．にもかかわらず，ポスターという媒体は1つしか用意されていない（比例区選挙用に政党ポスターも作られているが，目にすることはほとんどない．ポスターといえば候補者ポスターであろう）．ポスターは小選挙区選挙のために候補者が作るものだが，そこには政党の比例区の思惑も絡んでこざるを得ないのだ．今後，政党にとっても候補者にとっても，選挙におけるメディア戦略の重要性は高まってくるばかりだろう．イデオロギーの対立軸が鮮明でなくなり，政党間の政策の違いが分かりにくくなっている現在，とくに政党のイメージ戦略が大事になるだろう．

党首対決

境家史郎

　選挙における「顔」たる，各政党の党首はいったいどのようなポスターを作っているのだろう．そこに何らかの共通項はあるのか．政党ごと党首ごとの特徴が表れているのか．

　まず，見た目に関しては，森喜朗（406頁），小沢一郎（484頁），鳩山由起夫（427頁）は，候補者名が縦書きで，正面を向いた顔写真というオーソドックスな作りになっている．土井たか子（501頁）は，候補者名が毛筆で，異様に大きいことと，写真が正面を向いていない点が印象的である．しかし土井以外も，オーソドックスとはいえ，デザインを無視しているわけではない．森は候補者名部分の色づかい（黄緑と水色）が，自民党の政党ロゴと対応している．同様に，小沢も，背景の黄色と候補者名の青が，政党ロゴの色づかいに対応している．また，この黄色と青の対照は，土井にも見られるものである．鳩山の場合，珍しいことに背景が茶色で，渋みを出そうとしているのかもしれないが，個人的には，暗い印象を受け，ポスターとして効果的とは思えない．

　スローガンに関しては，4人とも，とくに目を引くものはない（小沢，土井にはそもそもスローガン自体ない）．これは，彼らが当選回数も多く，また党首として顔も売れているため，名前と顔さえ出せばアピールになるということであろう．ただ，森と鳩山のスローガンは，好対照をなしている．森の「やっぱり石川県の代表です．」と，鳩山の「みなさまの代表をめざします．」がそれである．これは，両者のスタンスの違いにとどまらず，自民党と民主党のスタンスの違いが象徴されているようでおもしろい（ただし，森が堂々と地元代表を謳っているのに対し，鳩山のスローガンはかなり控えめである）．

　総合的に見て，「党首らしい」ポスターは，「自由党党首」と名乗っている小沢，「社民党」を比較的大きくアピールしている土井のものであろう．一方，「石川県の代表」としか名乗っていない森，ほとんど名門「はとやま」しかアピールしていない鳩山のポスターには，「党首性」が感じられない．これに関連して，各党首が，他の候補者のポスターに載っている枚数を調べると，土井5枚[20]，小沢3枚[21]，鳩山2枚[22]，森0枚であった．各政党のポスターの母数を考えると，やはり土井，小沢の党首としてのアピール度が高いということになりそうだ．一方，鳩山は2枚となっているが，同時に，菅直人が載っているポスターは4枚[23]存在し，菅のイメージに頼る民主党の姿が垣間見える．そして森が0枚というのは，ある意味予想通りである[24]．

政党別公約

境家史郎

表 6-9　政党別公約数

	自民	共産	民主	社民	自由	合計
福祉	7	85	5	18	1	116
くらし（生活）	5	68	2	4		79
民主主義	2	65	3	1	1	72
景気	15	26	3	1	2	47
雇用	3	20	4	3	2	32
護憲		21		10		31
平和		7	1	23		31
税金		24	2	1		27
環境	3	9	3	3	1	19
公共事業等見直し		18	1			19
教育	3	7	4	1		15
きれいな政治	2		4	1	1	8
農・漁業		3			2	5
女性	1		1	3		5
中小企業（営業）		4				4
医療	1	1	2			4
人権		1		3		4
地方分権			1		1	2
行政改革			1			1
首相公選	1					1
公約・政策あり	24	152	16	33	7	232
ポスター数	202	182	131	67	59	641

※　公約の各項目は，1枚のポスターに2種類以上含まれている場合，別々にカウントした．「公約・政策あり」はそれらの公約を1つでも含んでいるポスターの数を指す．

　表6-9はポスターに書かれている公約（ないし，候補者の政策や目標）を，各政党別に見たものである[25]．まず気付くのは，政党によって表に挙げられたような公約を掲げる割合に大きな差があることである．共産党の83.5%，社民党の49.3%のポスターにこうした公約が書かれているのに対し，自民党，民主党，自由党では10数%にすぎない．後者のグループの場合，候補者個人のイメージを表すスローガンや，より抽象的なもの（「日本一新」など）が多いか，もしくはスローガン自体が書かれていないということになる．

　公約別に見てみよう．政党横断的に比較的多く存在するものとしては，「福祉」「景

気」「雇用」が挙げられる．このうち「福祉」「雇用」は共産党が多くを占め，「景気」は自民党が比較的多いといえる（共産党も多いが）．これらについで横断的に存在するのは「環境」であるが，実枚数はかなり少なくなってしまう．また，「くらし」「民主主義」「護憲」「平和」を掲げるものも比較的多いが，ほとんど共産党と社民党のスローガンである．これら革新政党は，「国民と心の通う政治を」や「がんこに平和，げんきに福祉」といった統一的なスローガンを載せているポスターが多いためにこのような偏りが生じている点には注意すべきである．

政党別に見ると，自民党は「景気」が多く，共産党は「福祉」「くらし」「民主主義」が多く，社民党は「福祉」「平和」が多い．これらの政党の一般的なイメージと一致する結果である．民主党と自由党はどの分野がとくに多いとはいえないが，民主党は幅広いジャンルにわたって公約が存在していることが特徴的である．同党の候補者の多様性の表れであろうか．

公約の内容から見ると，選挙ポスターに載せられる公約は，総じて「福祉」や「景気」といった合意争点に関するものが多い．小選挙区比例代表並立制の下では，「より幅広い支持者を取り込むために，似通った政策を打ち出し，誰にも受け入れやすい政策を主張する」のである[26]．そのなかで，異端なのは東京23区の伊藤公介（自民，405頁）の「首相公選」[27]である（スローガンの大きさは控えめであるが）．「首相公選」は合意争点とはいえない．しかし，伊藤は東京の無党派層の多さを意識したのであろう．彼は，「首相公選」の他にも「環境」を訴え，無党派層へのアピールを狙ったポスターを作っている．都市部の自民党候補にとっては，このような戦略も「幅広い支持者を取り込むため」の1つの処方箋であるといえよう．

自民王国

畑江大致

　自民党が選挙前に全議席を独占していた都道府県は，群馬・岡山など16県を数え，そのなかに合計64の選挙区が存在する．これらの地域においては、総じて自民党支持が根強く，各候補者の地盤も強固であることが多いと考えられる．そのような，いわゆる「自民王国」内の選挙ポスターには，何か特徴が見られるだろうか．まずは，自民党の候補者のポスターを中心に見ていくことにする．

表6-10　自民党候補者のポスター（各要素の割合）

選挙前の議席獲得状況	姓名			政党	スローガン
	姓	名	total		
全議席独占	11.5%	7.9%	19.3%	2.8%	5.0%
それ以外	13.5%	7.3%	20.9%	2.7%	5.7%

　表6-10は，候補者の氏名および所属政党名といったポスターの各要素の占める割合について，「王国」とそれ以外の地域のそれぞれで平均を出したものである．これを見ると，「王国」外のポスターと比較してもさしたる違いは見られない．とくに，政党名表記の大きさに大差がないというのは少々意外である．「王国」において，「自民党」の名前を強調することは有効な戦略となりうるとも考えられるのだが，ポスター制作の過程では，あまり意識はされていないようである．

表6-11　自民党候補者のポスター（スローガンの有無）

選挙前の議席獲得状況	スローガンなし	n
全議席独占	16(30.8%)	52
それ以外	28(18.7%)	150

　なお，表6-10のなかでは，抽象的なフレーズから，具体的な政策の提示といえるものまで，すべて一律に「スローガン」として扱っているが，そのような文字情報の類を一切含んでいないポスターも相当数存在している．そこで，それら「スローガンなし」のポスターの数を比較したものが表6-11である．「王国」のポスターには，他の地域のそれに比べ「なし」の割合が高い．選挙ポスター上で，言葉を用いて有権者に訴えかける必要性をさほど感じてはいない候補者が多い，ということであろうか．

「なし」組には，橋本龍太郎（岡山4区）や高村正彦（山口1区）など，他候補の追随を許さないまでの圧倒的優位を誇っている候補者も多い．だがその一方で，園田修光（鹿児島2区）のように，同一選挙区内に有力な対立候補が存在するにもかかわらず，スローガンのないケースも見受けられる．「なし」の割合が比較的高いとはいえ，「王国」内でも，何らかの言葉を含むポスターが主流であることは間違いないのであるが，園田のほかにも桜井新（新潟2区），佐藤信二（山口2区）といった前回総選挙で接戦の末に当選を果たした候補が，あえて「スローガンなし」を選択しているのは興味深い[28]．なお，今回の選挙では3候補とも落選してしまっている．

表6-12 民主党と共産党候補者のポスター

選挙前	民主党候補者のポスター					共産党候補者のポスター				
	姓名			政党	スローガン	姓名			政党	スローガン
	姓	名	total			姓	名	total		
自民党全議席独占	13.8%	7.4%	21.2%	1.2%	6.3%	15.4%	6.6%	22.0%	9.6%	9.0%
それ以外	14.1%	6.3%	20.4%	1.4%	7.2%	22.7%	6.3%	29.0%	9.9%	6.4%

さて，対する野党候補者のポスターはどうか．民主党と共産党の候補者についても，それぞれポスターの各要素の平均を表にした（表6-12）．一見して，民主党のそれには自民党同様ほとんど違いはないが，共産党では若干様子が異なる．「自民王国」では，他の地域に比べ候補者の氏名（姓）の表記が小さく，スローガンの占める面積が大きい．これは，有力な自民前職の存在を意識し，小選挙区よりも比例区での得票に主眼を置く政党中心，政策中心の方針をより明確にしたものと考えられ，また，このように地域ごとにはっきりとした差が見られること自体，共産党においては，党の選挙戦略を反映したポスター制作が行われていることの表れといえよう．

自民党「改革派」のジレンマ

山本耕資

　90年代の日本には，政治・経済・社会の広範にわたる閉塞感と，それを打破しようとする改革のスローガンが溢れていた．リクルート事件を機に声高に叫ばれるようになった政治改革，巨額の赤字を抱えた財政の改革，効率性や応答性を重視した行政を目指す本格的な改革，不良債権にまみれた経済の構造の改革，さらには，悪平等を排して自律性・独創性が重んじられる社会を目指す意識改革——しだいに，こうした諸改革は何の冠も付けない「改革」の語で総称されるようになっていく．「改革」はしばしば既得権益との衝突や過去の政治責任・経営責任の明確化につながり，反対する勢力がつきものである．「改革」を主張する者は，多かれ少なかれ，こうした反対と対峙しなければならない．

　2000年総選挙直前の状況においても，人々の閉塞感は募るばかりであったといえよう．とくに「借金王」を自称した故小渕恵三元首相の積極財政路線や，それを継承した森喜朗政権の派閥政治ぶりは，与党議員からも批判の対象となり，メディアで独自に「改革」を主張する自民党政治家が目立った．こうした「改革」の主張（イメージ）はポスターにはどのように表れていたのだろうか．以下では自民党内での比較を行いたい．

　自民党候補者のポスターのうち，スローガンを掲載しているのは162枚である．このうち，「改革（ただし「教育改革」などは除く）」「変革」「変える」という言葉[29]を使っているのはたった9人しかいない．船田元，新藤義孝，鈴木恒夫，小泉純一郎，武藤嘉文，金子一義，桜田光雄，鈴井慎一，鈴木雅博がこれにあたるが，まさに「改革」を掲げて翌年の総裁選に勝利した小泉，一時は次世代のリーダーとみなされていた船田などは「改革」派というイメージと重なる．しかし，彼らの年齢・当選回数・選挙区の都市度はその他の候補者と比べ有意差はなく，金子一義（409頁）のポスターが写真をモノクロームにしている以外は見た目にそれほど斬新なイメージも受けない．「改革」系の語を用いる自民党候補者の属性には際立った特徴があるというわけではないようだ．

　さて，それでは「改革」派と目されている政治家はポスターではどのようなアピールを展開しているだろうか．こういった政治家を客観的に定義することは難しいが，ここでは「日本の明日を創る会」[30]のメンバーを「改革」派として取り上げてみたい．「創る会」メンバーのうち，2000年総選挙に立候補していたのは23人であり，彼らは他の候補者と比べ有意に若く，当選回数が少ない候補者である（選挙区の都市度は有意な差がない）．このなかでポスターが入手できたのは15人，スローガンの記載があるのは13人である．意外にも，この13人のなかで「改革」系の言葉を使っている者はいない．「改革」派と思われる政治家でもポスター上では「改革」を訴

えるということはないようだ.

　ここで，今度は「安定」に注目してみよう．やや強引だが,「安定」「安心」「信頼」「責任」という言葉を「安定」系の言葉とする．これらは,「改革」の対義語とはいえないが，語の持つイメージは「改革」とはほど遠い.「安定」系の言葉を用いる自民党候補者は22人いる（年齢・当選回数・選挙区の都市度では有意な特徴はない）．サンプル数が少なく断定的なことはいえないが,「創る会」メンバーの方が他の候補者より「安定」系の語を用いる率が高かった（「創る会」23％（13人中3人(31)），全体14％）．つまり,「改革」派でもポスター上では「改革」を訴えずむしろ積極的に「安定」すら訴えていた，ということになる．

　ここに自民党の「改革」派のジレンマを見ることができるだろう.「改革」を訴えたいという意志と，選挙区での支持基盤がそれを許さないという現実とのジレンマ，である.「改革」派であってもやはり自民党候補であり,「安定」を望む自民党支持者を意識せざるをえないのであろう．ある意味では「改革」と対峙すべき人々の支持を得なければならないのである．自民党の若手と呼ばれる議員のなかでもひときわ積極的に「改革」を主張することで知られる塩崎恭久(32)（421頁）が，地元に張り出す選挙ポスターで使用している「信頼」という文句に，支持者の安定志向という"しがらみ"を感じる，といえば大げさだろうか．

　2001年の総裁選で小泉純一郎が劇的な勝利を収め，事態は一変した.「改革」が突如時代の流行語となり，有権者は小泉「改革」を切望し，この年の参院選ではどの候補も「改革」を堂々と口にしたのである．こうして，自民党「改革」派はジレンマを脱したかに見えるが，つぎなるジレンマが自民党を襲いつつあるようだ．それは自民党議員の大部分を構成するであろう非「改革」派——小泉が呼ぶところの「抵抗勢力」とも重なる——が，その志向に反して「改革」を標榜せざるをえないというジレンマである．自民党は，否，現代日本の政党は，常にジレンマに悩まされる存在なのかもしれない．

拒否度への対応〜公明党と共産党

古賀光生

　蒲島ゼミの2000年衆議院選挙調査によると，有権者が挙げた「絶対に支持したくない政党」は，共産党（53.8％）と公明党（45.2％）が他の政党と比較して突出している[33]．このように「拒否度」の高い両党だが，それに対する対応は著しく異なっている．共産党が拒否度を意識せずに政党名を前面に出したポスターを作製しているのに対して，公明党はポスターにおいて政党色を薄めている（表6-13）．この両党の差は，各小選挙区候補の採った戦略の違いを反映している．

表6-13　公明党・共産党の政党名記載状況とサイズの比較

	党名記載	比例区宣伝	平均サイズ	ポスター数
公明党	6(60.0％)	1(10.0％)	0.5％	10
共産党	181(99.5％)	171(94.0％)	8.3％	182

※　「党名表記」は，なんらかの形で政党名が書かれていた場合に「あり」としている．「比例区宣伝」は，そのうち比例区用に書かれたものである．
※　「平均サイズ」は，すべての政党名の大きさの和を表す．

　共産党は300の小選挙区すべてに候補者を擁立した．そのほとんどが当選の見込みが薄い候補であったため，各候補は小選挙区での当選よりも比例区での党の得票増を目指して選挙活動を行った．そのためポスターでも候補者個人よりも政党名を積極的にアピールしている．また，政党をアピールするために共産党の選挙公約をポスターに掲げる候補が多い．そのため，候補の間で記載内容が重複しているケースが多かった[34]．

　一方，公明党は小選挙区の候補を18名に絞り，候補者全員の当選を目指した．第三党の公明党にとって，小選挙区での当選には党の支持者以外にも広範な層の支持が必要となる．しかし，党支持者以外からの得票を見込むには先に指摘した高い拒否度が障害になりうる．そこで，公明党の候補は公明色を薄めるためにポスターには政党名を小さく記載している．また，所属政党の記載が一切ない候補も4名いた．比例代表に関する表記もほとんどの共産党候補で記載があるのに対して，公明党の候補では1人しかない．またスローガンにおいても，共産党は党の政策を前面に打ち出しているのに対して，公明党は個人の資質を前面に出している（表6-14）．これは，候補者個人への支持を期待してのことであろう．さらに公明党のポスターで象徴的なのは，連立を組む自民党，保守党の推薦に関する記述が多いことである．このような記載によって，公明党は公明党支持者以外の与党支持者からの得票を期待していたことが分かる．

　しかし一方で，共産党にも小選挙区での当選を目指した候補もいる．象徴的なの

表6-14　公明党候補のスローガンと推薦表記

候補者名	記載スローガン一覧	推薦表記
若松　謙維	スーパー電卓！100倍やる男。SPEED	自
富田　茂之	政策実現能力No1	
大口　善徳	本気の改革！	
田端　正広	「ひとりの声」を大切にします。	自保
谷口　隆義	Do it! やります！景気回復	
福島　　豊		
北側　一雄	一緒に…Together	自保他
赤羽　一嘉	実績で勝負！	
冬柴　鉄三		
白保　台一	サミットの大成功へ!! 国連アジア本部誘致で東洋のジュネーブに!!	自他他

※　「推薦表記」の「自」は自民党推薦,「保」は保守党推薦,「他」はその他の団体の推薦を示す.

は「公共対決」と呼ばれ，実質的に公明党と共産党の候補による一騎打ちとなった選挙区である．これらの選挙区について，大阪3区，6区，16区，兵庫2区，8区の共産党候補のポスターと他の選挙区のものを比較してみても，共産党が政党名を前面に打ち出している点は変わらない．この点からは，小選挙区戦略にかかわらず，共産党候補が拒否度をあまり意識していないという推論が導かれる．ただし，上記の選挙区が特定の地域に偏っている点や，小選挙区での議席獲得を目指す選挙区は党の支持率の高い地域であることが予想される点から，早急な結論は避ける必要がある．

　なお結果に関しては，実際に共産党は小選挙区の議席を獲得できなかった．公明党は18選挙区中7選挙区での当選を果たした．もっとも，この結果にポスターがどれほど関与しているかは定かではない．

ポスターから見る創価学会票論争

菅原　琢

　2000年総選挙は，その結果の解釈をめぐって1つの論争を巻き起こした．選挙区で公明党・創価学会の協力票がなければ自民党は大敗したのか，それとも選挙協力の効果は限定的であり自民党はそれなりの成果を収めたのか，という論争である[35]．ここでは，ポスターに表記される他党の推薦の表記を手がかりとして創価学会票の評価を候補者がどのように考えていたかを考察する[36]．

　自民党の選挙区候補者271人のうち，ポスターを入手できたのは202人である．このうち，公明党の推薦を受けていた候補者は120人であった．この120人のうち，公明党から推薦を受けているとポスター中に表記していたのは，中野清（401頁）と谷畑孝（416頁）のわずか2名であった．このことは，自民党の各候補者が公明党・創価学会の協力を自己の当選にそれほど必要のないものだと考えていたことを意味するのであろうか？この問に対するヒントは，公明党候補のポスターに表示されている．

　本書で古賀が分析しているように，公明党の候補者は10人中3人が政党名表記をしておらず[37]，政党色を薄めている[38]．また，自党のみ単独で表記しているのは自民党から推薦を得ていない大口善則（449頁）を含む3人だけであり，他党の推薦を挙げるときは自党と同じ大きさで併記させている．これらは，公明党が自党を拒否政党であると認知したうえで，議席獲得を目指した合理的な行動だと結論付けられよう．自民党から推薦を得ていたポスターのある8候補のうち5人までが自民党という党名をどこかに表記しており，また，残りの3名は共産党以外の他党から有力な候補が出馬していない選挙区であったことは，さらにこの合理性を裏付けるデータである．

　公明党の選挙での得票の特徴は2つあり，1つは支持基盤の固さ，もう1つは高い拒否度である[39]．公明党の候補者はこのことをよく認知し，拒否感を持たれないために自党の看板をはずすことも厭わず，またそれができるのは公明党と名乗らなくても支持者たちは自分に投票してくれるはずと信じることができるからである．

　この公明党・創価学会の特徴は自民党の候補者たちもよく理解している．すなわち，公明党の推薦を掲げることは有権者から拒否され，他の候補者に票を投じられてしまう危険性があることを認識しており，一方で，ポスターに表記するなど，大々的に宣伝しなくても公明党の支持者たちは，公明党の公認候補ほどではないにしろかなりの確率で自分に投票してくれることも知っている．そして，その結果としてポスターに「公明党」という表記をしなかったのだ．

　では，上記2名はどうして公明党の推薦を表記したのだろうか．埼玉7区の中野は，元改革クラブである．新進党解体直後にできた改革クラブは，院内では公明

と統一会派を組んでいた．すなわち，中野にとって公明党は推薦してくれた外部の組織というより，中心的な支持基盤なのではないか．一方，谷畑が立候補した大阪14区は，自民党の支持基盤は強くなく比例区の自民党得票率は23％であり，18％の公明党とたいして変わらない．谷畑は元社会党参議院議員で保守層に確固たる地盤がないということも関連しているかもしれない．いずれにしろ中野と同様，公明票の意味が他の自民候補とはだいぶ違うと考えられる．

　このようにポスターを見ていくと，自分への支持，投票をなるべく減らさないようにして公明党・創価学会から得票しようという合理的な候補者像が浮かび上がる．このように候補者が合理的な選挙キャンペーンを行った結果，公明党の支援を嫌って逃げ出す票を最小限に抑えることができ，自民党に小選挙区での「勝利」をもたらしたのではないだろうか．

（1）　スローガンサイズと当選回数の相関係数は－0.13である．ここで，共産党候補の多くがスローガンに比較的大きなスペースを割いているというバイアスがあることには留意しなければならないが，共産党候補を除いて相関をとると，係数は－0.14となり，絶対値はむしろ大きくなった．

（2）　公約ないし政策を掲げている候補者は2人しかいない．新自由クラブの山口敏夫（「汚れた政治をきれいにします」，「重い税から家計を守ります」）と自民党の橋口隆（「政治の浄化」）である．

（3）　【政党別公約】(185頁) 参照．

（4）　ただし，ここでも「有力候補バイアス」は考慮しなければならない．00年の場合，新人を除いた候補者の当選回数と公約・政策の有無には負の相関が見られる（$r = -0.19$）．新人まで含めると，共産党候補の多くが政策を掲げていることもあって，この傾向はさらに強まる．

（5）　第8章「政党組織と候補者の比例区行動」参照．

（6）　79年の旧社会党候補のポスターは2枚しかないため，現社民党との比較は断念した．

（7）　【79年ポスターとの比較（個人篇）】(120頁) 参照．

（8）　前者は梶山静六，後者は山中貞則のスローガン（いずれも79年ポスターのもの）．

（9）　中川嘉美の「増税に断固反対!!」くらいしかない．

（10）　前者は新井彬之，後者は飯田忠雄のスローガン．

（11）　谷口隆義のスローガン．

（12）　白保台一の肩書．

（13）　ただし，共産党の場合，現職であるといっても全員96年選挙では比例区での復活当選である．したがって，現職といっても必ずしも小選挙区で有力な候補者であるとはいえない．そこで，表6-3と同様の比較を，00年選挙における惜敗率上位10人と79年候補を対象にして行ってみた．その結果，顔サイズと総党名サイズ

については表6-3と同じ結果が得られたが，候補者名サイズについては，統計的には有意な差ではないものの79年の方が小さいという結果になった（表6-15参照）．表6-2，表6-3，表6-15を見て分かるように，共産党の00年ポスターにおいて，有力である候補者ほど候補者名が大きくなるという傾向がはっきりと見られる．

表6-15 共産党79年と00年（惜敗率上位10人）との比較

	79年平均		00年平均
候補者名サイズ	27.3%		32.4%
顔サイズ	22.8%	>	12.0%
総党名サイズ	1.2%	<	12.3%
ポスター数	7		10

(14) 自民党「選挙ポスターマニュアル」については，第二部「資料篇」参照．
(15) 比例区宣伝のあるポスターとないポスター，ロゴマークのあるポスターとないポスター，政党公認のあるポスターとないポスター，それぞれについて顔写真，名前の大きさに10%水準でも有意な差はなかった．
(16) 共産党は全300選挙区に候補者を立てたが，全滅に終わった．うち中島武敏（東京11区），佐々木陸海（東京13区），東中光雄（大阪5区）の3人の現職議員はあえて重複立候補せず選挙区での当選を狙ったが，いずれも落選した．
(17) 蒲島郁夫「2000年総選挙－地方の『王国』と都市の反乱」東大法・蒲島郁夫ゼミ編『有権者の肖像－55年体制崩壊後の投票行動－』，木鐸社，2001年参照．
(18) 蒲島ゼミの2000年衆議院選挙調査によると，有権者が挙げた「絶対に支持したくない政党」で，共産党（53.8%）と公明党（45.2%）は他の政党と比較して突出している（前掲書，677頁）．
(19) 【拒否度への対応～公明党と共産党】(191頁) 参照．
(20) 天辰武夫（496頁），高橋勇（496頁），安田節子（497頁），辻元清美（500頁），中北龍太郎（500頁）の5人．
(21) 小林俊博（486頁），樋高剛（487頁），末次精一（488頁）の3人．
(22) 谷口雅典（430頁），大石尚子（433頁）の2人．
(23) 谷口雅典（430頁），阿久津幸彦（436頁），宇都宮真由美（446頁）(以上民主)，米山久美子（無所属，508頁）の4人．
(24) 2001年参院選で，自民党が，小泉純一郎首相の高支持率に便乗した選挙キャンペーンをはり，勝利したことと対照的である．
(25) 候補者個人のイメージに関わるものや過度に抽象的なものを除いている．また，表6-9の各公約の項目は，元のスローガンにできるだけ忠実にコーディングしているが，一部筆者の解釈が入っている．例えば，共産党候補の「国民と心の通う政治を」というスローガンは「民主主義」の項目に含めている．
(26) 朴喆熙『代議士のつくられ方』，文春新書，2000年，157頁．
(27) ポスター自体には，「総理大臣を国民投票で！」と書かれている．

(28) 園田は徳田虎雄（自連），桜井は近藤基彦（無所属）と前回も激しく争った．佐藤の山口2区では，前回次点であった候補者は立候補していない．
(29) 【スローガンのなかの未来志向】(110頁) では，これらの語を「未来志向」という観点から用いて分析を行っている．
(30) 2000年7月に，執行部に批判的で若手の議員によって結成された「自民党の明日を創る会」が12月に改名したものである．ここでは，発足当初（2000年7月）の膨張していたと思われる時点でのメンバーではなく，2001年3月時点でのメンバーについて考えている．
(31) 野田聖子（408頁），塩崎恭久（421頁），山本公一（422頁）の3名．
(32) 総選挙後の対談で塩崎は，「(93年の初出馬時に) 自民党の公認を取ろうか取るまいか最後まで迷いました．……（中略）……しかし，後援会はやはり自民党から出て欲しいと．私もよくよく考えると，それが筋だなと．」と，自民党からの公認についての複雑な心中を語っている（『中央公論』2000年9月号）．自民党ブランドを安定の象徴と見れば，これも彼らのジレンマを裏付けるものといえよう．
(33) 東大法・蒲島郁夫ゼミ編，前掲書，677頁．
(34) 共産党候補の政策宣伝については，第8章「政党組織と候補者の比例区行動」を参照．
(35) 蒲島，前掲論文．
(36) より一般的な推薦の表記については【他力本願ポスター】(138頁) を参照．
(37) 3人以外に，「自民・公明・保守　連立与党の候補です」と表記し，自らの所属を隠しているという谷口隆義（449頁）の例がある．
(38) 【拒否度への対応～公明党と共産党】(191頁) 参照．
(39) 東大法・蒲島郁夫ゼミ編，前掲書，第12章，附録B参照．

第7章

並立制下の選挙運動

菅原　琢

1. はじめに[1]

　1996年の総選挙より導入された小選挙区比例代表並立制は，強い政党を生み出すものとして期待された．強い政党とは，政党のトップがランク・アンド・ファイルの議員，候補者をコントロールすることが出来る，集権的な組織構造を持つ政党という意味である．本稿は，選挙区の政党公認候補の役割を分析することで，新選挙制度が政党の組織構造に与えたインパクトを考察するものである．

　小選挙区比例代表並立制の導入は，1980年代の末から盛んになった選挙制度改革の議論が結実したものである．さまざまなグループが奉じた選挙制度は，念頭にある政党制の違いが反映してそれぞれ違うものであった．しかし，選挙制度改革のターゲットと改善の方向はほとんど一致していた．

　旧制度である中選挙区制で問題とされていたのは，競争が同一政党の候補者同士によって行われるため，政党，候補者，政策の関係が曖昧になるという点である．自民党の候補者は，ライヴァルである他の同党候補に打ち勝つために，派閥を頼り，政党から独立した自前の選挙組織である後援会の活動を活発化させる．この結果，候補者は利益誘導に走り，汚職・腐敗が拡大し，政党は派閥化，分権化し，政党も候補者もますます統一した政策を提示しなくなり，有権者は投票の基準として政党や政策を利用せず候補者本人を重視するようになるというように，中選挙区制は諸悪の根源として認識されていた．

　このような共通の認識の下，さまざまなグループからさまざまな選挙制度改革案が提示された．そのいずれの案も，中選挙区制による「候補者本位」の選挙を，政党が選挙においてより中心的な役割を担う「政党本位」の選挙に転換することを狙ったものであった．このように変革することで，上に示したような諸々の弊害を除去し，より現代的な政党システムを出現させようというのが改革の方向性であった．この政党本位の意味するところは多義的であるが，本稿では政党と候補者の関係，つまりは政党の組織構造の面に着目し，並立制による影響を考察していく．

　政党の組織構造は，候補者の選挙運動に反映されると考えられる．並立制においては，比例区の集票活動を選挙区の候補者が担っている．この候補者の役割を観察し，分析することで，政党は遠心的なままであるのか，求心的になりうるのか，という観点から，並立制導入の意味を考えていきたい．

以上のような考えに基づき，本稿はつぎのように展開する．まず次節で，並立制になって政党が力を強めたのかという議論を追い，候補者と政党の関係に関する視点を洗い出す．第3節では，公認候補が政党の得票に与える影響を考察し，第4節では候補者の選挙運動の政党ごとの相違とこれが選挙結果に与える影響を分析する．第5節では，本稿の分析の結果をまとめつつ，ここから推測される並立制の政党組織に対するインパクトについて述べていきたい．なお，分析に用いるデータの詳細については本稿末にまとめてあるので参照していただきたい．

2. 政党本位の視点

　小選挙区比例代表並立制の導入は，政党の強化を企図したものであったが，実際のところの成果はどうなのであろうか．ここではまず，並立制が政党本位をもたらしたかという点に関する議論をまとめてみる．数回の選挙を経なければ確定的なことはいえないという留歩を含みつつも，肯定的見解と否定的見解が見られる[2]．

　北岡伸一は，不十分であるとしながらも政党本位が「進展した」とする，肯定的立場である[3]．その根拠はおもに3つある．1つ目は，各党が選挙キャンペーンで政党リーダーを前面に出していたというものである．2つ目は，同一政党から1人しか候補者が出馬しなかったにも関わらず得票率は政党単位では変化しなかったというものである．これは，有権者が選挙区調整で自分の支持していた候補が出馬していなかった場合でも，自分の支持していた候補と同じ党の候補（すなわち，中選挙区時代もっとも激しく敵対していた候補）に投票していたということを意味する．3つ目は，いくつかの選挙区の候補者の公認調整で政党本部が力を見せたというものである．それまで候補者の決定に関し力を持っていた地方組織に対して，政党中央の力が強まったということを意味する．

　北岡の示した根拠のうち，前2つはそれぞれ選挙キャンペーンと有権者の投票行動に関わるものであり，政党－候補者関係の変化に直接言及するものではない．本稿で重要と考えるのは3つ目の根拠である．中選挙区制のときに比べ，政党が公認権を効果的に利用できるようになったということを意味するからである．

　一方，大嶽秀夫を中心とする研究グループはつぎのように主張している[4]．政党の公認が1人に絞られたことは，現職優先の原則を生み，議員個人の自立性を余計に高める結果となっている．そして，選挙における個人後援会の重要性は増大している．比例代表についても，重複立候補の制度と惜敗率による順位決定のために，党幹部がリーダーシップを発揮する局面が限定されてしまっている．このような観察の結果，「党の集権化による強力なリーダーシップの形成という課題は，今回の政治改革では，全く未解決のまま残った[5]」と結論付けている．

　両者の見解の最大の相違は政党の公認権の効果に関するものである．確かに北岡のいうとおり，政党が公認調整を通じて候補者に与える拘束力は，議員の再選に直結した問題であるため，強いものだと論じることができる．しかし，並立制の下で

は政党の候補者に対する力が増大したと一般的な傾向として捉えるのは早計である．その理由は2つある．1つは，公認調整という問題が，制度改変，政界再編という2つの波を被ったこの時代に特殊な事象であるというものである．現在，公認調整が盛んに行われているのは，制度改変による定数是正によって起きる党内の現職立候補者の調整，新進党解体などによる議員の流動化の結果としての調整，そして，自公連立という新たな政党間協力の開始による調整のためである．今後，選挙の回数を重ね，政党制が安定してくれば，政党中央が口出ししての公認調整は，今後確実に減少していくだろう．

もう1つの理由は，とくに自民党の例がそうであるが，公認調整の多くが政党内のグループ間の争いの反映である，というものである．政党が，構成員たる候補者に対し力を保持する局面ではないのだ．このような公認調整の問題は，中選挙区とまったく同じである．典型例としては，当初は自民入りを拒まれた21世紀クラブの議員たち（多くは加藤派や山崎派という非主流派の支援を受けて当選した無所属議員である）が，加藤政局をきっかけとして最終的にはほぼ全員自民党に合流したという事実が挙げられるだろう．このような公認調整に関する議論は，選挙回を重ねて様子を見なければ結論はでないだろうが，現在持たれている印象から比べるとその重要性は低いのではないだろうか．

公認調整を強調した北岡に対し，大嶽らは現職優先による公認権の制限の存在を主張している．大嶽らは，小選挙区の再選可能性の強さをその論理の中心に置いているが，本稿はこれに加えて比例区での政党の得票における「強い」候補の存在の重要性について考えてみたい．次節では，公認候補の存否および集票能力と政党の比例区の得票の関係を分析し，この主張を検討してみる．

3. 比例区と選挙区の連動効果

並立制の導入は，候補者の役割を大きく変えた．中選挙区制において候補者は，自己の当選のために自らの得票を伸ばすことだけを考えればよかった．しかし並立制では，候補者は比例区のための選挙活動も期待されているのである．本節では，選挙区と比例区の得票データを用いて，この新たな役割を分析していく．

並立制では政党分割投票が盛んに行われる[6]．このような投票行動の動機は有権者によりさまざまであるが，支持態度から遊離し，どの政党もアクセス可能な市場を提供するという意味では同じである．政党は，この市場への参入と支持者の離反を抑制しようとするインセンティヴを持つはずである．このとき党の公認候補者は，差し詰め顧客を獲得しようとする営業マンのようなものであろう．

水崎・森によると，選挙区の候補者は政党の比例区票を押し上げる「連動効果」を持つという[7]．水崎・森は連動効果の起きるメカニズムについてとくに記していないが，政党公認候補の存在が，比例区において支持者以外の有権者を呼び込み，支持者離反を一定程度に抑止することに成功しているのだと解釈できるだろう[8]．

選挙区候補者の存在は，その候補者が政党の広告となり，比例区における有権者の選択肢にその政党が入りこむ確率を増加させるのだ．

ただし水崎・森の行った分析では，候補者の存在が比例区票を押し上げたというサプライ・サイドの要因と，もともと政党の支持率が高く，したがって比例区の得票率も高くなるはずの選挙区で公認の候補者を出馬させているというデマンド・サイドの要因を区別できていない．そこで政党の支持率の大きさを加味して分析することで，これを整理してみよう．

表7-1を見ると，分析した5つの政党すべてで，候補者の存在する選挙区の比例区得票率が，候補者の存在しない選挙区での比例区得票率を上回っている．この差はt検定で有意となっている．一方，各党の支持率も，候補者がいる場合は有意に高くなっている．したがってデマンド・サイドの説明が成立する余地は十分ある．そこで，比例区得票率を従属変数，支持率を独立変数とする回帰分析を行い，この残差の平均を計算した．その結果，支持率要因を取り除いた場合でも，公認候補が存在する場合は存在していない場合に比べ大目に比例区票を獲得していることが分かった．

蒲島・リードによると，候補者の存在はその選挙区での支持率を上げる効果もある[9]．彼等は，新党候補者が出馬した各選挙区では新党支持率が有意に高く，また

表7-1　公認候補の存否と政党の比例区得票率

	自民党			民主党			公明党		
	比例区得票率	支持率	残差	比例区得票率	支持率	残差	比例区得票率	支持率	残差
全選挙区平均	28.9%	24.7%	0.0%	24.8%	9.0%	0.0%	13.0%	3.1%	0.0%
公認候補なし	21.8%	21.0%	-1.6%	17.3%	6.7%	-3.2%	12.7%	3.0%	-0.1%
公認候補あり	29.6%	25.1%	0.2%	26.6%	9.6%	0.8%	17.8%	5.1%	1.6%
差	7.8***	4.0***	1.8**	9.3***	2.9***	4.0***	5.1***	2.1***	1.7***
回帰式	y=-0.08+1.50x		R^2=0.75	y=0.08+1.84x		R^2=0.62	y=0.08+1.66x		R^2=0.40
候補者数	271人			242人			18人		

	自由党			社民党		
	比例区得票率	支持率	残差	比例区得票率	支持率	残差
全選挙区平均	10.9%	3.2%	0.0%	9.4%	3.0%	0.0%
公認候補なし	9.7%	2.8%	-0.4%	8.2%	2.6%	-0.6%
公認候補あり	15.5%	4.7%	1.5%	13.5%	4.1%	1.9%
差	5.8***	1.9***	1.9***	5.4***	1.5***	2.5***
回帰式	y=0.04+2.05x		R^2=0.61	y=0.04+1.90x		R^2=0.56
候補者数	61人			71人		

※　差の各数値の右側の記号はt検定による差の有意確率．(***：$p<0.01$，**：$0.01 \leq p<0.05$，*：$0.05 \leq p<0.10$)
※　回帰式のyは比例区得票率，xは支持率である．Nは全て300で，R^2は補正R^2である．

3新党のなかで候補を出馬させた政党がもっとも支持率が高かったと報告している．候補者の存在が比例区得票の基礎部分である有権者の政党支持率にも影響しているとすれば，公認候補者の存在がその政党の比例区得票を掘り起こす力は，見た目以上に大きいということになるだろう．

表7-1の結果は，公認候補者の存在が有権者の政党認知度を高めるということを意味する．このように考えると，有権者の認知度が高い，強い候補者は，認知度の低

表7-2　候補者の強さと比例区得票率

	自民党			民主党			自由党		
	①	②	③	①	②	③	①	②	③
(定数)	0.07**	0.12	0.07**	0.00	-0.07	0.00	0.03	-0.13	0.03
	(2.30)	(1.46)	(2.50)	(-0.07)	(-1.30)	(-0.10)	(0.62)	(-1.22)	(0.72)
支持率	1.01***	1.47***	1.01***	1.30***	1.91***	1.30***	2.38***	2.40***	2.38***
	(16.75)	(8.97)	(18.15)	(13.95)	(8.43)	(19.49)	(13.73)	(5.91)	(15.89)
無党派割合	0.13**	0.14	0.13**	0.42***	0.69***	0.42***	0.13	0.81**	0.13
	(2.09)	(0.84)	(2.27)	(6.39)	(4.29)	(8.93)	(0.89)	(2.37)	(1.03)
都市度	-0.12***	-0.13***	-0.12***	0.01	0.00	0.01	-0.04**	-0.12***	-0.04**
	(-13.43)	(-5.40)	(-14.55)	(1.17)	(0.13)	(1.64)	(-2.42)	(-3.37)	(-2.80)
候補者要因			0.14***			0.29***			0.22***
			(6.89)			(15.08)			(4.51)
補正 R^2	0.81	0.49	0.83	0.53	0.29	0.76	0.78	0.47	0.84
	相関係数 =0.39		N=271	相関係数 =0.70		N=243	相関係数 =0.52		N=61

	社民党			共産党		
	①	②	③	①	②	③
(定数)	0.07*	-0.05	0.07***	0.00	0.00	0.00
	(1.88)	(-0.57)	(2.79)	(-0.01)	(-0.15)	(-0.02)
支持率	1.59***	3.31***	1.59***	1.32***	1.69***	1.32***
	(6.63)	(5.06)	(9.83)	(13.03)	(8.31)	(19.61)
無党派割合	0.05	0.35	0.05	0.10***	0.06	0.10***
	(0.43)	(1.20)	(0.64)	(2.94)	(0.91)	(4.43)
都市度	-0.01	-0.04	-0.01	0.05***	0.07***	0.05***
	(-0.82)	(-0.83)	(-1.21)	(8.92)	(6.17)	(13.43)
候補者要因			0.27***			0.37***
			(9.03)			(19.39)
補正 R^2	0.47	0.33	0.76	0.66	0.45	0.85
	相関係数 =0.74		N=71	相関係数 =0.75		N=300

※　①と③は比例区得票率，②は候補者得票率を従属変数とする回帰分析結果．各独立変数の上段は係数，下段の括弧内はt値である．
※　係数の右側の記号は有意確率．(*** : p<0.01, ** : 0.01≦p<0.05, * : 0.05≦p<0.10)
※　相関係数は①式による残差と②式による残差の相関係数である．

い，弱い候補者に比べ，比例区の得票をより稼ぐということもいえるのではないだろうか．つぎにこれを分析してみよう．

表7-2は，①，③は従属変数を各党の比例区得票率とし，②は候補者の得票率として行った回帰分析の結果である．独立変数は，①，②式ではその政党の支持率，選挙区の無党派の割合[10]，選挙区の都市度を投入している．③式ではこの3つに加えて，②式の残差を「候補者要因」として投入している．この変数は，候補者の得票のうち政党の支持率やその他の要素から説明される部分を除いた部分であり，候補者独自の集票力を反映したものであり，素の候補者の強さ[11]であると見なせる．

③の結果を見ると，いずれの政党も候補者要因が有意となっている．①と比較すると，自民党以外の政党は説明力が大きく上昇しているということが分かる．強い候補者の存在は，政党の比例区の得票を支持率以上に高めているということを意味している．本来はその党の支持者ではない有権者層を，強い候補者は自らの党に引き入れることができるのだ．①式と②式の残差同士の相関係数を見ると，自民党が他党に比べ極端に低く，候補者が比例区の得票を呼び込む強さが弱いように見える．これは，公明党との選挙協力という候補者の強さ以外の要因が候補者の得票を増やしているためであり，①から③の説明力の伸び幅が小さいのもこのためである．

以上の分析と考察をまとめてみよう．

候補者の存在が比例区票に影響を与える連動効果は，確かに存在していた．これに加えて，党の支持率やその他の要因に比較してさらに多くの票を獲得できる「強い」候補者は，比例区においても支持率とその他の要因を超越して多くの有権者を獲得できるという分析結果は，大嶽らの指摘した「現職優先の原則」の発生と慣習化，そしてルール化を選挙結果から予見させるものである．小選挙区単独の制度の場合，政党が気にするのはその選挙区でその候補が通るか落ちるかという点であり，どれくらいその候補が強いのかということはそれほど重要ではない．これに対し並立制では，ある候補がどれくらいその選挙区で力を持っているかは，その候補を公認する政党にとって重要な要素となるだろう．

このような公認候補者への依存は，政党の末端組織が発達せず，候補者の後援会や労組などの支援組織が選挙運動の主体となっているという現状ではなおさら強いはずである．次節では，選挙区の選挙運動を分析することで，政党と候補者の関係を考察してみよう．

4. 選挙運動と候補者の自立性

（1）並立制下の選挙運動

選挙運動は，有権者を特定の投票行動を促すという目的で行われるエリートの行動である．小選挙区比例代表並立制において候補者の選挙運動は，比例区と選挙区の2種類の投票を有権者に呼びかける役割を持つ．本節では，1人の候補者の全選挙運動のうち，政党のために候補者が活動する割合が，候補者の政党に対する自立

性・非自立性（依存性と従属性）の程度を示していると考え，これを分析する．その理由はつぎのとおりである．

　候補者の政党に対する自立性という場合，2つの意味がある．1つは政党からの介入を受けない，政党に縛られないという意味であり，もう1つは政党に依存する必要がないという意味である．候補者の選挙運動は，候補者への投票（選挙区）と政党への投票（比例区）の2種類の呼びかけを担うことになるが，比例区との重複がない候補者が自らの利益のためのみを考えて行動した場合，選挙運動のほとんどを選挙区票の獲得に努めるだろう．しかし，候補者が政党からの介入を受け入れざるを得ない，従属性が強い関係の場合，政党の求めに応じて比例区票のための活動を行うだろう．また，候補者が自らの得票や当選を政党に頼らざるを得ない，政党に依存している関係の場合，自ら政党のための活動を行うだろう．結果，候補者の選挙運動から，政党のための活動にあたる部分を抽出すれば，候補者の自立性（非自立性）を分析することが可能となるのだ．

図7-1　並立制における選挙運動のターゲットと方向性

```
           心理的距離  ┌──────────┐
          ↗           │ 潜在的支持者 │
┌──────┐ │           └──────────┘
│選挙  │ポスター →  ┌──────────┐  → ○比例区投票
│運動  │ ○○党      │ 政党支持者  │
│      │ ～党       └──────────┘  → ○選挙区投票
└──────┘ ↘          ┌──────────┐
                    │ 候補者     │
                    │ 支持者     │
                    └──────────┘
```

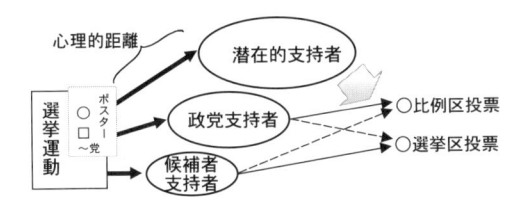

　図7-1は並立制の選挙運動と有権者，投票行動の関係を示したものである．ある選挙区に存在し選挙運動の対象となる有権者は，投票との関連で3種類に分けられると考えられる．選挙区においてこの候補者に入れる可能性がかなり高いこの候補者の支持者，比例区においてこの候補者の属する政党に入れる可能性のかなり高い政党支持者，選挙区，比例区それぞれこの候補，あるいはこの候補の政党に入れる可能性が少なからずある潜在的支持者である．この順番で候補者との間の心理的距離が短いと想定できる．候補者の支持者は，比例区においてこの候補者が属する政党に投票するとは限らない．政党の支持者は，選挙区でこの候補に投票するとは限らない．潜在的な支持者は，選挙運動による働きかけを受けることで，この候補者，政党に投票する．

　このように有権者を分類すると，候補者の従属性の程度は，潜在的支持者への働きかけに表れるだろうということが見えてくる．候補者の得票にとって，潜在的支持者は重要なターゲットであるが，これは政党にとっても同じである．候補者をコントロールできる政党は，候補者の得票を幾分犠牲にさせてでも，自らのための運動を候補者に要求するだろう．また，候補者の依存性の程度は，政党支持者への働きかけに表現されるだろう．政党の支持者は政党に対する忠誠度が高いゆえ，政党

というシンボルを強調する候補者はそうでない候補者に比較し，彼等から支持を受けやすくなるからである．この政党の強調は，比例区の集票活動と同値であるから，比例区のための集票行動は，候補者の政党に対する従属性と依存性を同時に示す，非自立的行動であるといってよい．

さて，潜在的候補者は，図7-1に示したように広範で候補者から遠い有権者群である．このような有権者をターゲットとする選挙運動は，1単位あたりが低コストな選挙メディアによる広報活動である．序章で述べたように選挙ポスターは，まさにこの広範な有権者に向けて認知力を高めるためのメディアである．候補者の選挙ポスターは，本稿の主張に関しもっとも適切な分析対象であるのだ．まずはポスター上に示される政党名の大きさを自立性の指標と見なして分析してみよう．

（2）候補者の選挙運動における政党宣伝

選挙ポスターにおける政党名の大きさは，政党の比例区のための活動の大きさ，および候補者が政党を必要としている大きさの表現であると考えられる(12)．表7-3は，政党名の大きさと候補者の姓名の大きさについて，候補者の選挙における強さを示す，あるいは予測する各変数との相関係数を政党ごとに算出したものである(13)．相関係数の大きさを見ると，民主・自由・社民という3党と自民・共産という2党で傾向が大きく違うことが分かる．前3党のグループでは，候補者の得票率や惜敗率が，政党名の大きさと負の相関を示しており，結果が悪かった候補ほど政党のために活動しているという傾向が表れている．結果的な変数だけでなく，結果を予測する変数である候補者の前回得票率との相関も強い．これら3党は，弱い候補者ほど自立的でないという傾向にあるようである．

この弱い候補ほど自立的でない，政党に依存するという傾向は，選挙ポスターの内容面からも窺える．選挙ポスターに，自らの名前や写真を掲載するだけでなく，

表7-3　候補者の強さと政党名・個人名表記面積の関係

	自民党		民主党		自由党		社民党		共産党	
	政党	姓名	政党	姓名	政党	姓名	政党	姓名	政党	姓名
当選回数	-0.22***	0.03	-0.12	0.12	-0.02	0.05	-0.09	0.11	0.04	0.18**
前回得票率	-0.01	-0.20**	-0.32***	0.08	-0.20	-0.07	-0.34	0.34	0.04	0.59***
都市度	0.00	0.26***	0.15*	-0.04	0.07	0.00	0.01	0.16	0.03	0.42***
支持率	0.08	-0.23***	-0.04	-0.04	-0.11	-0.04	-0.24*	0.01	0.12	0.38***
有力ダミー	-0.07	-0.01	-0.17*	0.01	-0.04	0.08	-0.10	0.17	0.14*	0.32***
候補者得票率	0.01	-0.15**	-0.23***	0.02	-0.24*	0.06	-0.19	0.19	0.21***	0.50***
惜敗率	-0.06	0.05	-0.14	0.00	-0.23*	0.08	-0.22*	0.31**	0.18**	0.56***
比例区得票率	0.00	-0.26***	-0.15*	-0.01	-0.10	-0.08	-0.25**	0.10	0.20***	0.53***
N	202(162)		131(60)		59(22)		67(17)		182(48)	

※　表中の数値は相関係数で，右側の記号は有意確率を示す．(***:$p<0.01$, **:$0.01≦p<0.05$, *:$0.05≦p<0.10$)
※　Nの括弧内は「前回得票率」での該当数．

政党の党首や幹部を登場させた候補が数人いるが，これらの候補は自らの認知度不足を補う目的で党のシンボルである党首や幹部を登場させたものと思われる[14]．3党についてこのような事例を取り上げてみよう．

　民主党では，ポスターのある公認候補131人中の5候補が鳩山由紀夫もしくは菅直人を写真や推薦人の名前として登場させていた．これら候補5人のうち，東京，神奈川，埼玉の候補者が4人を占めており，この4人はいずれも新人である．埼玉の谷口雅典は，鳩山と菅両方の写真を載せ，幹部の信任の厚い候補であることをアピールするとともに，地盤のない公募候補であることを強調している．他に多数の新人がいるなかで，関東3都県に集中しているのは，民主党がある程度強い都市部であり，政党幹部によるアピールを行うメリットが大きいためと考えられる．結果的に関東の新人4人中3人は選挙区で当選し，「都市の反乱」の主役を演じることとなった．有権者が民主党という旗の下に結集したのであるから，リーダーを強調する政党依存の選挙戦略は効を奏したといえるだろう．

　自由党では，59人中3人の候補が小沢一郎を，いずれも写真入りで紹介していた．いずれも選挙区での当選ではなく比例区の得票を確保するために立候補した候補であることは明らかであった．これらの候補は自由党から保守党が分裂した後に立候補した9人の候補のなかに含まれており，末次精一，樋高剛の両名はともに小沢の秘書を経験していた候補である．結果は全員が選挙区3位以下であったが，樋高は比例区での当選に成功した．

　小沢の写真を使った3候補以上に政党依存の運動が見て取れたのは，長尾彰久のポスターである．彼のポスターは，自由党政党ポスターの構図と色使いをそのままを利用しているものである．「自由党」の文字や「日本一新」のスローガンも政党ポスター同様ひときわ大きい．だがそれだけではない．彼の表情や姿勢は，政党ポスターの小沢一郎そのままなのである．彼は，5月31日に公認された，自由党の最後の選挙区候補者であった．

　社民党の場合は，6人が党首である土井の写真や名前を書いている．当選した辻元清美以外の候補はみな新人である．天辰武夫以外の新人4候補は2000年2月末以降の公認であり，中北龍太郎にいたっては5月半ばに公認されている．

　このように，党幹部というシンボルの強調という政党への積極的な依存は，新人で選挙のための準備をする期間も短かった候補者に集中している．このような候補は，政党の側が比例区の得票を確保するのを目的に擁立している場合も多く，政党のために政党に依存した運動を展開するのは自然なことである．一方で，このような候補のなかから当選者も出ているというのは興味深い．弱い候補者が政党に従属・依存し，強い候補者が政党から自立するという単純な関係ではなく，候補者に確立された自前の組織があるかどうかが，政党と候補者の間の関係，候補者の自立性を規定しているということを示しているのではないだろうか．ここに示した例はほとんど新人であったというのは，議員になり自前の組織を育成するようになると政党

への従属・依存の程度が低くなるということを意味しそうである．

　残りの2党については，自民党は候補者の強さと選挙運動における政党宣伝の大きさに関係がなく，共産党は有力候補ほど政党のための活動を強く行っているということになる．また，いずれの党も他3党に比較し候補者の姓名の大きさと各変数との相関が強い．自民党は負に，共産党は正の関係となっている．

　自民党は，政党名の大きさと各変数との相関係数より，姓名の大きさと各変数との相関係数が大きくなっているのが特徴的である．姓名に関する相関係数の高さは，都市度の影響を媒介している[15]．都市では名前を大きくすることで，自らを積極的にアピールしようとしているのだ．政党名との間の相関係数では，唯一当選回数が絶対値で0.2を上回り，高い値といえる．

　共産党は，候補者の当選の可能性のある選挙区では多くの候補が候補者の名前を目立たせ，名前を売り込もうとしており，同時に名前に負けないように政党名も大きくしているようである．その代わりに，スローガンにあたる部分を削っている．

　このような政党間の政党宣伝の差異は，候補者の政党に対する自立性のあり方の違いから生じているといえるだろう．政党ごとの候補者の自立性のあり方の違いが，選挙活動の違いを生じさせているのだ．選挙における政党と候補者の目的の違いからこれを説明してみよう．

　選挙における政党の目的は，トータルの議席数を最大化させることであるが，候補者の目的は自らの当選である．この両者の目的を達成する手段は，候補者が選挙区で当選する可能性が高い場合にはほぼ一致する．選挙区の票を伸ばすような運動を候補者が行えば，これは政党にとっても期待値では利益となる．一方，候補者の選挙区での当選が難しい場合は手段を巡って競合する．この候補者のスポンサーである政党は，自ら投下した資源が無駄にならないように候補者をコントロールするインセンティヴを持ち，候補者に政党のための選挙運動をより多くさせようと圧力をかけるだろう．一方候補者は，たとえ当選可能性がなかったとしても自分の名前を浸透させようと努力するのが普通である．

　この政党と候補者の競合の処理は，候補者の自立性のあり方により違いが生じるだろう．政党が候補者に対して与えている資源が少ない，もしくは候補者が自前で所持している資源量が多い場合，政党の影響力が相対的に小さくなるため，政党が候補者にコントロールできる選挙運動の総量は少なくなるはずである．選挙の結果が芳しくないと予想される候補であっても，選挙運動の大部分を候補者の独力で運営している場合には，政党が介入できる余地は小さいはずである．自民党候補に関して，政党宣伝の量と候補者の強さ，選挙結果の間に関係がなかったのは，政党が候補者の選挙運動に介入することで調達できる選挙運動の量が，選挙運動の総量に比較して少ないためであると考えられるのだ．一方共産党の場合は政党がすべての運動を把握しているために，自党の弱い地域では政策を宣伝し，強い地域では候補者名と政党名を強調するという党の戦略が反映していると考えることができるのだ．

ところで，候補者が政党のために選挙運動を行うことは，実際の選挙結果に対して意味を持つのだろうか．民主党などでは，弱い候補者が自らの宣伝・得票を犠牲にするような選挙運動を行っていることが明らかとなったが，この行動が実際の選挙結果に影響を与えていなければ，ここまでの議論の意味は小さくなる．選挙結果に影響がないならば，政党が候補者に介入する，候補者が政党に依存するという仮定が成り立たなくなるからである．次項では，これを考察してみよう．

（3）政党宣伝戦略の効果

表7-4は，選挙区の候補者得票率から比例区得票率を引いた「得票分布」を従属変数とする重回帰分析の結果である．独立変数には，政党と候補者の得票の不均衡を説明すると予測される変数と，選挙ポスターに占める政党名の大きさを政党宣伝の大きさを示す変数として投入している．

これを見ると，5政党のうち民主党のみが政党宣伝活動が有意となっている．係数が負であるので，比例区の得票増を企図した選挙運動を行えば，候補者の得票を犠牲として政党比例区の得票を確保しているということになる．民主党とともに政党名表記に候補者の組織の強さが関係していた自由党と社民党は政党宣伝の値は有意となっていない．サンプル数が少ないこと，候補者の得票が競争状況などから強く影響を受けることなどが影響していると思われる．もちろん，政党宣伝指数自体の変数としての不安定性もあるだろう．

自民党と共産党も政党宣伝の影響はなかった．これは表7-3の結果から予想がつくことである．共産党については性別と地方政治家経験の有無という候補者個人の属性の影響が比較的強く出ているが，これは政党組織とは別に候補者個人の力で一定程度の票を確保しているということを意味しており，興味深い．自民党については自立性がどのレベルの候補も強いため，政党宣伝の大きさと候補者の自立性の間に明確な線形の関係が生まれず，したがって政党宣伝活動の大きさが得票分布に対して影響を与え得なかったのだと考えられよう．

このように非常に限定的ではあるが，政党宣伝は選挙結果に影響を与えるものであることが分かった．

5．結論と含意

本稿は，並立制において候補者が担う役割を明らかにし，これを手がかりとして候補者の政党に対する自立性を分析した．その結果はつぎのようにまとめられる．

①候補者の存在は政党の比例区の得票を増大させる．したがって，政党は候補者の選挙活動に比例区における集票を頼っていると考えられる．

②選挙区における候補者の強さは，比例区における政党の得票にも影響を及ぼす．強い候補は，支持率等から予測される得票率を上回る票を比例区において集めることができるのだ．この結果，政党は自力で集票できる強い候補者を優先して公認せ

表7-4　政党宣伝の得票への影響

	y＝候補者得票率－比例区得票率				
	自民党	民主党	自由党	社民党	共産党
(定数)	0.76***	0.17*	-0.11	0.24**	0.22***
	(7.08)	(1.78)	(-0.62)	(2.12)	(6.13)
性別	-0.08**	-0.03	0.01	-0.02	-0.01***
	(-2.43)	(-1.60)	(0.21)	(-1.32)	(-2.69)
地方政治家	-0.01	0.02	0.00	0.03**	0.02***
	(-0.75)	(1.58)	(0.25)	(2.09)	(3.14)
当選回数	0.01	0.01	0.02	0.03**	0.00
	(1.61)	(1.08)	(1.28)	(2.62)	(-0.06)
前回立候補	0.02	0.03***	0.03	0.01	0.00
	(1.10)	(2.91)	(1.66)	(0.74)	(0.40)
競合候補者数	-0.08***	-0.02**	-0.04	-0.04***	-0.01**
	(-4.48)	(-2.28)	(-1.48)	(-2.68)	(-2.30)
立候補者数	-0.04***	-0.02***	-0.03***	-0.02***	-0.01***
	(-6.98)	(-3.77)	(-2.95)	(-3.24)	(-6.51)
都市度	-0.06**	0.01	0.01	0.04	0.01
	(-2.51)	(0.30)	(0.38)	(1.15)	(0.94)
無党派割合	-0.14	0.04	0.40	-0.11	-0.07
	(-1.11)	(0.37)	(1.45)	(-0.66)	(-1.55)
有力ダミー	0.06***	0.05***	0.05*	0.15***	0.04***
	(2.92)	(5.09)	(1.99)	(7.72)	(4.33)
投票率	-0.55***	-0.06	0.15	-0.13	-0.21***
	(-5.05)	(-0.58)	(0.68)	(-0.81)	(-4.70)
政党宣伝	-0.35	-0.67**	-0.63	-0.13	0.03
	(-0.91)	(-2.23)	(-1.17)	(-0.74)	(0.86)
補正 R^2	0.48	0.55	0.48	0.68	0.51
N	202	131	59	67	182

※　数値上段は係数．　***：$p<0.01$，**：$0.01\leq p<0.05$，*：$0.05\leq p<0.10$
※　下段の()内はt値．

ざるを得ないことが予想される．

③候補者の強さと選挙運動の自立性の間に相関関係が見られる政党と見られない政党が存在する．民主党，自由党，社民党は，強い候補者は自立的な選挙運動を行い，弱い候補者は政党に従属・依存した選挙運動を行っていた．自民党と共産党がこのような関係にならないのは，前者が候補者の自立性が全体的に強く，後者は候補者の自立性が全体的に弱いからであると考えられる．

④民主党に関しては，選挙運動における政党宣伝の量が政党と候補者の得票分布を規定していた．この結果は，候補者に自らの宣伝をさせる政党のインセンティヴを合理的であると判定するものである．

このように並立制においては，選挙区の候補者が政党の比例区のための活動も行っており，自立性の低い，弱い候補者ほどこの政党宣伝を熱心に行っていることが分かった．限定的ではあるが，このような活動は実際の選挙結果にも影響を与えており，政党は，候補者をコントロールするインセンティヴを持つのだ．

しかし一方で，候補者のすべてが政党からの介入を受け入れているわけではない．図7-2は，本稿で明らかにした候補者の強さと自立性の関係をまとめたものであるが，自民党は候補者の大部分が自立的な組織を持ち，政党からの援助は他の政党に比較し必要としていない．共産党はその逆に非常に政党組織が強く，候補者は自立的でないといえる．この両党では，選挙における強さによらず候補者の自立性は一定に近い．これに対し民主党では，候補者の自立性の幅が広く，この両者の間に相関関係が存在すると考えられる．

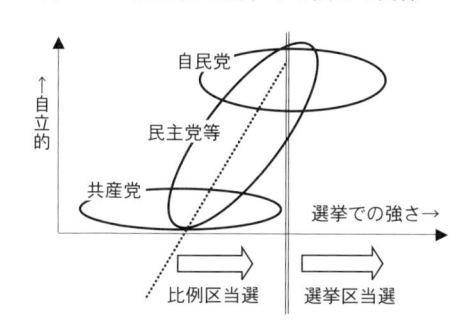

図7-2　自立性と選挙での強さの関係

では本稿の分析結果から，「政党本位」，政党の内部構造はどのようになると考えられるだろうか．選挙における政党と候補者の関係は，日常的な政党と議員の関係も規定すると想定し，考えてみよう．

図7-2の縦に引いた2重線は選挙区での当選ライン，斜めに引いた点線は比例区での当選ラインである．自民党の多くの候補は選挙区で当選し，比例区で当選する候補も高い惜敗率の候補が中心である．民主党は選挙区で当選する候補もいれば，比例区で当選する候補もいる．惜敗率は相対的に低い候補が多い．共産党はほぼ全員が比例区で当選するだろう．並立制の構造上，大政党は選挙区での当選者の割合が大きくなり，小政党は比例区の当選者の割合が多くなる．選挙区の候補者は政党に対して自立性が高く，比例区の当選者は，比例区単独の候補も含め，政党に従属・依存する程度の高い候補者である．したがって大政党と小政党を比較した場合，前者は分権的，後者は集権的となると考えられる．政党の規模が大きくなると，組織構造が遠心的になるのである．

今回のこの結果は2000年選挙時点のものであり，中選挙区制の遺産の上に成り立

っていると主張することも可能である．しかし今のところ，候補者が自身のために選挙運動を行うことが政党の利益となるという制度の構造を変化させるような動きは存在していない．献金の制限や政党助成金といった政党の集権化を企図した制度も，候補者が選挙区ごとの政党支部を統括するようになったために，ほとんど機能していないことが明らかとなっている[16]．候補者の選挙運動に政党が依存するという基本的な部分がまったく変化せず残っているために，変革された，追加されたその他の制度も，この基本的な制度的性質に整合するように運用されているのである．結局のところ並立制は，中選挙区で培われた財産をそのまま利用することが効率的な制度であり，改革の目指した集権的な政党組織を生み出すことはないだろう．これが本稿の結論である．

付表　本稿で用いたデータ一覧

候補者個人のデータ	
性別	女性候補＝0，男性候補＝1
地方政治家	非該当＝0，首長，地方議員経験者＝1
当選回数	実際の当選回数に1をプラスした数値の自然対数値
前回立候補	非該当＝0，該当＝1
前回得票率	候補者の前回選挙での相対得票率
候補者得票率	候補者の相対得票率
比例区得票率	公認政党の選挙区ごとの比例区相対得票率
有力ダミー	非有力＝0，有力＝1…注[17]参照
選挙区のデータ	
都市度	人口集中地区（DID）居住人口割合
立候補者数	選挙区ごとの立候補者数
無党派割合	選挙区ごとの無党派割合
支持率	所属政党の選挙区における支持率…注[18]参照
投票率	選挙区ごとの総投票率
競合候補数	政党ごとに下記定義において算出
自民党	公明党候補，保守党候補，改革クラブ候補，公明党推薦候補，公認漏れの無所属の会および無所属の候補の合計
民主党	自由党候補，社民党候補の合計
自由党	民主党候補の有無
社民党	民主党候補の有無
共産党	社民党候補の有無
選挙運動データ	
政党名	候補者ポスターに占める政党名の大きさの割合
姓名	候補者ポスターに占める姓名の大きさの割合

（1）前田和敬「日本の選挙制度改革：その経緯と課題」総合研究開発機構『選挙と国の基本政策の選択に関する研究』，総合研究開発機構，1996年，183-234頁．

（2）ここでの議論は自民党に限定された議論である．後述するように，選挙制度改革における政党本位化とは自民党の課題だからである．

（3） 北岡伸一「与党と野党の政治力学－新制度の総括と政党政治の行方」『「普通の国」へ』，中央公論新社，2000年，121-138頁．
（4） 大嶽秀夫「結語『政治改革』は成功したか」大嶽編，前掲書，361-375頁．
（5） 同，366頁．
（6） 三宅一郎『選挙制度変革と投票行動』，木鐸社，2001年．
（7） 水崎節文・森裕城「得票データから見た並立制のメカニズム」『選挙研究』，木鐸社，1998年，50-59頁．
（8） 和田は，ゲーム論から解釈すると並立制が二大政党制を生み出さないと主張する文脈で，候補者の選挙区出馬は比例区のための「宣伝効果という便益を与える」と述べている．和田淳一郎「小選挙区比例代表並立制に関するゲーム論的一考察」『選挙研究』第10号，北樹出版，1995年，32-40頁．
（9） 蒲島郁夫・スティーヴン・R・リード「選択の可能性と投票行動— 93年総選挙における二つの選挙」『レヴァイアサン』2001年秋号，木鐸社，10-26頁．
（10） この変数は，無党派がどれだけ多いか，というだけでなく，その党以外の政党支持者がどれだけいるか，という意味を含んでいる．
（11） 競合する他の政党から候補者が立候補しなかった結果として，候補者の得票率が伸びるという場合も，ここでは候補者の強さに含めて考えている．
（12） このように政党と候補者の関係を計量的に取り出す試みとしては，ダルトンらが先進国の選挙が候補者（リーダー）本位となってきていることを新聞等の記事における候補者と政党の言及回数比を用いた例がある．R. Dalton, I. McAllister and M. Wattenberg. 2000. "The consequences of partisan dealignment" *Parties without Partisans*, eds. R. Dalton and M. Wattenberg.Oxford University Press.
（13） 外れ値の影響を考え，各党の政党名面積上位と下位の5％の候補者を除外して相関係数を求めたが，社民党で候補者得票率，比例区得票率との相関がほぼ0になった以外はここに示した結果と大差なかった．
（14） より詳しくは【他力本願ポスター】(138頁) 参照．
（15） 都市度の影響を除いた姓名の大きさとの偏相関係数は，支持率は－0.10，選挙区得票率が－0.02，比例区得票率が－0.11と，いずれも弱くなっている．
（16） 1996年選挙時は旧民主党の選挙区支部はほとんど機能しておらず，新進党もある程度政党に依存した選挙区支部を形成していたが，2000年選挙では各党とも積極的に利用するようになってきている．佐々木毅・吉田慎一・谷口将紀・山本修嗣『代議士とカネ』，朝日新聞社，1999年．
（17） 朝日新聞2000年6月21日付で報道された選挙戦終盤情勢の記事を元に，各候補を1（圧倒的リード），2（優位），3（接戦），4（2の対抗候補），5（1の対抗候補），6（泡沫）と尺度化したデータを作成し，そのうち1から4を当選可能性のある有力候補（1），5と6を当選可能性がない非有力候補（0）とした．
（18） 朝日新聞地方版（2000年6月21日－22日付）により作成．選挙期間中のデータであるため，この支持率は選挙区の競争状況に大きく影響を受けているという点は注意が必要である．

第8章
政党組織と候補者の比例区行動

境家史郎

1. はじめに

　2000年総選挙は，小選挙区比例代表並立制になって2度目の総選挙であった．当選挙で，自民党は小選挙区では健闘したものの比例区では後退した[1]．小選挙区での健闘も公明党との選挙協力の成功という要因が大きかったこと[2]を考えれば，今後の自民党政権の行方は，比例区でいかに得票を回復できるかにかかっている．自民党にとって，また政権交代を目指す他党にとっても比例区の動向が無視できないことは明らかである．

　しかし，これまで比例区における各政党・候補者の戦略や行動は十分に検証されてきたとはいえない．これは，一般的に並立制が「小選挙区中心の制度」と見なされているからだと考えられる[3]．だが，少なくとも政党側の意識としては比例区を軽視しているわけではない．それどころか，各党はなんとかして比例区票を上積みしようと，小選挙区の候補者に党の宣伝をさせようとしているのである[4]．また，並立制において比例区は小選挙区と完全に独立しているわけではない．両制度は，「重複立候補」や「惜敗率」といった制度を媒介にして連動している．したがって，小選挙区における政党・候補者の行動を理解するためにも比例区の検証は欠かせない．

　以上のような比例区の重要性を鑑みて，本稿では，小選挙区立候補者の比例区における選挙活動のあり方（以下，これを「比例区行動」という）について分析することを目的とする．候補者の選挙活動の分析にもさまざまな視角が考えられるが，本稿で注目するのは，政党・候補者の「合理性」と政党の組織的特性である．後述するように，比例区の選挙活動にあたっては政党と候補者の合理的戦略が矛盾することがあるため，政党と候補者の党内権力関係[5]を考慮することが不可避である．例えば，共産党候補が重複立候補していないにもかかわらず比例区票のために党の宣伝をせねばならなかったという事例が報告されている[6]．候補者の選挙活動に政党組織の違いが影響していると考えられるのである．

　分析対象は2000年総選挙の候補者用選挙ポスター685枚である．分析にポスターを使用する利点は，第一に，ポスターという限られた空間にこそ政党と候補者のせめぎあいや選挙制度の影響が濃縮された形で表れると考えられること，第二に，分析に客観的な統計的手法を用いることができる（「選挙戦略を計量する」ことは通

常困難である）ということが挙げられる[7]．ただし，収集できたポスターの枚数は政党ごと地域ごとに偏りがあり，分析結果にそのバイアスがかかるという限界があることに注意しなければならない[8]．

最後に以下の展開を示しておこう．まず，第2節では本稿に関連する先行研究を紹介し，それを踏まえて2つの仮説を導出する．続く第3, 4節ではそれらを順に実証し，最後の第5節では結論および含意を引き出す．

2. 先行研究と仮説

これまでになされた並立制における選挙戦略研究は，ほぼ96年総選挙に関するものに限られる．まず，ケーススタディとして朴喆熙の研究がある[9]．これは東京17区の自民党候補，平沢勝栄の選挙運動を追ったものであるが，比例区の戦略についてはまったく触れられておらず，並立制を小選挙区中心の制度と捉えている研究の典型である[10]．並立制における選挙公約の分析としては，堤英敬の研究がある[11]．ここでは，「候補者の政策的位置と政党の政策的位置は必ずしも同様の傾向を示すとは限らない」[12]ことが示され，候補者と政党の戦略が一致しない局面があることが分かる．ただし，この研究においても，候補者の比例区での選挙活動は念頭にない．

より比例区を意識した研究としては鹿毛利枝子の論文がある[13]．鹿毛は，96年総選挙において各政党がどのように並立制を認識し，どのような戦略を立てたかについて分析している．そのなかで，議席数最大化を目指す政党幹部にとって，重複立候補を幅広く認めることで小選挙区の候補者に比例区の宣伝をさせるという戦略がありうることを示している[14]．これに関連して，水崎節文と森裕城は，「制度的には『並立』である2つの制度間に，選挙行動の面では『連動』が見られる」という[15]．彼らはこの論文で，小選挙区部分の候補者の有無が，その地域の比例区得票の伸びに関係していることを実証した[16]．小選挙区立候補者の比例区に対する（直接的，間接的な）選挙活動が影響していることを窺わせる．一方，上神貴佳は「重複立候補及び比例名簿の順位付けが候補者の集票インセンティヴを減退させる」ことを指摘している[17]．もっとも，この論文においても候補者の比例区行動が直接実証分析されているわけではない．

以上，並立制における選挙戦略研究を紹介したが，結局のところ，候補者の比例区行動という本稿の問題関心を直接扱った実証研究はほとんどなされていないのが現状である．したがって，本稿ではこの問題について考える前にまず，より一般的な選挙戦略の先行研究から，政党と候補者の関係について検討することから始める．

ジェイコブソン（Gary C. Jacobson）は「政党と候補者の関係」という問題について，政党の候補者に対する資源配分の観点から説明している．政党にとっては議席数の最大化が目標であり，どの候補者が当選するかによって利得に違いはない．一方候補者にとっては自分自身の当選が目標であり，所属政党の集合的利益は第二義的なものである．したがって，政党としては接戦している候補者に資源を配分する

のが合理的であるが，候補者にとっては当選可能性にかかわらず自分に資源が配分されることが望ましい．ここに政党と候補者の戦略的合理性の矛盾が見られるわけである[18]．

では，このような「合理性の矛盾」問題は並立制において，どのように顕在化するのであろうか．まず，つぎの2点を前提としよう．

  A' 各政党の目標は議席数最大化である．
  B' 各候補者の目標は自己の当選可能性の最大化である．

この前提から，並立制においてはつぎのような戦略が合理的[19]である．

  A' 各政党は，小選挙区で議席を減らさない限りで候補者に比例区宣伝をさせる．
  B' 各候補者は小選挙区を優先する．ただし重複立候補していれば比例区にも配慮する（「配慮」の程度は比例名簿順位や，小選挙区での当選可能性などによる）．

A'とB'はそれぞれ政党にとっての合理性，候補者にとっての合理性を表しているが，これらの合理性はしばしば緊張関係にある．なぜなら，政党側からすれば，小選挙区で当選確実ないし当選不可能な候補者に比例区の宣伝をさせることができれば合理的であるが，候補者側からすればそのようなインセンティヴは必ずしも存在しないからである．これこそが並立制における「合理性の矛盾」問題に他ならない．換言すれば，比例区票は政党全体にとっての「公共財」であり，合理的候補者はできる限りフリーライダーであろうとする．

政党と候補者の間にこのような緊張関係がある以上，候補者の最終的な選挙戦略・行動に大きな影響を及ぼすのは党内権力関係，つまり政党の組織的特性であると考えられる．すわなち，政党が候補者をコントロールできる度合いが大きいほど政党の合理性が貫徹できる．この問題を日本の政党組織について考えてみると，個人後援会を軸として候補者中心に選挙キャンペーンを行う自民党[20]と，「組織政党」として政党中心にキャンペーンを行う共産党が対極的存在であるといえる[21]．つまり，政党が候補者をコントロールできる度合いが自民党よりも共産党の方が大きい．したがって，共産党候補の選挙戦略・行動にA'（政党の合理性）が，自民党候補にB'（候補者の合理性）がより大きな割合で表れると考えられる．

本稿では選挙戦略のうちでも，とくに比例区での行動に焦点をあてているので，ここでまず，実際の選挙ポスターではどのように比例区戦略が表れているのか見てみよう．ここでは，ポスターに入っている「比例代表は○○党へ」という文句[22]（以下，これを「比例区宣伝」という）の有無に注目する．比例区宣伝は明らかに比例区での集票拡大を狙ったものであるから，これが入っている候補者は，比較的比例区での選挙活動に積極的であるか，あるいは，消極的ながら政党の意向を受け

てこれを入れていると考えることができる．

政党としては，小選挙区の立候補者に，できる限り比例区のための集票活動もしてもらいたいと考えるであろうが，政党と候補者の関係という観点からすると，各党の比例区宣伝の戦略には2つのタイプがあるはずである．政党が候補者に「上から」比例区宣伝を入れさせるタイプと，比例区の宣伝を候補者の自主性に任せる「下から」タイプである．

表8-1 比例区宣伝の有無

	自民党	共産党	民主党	社民党	自由党	公明党	保守党
比例区宣伝あり	167	171	25	44	5	1	0
重複立候補者数	195(164)	18(17)	129(25)	67(44)	56(5)	2(1)	0(0)
N	202	182	131	67	59	10	8

※ 括弧内は，重複立候補者のうち比例区宣伝を入れている人数を示す．

表8-1を見ると，比例区宣伝の有無には政党ごとに大きな偏りがあることが分かる．自民党，共産党，社民党では7，8割ほどのポスターに比例区宣伝が入っている．逆に，民主党，自由党，公明党，保守党では少ない[23]．このうち，比例区宣伝が入っている割合と，そのフォーマットの統一性[24]から，明らかに「上から」といえるのは，自民党と共産党である[25]．一方，「下から」タイプの代表としては民主党が挙げられる[26]．

今までの議論を踏まえると，ここでただちにつぎのような2つの疑問が生じる．第一に，対極的な組織構造であるとされる自民党と共産党は，比例区宣伝を同じように「上から」入れているといっても，その内実は異なるのではないかという疑問である．すなわち，既に述べた「合理性の矛盾」問題から見て，自民党よりも共産党の方がより政党の合理性が優先されているのではないか．ここで仮説①が導き出せる．

　　仮説① 「組織政党」では，候補者よりも政党の合理性が比例区戦略において優先される度合いが相対的に大きい．

第二の疑問は，「下から」タイプの場合，どのような候補者が比例区宣伝を入れるのかというものである．ここで，合理的候補者は自己の当選可能性最大化のために行動するという前提の下で，以下の仮説が導出できる．

　　仮説② 候補者は，比例区ではできる限りフリーライダーになろうとし，限られた場合にしか主体的に選挙活動しようとしない．

以下の節ではこれらの仮説を検証していく．まず第3節では，「上から」タイプである自民党，共産党を比較して仮説①を実証する．つづく第4節では，「下から」タイプである民主党の候補者を対象に，仮説②を実証する．

3. 政党組織と比例区戦略

(1) 仮説①の操作化

仮説①は，「『組織政党』では，候補者よりも政党の合理性が比例区戦略において優先される度合いが相対的に大きい」というものであった．より具体的には，共産党が自民党よりも，比例区戦略で政党の合理性を優先させているということを実証する．

ここでまず，共産党にとっての「政党の合理的戦略」，自民党候補にとっての「候補者の合理的戦略」とは何かを具体的にしなければならない．「政党は議席数最大化を目指す」，「候補者は自己の当選可能性の最大化を目指す」という命題を前提とすると，共産党は小選挙区で票（議席）を取れないため，資源を比例区に優先的に配分するのが政党として合理的である[27]．共産党は，組織構造として候補者をコントロールできる度合いが比較的高いので，共産党候補の小選挙区での当選（候補者の合理的戦略）は，基本的に度外視されると考えられる．

一方，自民党候補は基本的に，自己の当選のために小選挙区に資源[28]を優先的に配分するのが合理的である[29]．自民党自体にとっては，当選確実ないし当選不可能な候補者には比例区に資源を配分させることができれば効率的である（政党の合理的戦略）が，共産党のようには候補者をコントロールすることはできないと考えられる．

まとめると，共産党にとっての「政党の合理的戦略」とは比例区を重視した戦略に他ならない．一方，自民党候補にとっての「候補者の合理的戦略」とは小選挙区を重視した戦略である．そして両党の組織構造から，以上の戦略は基本的にそのまま両党の候補者の戦略となる．すなわち，共産党候補の戦略には「政党の合理性」が比較的強く表れ，比例区が重視される．自民党候補の戦略には「候補者の合理性」が比較的強く表れ，小選挙区が重視される．

選挙ポスターに即していうと，共産党ポスターは比較的比例区を意識し，自民党ポスターは比較的小選挙区を意識した作りになるはずである．したがって，共産党ポスターは自民党よりも，政党アピールが強く，候補者アピールが弱いと考えられる．この仮説を，ポスターにおける各要素（政党名，候補者名，顔写真）のサイズおよびスローガンの内容に注目して操作化しよう．

まず，政党名サイズは，これが大きくなるほど政党アピールが強まると考えられるため，共産党の方が自民党よりも大きくなるはずである．一方，候補者名サイズと顔サイズは，大きくなるほど候補者アピールが強まると考えられるため，自民党の方が共産党よりも大きくなるはずである．ただし，候補者名サイズについては，

これを直接比較せずに，政党名サイズで割ったものを比較する．ポスターデザイン上の問題から，候補者名サイズは政党名サイズに引きずられるからである（小選挙区のポスターで，候補者名よりも政党名を大きくすることは難しい）[30]．また，スローガンについては，共産党には政党をアピールしたものが自民党よりも多く現れると考えられる．仮説をまとめると表8-2のようになる．

以下では，これらの仮説にしたがってサイズ，スローガンの順に比較，実証分析を行う．

表8-2　自民党・共産党比較の予想

	大きさ（多さ）
政党名サイズ	自民 ＜ 共産
候補者名／党名サイズ	自民 ＞ 共産
顔サイズ	自民 ＞ 共産
政党アピールのスローガン	自民 ＜ 共産

表8-3　自民党・共産党の各要素のサイズ

	自民平均	共産平均	t 値
総党名サイズ	2.5%	8.3%	(-16.76**)
比例区用党名サイズ	2.1%	8.6%	(-17.38**)
候補者名／党名	15.4	3.8	(7.02**)
顔サイズ	16.9%	14.5%	(5.30**)
N	202	182	

※ ** は，1％水準で統計的に有意な差があることを示す（片側検定）．
※ 「比例区用党名サイズ」は，これがないもの（自民35枚，共産11枚）については分析対象から除いている．
※ 共産党の岩永尚之は，党名表記がまったくないため「候補者名／党名」の対象から除いている．

（2）実証分析
a．各要素のサイズ

表8-3は，自民党と共産党のポスターにおける各要素のサイズを比較したものである．

これによると，（1）で示した仮説通りの結果が得られている．つまり，共産党ポスターは自民党よりも，1％水準で有意に政党名が大きく，候補者名／党名が小さく，顔サイズが小さい．とくに共産党の比例区用党名サイズの圧倒的な大きさが目を引く．サイズから見れば，共産党が自民党よりも，政党アピールが強く，候補者アピールが弱いということは間違いなくいえるだろう．

b．スローガン

仮説では，共産党が自民党よりも政党をアピールしたスローガンが多いとしたが，実際にはどうか．

スローガンは大きく「公約・政策」，「個人イメージ」[31]，「その他」の3種類に分けることができる．表8-4は，両党のポスターに含まれている，「公約・政策」と「個人イメージ」の数を表している．「公約・政策」については具体的内容まで示している．公約の項目は，両党のポスターに1枚でも存在すれば挙げてある[32]．なお，各項目の下の数字はそれぞれの公約を含んだポスターの枚数を示す．

表 8-4　自民党・共産党候補の政策・公約

	福祉	くらし（生活）	民主主義	景気	雇用	護憲	平和	税金	環境	公共事業等見直し	教育	きれいな政治	農・漁業	女性	中小企業（営業）	医療	人権	地方分権	行政改革	首相公選	公約・政策あり	個人イメージ	ポスター数
自民党	7	5	2	15	3		3			3			3	2	1		1			1	24	60	202
共産党	85	68	65	26	20	21	7	24	9	18	7		3			4	1	1			152	30	182

これによると，自民党候補のポスターにはそもそも公約と呼べるスローガンが少ないことが分かる（24枚）．逆に，候補者個人のイメージをアピールしているスローガンは共産党の倍近い割合となっている（共産30／182に対し，自民60／202）．

一方，共産党はこれらの公約を掲げているポスターが152枚，83.5％ときわめて多い．では，これらの公約の内容はどのような性格を持っているだろうか．ここで，共産党自体の公約を見てみると，表8-4の候補者の公約は例外なく政党の公約[33]でもあることが分かる[34]．それに対し，自民党候補の場合，公約自体が少ないにも関わらず，「首相公選」[35]という政党公約[36]から「逸脱」したものが見られる．

さらに公約の内容の性格について見るために，候補者のポスターと政党のポスターを比較してみよう．表8-5は，当選挙における各政党の政党宣伝ポスターのスローガン[37]の一覧である．これらの政党スローガンが候補者のポスターにどれだけ含まれているかという「一致率」[38]も同時に示してある．

表 8-5　政党ポスターのスローガンと一致率

	政党ポスターのスローガン	一致率	
自民党	「小渕前首相の思いを受けつぎ『景気回復』を必ずやりとげます．」	3.0%	(6枚)
公明党	「ごみゼロ社会を推進」	0.0%	(0枚)
保守党	「幸せな国は，家族が幸せな国．」	0.0%	(0枚)
民主党	「奪る．」	0.8%	(1枚)
自由党	「日本一新．」	11.9%	(7枚)
社民党	「がんこに平和げんきに福祉」	17.9%	(12枚)
共産党	「国民と心の通う新しい政治をおこします」	28.0%	(51枚)

※　括弧内は，政党ポスターのスローガンと一致した候補者ポスターの実枚数．

これから分かるように，共産党は他党と比べて明らかに一致率が高い．スローガンについての以上の分析から，共産党ポスターが自民党ポスターよりも政党アピールが強いといえよう．

(3) 第3節のまとめ

　分析の結果分かったことは，共産党は自民党よりも政党のアピールが強いということである．(1) で仮説として示したように，共産党は自民党よりも，政党名が大きく，候補者名／政党名が小さく，顔写真が小さく，政党をアピールするスローガンが多い．そして，「比例代表は○○党へ」という部分のサイズの比較から分かるように，共産党は自民党より比例区の宣伝に割いている資源量は多い（表8-3）．明らかに共産党の方が自民党より比例区を意識したポスターになっているのである．

　ここで注目すべきは両党の重複立候補者数である（表8-1）．自民党の場合，比例区宣伝を入れた166人のうち163人が重複立候補している．一方，共産党の場合，比例区宣伝を入れた168人のうち重複立候補しているのは17人にすぎない．重複立候補していない候補者には，当然ながら（復活当選のために）比例区用に政党をアピールするインセンティヴは存在しない．また共産党の場合，小選挙区においても政党アピールが当選に有効とはいえない[39]．したがって，共産党では，比例区戦略において候補者よりも政党の合理性が優先されていると見てよいであろう．

　一方，相対的に候補者が政党から自立している自民党では，当然のことながら政党よりも候補者自身の利益（自分の当選）が優先され，それが選挙ポスターにも表れている．すなわち，政党が候補者に比例区宣伝を「上から」入れてはいるものの，政党アピールは比較的小さく，その分小選挙区のための候補者アピールが強いポスターとなっている．

　ここで，ありうる反論は「自民党候補が候補者アピールを強めるのは，政党の議席数最大化という目的にとっても合理的である」というものである．しかし，このように候補者と政党の合理性が一致するのは小選挙区においてである．候補者と政党の合理性は「必ず矛盾する」ものではない．重要なのは「矛盾する局面もある」ということであり，その局面（この場合は比例区）で政党と候補者のどちらの合理性が優先されるかということである．

　自民党の場合，選挙前から当選が約束されているような「大物」候補には比例区の宣伝をさせることができれば，より効率的な集票ができる．ここで，当選6回（初入閣を果たす議員が多いとされる[40]）以上の候補を便宜上「大物」と見て，当選5回までの候補とポスターの各要素を比較してみよう．ここでの仮説は，自民党候補は政党から比較的コントロールされないので，「大物」候補は（政党の望む）政党アピールよりもむしろ候補者アピールを強めるというものである．これには，「大物」であるほど当選のために候補者をアピールする有効性が増すという理由だけでなく，「大物」ほど政党からコントロールされる度合いが小さい（つまり，比例区に動員されにくい）という理由もある．仮説を操作化すると，当選6回以上の候補者は，当選5回までの候補者よりも，政党名サイズが小さく，候補者名／党名サイズが大きく，顔サイズが大きいということになる．

　表8-6によると，t片側検定で，顔サイズが5％水準で有意差がない（ただし，平

表8-6　自民党「大物」候補のポスター

	当選6回以上平均	当選5回まで平均	t値
総党名サイズ	1.9%	2.7%	(-3.93**)
比例区用党名サイズ	1.8%	2.2%	(-2.07*)
候補者名／党名	20.3	13.9	(1.74*)
顔サイズ	17.9%	16.6%	(-1.48)
N	47	155	

※ **は1％水準，*は5％水準でそれぞれ有意差があることを示す（片側検定）．
※ 「比例区用党名サイズ」は，これがないもの（「当選6回以上」17枚，「5回まで」18枚）については分析対象から除いている．

均値は当選6回以上の方が大きい）以外は仮説通りの結果が得られている．すなわち，当選6回以上は5回までよりも，有意に政党名サイズが小さく，候補者名／党名サイズが大きい．「大物」候補の選挙ポスターでは比例区の宣伝をさせられるどころか，より候補者自身の利益が政党の利益に優先されているのである．

　まとめると，比例区宣伝に関しては共産党，自民党ともに「上から」タイプであるが，政党の影響度にはかなり差がある．共産党では，候補者の合理性よりも政党の合理性が優先される度合いが大きい．一方，自民党ではその逆である．すなわち，仮説①「『組織政党』では，候補者よりも政党の合理性が比例区戦略において優先される度合いが相対的に大きい」ということがポスターから実証された．

　ところで，当選挙で「比例区を軸に」を合言葉としていた共産党のポスターにおいて，実際に比例区が重視されていることから分かるように，選挙ポスターには政党・候補者の選挙戦略が反映している．そして選挙戦略を反映するポスターにおいて，以上に述べたような自民党と共産党の違いが見られることから分かるように，候補者の選挙活動には政党組織のあり方が影響している．すなわち，政党と候補者の権力関係が各候補者の選挙戦略のあり方を規定しているのである．

　選挙運動において，候補者は自己の当選可能性の最大化を「目標」とはしても，実際にそれが最大化できるわけではない．共産党候補はむしろ政党の議席数最大化に向けて努力しているかのようである．そして，候補者が政党のために資源を使うのは共産党に限った話ではない．自民党候補にしても，重複立候補していないのに比例区用に政党をアピールしているものがある[41]ことから分かるように，必ずしも資源を自分の（今，候補者が直面している選挙の）当選のためだけに配分しているわけではない．これは程度の問題である．

　一方で，政党の側も，議席数最大化を「目標」とはしても，実際にそれが最大化できているとはいえない．自己の当選だけを考える合理的候補者には，自分の資源を使って政党のために比例区の集票活動をするインセンティヴはない．自民党では，小選挙区で当選見込みのない候補者や逆に楽々と当選する候補者に，比例区のための活動を強制することは難しいし，実際既に述べたように，当選可能性の高い「大

物」候補者のポスターを見ても比例区のために政党が強調されている様子はない．つまり，政党という集合体にとっての「公共財」である比例区票を候補者に集めさせるためには，共産党のような「政党の強制力」が必要になる(42)．そうでなければ，候補者はフリーライダー化すると考えられる．この点に関しては，次節でより詳しく扱うことにしよう．

4. 重複立候補者の比例区行動

(1) 比例区における集票インセンティヴ

本節は，仮説②「候補者は，比例区ではできる限りフリーライダーになろうとし，限られた場合にしか主体的に選挙活動しようとしない」ことを実証するのが目的である．

はじめに，重複立候補者が比例区のために集票活動するインセンティヴについて，合理的選択論の視点から検討しよう．ここで注目すべきは，「同一順位」と「惜敗率」という制度である．

「同一順位」は，政党側の認識としては，重複立候補者の比例区における集票インセンティヴを高めるための制度であったようだ(43)．重複立候補者の比例名簿順位に上下をつけると，復活当選可能性が低減する下位の候補者が，比例区で集票する意欲を失うと考えられたからであろう．しかし，演繹的に考えると，「同一順位」によって候補者の集票インセンティヴが高まることはない．同一順位者の復活当選は惜敗率によって決定されるため，候補者は比例区よりむしろ小選挙区で少しでも得票を増やす必要がある．したがって，重複立候補者の資源が一定で，小選挙区と比例区の選挙活動量がトレードオフの関係にあると仮定すると，比例区に資源を配分することは（小選挙区における選挙活動量を減少させてしまうという意味で）むしろ復活当選の可能性を低下させる結果となるのである．すなわち，当選可能性最大化を目指す合理的候補者は，同一順位者が存在する限り比例区で集票するインセンティヴを持たないことになる．

ただし，現実の候補者は"その選挙における"当選可能性最大化のためだけに行動しているわけではない．"次回以降の選挙"を視野に入れて，党内で昇進し(44)ポストを得るために党への忠誠心を示したり(45)，あるいは，党や派閥の幹部としての責任から政党の利益のために行動することもある(46)．これらの誘因も含めて，現実の民主党候補の比例区行動を見てみよう．

(2) 民主党候補の比例区行動

前項の議論から，候補者が"その選挙における"当選可能性最大化を目標とするならば，「同一順位」である場合，重複立候補者が比例区で集票するインセンティヴは基本的に存在しないことが分かった．実際，民主党候補について見ると，重複立候補者129人のうち25人（19.4％）しか比例区宣伝を入れていない（表8-1）．これは，

「上から」比例区宣伝を入れている自民党や共産党と比較すると明らかに小さな割合であり，多くの重複立候補者が比例区ではフリーライダー化していることになる．しかし，逆にいうと19.4％の候補者が比例区宣伝を入れているのであり，この数字は決して無視できる大きさではない．では，これらの候補者はなぜ比例区宣伝を入れたのであろうか．

　1つ考えられる理由は前述の「党内昇進インセンティヴ」であるが，これはあるとしても，基本的にはあらゆる候補者が持っているものであると考えられるから，これら25名が他の候補者と違ってとくに比例区宣伝を入れた理由は，ここでは他に求めることにしたい[47]．

　では，「党幹部としての責任」はどうだろう．しかし，総選挙当時民主党の幹部であった鳩山由紀夫（代表），横路孝弘（副代表），菅直人（元代表）のポスターには比例区宣伝が見られない．民主党では，幹部であっても比例区で集票しなければならないという責任は比較的小さかったといえそうである．

　第三の説明として，これらの候補者は「"その選挙における"当選可能性最大化のための合理的戦略について誤解した」可能性がある．比例区宣伝を入れることが，論理的には重複立候補者の当選可能性増大につながらないという意味では，これらの候補者は非合理的行動をとったといわざるを得ない．しかし，現実の候補者が合理的選択論が想定しているような「合理的人間」ではない以上，ここに「目的合理性に対する候補者の錯誤」があったとしても必ずしも不自然ではない．

　以上のような解釈について検討するために，現実にどのような候補者が比例区宣伝を入れているのかについて分析することにしよう．ここでは，民主党重複立候補者128人[48]を対象に，「比例区宣伝の有無」を従属変数としたロジット分析を行うが，その前に，重複立候補者が比例区宣伝を入れるインセンティヴに影響を与えると予想される要因について考えつつ，各独立変数についての説明および分析結果の予測を行うことにする[49]．

　比例区宣伝を入れるインセンティヴに影響しうる要因としては，「小選挙区における当選可能性」，「復活当選の『パイ』の大きさ」，「党内における立場」を挙げることができる．以下，それぞれについて検討する．

　第一に，「小選挙区における当選可能性」について考えると，これが比較的低い候補者は比例区に資源配分する可能性がある．このような候補者は小選挙区での当選から，比例区での復活当選に戦略を切り換える（もしくは，「両天秤にかける」）可能性があるからである．ロジット分析の独立変数としては，「小選挙区優勢」（「優勢」＝1としたダミー変数）[50]を投入する．これが負の方向に影響を与えていると予測できる．

　第二は，「復活当選の『パイ』の大きさ」である．ここでいう「パイ」とは，端的には「復活当選可能性の大きさ」を意味している．他の条件が等しければ，この「パイ」が小さいほど，復活当選可能性を高めるためにこれを少しでも大きくする

行動（つまり，比例区宣伝を入れること）をとる可能性がある．

「パイ」の大きさを決める要因としては，「比例名簿順位の高低」や，「より実質的な同一順位者数」を挙げることができる．つまり，相対的な比例順位が低く，実質的な同一順位者が多いほど「パイ」は小さくなる．ここで，「より実質的な同一順位者数」とは，候補者の状況認識によって決まるものである．重複立候補者は小選挙区で当選した時点で比例名簿から脱落する．したがって，小選挙区で当選する可能性が高い「有力候補」が同一順位に多く含まれているほど，「より実質的な同一順位者」は少ないと認識されるであろう．ここでは，小選挙区における当選可能性の高さという観点から，「有力候補」の指標として「現職候補」を用いる．

以上から，結局ロジット分析には「相対比例順位」，「ブロック内現職率」という2つの独立変数を投入することにする．「相対比例順位」とは，「各重複立候補者の比例順位／当該比例ブロック定数」を表している．一般的には，この値が大きい（つまり，比例順位が低く，定数が小さい）ほど「パイ」が小さくなる．一方，「ブロック内現職率」とは，「当該比例ブロックにおける現職の重複立候補者の数／当該比例ブロックにおける同一順位者数」を表している．前段の議論から，この値が小さい（つまり，現職候補が少ない）ほど復活当選の「パイ」も相対的に小さくなると候補者は認識するはずである[51]．

第三は，「党内における立場」である．独立変数としては，「当選回数」，「党中央役員経験」（「経験あり」＝1としたダミー変数）を投入する．通常，党に対する責任が重いのは当選回数が比較的多く，党役員の経験がある候補者だと考えられるが，前述のように民主党候補は幹部であるからといって比例区宣伝を入れているわけではない．したがって，これらは有意な効果を持たないと予測できる．

以上の他に，コントロール変数として「都市度（DID 比）」，「選挙区立候補者数」，「（当該選挙区における）民主比例区得票率」を投入する．これらは各候補者の置かれた選挙区属性の条件をコントロールするためのものである．

表8-7は，ロジット分析の結果である．5％水準で統計的に有意だったのは，コントロール変数を除くと「小選挙区優勢」，「ブロック内現職率」の2変数である．一方「相対比例順位」，「当選回数」，「党中央役員経験」は有意ではない．このうち，「当選回数」と「党中央役員経験」が有意でないのは予測通りの結果である．

それぞれの要因ごとに見よう．まず，「小選挙区優勢」は負の影響を与えていることから，「小選挙区における当選可能性」が比較的低い候補者が比例区宣伝を入れていることになる．これも予測通りの結果である．

つぎに，「復活当選の『パイ』の大きさ」については，「相対比例順位」は正に，「ブロック内現職率」は負の方向に，影響を与えている．このうち「相対比例順位」は統計的に有意ではないものの，復活当選可能性が低い，つまり，「パイ」が小さいと認識している候補者ほど比例区宣伝を入れていることが分かる[52]．

以上から分かることは，主としてつぎの2点である．第一に，当選回数が高い，

表8-7　民主党候補の比例区行動

	比例区宣伝の有無		
	係数	wald	有意確率
(定数)	-6.16	8.92	0.00
小選挙区優勢	-1.70	4.26	0.04
ブロック内現職率	-7.65	5.78	0.02
相対比例順位	2.01	0.91	0.34
当選回数	0.05	0.21	0.64
党中央役員経験	0.08	0.01	0.94
都市度（DID比）	1.54	1.76	0.19
選挙区立候補者数	0.57	4.34	0.04
民主比例区得票率	12.91	4.97	0.03
-2 Log Likelihood		108.23	
Cox&Snell 擬似 R^2		0.13	
的中率		81.3%	
N=128			

あるいは党幹部であるからといって比例区宣伝を入れるわけではない．有力候補が党に対する責任等の理由から比例区宣伝を入れるわけではないということが示唆される．第二に，小選挙区で比較的弱く，比例区での復活当選可能性も比較的低いと認識している候補者ほど比例区宣伝を入れる傾向がある．このような分析結果から何が読み取れるだろうか．

　本節の（1）で述べたように，同一順位である限り，重複立候補者が比例区に資源を配分することは「"その選挙における"当選可能性最大化」という目的から見て非合理的である．民主党候補のうち25人がこうした「非合理的」行動をとったわけだが，これらの候補者にもそれなりの「論理」があって比例区宣伝を入れたと考えるのが適切であろう．すなわち，小選挙区で当選見込みが比較的小さく，復活当選の可能性も比較的低い候補者が，小選挙区に全力を注ぐよりも「合理的である」と考えて比例区に資源を投入したわけである．ここには「目的合理性に対する候補者の錯誤」があるといえるが，どのような状況に置かれたときに現実の候補者が比例区で選挙運動しようとするのかが検証されたことは重要である．

(3) 第4節のまとめ

　本節は，「候補者は，比例区ではできる限りフリーライダーになろうとし，限られた場合にしか主体的に選挙活動しようとしない」ことを実証するのが目的であった．ここまでの分析から，「限られた場合」はもはや明らかである．すなわち，「小選挙区で比較的不利であり，かつ比例区での復活当選可能性も低いと候補者が認識している場合」である．その他の大部分の候補者はフリーライダー化する．実際，8割以上の民主党の重複立候補者が比例区宣伝を入れていないのである．以上のことから，

候補者は政党にとっては必ずしも合理的に動いていないこと，また，「上から」でなければ候補者を思い通り動かすこともも難しいということが分かる．

5. 結論と含意

本稿では，従来注目されることのなかった並立制における候補者の比例区行動について，とくに「政党と候補者の関係」に着目して分析を試みた．ここまでの分析によって得られた知見をまとめると以下のようになる．

（1）並立制において，政党と候補者の間には「合理性の矛盾」問題が存在する．政党側からすれば，小選挙区で当選確実ないし当選不可能な候補者に比例区の宣伝をさせることができれば合理的であるが，候補者側からすればそのようなインセンティヴは必ずしも存在しない．

（2）「比例代表は○○党へ」という比例区宣伝が選挙ポスターに含まれている割合は，政党ごとに大きく異なる．自民党，共産党，社民党ではその割合が大きく，その他の党は小さい．このうち，自民党と共産党は比例区宣伝のフォーマットの統一性から見て，「上から」これを入れるタイプである．一方，民主党は比例区宣伝を候補者が自主的に「下から」入れるタイプである．

（3）「上から」タイプである自民党と共産党の選挙ポスターを比較すると，明らかに共産党の方が比例区用に政党をアピールしている度合いが大きい．これは，「比例区を軸に」という当選挙における共産党の戦略に合致する．選挙ポスターは政党・候補者の選挙戦略を反映しているのである．

（4）共産党では政党の利益が優先され，比例区得票のために候補者が効率的に動員されている．一方，自民党では候補者の利益が比較的優先され，当選可能性が高い候補者も比例区のために動員されているとはいえない．このような違いは，両党の組織的特性によると考えられる．政党が候補者をコントロールできる度合い（党内権力関係）が，候補者の選挙戦略・行動に影響を及ぼしているのである．

（5）「下から」タイプである民主党の重複立候補者は，その8割以上が比例区宣伝を入れていない．これは，「同一順位」である限り，"その選挙における"当選可能性の最大化を目指す合理的候補者は，比例区で選挙活動するインセンティヴを持たず，フリーライダー化してしまうことを示唆している．

（6）民主党の場合，当選回数が高い候補者，あるいは党幹部が党に対する責任等の理由から比例区宣伝を入れているわけではない．比例区宣伝を入れている民主党候補は，「小選挙区で比較的不利であり，かつ比例区での復活当選可能性も低い」と認識している傾向がある．しかしこれは，"その選挙における"当選可能性の最大化を目標とする限りにおいて非合理的行動である．

政党組織と合理的候補者の関係について，やや敷衍しておく．

既に見たように，選挙における政党と候補者の合理的戦略は必ずしも一致しない．合理的候補者にとっては自己利益の最大化が目的であって，政党の利益は第二義的

なものとなる．民主党候補の分析からもこのような傾向が見られた．そして，政党の利益を追求できる程度を規定するのは，その政党の組織的特性である．候補者の選挙戦略・行動は，最終的には党内権力関係を経て「出力」されるからである．すなわち，政党が候補者をコントロールできる度合いが大きいほど，「政党の合理性」を追求できる．具体的には，自民党，民主党は候補者として合理的に，共産党は政党として合理的に行動している側面が強いといえる．

したがって，「〇〇党の選挙戦術は合理的か」と問うのはあまり意味のあることではない．政党とはいろいろな立場や考え方をもったメンバーの集合体であって，「政党」という1つの実体が存在するわけではないのである．逆に，「〇〇候補の選挙戦術は合理的か」と問うことも不十分である．所属政党によっては，候補者の行動が「政党の論理」に従ったものになる．要するに，政党と候補者相互の関係を捉えることが重要であるといえよう．

小選挙区比例代表並立制では，比例区票をいかにして候補者に集票させるかという問題があり，選挙戦略研究に際して「政党と候補者の関係」を考慮することが中選挙区制時代以上に重要になっている．合理的候補者は，ごく限られた場合を除けば，比例区ではフリーライダーになろうとする．

共産党の選挙戦略は，この問題を解決する1つのモデルを提供する．共産党候補は自分の当選を度外視して比例区得票のために選挙活動している．党内民主主義の確立は民主政治にとって重要なものであるが，共産党の民主集中制は並立制において小政党が生き残っていくための，1つの処方箋ということができよう．もし共産党候補が自分の小選挙区での当選のみを目指して合理的に行動すれば，比例区の得票が落ち，政党としての存続さえままならないであろう．共産党の党内民主化にはこのようなジレンマが存在しているのである．民主主義における倫理性と機能性の両立という問題がここに姿を現している[53]．

一方，共産党のようには集権的に候補者をコントロールしえない自民党や民主党[54]が，候補者が比例区でフリーライダー化するという集合行為問題を解決するためには，候補者自身のインセンティヴを引き出してやる必要がある．当選可能性の最大化を目指す小選挙区立候補者に，比例区のための集票活動をさせるための鍵となる制度が「重複立候補」である．この制度をいかに使うかがポイントとなる[55]．

当選挙で，自民党はほとんどの候補者に重複立候補をさせることで比例区票の上積みを狙ったが，重複立候補者の比例順位は低く，結果的には失敗に終わったといえる[56]．民主党は重複立候補者を比較的上位に置くことで，候補者に比例区票を集めるインセンティヴを与えようとした[57]．しかし，選挙ポスターを見る限りでは積極的に比例区宣伝をした候補者は少ない．第4節の分析からすると，重複立候補者が比例区で選挙活動するインセンティヴを持つ可能性はいずれにしろ低い．

「同一順位」を採用すれば，比例区での集票活動の合理性は高まるどころか，むしろ，少しでも惜敗率を高めようと，より小選挙区へ資源集中するインセンティヴ

が生まれることになる．したがって，政党側としては，重複立候補者に比例区票を集めさせたければ「同一順位」は採りえない選択となる[58]．しかし，「同一順位」を採用しない場合でも，名簿順位が復活当選のラインから見て低すぎる場合はもちろん，高すぎる場合にも候補者のモラルハザードを招き，比例区で集票するインセンティヴは生まれない．また，「同一順位」には名簿順位の調整コストを下げることができるというメリットもあることから[59]，今後も各党はこの制度を利用することであろう．では「同一順位」を採用する場合，政党はどのような点に留意しなければならないだろうか．

本稿の分析結果からすると，現実の候補者は必ずしも自己の当選可能性最大化に向けて合理的に動いているわけではない．現実の候補者は，ときに合理的戦略について誤解し，一定の状況の下では比例区で集票しようとするのである．そして，「同一順位」を採用した場合，政党ができることはせいぜい名簿順位の設定にすぎない．とすると，比例順位を復活当選確実でも復活不可能でもない「中程度」に配置することで，候補者の集票インセンティヴを比較的有効に引き出すことができるであろう[60]．復活当選可能性が極度に低いような順位では比例区での集票インセンティヴは生まれないが，かといって順位を単純に高めれば良いというわけではないからである（実際，表8-7のロジット分析が示しているように，候補者は相対比例順位が高いほど比例区宣伝を入れているわけではない．復活当選可能性が高まるにつれて候補者のモラルハザードの危険も高まるのである）．もっとも，この順位設定は実際には非常に難しく（これは経験的に学習していく他ないであろう），かつ，政党は「候補者の錯誤」を期待しなければならないという点で確実性が低い戦略でもある．

最後に，並立制における政党システムのあり方について，若干のインプリケーションを述べたい．そもそも94年初頭に並立制が導入された目的の1つは，「政権交代可能なイギリス型二大政党制の実現」[61]であった．しかし，96年，00年の2回の選挙を経てもそのような方向に進んでいるとは必ずしもいえない．むしろ，55年体制的な自民党一党優位が復活しつつあるかのようである．なぜこのような事態をまねいているのか．

1ついえるのは，「野党が比例区を重視するほど，小選挙区での野党分断をまねき自民党に漁夫の利を与えている」ということであろう．水崎と森が実証したように，小選挙区部分における候補者の存在は，その地域の比例区得票の伸びに影響する[62]．したがって，政党としては可能ならば全小選挙区に候補者を擁立し，当選可能性が低い候補者には選挙区での当選を度外視してでも比例区票の集票活動（要は，党の宣伝）をさせることが望ましい．このような戦略は，政党の候補者に対するコントロールが比較的強くなければ採るとることが難しいと考えられるが，本稿第3節の分析から，「組織政党」である共産党で実際にそうした戦略を採られていたことが分かる．共産党が，「小選挙区での当選よりも比例区得票を優先する」候補者を全区に立てることが小選挙区での野党乱立をまねき，第二党である民主党を苦戦に追い込

むという構図である.

　この事態は, 小選挙区と比例制が「連動」してしまうという並立制の制度的構造によるものである. 共産党候補は, 1人も当選しなかったことから分かるように, 小選挙区では有権者から「退場」を求められている. しかし, 共産党の戦略は比例区における集票という点で合理的なのである (他の党がこの戦略を採らないのは, 候補者数の確保や候補者へのコントロールの強さといった政治的資源が共産党よりも劣っているからにすぎない). この点で, 並立制は自民党が「漁夫の利を得る」構造を持っていることになる.

　では, 政治改革論議の際に目指された政権交代を可能にするために, 並立制の下で野党第一党である民主党が採るべき最良の戦略とは何か. それは, 重複立候補者を利用して「比例区での票の積み上げを狙う」という幻想は捨て, 小選挙区での立候補者数を減らさない限りで, 比例区単独候補を可能な限り増やすことであろう. 第4節で示したように, 重複立候補者は比例区ではフリーライダー化することが避けられないのである (実際に96年総選挙では, 重複候補区で小選挙区単独候補区よりも比例得票が伸びるとは必ずしもいえないということが実証されている[63]). 要するに, 比例区では比例区の結果にのみ関心を持つアクター (比例区単独候補) に集票活動をさせることが最良なのである.

　このやや平凡ともいえる結論は, 候補者をコントロールしきることが不可能であることに起因する, 政党の「宿命」だといってもよい. 候補者が政党から一定の自律性をもつ限り,「合理性の矛盾」という問題は消えることはない. 政党として選挙に勝利できるかどうかは, 重複立候補の扱い方を含めて, この問題をいかにして解決するかにかかっているといえよう.

（1）蒲島郁夫「2000年総選挙—地方の『王国』と都市の反乱」東大法・蒲島郁夫ゼミ編『有権者の肖像－55年体制崩壊後の投票行動－』, 木鐸社, 2001年, 614頁.

（2）蒲島, 前掲論文, 614頁.

（3）例えば, 川人貞史・吉野孝・平野浩・加藤淳子『現代の政党と選挙』, 有斐閣, 2001年, 147頁.

（4）例えば, 96年総選挙で自民党は,「候補者の名前を連呼するとき, 10回に1回は『比例は自民党』と言ってほしい」との要請を各小選挙区に出した (鹿毛利枝子「制度認識と政党システム再編」大嶽秀夫編『政界再編の研究』, 有斐閣, 1997年, 331頁).

（5）並立制下における党内権力関係の考察として, 上神貴佳「小選挙区比例代表並立制における公認問題と党内権力関係－1996年総選挙を事例として－」『本郷法政紀要』8号, 1999年が存在する.

（6）『朝日新聞』愛知県版2000年6月22日付は, 愛知10区で各候補者が街頭宣伝で連呼する内容について調べている. これによると, 5分間の宣伝の内容は, 自民党

の鈴木雅博は候補者名88回に対し政党名6回、民主党の佐藤観樹は候補者名81回に対し政党名9回となっている（2人とも重複立候補している）。一方、重複立候補していない共産党の石田保は候補者名15回に対し政党名27回、「比例代表は共産党」が5回となっており、好対照をなしている。
(7) ポスター分析の意義について、詳しくは終章を参照．
(8) サンプルのバイアスについては、「分析対象とサンプルのバイアス」を参照．
(9) 朴喆熙『代議士のつくられ方』、文春新書、2000年．
(10) 朴は、「小選挙区制の下での選挙では」と最初から並立制を小選挙区と同視している（朴、前掲書、3頁）。
(11) 堤英敬「1996年衆議院選挙における候補者の公約と投票行動」『選挙研究』第13号、木鐸社、1998年．
(12) 堤、前掲論文、94頁．
(13) 鹿毛、前掲論文．
(14) ただし、この戦略と、「小選挙区・比例区の『別立て』で選挙を行う戦略では、いずれが議席の最大化に適しているかは、アプリオリにはいえない」という（鹿毛、前掲論文、312頁）。
(15) 水崎節文・森裕城「得票データからみた並立制のメカニズム」『選挙研究』第13号、木鐸社、1998年、50頁．
(16) 水崎・森、前掲論文、51-53頁．
(17) 上神、前掲論文、84頁．
(18) Gary C. Jacobson, "Party Organization and Distribution of Campaign Resources: Republicans and Democrats in 1982" *Political Science Quarterly* 100(4), 1985, 603-625.
(19) ここでの「合理性」の意味は、以下のダウンズの説明と適合的である．「合理性は、行動のプロセスに関するものであり、その目的とか、ましてや目指した目的達成の成否に関係するものではない」「合理的あるいは非合理的という用語は行動プロセス、すなわち、手段にのみ適用される」A. ダウンズ『民主主義の経済理論』(古田精司訳)、成文堂、1980年、6頁、「合理的行動とは、行動主体が意識して選んだ政治的または経済的目的を達成するために、効率的に計画された活動を意味している」同20頁（傍点引用者）。
(20) 自民党では候補者の個人後援会が党組織の代替として集票活動を行っているということは、よく知られている（例えば、三宅一郎『投票行動』、東京大学出版会、1989年、40頁）。
(21) 陳淑玲は、自民党候補が後援会のほかに政党組織の一部も政治資源として用いることから、自民党候補の選挙キャンペーンを「混合型」と呼んでいる。一方、共産党は「政党中心モデル」である（陳「民主党宇都宮市長選挙候補の選挙キャンペーン－選挙キャンペーン・モデルの検証－」『選挙研究』第16号、木鐸社、2001年、136頁）。
(22) 「比例区も○○党」など、明らかに比例区のための政党宣伝と分かるものはこれに含む。

(23) このうち，公明党と保守党はそもそも重複立候補者数が少ない（いない）ため，比例区宣伝が少ないのは当然である．
(24) これについては，実際に第三部「選挙ポスター集」を参照していただきたい．
(25) 社民党は比例区宣伝が入っている割合は比較的大きいが，そのフォーマットが候補者ごとに異なるため，「上から」かどうかは判然としない．
(26) 民主党もフォーマットは候補者ごとに異なる．また，自由党は4人しか比例区宣伝を入れていないため，以下の分析から除くことにした．
(27) 実際，当選挙では「比例区を軸に」が共産党の合言葉であった（『朝日新聞』（夕刊）2000年6月9日付）．
(28) ここでいう「資源」とは，「時間，金銭，人員，組織及び組織化のためのスキル，設備，候補者の社会的名声，など当選にとって役立つあらゆるものを意味する」（山田真裕「選挙運動の理論」白鳥令編『選挙と投票行動の理論』，東海大学出版会，1997年，276頁）．
(29) これは，重複立候補者にもいえることである（そして，実際自民党候補のほとんどは重複立候補である）．この点につき，詳しくは後述（第4節）．
(30) 実際，候補者名サイズと政党名サイズの間にはトレードオフの関係ではなく，正の相関（r=0.22）がみられる．
(31) 「個人イメージ」を表すスローガンは，候補者のキャラクターを示すもの（「庶民派」，「誠実」など），候補者の置かれている立場・状況（「今度こそ」，「次は大臣」など），候補者名そのもののアピール（「やっぱりたのせ」（自民党の田野瀬良太郎のスローガン）など）の3点を基準に数え，曖昧なスローガンはできるだけ省くようにした．
(32) 各公約の項目にはできるだけ元のスローガンに忠実な用語を選んだが，一部筆者の解釈が入っている．例えば，「福祉」には介護保険，年金などが入る．「民主主義」には共産党の「国民と心の通う政治」「国民が主人公」，自民党の「心のかよう国政を」が入っている．
(33) 共産党の公約については，「総選挙にあたっての日本共産党の政策と訴え」『しんぶん赤旗』2000年5月31日付を参照した．
(34) 表8-4に挙げられた争点は，すべて「総選挙にあたっての日本共産党の政策と訴え」のなかで扱われている．
(35) 東京23区の伊藤公介のものである．ポスター自体には，「総理大臣を国民投票で！」と書かれている．
(36) 自民党の公約については，自民党ホームページから「第42回衆議院議員総選挙 わが党の公約」を参照した．
(37) 各党のポスターは，『朝日新聞』（夕刊）2000年6月12日付を参照した．また，表8-5のスローガンは，各ポスターでもっとも字体の大きいもののみを挙げている．
(38) 自民党の場合，「景気回復」が含まれていれば一致とした．共産党は「国民と心の通う政治」が含まれていれば一致とした．
(39) 小選挙区では，相対多数の得票が必要である．そのためには無党派層の取り

込みが不可欠となるが,「イデオロギー的亀裂がどんどん小さくなっている日本の政治状況下では,政党所属意識やイデオロギー的対立に頼るのは,流動層を取り込む有効な方法とは言えない」(朴,前掲書,158頁)のである.
(40) 佐藤誠三郎・松崎哲久『自民党政権』,中央公論社,1986年,42頁.
(41) 津島雄二,大島理森,小泉純一郎の3人である.
(42) もちろん,共産党候補が「政党の強制力」だけによって,政党にとっての合理的戦略を採っているという見方は一面的であろう.クラーク(P.B.Clark)とウィルソン(J.Q.Wilson)のいうように,個人には「物質誘因」の他に,「連帯誘因」や「目的誘因」から組織に加入し,活動するということも考えられるからである(P. B. Clark and J. Q. Wilson, "Incentive Systems: A Theory of Organizations" *Administrative Science Quarterly* 6(2), 1961, 129-166).ただし,本稿における合理的候補者は,「自己の当選可能性の最大化」を目指すものだと仮定しているため,この側面は捨象することになる.
(43) 『朝日新聞』2000年6月13日付によると,民主党は,「新顔の競争意欲をあお」り,「比例区での票の積み上げを図」って,ほぼ全員の候補者を同一順位にした.
(44) 河野勝は,政治家にとっては「再選インセンティヴ」が第一義的だが,同時に政治家としてのキャリア上の「昇進インセンティヴ」も持っていると指摘する(河野「九三年の政治変動 ―もう一つの解釈」『レヴァイアサン』17号,木鐸社,1995年).
(45) 岡沢憲芙『政党』,東京大学出版会,1988年,25頁.
(46) 当時森派会長であった小泉純一郎が,重複立候補していないにもかかわらず比例区宣伝を入れているのは,この例にあたるであろう.
(47) いずれにしろ,これら25名の比例区行動は,少なくとも「党内昇進インセンティヴ」だけでは説明できないと筆者は考えている.というのも,後述のロジット分析から分かるように,比例区宣伝は小選挙区で比較的「弱い」候補者が入れているからである.落選するかもしれないと認識している候補者が,「当選インセンティヴ」よりも「党内昇進インセンティヴ」を優先するとは考えにくい.
(48) 民主党重複立候補者129名のうち,唯一「同一順位」ではない後藤斎は,他の候補者と状況が異なるため分析から除いた.
(49) ただし,「比例区宣伝を入れる」という「非合理的」行動を説明対象とするがゆえに,ここでの予測は多分に印象論的にならざるを得ない.
(50) この変数は,『朝日新聞』2000年6月21日付の終盤情勢報道をもとに作成されたものである(もとのデータは2000年度蒲島ゼミ生の菅原琢,畑江大致の2氏より提供された).「終盤」であることから,この変数は候補者の選挙活動の影響を受けている可能性があることには留意すべきであるが,やむをえない.同じことは後述の「民主比例区得票率」についてもいえる.
(51) 実際,「ブロック内現職率」と「同ブロックにおける重複立候補者の当選率」(つまり,名簿からの「脱落率」)には,r=0.53という高い正の相関が見られる.
(52) この点,旧社会党系候補が多くかつ現職率の高い北海道ブロックで,比例区

宣伝を入れている候補者が比較的多いことから,「ブロック内現職率」が有意になったのは旧社会党が強かった地域でより「政党中心的」な選挙が行われていたことを示すにすぎないという見方もありうる．ただ，北海道ブロックの候補を除外して同様のロジット分析を試みたところ，結果はほとんど変わらなかった．

(53) 佐々木毅『政治学講義』，東京大学出版会，1999年，142-144，157頁を参照．

(54) 選挙制度改革の主眼の1つは，選挙における「政党本位，政党中心化」であった．しかし，並立制において「候補者を比例名簿に同一順位で記載することがみとめられたことで……比例区議員についてすら，党幹部の権限の大幅な強化は困難になった」(鹿毛，前掲論文，310頁)．また，上神は，96年総選挙における小選挙区での公認過程を通しても，自民党，民主党執行部の「リーダーシップは発揮されず，執行部権限が強化される兆しも見えない」とし，この状況は維持されるであろうと述べている（上神，前掲論文，107頁）．

(55) 鈴木基史も「重複制は比例代表制における集合行為問題を克服するための方策としても位置づけられる」といっている（鈴木「衆議院新選挙制度における戦略的投票と政党システム」『レヴァイアサン』25号，木鐸社，1999年，38頁）．

(56) 『朝日新聞』2000年6月8日付はこの結果を予測していた．

(57) 『朝日新聞』2000年6月13日付．

(58) もっとも，政党側の意識としては,「比例区での票の積み上げ」を狙って「同一順位」を採用していたようである（『朝日新聞』2000年6月13日付)．これも，1つの「錯誤」であるといえよう．

(59) 鹿毛，前掲論文，313頁参照．

(60) この他には，選挙活動に不熱心であった候補者に，次回の選挙で比例順位を下げる，公認しないといった「制裁」処置をとるという対策が考えられよう（上神，前掲論文，84頁参照）．

(61) 鹿毛，前掲論文，前掲書，303頁．佐々木毅編『政治改革1800日の真実』，講談社，1999年，16頁．

(62) 水崎・森，前掲論文，51-53頁．

(63) 水崎・森，前掲論文，58-59頁．

第9章
選挙キャンペーンにおける「ジェンダーアピール」の位置付け

古賀光生

1. はじめに

(1) 本稿の目的

　本稿の目的は，選挙ポスターにおける「女性的」要素のアピールを分析し，その目的と政治的な位置付けを明らかにすることである．当然何が「女性的」要素であるかが問題となるが，詳しくは後述する．本書の分析の対象となった選挙ポスター685枚のうち，女性候補のポスターは82枚あったが，当該アピールのあるポスターは14枚であった．2割に満たない数ではあるが，各ポスターの特徴を探ると，一貫した傾向を見て取ることができる．こうした特徴を，現在の日本の選挙における女性候補の状況を巡る議論と照らしてみると興味深い結論が導き出せる．

　そもそも，選挙ポスターの記載事項は，候補者側の意識としてはそれが候補者の得票増に結びつくと考えられていると見るのが当然である．候補者の目的が選挙での当選であり，選挙ポスターがそのための道具であるならば，これは自明のことである．後述するように小選挙区比例代表並立制の下で行われる日本の衆議院選挙においては「当選を目指す」といっても必ずしも1つの目的を指すわけではないが，基本的には得票増を目指すことには変わりはない．その意味では「女性的」要素といっても，選挙ポスター上のアピールである以上は，得票増を目的としているはずである．果たして得票の増加に結びつくのか，それを検証してみる必要がある．一方ですべての候補者がこうしたアピールを採用しているわけではない．そうであるならば，得票増を見込める候補者には固有の条件があることが推測される．この際の具体的な条件を明らかにすることも必要である．

　以上の2点に主眼を置いて，本稿の論述を進めていきたい．

(2) ジェンダーアピール

　まず，どのような「女性的」要素のアピールがあったのか列挙してみたい．ここで「女性的」と，括弧付きで表記するのは，後に挙げるアピールのなかには，それを女性と結びつけることに必ずしも合理性な根拠がない場合が多いからである．この観点から，以後これらのアピールを「ジェンダーアピール」と呼ぶことにしたい．こなれない用語であるが，単に「女性的」と表記するよりもアピールの内容が，単に多くの人に「女性的」であると考えられているにすぎない面を強調することができ

ると考えるため，今後本稿では，それらのアピールを指してこの用語を使用することにしたい．なお蛇足ながら，ジェンダーとは社会的・文化的文脈で用いられた性差を指す用語で，生物学的な性差とは区別して用いられる．

もっとも直接的なアピールは「女性」という表記をポスターに盛り込み，自身をアピールする場合である．例えば社民党の東門美津子は選挙ポスターにおいて「沖縄から初の女性国会議員を」と訴えている．また，大島令子は「さあ女性の出番です」と訴えている．これらは女性の政治進出を促すため，自身への投票を有権者に呼びかけたものといえる．類似のものとしては，民主党の水島広子が使用した「母として，精神科医として心の健康，育てます」というスローガンや共産党の井口真美が使用した「母と子の願いを国政に」というスローガンに見られる「母」の表記である．母であることは女性に固有の特性であるので，これもジェンダーアピールの1つに数えてよいだろう（表9-1）．

さらに，イメージに訴えかけるスローガンもある．例えば，社民党の千葉紘代は「台所から日本の政治を」と述べている．家事労働の大半を女性が担ってきた事実に立脚して，その経験を政治に活かすことが有益であることを訴えたものである．類似のものとして，「食」や「家庭」などの表現が考えられよう．実際に社民党の北川れん子が「食」のスローガンを使用している．これらは，直接は性別に関連するものではないが，有権者の多くが持つ役割分担意識を喚起する点では，女性候補にとって有効なアピールである[1]．

表9-1 アピールの一覧

直接「女性」に関して言及		
出田基子	民主	「女性の元気が政治を変える」
大島令子	社民	「さあ女性の出番です」
岡下信子	自民	「女性の声、庶民の声を国政に！」
出島千鶴子	社民	「石見で生まれ育った女性を国政に」
東門美津子	社民	「沖縄から初の女性国会議員を！」
水島広子	民主	「母親として、精神科医として こころの健康、育てます。」
井口真美	共産	「母と子の願いを国政に」
中川智子	社民	「政治を変える!! パワフルおばさん」
スローガンによるアピール		
千葉紘代	社民	「台所から 日本の政治を」
北川れん子	社民	ロゴ中に「食」のスローガン
ロゴによるアピール		
梅蘭	社民	梅と蘭の花をモチーフにしたロゴ
阿部知子	社民	ハートマーク
原陽子	社民	ひまわりの花をモチーフにしたロゴ
山中燁子	自民	バラの花をモチーフにしたロゴ
東門美津子	社民	ハイビスカスの花をモチーフにしたロゴ

あるいは，社民党の原陽子や自民党の山中燁子のように，ひまわりやバラの花をモチーフにしたロゴマークを使用して，アピールする場合もある．花柄は伝統的には女性的な要素として考えられてきた．もちろん，花と女性を結びつけるイメージに合理的な根拠があるわけではなかろうが，いわば偏見に基づいたイメージであっても，それが多くの有権者と共有できるものであれば選挙運動のうえでは有益なものである．事実，花をモチーフにしたロゴを使用した候補は女性では4人いたのに対して，ポスターにして男性のサンプルは女性の約7倍にも達するにもかかわらず，男性では1人もいない．

なお，イメージに関連して，女性候補に特徴的な政策や公約があるという推測が立てられるが，実際には見つけられなかった[2]．理由として考えられるのは，政策は政党に大きく左右されることと，後述するアピールの効果を考えてのものであろう．

2.「ジェンダーアピール」をめぐる論点

(1) 女性の政治参画を取り巻く状況

2000年の衆議院選挙では，比例区定数が20議席削減され，相対的に小選挙区の比重がさらに大きくなった．この小選挙区においては，女性候補は男性候補に比べて，不利を強いられているという指摘がある[3]．その論拠はおもに以下のとおりである．

日本では性別による役割分担意識がいまだ根強い．それは，例えば女性の社会進出が進んでなお，家事労働の大半が女性に担われている点からも明らかである．役割分担意識はよく「公的な分野は男性の領域，私的な分野は女性の領域」と要約される．家事労働は「私的な分野」の象徴であるが，「公的な分野」の象徴はまさに政治の世界である．このような意識の下では代表が1人しか選ばれない小選挙区においては，有権者は傾向として男性候補を優先的に投票する，というものである．実際に2000年に太田房江が大阪府知事に就任するまで，女性の都道府県知事は誕生していなかったことが証左として挙げられる．

たしかに，日本では女性議員の少なさが指摘されて久しい．ことに衆議院においては全議席に対する女性議員の比率は極端に低い．2000年衆議院選挙の結果，女性議員は現行憲法下で最多[4]の35名に達したが，この数は全議席の7.3%にすぎない．IPU（列国議会同盟）の調査によれば，この比率はアジア平均の14.9%を下回り，比較可能な124カ国中86位と，すべてのEU加盟国，G8諸国を下回るなど，散々たる内容である[5]．

さらに，表9-2，表9-3からも明らかなように当選者に占める女性の割合を小選挙区，比例区それぞれについて見ると，小選挙区において候補者数，当選率ともに顕著に低迷していることが分かる．こうした数字を見ると，先の主張が説得力を持つ．

これに対しては，有権者は候補者の性別だけを根拠に投票するわけではないことが反論として容易に挙げられる．蒲島ゼミの2000年衆議院選挙調査では，有権者が

表9-2　小選挙区の候補者内訳

	男性	女性	合計	女性の割合
立候補者	1033	166	1199	13.8%
当選者	287	13	300	4.3%
当選率	27.8%	7.8%	25.0%	

表9-3　比例区の当選者

男性	女性	合計	女性の割合
158	22	180	13.9%

投票の時にもっとも重視する基準は小選挙区では政党と答えた人が最多で，つぎに候補者の人柄，公約，過去の実績の順になっている．このうち政党，公約，過去の実績を重視した人の合計は65.3%で，少なくとも約3人に2人は，性別とは直接かかわりのない要素を重視して投票している[6]．また，候補者の人柄を重視した人も，それがどの程度性別にかかわるものかは不明であるが，割合はあまり大きくはないだろう．これらの数字からすると，性別を根拠として投票する有権者はけっして多くない．

どちらの指摘が正しいとしても，先に挙げたジェンダーアピールは大きな矛盾をはらんでしまう．女性候補のうち，少なくない数の人たちが自らに不利な要素か，有権者にとって投票の根拠にならない要素をあえて掲げていることになるからである．選挙ポスターはごく限られたスペースで，最大限有権者にアピールすることが目的であるから，前者のみならず，後者も非合理的な行動といえる．そのため，「ジェンダーに関するアピール」の有効性を考えるうえで，まずは上記の2つの主張に関して検証する必要がある．

(2) 小選挙区では女性は不利か

結論から述べれば，女性が得票上不利とは一概にいえない．ここで「得票上不利」とは，多くの有権者が女性であることを理由にその候補に投票しないということを意味している．もし得票上不利でないならば，ジェンダーアピールが不利に働くことはない．それではなぜ男性と比べて著しく当選率が低いのかが問題になる．それに対しては，女性候補の多くが不利な状況に置かれていることを指摘しなければならない．

候補者の少なさと当選率の低さにはそれぞれに要因がある．候補者の少なさに関してはこれまで資金面での問題や輩出ルートの問題，家事労働の負担や男女双方の役割分担意識の問題などが指摘されてきた．こうした問題は，実際に立候補した候補者が直面する困難でもあり，当選率にも影響を与えることが考えられるが，得票に直接かかわる問題というよりも選挙活動の問題であるのでここでは検証しない．もっとも，輩出ルートに関しては，政党の公認と絡んで問題となるので，後に触れる．

当選率に固有な問題を考えると，女性候補の所属政党の偏在が挙げられる．自民党と民主党の候補に女性が少ないことが問題である．

小選挙区では各党の公認候補は1人しか立たないため，現職が優先的に公認される．もともと女性議員の比率は低いので各党の公認候補に女性が少なくなる原因となる．とくに現職議員の多い自民党，民主党において顕著である．また輩出ルートに関して，地方議員や議員秘書，あるいは中央官庁の高級官僚，労働組合幹部などの議員を多く輩出する職業に就く女性が少ないことは従来指摘されてきたが[7]，自民党と民主党の2党の新人候補はこうした経歴に集中している[8]．そのため，両党の女性候補は他党と比べてきわめて少なくなる（表9-4）．

小選挙区制では，第三党以降の政党は過少に代表されるため，自民，民主の両党の公認を受けることが小選挙区での当選にとってきわめて重要な意味を持つ．しかし，そもそも現職を優先して公認されているのに，なおかつ新人候補輩出ルートにおいてさえも男性優位であっては女性が両党の候補として出馬するのはきわめて困難である．結果として，女性候補は共産党や自由連合，社民党などの政党に集中し，小選挙区での当選率を下げている．表9-6からも分かるように共産党候補も自由連合候補も小選挙区では軒並み落選している点から見れば，これらの党の候補は男女にか

表9-4 小選挙区新人候補の出身別比率

自民党	人数	比率	民主党	人数	比率
地方議員・首長	22	32.4%	労組	26	20.0%
議員秘書	18	26.5%	会社員	21	16.2%
官僚	11	16.2%	議員秘書	19	14.6%
会社員	2	2.9%	地方議員・首長	8	6.2%
政党職員	1	1.5%	官僚	5	3.8%
その他	14	20.6%	政党職員	1	0.8%
			その他	50	38.5%

※『毎日新聞』2000年6月15日付を元に作成．

表9-5 全候補者の経歴

	男性候補		女性候補	
	人数	割合	人数	割合
地方議員				
都道府県	165	15.9%	6	3.7%
市町村	116	11.2%	19	11.7%
議員秘書	170	16.4%	5	3.1%
中央官庁職員	95	9.2%	1	0.6%
教師				
大学教員	13	1.3%	5	3.1%
小中高教員	37	3.6%	20	12.3%
医療関係者	28	2.7%	13	8.0%
弁護士	41	4.0%	3	1.8%
労働組合役員	51	4.9%	4	2.5%

表9-6 候補者数・当選者数の政党別割合（男女別）

	男性候補者	割合	当選者	割合	女性候補者	割合	当選者	割合
自民党	266	25.8%	173	60.3%	5	3.0%	4	30.8%
民主党	217	21.0%	77	26.8%	25	15.1%	3	23.1%
公明党	17	1.6%	7	2.4%	1	0.6%	0	0.0%
共産党	224	21.7%	0	0.0%	76	45.8%	0	0.0%
自由党	56	5.4%	4	1.4%	5	3.0%	0	0.0%
社民党	51	4.9%	1	0.3%	20	12.0%	3	23.1%
保守党	15	1.5%	6	2.1%	1	0.6%	1	7.7%
無所属の会	8	0.8%	4	1.4%	1	0.6%	1	7.7%
その他	105	10.2%	1	0.3%	27	16.3%	0	0.0%
無所属	74	7.2%	14	4.9%	5	3.0%	1	7.7%
合計	1033	100.0%	287	100.0%	166	100.0%	13	100.0%

かわらず苦戦を強いられていることが分かる．

　女性候補が一部の政党に偏った結果，つぎのような事態が生じる．もし，ある有権者が男性あるいは女性に優先的に投票したいと考えたとする．その場合，男性候補は数が多く，たとえ公約や実績を基準に選んだとしても，男性候補のなかで幾通りかの選択肢がある．しかし，女性候補が複数立候補している選挙区は限られ[9]，女性候補に投票しようとすればおのずと候補が絞られてしまう．女性の政治参画の推進には賛成していても，当該女性候補の政策を支持できなければその候補には投票できない，という有権者が少なくないだろう．逆に政治は男性の仕事という確信の持ち主であっても，まだ充分に選択肢が保障されているのである．その点からすれば，女性に優先的に投票したいと考える層よりも，男性に優先的に投票しようとする層の方が，その願望をよりよく実現できる状況にある．この点から，男性あるいは女性に優先的に投票しようとする有権者が同程度いる場合，選挙区では男性候補が有利となる．逆に，このような条件にもかかわらず女性候補の得票が男性候補に劣らないならば，女性に優先的に投票しようとする有権者の方が多いといえよう．

　表9-7は従属変数を小選挙区での当落に置いたロジット分析の結果である．各独立変数のうち5％水準で有意でないのは性別のみである．つまり，政党や世襲の有無といった要因をコントロールすれば男女は互角の争いをしていると見ることができる．そうであるならば先の論理に基づけば女性に優先的に投票しようという有権者が男性に投票しようという人よりも多いことが推測される．

　以上のような条件を見ると，現状において女性候補が男性候補と比較して不利な条件の下での選挙戦を強いられていることは否定できないが，これらの条件は女性であることにより生じているとはいえ，公認政党の偏在という二次的な要因による部分が大きい．そうであるならば，「女性的」要素を積極的に訴えることが，不利に働くとはいえない．

表9-7 小選挙区での当落を従属変数としたロジット分析

	小選挙区当落		
	係数	wald	有意確率
(定数)	-1.83	9.14	0.00
性別	0.14	0.16	0.69
年齢	-0.04	11.74	0.00
元中央官庁幹部	2.08	29.90	0.00
2世	0.75	8.91	0.00
現職	1.93	71.16	0.00
当選回数	0.17	11.67	0.00
自民党	2.04	71.00	0.00
民主党	1.73	52.77	0.00
-2 Log Likelihood		775.9	
Cox & Snell 擬似 R^2		0.38	
的中率		86.3%	
N=1199			

※ 「年齢」,「当選回数」以外の独立変数はすべてダミー変数.

(3) 性別は投票の基準にはならないか

たしかに，先に見たように有権者が性別を基準に投票する割合は少ないと思われる．しかし，もし少しでも女性であることを理由に投票する有権者がいれば，その有権者にアピールする動機はある．

小選挙区比例代表並立制をとる衆議院選挙においては，当選するには小選挙区で勝利するか，比例区で当選するかの2通りの方法がある．選挙ポスターは小選挙区の候補のものだが，そうした候補のなかには重複立候補で比例区名簿にも名を連ねている候補が多い．

重複立候補の場合は，1位から順に各順位に1人ずつ候補がいる場合と，同じ順位に複数の候補がいる場合がある．後者の場合，選挙区内で1位を獲得する以外に，比例区での当選のために選挙区での得票増を目指す戦略を採ることができる．小選挙区では，候補者の主張は中央寄りになると説明されるが，比例区での当選を目指すことで，必ずしも正規分布の中心にいる有権者に訴えかけなくとも当選が可能になる．とくに競合候補に有力者がいる場合には，その候補と支持層が重ならない有権者に訴えかけることで自身の得票の上積みを目指すのは合理的な行動である．多くの場合，競合する有力候補は男性であるので，「女性に投票したい」という有権者が少しでもいる場合は，その有権者に訴えることは有効な戦術である．

一方，小選挙区で当選するには，広範な有権者の支持が必要である．そのため，特定の支持者にのみアピールしても，当選には結びつかない．しかし，対立候補と拮抗している場合，わずかな差が当落を分ける．ある層の有権者から支持を得られ，

それが理由で別の支持者が離反しないアピールがあれば，積極的に用いることが合理的であろう．その意味では，ジェンダーアピールを行った候補にとっては，そのことが期待できたのであろう．

　一般的に各政党が女性候補を擁立する際には，第一に女性の有権者からの得票を期待すると考えられている．これは根拠のないことではない．三宅[10]によれば，男女間で10％以上，賛否に結果の分かれる政策があり，そのおもなものが性差別に関する課題だという．性差別問題の解決を政治に期待する場合，差別の潜在的な被害者である女性に解決のイニシアティブを期待するのは合理的であるし，実際にこれまで多くの女性議員がそうした差別の是正に重要な役割を果たしてきた．さらに，先に挙げた国会での女性の比率の低さは，多くの有権者が是正を望んでおり[11]，その意識が女性候補への得票を促す場合も考えられる．

　この点から，ジェンダーアピールが具体的な政策よりもイメージを優先していることの理由が分かる．ジェンダーアピールが女性の有権者を始め，女性の積極的な政治参画を期待している層に訴えるものであるとすると，そうした有権者の多くにアピールするためには，個別な政策よりも全体的なイメージの方が優先されるためであろう．例えば女性の有権者といっても，職業やイデオロギーはさまざまであろう．特定の政策課題においては賛否が分かれる可能性が高い．そのため，これらの有権者の一致が期待できる点に特化してイメージを訴えるのが合理的な選択であり，それがジェンダーアピールであったのだろう．政策面で特定の傾向が見られなかった理由はここに求められる．

　このような観点からは，ジェンダーアピールを行わなかった候補の立場も理解できる．例えば，重複立候補で比例区での当選を目指す場合でも，同一順位の候補者が他にいない場合は，個人の得票よりも政党の得票で当落が決まる．そのため，むしろ党の宣伝をした方が当選に結びつく．また，小選挙区での当選を目指す場合，ジェンダーアピールにより獲得する支持者がきわめて少ないと判断すればそれを行うことはない．

　それらの点をふまえて具体的な事例について検証したい．

3. 事例

（1）アピールのある候補

　それでは以下に実際のポスターに即して，ジェンダーアピールを分析したい．

　小選挙区で当選した候補のうち，3候補のポスターでジェンダーアピールが見てとれた．

　自民党の岡下信子は新人で，地盤の継承などはない．選挙区では6人の候補が出馬したが岡下以外はすべて男性であった．そのうち前回新進党から小選挙区で当選した西村真悟が唯一の現職である．事前の報道では混戦が指摘されている[12]．岡下がポスターで採用した「女性の声，庶民の声を国政に！」というスローガンは，他

第9章　選挙キャンペーンにおける「ジェンダーアピール」の位置付け　241

の5候補と自身を差別化する意図があったものであろう．候補者が乱立し票が割れたことや，かつて西村が女性議員の抗議を招いた失言で防衛政務次官を辞任したことなどが効を奏した格好になった．なお，岡下は公明党の推薦を受けていないが，「庶民の声」は大阪で支持率の高い公明党の支持層を意識したものかもしれない．

社民党の東門のスローガンは先に触れた．沖縄3区からの出馬した東門だが，この選挙区には前回総選挙で社民党から当選した上原康助が民主党へ鞍替えしての出馬となった．これにより社民党は独自の候補を擁立した．東門は前副知事の実績を訴えるとともに，こちらも選挙区唯一の女性候補であることを意識してのアピールとなった．

民主党の水島は公募候補として栃木1区から出馬した．競合候補は閣僚経験もある船田元で，当選7回のベテランでかつ地盤も継承している．「船田王国」とまで呼ばれた選挙区にあって，新人候補であり有力な政治的資源を持たない水島が当選したケースは注目に値する．『政官要覧』によれば，水島は「育児ボランティアグループをつくって地域に浸透するなど，『健全な家庭』のイメージ戦略を展開」したとされる．「母」のフレーズはこうした戦略の一端であろう．こうした戦略は船田の離婚問題などを念頭においたものであろうが，東京出身で地域に足場を持たず，政治的には無名の候補としては自身の特性を最大限に活用した戦略であったといえる．以上の3名は「女性である」ことを前面に打ち出してそれが成功した候補者たちである．

小選挙区で敗れた候補のうち，比例区で復活当選した女性候補は全体で12名いるが，そのうちポスターが届いているのが9名である．そのうち共産党の3名は他に同一順位者がいないため，選挙区での得票は比例区での当選に関係しないが，社民党の5候補は比例区順位が他の候補と1位で並んでおり，惜敗率が当落に直結する状況での当選であった．社民党は北海道ブロックを除いて比例区では同一順位で全候補を重複立候補させ，惜敗率で当選者を決める方法をとった．その結果，南関東と東海，近畿という，大都市圏を抱えるブロックで女性候補が多数当選した（上記ブロックの当選者6名のうち女性が5名）．社民党での女性候補の健闘がうかがえる数字である．

各候補について見ると，既述の中川と大島が，スローガンでアピールしている．

残る候補のうち，阿部はスローガンを用いず，「小児科医」と経歴だけ記しており，原は「日本一若い候補」と「25歳」という表記で若さをアピールしている．一方で，阿部はハートのロゴを原はひまわりのロゴを用いている．これも間接的なジェンダーアピールと考えられる．

北川れん子は「人間安全保障」と題して，「食」「環境」「脱原発」を訴えている．「食」は自身が無農薬野菜の販売に携わっていることから用いられたものであろう．「食」も「生活者」に関連して女性候補に好んで使われるキーワードである．ちなみに，原には自由党の藤井裕久，北川には公明党の冬柴鉄三というライバルが存在する．

彼らとの差別化においても，ジェンダーアピールが有効なのは先に述べたとおりである．

こうした事例は，比例区での当選がかなわなかった候補にも見られる．例えば社民党の出島千鶴子は「石見で育った女性を国会へ」，千葉紘代は「台所から日本の政治を」と訴えている．千葉の「台所から」というスローガンは「生活者」の代名詞としてよく用いられるものである．民主党ではあるが出田基子も「女性の元気が政治を変える」と訴えている．これらはすべて，名簿1位で重複立候補した候補である．出田は公認が2000年5月と出遅れ，先代から地盤を引き継ぐ中川昭一に対して厳しい選挙戦を強いられた．この選挙区では中川以外の候補がすべて女性であったが，あえて中川との差別化を図るために積極的に女性であることをアピールしたのだろう．

（2）アピールのない候補

続いて，ジェンダーアピールのない候補の事例を見たい．

小選挙区で当選した候補は社民党の土井たか子と辻元清美，民主党の大石尚子，自民党の野田聖子，小渕優子，無所属の会の土屋品子である．

土井はポスターにおいて，一切スローガンを使用していない．社民党の党首として抜群の全国的知名度をほこり，当選10回は女性候補中圧倒的に最多である．これほど有力な候補にあっては，特定のテーマをアピールする必要はない．程度の差こそあれ，野田，小渕にも同様のことがいえる．野田は史上最年少閣僚として，また党の筆頭副幹事長として，小渕も急死した前首相（当時）の後継者として高い知名度をほこった．また，両者とも地盤を継承した，いわゆる世襲候補である．これらの候補はきわめて有力な候補といえる．とくに女性であることをアピールしなくても，当選が容易であると考えられる．

辻元は前回比例区で初当選した現職であるが，選挙区では民主党肥田美代子，公明党石垣一夫の2現職と競合していた．そのうち石垣は，自民・保守両党の推薦を受けた与党統一候補であり，肥田と辻元は野党候補の競合となった．こうした厳しい情勢の下で辻元のポスターでは一面に辻元の顔写真を配置して，知名度に訴える戦略を採っている．辻元の顔は隣接選挙区の中北龍太郎のポスターにも記載されており，地元では認知度が高いものと思われる．辻元と水島，東門らとの最大の違いは，競合候補が女性であることで，辻元が「女性である」ことを訴えても，それはライバルとの差別化につながらない．一方で，結果は大変な接戦で，2位石垣との差はわずか731票差であった．

民主党の大石尚子は新人ながら県議を5期務め，比例区ではあるものの前回の選挙にも出馬している．こうしたことから選挙区内では一定の知名度があるのだろう．鳩山代表の写真を用いたり，赤ん坊と写真に収まったりと，写真では工夫を凝らしているが，スローガンでは野党性を訴えるのみである．大石にとって民主党の公認

であることが重要であったのだろう.

　一方,小選挙区で当選がかなわなかった候補のなかでは,とくに民主党の高井美穂や藤沢裕美の両候補が注目される.ともに新人候補で,若い公募候補である.高井は仙石由人の中選挙区時代の地盤である徳島2区から立候補した.「時に年配の男性から『若いくせに人生をなめるな』『小娘が』と一喝されることもある」(13)など,必ずしも若さや女性であることがプラスに作用しない状況を経験しているようだ.「保守的な土地柄」がその要因として挙げられているが,その観点からすると佐賀3区から立候補した藤沢裕美が女性であることをアピールしないのも同様の理由からであろうか.藤沢は2000年5月に公認された新人候補で,強固な地盤を持つ自民党の保利耕輔の選挙区で戦った.比例区では名簿1位で重複立候補しており,この状況を見れば,女性であることをアピールする動機付けは豊富にあるように思われる.しかし,保守の地盤の強い地域ではそれが得票にはつながらないと判断したようだ.このことは女性の政治参画をめぐって,地域性が問題になる事例である.

4.「ジェンダーアピール」の政治的意味

(1) 政治的な資源

　以上の事例からジェンダーアピールの意義が見えてくる.ジェンダーアピールは政治的な資源の1つとして主張されているが,相対的に比重の小さいものである,ということだ.

　土井や野田の例からも分かるように,多くの有力候補者においては,ポスターでは顔と名前の他には政党や経歴,簡単なスローガンが書かれている程度で,他に目新しい要素は盛り込まれていない.これは知名度の高い候補にとって,すでに自分の政策や個性は有権者に十分知られており,あえて新たに訴える必要がないことを意味している.さらに,こうした候補は概ね当選回数が多く要職の経験も多い.こうした経歴を訴えることが自身の資質を訴えることにつながる.また,顔写真と名前に大きなスペースを割いている.これは,これまで何度も自分に投票してくれた有権者に再度アピールするには顔と名前がもっとも有力な手段であることも示唆している.

　一方で新人候補や当選回数の少ない候補にとっては顔や名前が知られておらず,政治的な実績もない.また,どのような政策を実行しようとしているのかも有権者には知られていない.そこで,これらの候補はポスターにおいて自分が政治家にいかにふさわしいか,自分がどのような政策を実行しようとしているのかを積極的に訴えようとしている.そのため,人物や政策に関する言及が多く,年齢や前職,個性を打ち出す何らかの表現が多く見られる(14).また,有力なライバルと対抗するために,競合相手との差別化を行おうとする候補も多い.こうして,自身の持つ資質を総動員してポスターに盛り込むのである.

　「ジェンダーアピール」も,こうして盛り込まれた資源の1つと考えられる.女

性候補には新人や当選回数の少ない候補が多く(15),その多くが小渕や野田らのような有力な資源を持たない.そのため,多くの女性候補は自身の政治的な属性として女性であることを訴え,その肯定的なイメージと候補者自身を結びつけようとしたものと考えられる.そのため,特定の政策課題とは別に,より抽象的なスローガンや一般的な内容を盛り込んだのであろう.これは先に述べたジェンダーアピールの対象の観点からも重要なことである.

（2）その他の要素

政治的な資源以外の観点から,ジェンダーアピールについて見ていきたい.まず政党別に見ると,社民党と共産党が好対照を成している.社民党は土井党首のイメージを最大限に活かすため,「女性の党」を掲げて数多くの女性候補を擁立した.また,原則として各候補者を比例区で重複立候補させ,比例区順位を同じ1位とした.その結果,同党の女性候補の半数近い9人のポスターでジェンダーアピールが見てとれた.一方で,共産党の候補はほとんどジェンダーアピールを行っていない.共産党の候補は個人として資源を持たなくても,党の政策を前面に打ち出す選挙を展開しているため,個人的なことに言及しない.共産党候補は比例区での得票上積みを図っており,候補者個人の得票増よりも党の得票増が優先されるため,あえて競合候補などを意識して戦略を立てる必要がないようだ(16).その他の党の候補に関しては,女性候補の数が少ないので一般的なことをいうのは難しい.

一方で,選挙区の事情はジェンダーアピールの有無にはあまり反映されていない.例えば選挙区の都市度に関していえば,神奈川の原や大阪の岡下など,大都市の候補がジェンダーアピールを行う一方で,島根の出島や沖縄の東門のように人口の分散した地域の候補者にもジェンダーアピールが見てとれた.また,女性候補が競合した選挙区においても,5人の候補にジェンダーアピールを見ることができる.一般に都市部ほど女性の社会進出が進み,それに伴って就労や金融などの面で性差別が顕在化しやすいといわれているし,女性候補が競合した選挙区においては女性候補への投票を促すことが必ずしも自身の得票増につながらないと考えられる.しかし,競合候補との関係や比例区での復活当選との兼ね合いから,アピールを行ったものと考えられる.例えば女性候補が競合した選挙区でジェンダーアピールを行った候補では,民主党の出田,水島の場合既述のとおり実質的な競合相手は自民党の現職男性候補1人であるし,社民党の原や北川にはきわめて有力なライバルが存在して,実質的には小選挙区での当選よりも比例区での復活当選を優先したと考えられる.そのために表れたジェンダーアピールであろう.

候補者の年齢も,ジェンダーアピールとはかかわりが薄いようだ.20代の原,30代の水島から,60代の岡下まで幅広い年代の候補にジェンダーアピールが見受けられる.年齢により性別役割意識への濃淡には違いがあろうが,候補者自身の意識というよりも有権者の意識に訴えかける性質を持つために,候補者の年齢が反映しな

かったと考えるべきであろう．もっとも，直接「女性」とポスターに表記した6候補の平均年齢は54.3歳と全女性候補の平均年齢48.2歳と比べて幾分高い．対象者が少ないため一概にはいえないが，有権者へのアピールの仕方において年齢によって違いが生じているとすれば，そこには候補者自身の意識の違いが反映されていると思われる．

(3) 含意

以上，ジェンダーアピールについて見てきた．このようなアピールは多くの女性候補が政治的資源に乏しいことが前提にあった．今後，当選を重ね，実績を積む女性候補が増えてくれば，そうした候補には用いられないのではないかと予想される．また，男女の共同参画が現実のものとなれば，今日「女性的」とみなされている領域が，女性と直接結びつけられることがなくなることも考えられる．そうなればますますこうしたアピールの有効性が乏しくなっていくだろう．

しかし，現状を見る限りそのような状況がすぐさま実現するとは考えにくい．ことに，自民党，民主党の公認候補に女性が増えない限り，現在の傾向は続くと考えられる．今後の推移を見守りたい．

---

(1) 社民党の安田節子も「ストップ‼遺伝子組み替え食品」と訴えている．しかし，遺伝子組み替え食品については安田自身が長年市民運動として取り組んできた経緯があり，男性候補の民主党の長妻昭が食品添加物について，社民党の藤原信が遺伝子組み替え食品について言及しているため，具体的な政策の1つとして見なした．

(2) 政策について，ポスターで言及されたものを取り上げたのが以下の表である．

表9-8　性別による政策の違い

	男性	比率	女性	比率
介護	36	6.0%	12	14.6%
平和	21	3.5%	11	13.4%
改革・変化	35	5.8%	11	13.4%
社会保障・福祉	58	9.6%	9	11.0%
景気	33	5.5%	6	7.3%
環境	12	2.0%	4	4.9%
雇用	25	4.1%	2	2.4%
人権	2	0.3%	1	1.2%

一見すると，介護や平和，福祉などが女性候補に好まれる政策に映る．しかし介護は共産党が，平和は社民党が，それぞれ党を挙げて言及しており，男性候補においてもそれらの政党の候補が言及している．女性の比率が高いのは，候補者における先の両党の比率が高いからで，その点から政策は性別よりも政党に左右さ

れるものと考えられる.
（3）　例えば『読売新聞』2000年3月17日付.
（4）　最多は1946年衆議院選挙時の39人で，比率もそのときの8.4％が最高である．この選挙は女性が初めて参政権を行使した選挙であったが，大選挙区連記制という，今日とはかなり異なる制度下での選挙であった．
（5）　1位がスウェーデンの42.7％で，以下デンマーク（37.4％），フィンランド（36.5％），ノルウェイ（36.4％）と北欧諸国が続いている．これらの国々ではクォーター制度が実施されていることでも知られている．以上のデータは2001年5月31日現在．詳細はIPUのウェブサイト（http://www.ipu.org）参照．
（6）　「選挙においてあなたが最も重視する基準はどれですか」という問いに，候補者の所属する政党37.5％，候補者の人柄29.6％，公約16.7％，過去の実績11.1％，という回答があった．
（7）　例えば，天野正子「『ジェンダーと政治』の未来図」上野千鶴子編『ジェンダーの社会学』，岩波書店，1995年．
（8）　『毎日新聞』2000年6月15日付によれば，「野党第1党の民主党も女性の多数擁立を目指したが，結果は26人で，女性候補率は1割にとどまった」という．擁立を目指した姿勢と裏腹の結果は，先に挙げた現職優先の公認と輩出ルートにおける男性の優位が理由に挙げられよう．
（9）　300選挙区中，28選挙区．そのうち女性候補がもっとも多いのは神奈川8区と兵庫6区の4名で，ついで愛媛1区，福岡3区の3名，それ以外の選挙区では2名ずつであった．
（10）　三宅一郎『投票行動』，東京大学出版会，1989年，95頁および250頁．
（11）　『読売新聞』2001年6月12日付によると「あなたは，『女性は，地方自治体や国の議会選挙などに，もっと立候補すべきだ』という意見に，賛成ですか，反対ですか」という問いに，男女を問わず有権者の8割以上が「賛成」「どちらかと言えば賛成」と答えたという．
（12）　『朝日新聞』2000年6月21日付．
（13）　『読売新聞』2000年3月17日付．
（14）　年齢については【年齢表記に見られる候補者の選挙戦略】(125頁)を，個性的なアピールについては【迷スローガン・迷デザイン】(150頁)を参照．
（15）　表9-9(次頁)は候補者の選挙時点での当選回数を表している．女性候補の当選回数の少なさは一目瞭然である．
（16）　詳しくは第8章参照．

第9章 選挙キャンペーンにおける「ジェンダーアピール」の位置付け

表9-9 候補者の選挙時当選回数

当選回数	男性	割合	女性	割合
0	622	60.2%	147	88.6%
1	122	11.8%	10	6.0%
2	81	7.8%	7	4.2%
3	64	6.2%	1	0.6%
4	34	3.3%	0	0.0%
5	19	1.8%	0	0.0%
6	21	2.0%	0	0.0%
7	17	1.6%	0	0.0%
8	18	1.7%	0	0.0%
9	10	1.0%	0	0.0%
10回以上	25	2.4%	1	0.6%

第10章
2000年総選挙・各政党の戦術とポスター分析のまとめ

山本耕資（編）

1. はじめに

　政党は，現代の代議制民主主義においてそれ自体アクターとして非常に重要であり，また政治家のラベルとしても重要な意味を持つ．議会での多数派形成や発言力確保につき，議員は政党・会派を必要とするし，他方選挙民は個人を選ぶ選挙制度においても候補者を識別する有効なラベルを求める．さらに，国会内の諸制度，政党助成の制度，選挙制度（比例区，重複立候補，政見放送など）によって，政党の地位は保障され，政治の運営に不可欠な要素となっている．近年における有権者の脱政党化の傾向さえも，そもそも政党の存在を前提とし，急速に変貌する社会に適応した政党を待望する動きと見ることもできる．現代のどのような政治現象について語るときでも，政党という視点を欠かすことはできない．

　候補者ポスターを対象とする本書のこれまでの分析においても，政党という視角は常に意識されており，実際政党に関して多くの議論が展開されている．これらの議論はしばしば興味深い政治的含意を有しているが，とくにコラム形式の分析については，構成上個々のテーマに関する分析にとどまっており，議論の展開に限界がある．そこで，おのおのの分析で得られた知見を，横断的に政党別という観点からまとめなおすことで，それぞれの政党の候補者ポスターの特徴について，さらにはそこから各政党自体についての含意をも，より分かりやすく示すことができるであろう．本章はこうした役割を担うことを第一の狙いとしている．

　ところで，政党ごとに候補者ポスターに特性があるとすれば，それを生み出すのは何であろうか．それには，政党の元来の主張や組織上の特性といった長期的に安定した「本来的」特徴に加えて，2000年総選挙時に各党が置かれていた状況やそれを受けて遂行した戦術といったものが挙げられよう．だとすれば，選挙ポスターがどのような状況・前提で作成されたのかを政党別に記述することで，各党のポスターの特徴から得られる含意をより深めることができるのではなかろうか．こうした作業の遂行が本章の第二の狙いである．

　2000年総選挙の各党にとっての状況とは，当時の全般的な政治状況の部分集合だと考えることができる．そこで本章では，各党の状況・戦術を述べる前に，2000年総選挙当時の政治状況を概括的に振り返る．すなわち，本章では，次節の2000年総選挙の全般的な概括ののちに，第3節以降で，各政党について，状況と選挙戦術と

を記述し，選挙ポスターに見られる特徴を示す，という構成を採る．
　第3節以降は，各党ごとにつぎのような順序で記述していく．

[（1）状況]
　この部分では各政党が置かれた状況とはどのようなものであったのかを概説する．とくに98年参院選ごろからの政党としての方針の変化などを追う．
[（2）候補者の公認と選挙協力　a．小選挙区／b．比例区]
　政党による候補者の公認は，選挙においてもっとも重要な政党の資源配分過程といえよう．並立制下では当然比例区での対応も政党の消長に非常に重要な意味を持つ．この項では小選挙区と比例区のそれぞれについて，政党がどのように公認を決定していったのか，またその過程で生じた問題などを述べる．また，政党間の選挙協力は，多党制下での小選挙区制においてはとくに，獲得議席数の極大化あるいは議会内影響力の極大化の重要な一手段と考えられるが，その過程では政党内部で不満や離反などが発生しうる，やっかいな手段でもある．この項ではそうした選挙協力の過程をも示す．
[（3）各種団体の支援]
　政党の選挙における基盤として，支援を受ける各種の団体は重要である．政党の行動によっては団体の支持は失われ，逆にその支持のために政党が政策や方針を変えることもある．このように団体は政党の戦術の一部となりうる一方，政党にとって外的な状況と捉えられる面もある．こうした各種団体とのかかわりを，この項では述べる．
[（4）政策的主張　a．政策アンケート／b．政党公約]
　現代の選挙民主主義では，どの党も多かれ少なかれ有権者を意識し，ときには無党派と呼ばれる人々に対応すべく，政策的主張を展開する．この項ではまず，[a．政策アンケート]として，総選挙前（6月10日～23日掲載）に『朝日新聞』が各政党に対して行った10項目の政策アンケートについて，各党の回答をまとめた表を掲載している．この政策アンケートの質問文は表10-1に示したとおりである．つぎに[b．政党公約]で，公約として発表された事項を取り上げる．
[（5）その他]
　この項では，話題となった戦術などで，以上の項に収まらないものを取り上げる．
[（6）議席目標と選挙結果]
　選挙結果によって，当然政党は何らかのインパクトを被るが，その捉え方は選挙前に宣言されていた目標によって大きく異なってくる．この項では目標議席数に関する党幹部の発言などに加え，選挙結果を受けて各党が示した反応を記述する．
[（7）選挙ポスターと政党の戦術・特徴　a．政党ポスター／b．候補者ポスター]
　以上のような政党の状況や戦術を踏まえて，この項では選挙ポスターという有権者へのアピールの手段にどのような特徴が見られるかを述べる．まず，[a．政党ポ

表10-1 政策アンケート質問文

政策分野	質問文
景気対策と財政再建	小渕政権は「景気対策と財政構造改革の二兎を追うなかれ」として，景気対策に重点を置いてきました．景気対策と財政再建の関係をどう考えますか．財政再建着手の時期とスケジュール，歳入増加，歳出削減の具体策をどう考えますか．
憲法（9条）	憲法9条をどうすべきだと考えますか．現在の政府解釈では，集団的自衛権の行使はできませんが，行使できるようにした方がいいと考えますか．行使できることにする場合，憲法を改正すべきでしょうか，政府解釈を変更すべきでしょうか．
地方分権	公共事業に関する国と地方の権限の分担について，現状が適切だと思いますか．それとも，もっと地方へ移すべきでしょうか．地方への財源の移譲については具体的にどう考えますか．
規制緩和	今後，具体的にどのような規制緩和策が必要だと思いますか．また，規制緩和を進めると既得権を持つ人と利害がぶつかることがありますが，その場合，できるだけ配慮すべきだと考えますか．それとも規制緩和による利益が大きければ実行すべきだと考えますか．
思いやり予算・安保条約	思いやり予算（在日米軍駐留経費の日本側負担）について，日本政府は財政悪化などを理由に減額を検討していますが，米国側は抵抗感を示しています．どう考えますか．日米安保条約は現状のままでいいでしょうか．改善すべき点がありますか．
教育改革	教育基本法を改正し，「愛国心」や「道徳心」の養成を明文化すべきだという議論があります．これについての賛否と，その理由をお聞かせください．
社会保障	小渕恵三前首相がつくった経済戦略会議は最終答申で，「政府の役割はセーフティーネットの整備だが，レベルを高くしすぎると，非効率な大きな政府を作ることになる」などとし，社会保障における「小さな政府」を唱えました．この考えに賛成ですか，反対ですか．
雇用	産業界の構造改革に向けて，企業は合理化・体質改善を進めています．その結果，多数の人員が削減されています．失業者数を増やさないために，何らかの新たな公的措置が必要だと考えますか．必要な場合は，具体的にどのような施策が想定されますか．
環境税	環境税によって環境問題を解決しようという考え方があります．政府税制調査会の2000年度税制改正大綱で「環境税」は検討課題となりました．環境税の導入は必要と考えますか．必要ではないと考えますか．必要と考える場合，どのような課税を想定していますか．得られた税収は何に使うべきだと考えますか．

スター]で政党として作成したポスターについて概説する．なお，ここで政党ポスターとして取り上げるのは『朝日新聞』夕刊6月12日付に掲載されたもので，同じ記事にある漫画家・やくみつる，広告批評編集長・島森路子による評も引用している．最後に，[b．候補者ポスター]で政党ごとの候補者ポスターの特徴をコラム形式の分析からまとめ上げ，それが政党の選挙戦術とどのようなかかわりを持つのかを考察する．ここでは候補者ポスターの特徴を，とくに断りのない限り候補者全体の平均と比べて表現しつつ，簡潔に表にまとめ，文章では表中の特徴を［1］など

の番号で指しながら考察する.

　それでは次節以降,実際に2000年総選挙を振り返ってみよう.なお,以下の記述では,役職等は当時のものである.事実の記述は,『朝日新聞』,『読売新聞』,『毎日新聞』,『日本経済新聞』,『産経新聞』などに拠っている.

2. 2000年・第42回総選挙

(1) 全般的政治状況

　まず,2000年総選挙に至るまでの全般的な状況を簡単に述べる.前回96年の総選挙時から振り返ってみよう.選挙結果などについては表10-2を参照されたい.

　96年総選挙は自社さ連立の橋本政権下で10月20日に行われた(結果は表10-2).自民党は復調したものの依然議席の過半数には届かなかった.新進党に前年参院選時のような勢いはなく,議席を減らしている.民主党は小選挙区で伸び悩み現状維持に留まり,候補者擁立すらままならなかった社民党は議席を半減させた.自民党以外で唯一93年以降名も形も変えていない党である共産党は躍進した.

表10-2　選挙結果と議席状況

96年衆院選結果

	自民	新進	民主	共産	社民	さきがけ	その他	無所属	計	
公示前勢力	211	160	52	15	30	9	6	10	493	(欠員18)
獲得議席	239	156	52	26	15	2	1	9	500	
選挙後議席占有率	48%	31%	10%	5%	3%	0%	0%	2%	100%	

98年参院選結果

	自民	民主	公明	共産	自由	社民	その他	無所属	計	
改選数	61	18	11	6	5	12	5	6	124	(欠員2)
獲得議席	44	27	9	15	6	5	0	20	126	
公示前勢力	119	38	24	14	11	20	12	12	250	(欠員2)
新勢力	102	47	22	23	12	13	7	26	252	
選挙後議席占有率	40%	19%	9%	9%	5%	5%	3%	10%	100%	

※　議長は無所属だが自民党に含めてある.

00年衆院選情勢報道(朝日)・結果

	自民	民主	公明	共産	自由	社民	保守	その他	無所属	計	
公示前勢力	271	95	42	26	18	14	18	11	4	499	(欠員1)
情勢報道(推計)	257	112	30	25	17	13	10	6	10	480	
誤差	+13-13	+12-12	+5-5	+6-6	+4-4	+4-4	+3-2	+4-4	+4-4	-	
獲得議席	233	127	31	20	22	19	7	6	15	480	
選挙後議席占有率	49%	26%	6%	4%	5%	4%	1%	1%	3%	100%	

この結果を受けて，つぎのような展開があった．自民党は比較第一党でありながら過半数を獲得できず，政権維持のために引き続き社さ両党に連立形成を要請した．しかし，社さ両党は閣外協力に留まることを決め，この閣外協力の下に第2次橋本政権はスタートした．この体制の下では，必ずしも協力相手を社さ両党に限らず，野党第一党の新進党との連合を視野に入れる「保保連合」論が自民党内に巻き起こることになる．実際，97年4月には，内閣が提出した駐留軍用地特措法改正案に対し，社民党が反対する一方で，新進党など多くの野党が賛成し，同法は可決され成立している．このように自民党は単独では衆参で過半数を割っているがゆえに協力相手を常に意識しながら政権運営を進めていくことになるが，他方で他党議員などに対して入党・復党工作を進め，97年9月には衆院での過半数を回復している．

　新進党では，衆院選敗北について小沢一郎党首の責任を問う声が高まり，求心力の低下が顕著となる．96年12月に羽田孜らが離党して太陽党を結成したことで，新進党の退潮ムードはますます広がることとなった．政権交代への展望が開けないなか，元来自民党に対抗できる勢力づくりを目指してきた小沢も，自民党との「保保連合」という路線を明確にしていく．党内では小沢党首の保守的な路線や強引な政治手法への批判が，旧民社党系，旧公明党系といった旧党派グループによって浴びせられ，他方保守系議員のなかには与党自民党の誘い水にのって自民党に入党・復党する者が相次いだ．こうした新進党の混乱状況は，最終的に97年末の解党にまで至る．旧新進党議員は解党後，諸グループに分かれたが，小沢一郎を中心とする自由党，旧公明党系議員が集結した新党平和を除く大半は，中道左派的ポジションで第三極の軸を目指してきた民主党と98年4月に合流し，新民主党を結成した．合流した旧新進党議員にはかなり保守的志向の者もおり，新民主党はより幅広い志向の議員を抱えることとなった．これにより新民主党は衆院議員93人，参院議員38人を擁し，野党第一党に踊り出た．

　社民党は，旧社会党時代の自民党との連立とそれに伴う路線転換後，95年参院選に敗北し，民主党への大量移籍を経て96年衆院選にも敗北を喫したため，党の再建に向け，土井党首の下で護憲・福祉の強調という旧来の路線への回帰を進めていく．自民党との連立は解消して閣外協力に留めた．共産党は，政党の「離合集散」が盛んななかにあって明確に反自民を貫き，党勢を拡大している．

　橋本政権は構造改革路線を着実に進めたが，財政再建を目指した緊縮財政は景気のさらなる悪化を招き，アジアの金融危機がそれに追い討ちをかけた．97年秋の北海道拓殖銀行・山一証券の破綻は日本経済の悪化を強く印象づけるものである．これに対し橋本首相は後手の景気対策を迫られた．選挙を睨んで社民・さきがけ両党が閣外協力を解消したのちに，景気対策と構造改革の間で揺れる橋本首相が恒久減税をめぐって発言を一転させるなか，98年参院選は行われた（結果は表10-2）．橋本首相の経済失政と方針のブレに対する非難は激しく，自民党は17議席減の大敗を喫した．新民主党にとっては初の国政選挙となったが，菅代表らへの期待感もあって

議席を伸ばしている．社民党が 3 たび大敗する一方で，共産党は躍進した．公明と自由党は選挙前の勢力をほぼ維持した．

参院選大敗の責任をとって橋本首相は退陣し，後継には小渕恵三が就いた．小渕政権は橋本政権の路線から一転して景気対策優先の姿勢をとり，早速に財政構造改革法凍結を打ち出す．また急務とされていた金融システム安定化に着手した．しかし社さ両党の閣外協力解消と参院選敗北によって自民党は参院で過半数を大きく割った状態での政権運営を迫られ，この年秋の臨時国会では野党案の「丸のみ」だと揶揄されるほど野党に譲歩せざるをえず，やがて新たな連立政権の形成を模索する．他方，民主党の野党共闘路線は順調に進むかに見えたが，菅代表のスキャンダルと自民党の野党分断策によって頓挫した．

自民党は小沢自由党との連立協議の末，99年1月には自民党・自由党による連立政権を成立させた．しかしなお与党は参院で過半数を割っており，国会運営にあたって自民党は公明党との連携を強めることになる．国旗国歌法，通信傍受法などを公明党の賛成も得て成立させたのち，99年10月には公明党も連立に加わり，ようやく小渕政権は国会に安定した基盤を得た．この過程では，自民党内外から，自民党離党後痛烈な自民党批判を続けてきた小沢と連立を組んだことに対する批判，さらには政教分離問題をめぐり自民党が攻撃し続けてきた公明党勢力との提携への批判が浴びせられることになる．

自自公連立は過大規模連合政権，つまり自由党を除いても政権運営が可能な政権であった．これに焦りを感じた自由党は，連立離脱をほのめかしながら，幾度となく連立合意を早急に実現するよう自民党に迫った．そして遂に2000年4月，安全保障基本方針の策定などを迫る自由党・小沢党首と譲らない小渕首相との会談は決裂し，自由党は連立離脱を決めた．しかし自由党内の連立離脱に反対する勢力は自由党を離党して保守党を結成し，自民党・公明党と再び連立を組んでいる．

自民党・自由党の党首会談が決裂した直後，小渕首相は脳梗塞で緊急入院し，そのまま 5 月14日に死去した．小渕が倒れた直後，青木官房長官は小渕の病室で自身が首相臨時代理に指定されたと発表し，その権限の下で小渕内閣は総辞職し，森喜朗が自民党総裁・首相を継ぐことになった．しかし，小渕の担当医師団は彼が首相臨時代理の指定を行ったということに疑問を呈している．また，小渕の後継に森を据えることも，森喜朗幹事長，野中広務幹事長代理，亀井静香政調会長，村上正邦参院議員会長，青木幹雄官房長官（彼らは「5人組」と称された）による会合で決まったものだといわれている．ともあれ，森首相の誕生によって，旧小渕，森，江藤・亀井の各派を中心とする自民党内の主流派体制は維持され，また小渕政権時代の景気対策優先という路線も受けつがれた．

森内閣の支持率は当初33％であったが，森首相は 5 月15日に日本を「天皇を中心とする神の国」だと述べる（「神の国」発言）など失言を繰り返し，支持率は18％に急落している（支持率は時事世論調査による）．森政権誕生の過程そのものにつ

いての疑問に加え，低迷を続ける経済，改善しない危機的な財政状況や，こうした失言などからくる首相の資質への疑問といった要素は野党による攻撃材料となった．

こうした状況下で，2000年6月13日に第42回総選挙は公示され，25日に投票が行われた．投票率は小選挙区62.49％で，戦後最低だった前回総選挙（小選挙区59.65％）を上回っている．この選挙では前回に比べて比例区定数が20削減され，定数は小選挙区300，比例区180となった．また，法定得票数に満たない小選挙区候補が比例区で復活当選できなくなり，比例区での当選者の政党間移動も禁じられた．投票時間が2時間延長され，投票率上昇も期待されている．

（2）情勢報道

新聞各紙は今回の総選挙終盤での情勢（議席予測）を6月20日紙面で報じている．『朝日新聞』・『毎日新聞』は自民党が単独で安定多数（254議席）をうかがうと報じたのに対し，『読売新聞』・『日本経済新聞』は与党で安定多数の勢い，自民党単独では単純過半数（241議席）の可能性があると述べるに留まっている．ただし各紙とも態度未決定者が多いと報じていた．例として表10-2に示しているのは『朝日新聞』が掲載した議席予測である．情勢調査時点（17，18両日）では態度未決定者は約5割に上っているという．この情勢報道によると，自民党は単独で安定多数(254議席)，連立与党で300議席に迫る勢いであった．

（3）結果をめぐって

今回の総選挙の結果（表10-2），民主党は躍進し，自由，社民両党も善戦している．共産党は好調を維持できなかった．与党3党はいずれも議席を大きく減らしている．自民党は単独過半数を割り込んで233議席に留まり，公明党は11議席減，保守党の議席は半分以下となった．しかし3党では絶対安定多数を確保しており，自民党の獲得議席も96年総選挙でのそれと大きくは違わない．このため，与党，あるいは自民党はこの総選挙で負けたといえるのか否かの議論が起こることとなった．自民党に関しては，川人貞史が「前回選挙に勝るとも劣らないよい成績」と述べた[1] のに対し，蒲島郁夫は小選挙区での健闘とそれに対する比例区票の少なさに注目して，自民党の成績は公明党との選挙協力の成果に他ならず，「裸」の自民党は後退していると主張している[2]．

以上，2000年総選挙を概観した．以下では各党別に，この選挙における状況・戦術と，ポスターの特徴を見ていく．

3. 自民党

（1）状況

2000年総選挙において自民党が置かれていた状況は，自公保という連立の枠組み，

首相の交代とその評価, そして党内の体制という3つの視点から描くことができる.
　96年の総選挙で自民党は復調したものの単独過半数を得ることはできなかったが, 新進党からの復党者などで97年9月には衆院で単独過半数を回復していた. 他方, 98年の参院選を前にして社さ両党は閣外協力を解消し, また自民党は参院選で惨敗したため, 参院では与党の過半数割れが生じ, この年の臨時国会で自民党は野党との修正協議を重ねて法案を通す努力を強いられた. このため自民党首脳は連立政権を模索し始め, 99年1月に自由党との連立内閣が成立し, さらに公明党との連携が強化され, 10月には公明党を加えた連立内閣が誕生した. 自由党が連立を離脱した後も自由党離党者による保守党と連立を組んでいる. 参院での過半数割れが当面続くと考えられたこと, さらに連立のパートナーである公明党の支持基盤・創価学会が強固だと考えられたことから, 選挙において公明党・創価学会に対する期待は大きかったが, 創価学会への一部の自民党議員や有権者の拒絶感も根強く, 自公保の連立それ自体が, とくに選挙協力をめぐって, 自民党の選挙戦術とその結果に大きな影響を与えた.
　2000年4月, 自由党の連立離脱が決まった自自の党首会談の直後, 小渕恵三首相は脳梗塞で重体となり, 小渕内閣は総辞職した. 代わって首相となったのは森喜朗である. この首相交代が自民党の選挙戦に対して持つ意味としては3つの点が指摘できるだろう. 第一に, 小渕が志半ばにして倒れ, しかも5月に死去したことが, 小渕の遺志を継ぐという大義を自民党に与えたということである. 第二に, 小渕が病床で行ったとされる青木官房長官への臨時代理指名手続きに医師などから疑問の声が挙がったこと, また, 森が次期首相に決まったのが党内実力者の「密談」によるものであるとされたことから, 森政権の成立自体の正統性に疑問が呈された. 第三に, 森は就任から総選挙までの短期間に「神の国」発言などの失言を繰り返し, 資質を問われていたことである. おそらくは第二と第三の点から, 森内閣の支持率は急落した. 端的にいえば, 自民党は小渕の急死を追い風にできる可能性がある一方で, 森内閣への強い逆風が吹いていたのである.
　党内には, 連立や未曾有の不況下での経済政策のあり方を軸として対立を抱えていた. 99年の総裁選には小渕に対抗して加藤紘一・山崎拓がそれぞれ立候補しており, 加藤派・山崎派は非主流派色を強めていた. 両派は自自公, のち自公保の連立の枠組みに批判的で, また小渕・森内閣の積極財政姿勢に否定的であり, このため執行部から冷遇されていた. このような党内事情も自民党の選挙戦術に影響を与えている.
　最後に, 議席数については, 96年衆院選では自民党は239議席を獲得していた. その後この総選挙までに入党・復党と選挙協力のための保守党からの移籍により現有勢力は271議席に達していた.

（2）候補者の公認と選挙協力

a．小選挙区

　自民党は，党の小選挙区支部長を事実上の公認候補予定者とし，総選挙1ヶ月前の5月26日に連立与党での選挙協力協議を終えた段階で正式な一次公認を発表した．このように，自民党の正式な公認は遅く，支部長の座を巡る競争が事実上の公認争いとなっている．ただし，今回の総選挙では与党内の選挙協力のため，支部長でも比例区に回るよう指示され小選挙区での正式な公認を得られないケースが多発し，執行部の方針からの離反が相次ぐ原因となった．

　小選挙区支部長は，前回総選挙の2ヶ月後の1996年12月20日に，まず小選挙区に基盤を持つ現職議員（いわゆる復活当選者も含む）201人が決まった．その後支部長の決定は順次行われ，1999年11月10日には266人，2000年2月2日には272人にまで至り，5月25日までに支部長は283人が決定していた．

　2000年5月26日までに決着した公明党・保守党との選挙協力協議[3]では，つぎのような協力が決定した．立候補者の調整は，公明・保守の現職がいる選挙区を中心に39選挙区を対象としている．公明党との間では[4]，21選挙区での調整が協議され，17選挙区で公認レベルでの調整が決着し，4選挙区[5]で公認候補者同士が競合することとなった．17選挙区のうち，小選挙区で公明党候補が残り自民党が公認を見送ったのが14選挙区[6]，自民党候補が残り公明党が公認を見送ったのが3選挙区である．ただし，自民党が公認を見送った選挙区でも，5選挙区[7]で自民系候補が公認を得ずに立候補した．このような調整の失敗のため，野中幹事長は「お詫び行脚」を行っている．

　保守党との間では，18選挙区での調整が協議され，15選挙区で公認レベルでの調整が決着し，3選挙区[8]で公認候補者同士が競合することとなった．15選挙区のうち，小選挙区で保守党候補が残り自民党が公認を見送ったのは11選挙区[9]，自民党候補が残り保守党が公認を見送ったのが4選挙区[10]である．ただし，自民党が公認を見送った選挙区でも4選挙区[11]で自民系候補が公認を得ずに立候補した．なお，当初の立候補者調整協議の対象区ではなかったが，岩手3区でも公認候補者同士が競合している[12]．

　選挙協力協議がまとまった後，同じく5月26日に自民党は一次公認257人を発表した．31日に10人を二次公認として発表し，6月1日にさらに3人を追加した．6月2日，最後に公認されたのは東京17区の平沢勝栄である．平沢は連立批判についての「わび状」を野中幹事長に提出してようやく公認を得ている[13]．最終的に合計271人を小選挙区候補者として公認した．

　公認の過程では，自民党からの出馬を希望する複数の立候補予定者が存在し，調整が難航した選挙区もある．こうした背景には前回総選挙後に多くの他党議員が自民党に入党・復党したことが挙げられる．このように調整が難航した選挙区のうち，調整が不調に終わり自民党公認が得られなかった者が無所属など[14]で立候補した選挙区は13選挙区に及ぶ．また，自民党からの出馬を希望しながら選挙協力のため

に公認を得られなかった者が，9選挙区で無所属で立候補した．以上，計22選挙区で，自民党執行部の方針に反する自民系候補が立候補している．これをまとめたのが表10-3である．非主流派である加藤・山崎両派の候補者が多く離反していることが分かるが，これは非主流ゆえに執行部に冷遇された結果だと考えられる．

選挙協力による候補者擁立見送り（25選挙区）以外に，4選挙区で公認候補を立てていない．その内訳は，元自民党代議士で汚職事件に関して有罪判決を受けて無所属で立つ藤波孝生の三重5区と中村喜四郎の茨城7区，現職県知事の娘・土屋品子が無所属の会から立候補する埼玉13区，土井たか子・社民党党首が立つ兵庫7区(15)である．

なお，自民党候補が公明・保守両党から得た推薦は以下のとおりである．公明党の1次推薦（6月8日）では，当初自民党候補は50人程度と見られていたが，決定直前に駆け込みの推薦要請が相次ぎ，116人に及んだ．2次推薦（6月12日）でも40人を推薦している．最終的には161人が公明党に推薦されているが，公明党との連立参加に距離を置く加藤紘一，山崎拓，小泉純一郎の「YKKトリオ」や，公明党に

表10-3　自民党執行部に対し離反した自民系候補

離反の契機	候補者名	新旧	選挙区	出馬準備時の派閥	本人の当落	同選挙区の与党統一候補の当落
自民系同士の公認争い	中村力	元	岩手3区	無派閥	×	×
	森田修	新	群馬2区	無派閥	×	当選
	小宮山泰子	新	埼玉7区	小渕派	×	当選
	笹木竜三	前	福井1区	無所属	×	当選
	上川陽子	新	静岡1区	加藤派	当選	×
	大石秀政	前	静岡2区	山崎派	×	当選
	栗原裕康	前	静岡7区	河野グループ	×	×
	森田裕介	新	愛知8区	山崎派	×	当選
	鈴木克昌	新	愛知14区	加藤派	×	当選
	平田多加秋	新	大阪17区	加藤派	×	当選
	西村康稔	新	兵庫9区	未定	×	当選
	山本幸三	前	福岡11区	加藤派	当選	×
	北村誠吾	新	長崎4区	無派閥	当選	×
公明党との協力	森田健作	前	東京4区	山崎派	当選	×
	清水清一朗	新	東京20区	加藤派	×	×
	佐藤茂	新	神奈川6区	加藤派	×	×
	真砂泰三	新	大阪16区	江藤・亀井派	×	当選
	室井邦彦	新	兵庫8区	小渕派	×	当選
保守党との協力	有沢志郎	新	大阪7区	森派	×	×
	木本保平	新	大阪9区	（不明）	×	×
	谷本龍哉	新	和歌山1区	県連が擁立	当選	×
	東力	元	和歌山3区	県連が擁立	×	当選

批判的な白川勝彦らは推薦されなかった．保守党は自民党候補のうち，1次の推薦（6月9日）で187人，最終的には203人を推薦している．

b．比例区

内閣の支持率が急落するなか，党執行部は，比例区の方がムードに流されやすく，首相の不人気の影響が比例区に集中的に表れかねないと警戒している．このため，小選挙区候補は原則として重複立候補させ，比例区票の掘り起こしを狙った．小選挙区候補者271人のうち，重複立候補したのは260人に上る[16]．

また，比例区単独での立候補予定者については，原則73歳以下とする「73歳定年制」を適用する方針が打ち出された．この定年制については，2001年10月以降の総選挙で導入する方針を前倒しした形になっている[17]．これは，若さや新鮮さを有権者にアピールしようとする意図に加え，長老議員が引退しなければ比例区定数の削減や与党内の選挙協力に伴う調整が困難だという事情によるものである．ただし，この「定年制」では，例外として党への功績がある者について個別に勘案することとなっており，結果的に北関東の中曽根康弘，中国の宮沢喜一は首相経験者であるために80歳を超えているにもかかわらず名簿1位となるなど，配慮が示されている[18]．

名簿の順位については，与党内の調整で比例区単独に回った候補者と，党内で選挙ごとに小選挙区と比例区で立候補を代わるコスタリカ方式の対象者とを上位にあてる方針をとっている．この方針のために，(6)で述べるとおり，比例区での苦戦が重複立候補者の復活当選を激減させた．

(3) 各種団体の支援

創価学会を支持母体とする公明党との連立は，旧来から自民党を支持してきた宗教団体の自民党離れを引き起こした．創価学会に批判的な立正佼成会，霊友会，仏所護念会などの宗教団体や文化人でつくる「四月会」は，自公連携が強化されつつあった99年4月時点ですでに，これに反発して東京都知事選で自公推薦候補ではなく石原慎太郎を強力に支援していた．立正佼成会は前回総選挙では228人もの自民党候補を推薦し，霊友会は自民党候補288人全員を推薦していたが，今回は公明党との連立に反発して絞込み，それぞれ38人，39人にとどまった．霊友会の推薦候補は公表されなかったが，立正佼成会が推す候補には「YKKトリオ」や公明党との連立を批判している白川勝彦，平沢勝栄らが含まれ，反公明党の姿勢が色濃くうかがえる．

農業関係団体はこれまでにも増して強く自民党支持を打ち出した．この背景には，長崎県の諫早湾干拓事業をはじめとする農業関係の公共事業に対する批判の高まりがある．こうした批判の急先鋒であった民主党が議席を伸ばせば，農業関連予算に影響が出かねないという危機感が農業関係者に広がっていたのである．具体的には，組合員数435万・自民党員10万超とされる全国土地改良政治連盟（全国土地改良事

業団体連合会の別働隊)や,全国農業者農政運動組織協議会(正組合員・職員合わせて600万人近い農協グループの選挙支援組織)などが自民党を支援した.全国農政協は271人の候補者に推薦状を出したが,そのうち258人が自民党候補であった.

(4) 政策的主張
a．政策アンケート
『朝日新聞』の政策アンケートに対する自民党の回答は表10-4のとおりである.
b．政党公約
自民党が総選挙に向けて決定した公約については,以下のような内容が注目される.実現すべき国家像の1つとして「信教と言論の自由が保障された国家」が盛り込まれている.これは,野党が森首相の「神の国」発言を批判して争点化する姿勢を見せていたことから,こうした批判をかわす狙いであったと考えられる.財政問題については,「景気を確固としたものとすることなく,財政構造改革に取り組むことは慎重でなければならない」と景気対策最優先の姿勢を明確に示した.憲法問題

表10-4　政策アンケート回答(自民党)

政策分野	自民党の回答
景気対策と財政再建	当面は景気を本格的な回復軌道に載せることが最優先.その上で,少子・高齢化,産業構造改革,中央・地方関係などを含めた財政・税制の諸問題を抜本的に見直す.
憲法(9条)	9条の平和主義の理念は堅持する.適切な自衛権公使のあり方についてさらに議論を深める.集団的自衛権は国連憲章に加盟各国の固有の権利と明記されていることを踏まえ,広くかつ長期的視点に立って結論を得る.
地方分権	国から地方への権限委譲などを進めるとともに,公共事業にかかる補助金等は大規模な国家プロジェクトなどに限定し,それ以外の事業は統合補助金化を進める.
規制緩和	需要及び雇用の拡大が見込まれる情報化,環境,高齢者関連市場など成長分野における規制緩和を促進する.
思いやり予算・安保条約	在日米軍駐留経費の負担は,日米安保体制を円滑に運用するために重要.
教育改革	教育のあるべき姿について抜本的な議論を行う中で,教育基本法の見直しについても幅広く議論し検討していくことが必要だ.
社会保障	国民が納得できる給付と負担のバランスを確立してゆくことが重要.このため,将来にわたって安定的に運営できるよう必要な給付を確保しつつ,制度全体の総合化を推進する.
雇用	わが党が全力で取り組んできた経済対策等によって情報通信分野等で求人が大幅に増加している.これら成長分野に必要な人材の育成などを柱とする緊急雇用対策を積極的に実施し,雇用情勢の改善に万全を期す.
環境税	税制面においては原因者負担を基本としつつ,規制等による環境対策の役割を踏まえながら幅広い観点から検討したいと考えている.

については,「衆参両院に憲法調査会が設置されたことを踏まえ,21世紀にふさわしい国民のための憲法の制定を目指す」と改正に積極的な姿勢を打ち出した.少年法改正では刑事罰の対象を16歳以上から14歳以上へと引き下げることを明記している.

(5) その他

自民党の幹部は選挙に際して故小渕前首相にしばしば言及し,今回の総選挙を「弔い合戦」と位置づけようとしていた[19].連立政権の運営や有珠山の噴火への対処といった困難の最中に倒れた小渕について,「殉職だ」(幹部),「総選挙を必ず勝ち抜いて,その勝利をもってご霊前に報告しなければならない」(中川秀直幹事長代理),「(故小渕前首相が重点を置いた景気回復と九州沖縄サミットを)成功させることが小渕氏にも報いる道だ」(野中広務幹事長)といった発言にその意図が見られる.

また,民主党代表である鳩山由紀夫の実弟・邦夫を,自民党が比例東京ブロックから名簿単独2位で擁立したことが話題となった.彼は民主党代議士を辞して99年4月の東京都知事選に出馬し,落選していたが,すでに99年12月ごろより故小渕前首相から復党を呼びかけられていたという.自民党はこの「兄弟分裂」により由紀夫の「友愛精神」という理念が色あせることを狙っていた.これに対して,「自民党,野中広務幹事長はそこまでやるか」(鳩山由紀夫代表)と民主党は反発した.

政党が配布したビラも話題となった.自民,公明,保守の3党連名で,「ひとのアラ探しは得意です」「リベラルですが徴兵制も考えます」「無節操が信条です」などと民主党に挑発的なビラを配布している.また,共産党を中傷するビラの配布にかかわったとして,自民党・公明党と創価学会が共産党から公開質問状を受けている.このようなビラ配布作戦は,今回総選挙に対する自民党の危機感の表れであろう.

(6) 議席目標と選挙結果

4月13日の時点ですでに,野中幹事長は自らの責任ラインとして229議席を打ち出していた.野中によると,これは前回総選挙での獲得議席数239から,この総選挙から削減される定数の半数10を引いたものである.その後,内閣支持率が急落すると,中川秀直幹事長代理は5月27日に215議席を勝敗ラインとして打ち出した.

連立与党としての勝敗ラインについては,自民・公明・保守の幹事長は5月29日,安定多数の254議席を打ち出した.また,青木幹雄官房長官は翌日に絶対安定多数の269議席を勝敗ラインとして示唆している.3党での現有議席は336議席(改革クラブ含む)であった.

結局のところ自民党執行部は,最低限,単独で229議席,連立3党で254議席を確保し,さらに3党で269議席まで上乗せを目指すという計算を働かせていたようである.

総選挙の結果,自民党は小選挙区で177,比例区で56,計233議席を獲得した.現職閣僚の玉沢徳一郎農水相(岩手1区),深谷隆司通産相(東京2区)をはじめ,与

謝野馨前通産相（東京1区），越智通雄前金融再生委員長（東京6区）といった有力議員が多数落選した．また，選挙協力の相手である公明党が議席を減らしたのを受けて，野中幹事長は「私は万死に値する」といったんは辞任する意向を示した．しかし，3党で絶対安定多数（269議席）を超える議席は確保していたため，森首相は続投することとなり，党三役は，野中幹事長と亀井静香政調会長が留任，総務会長が池田行彦から同じ加藤派の小里貞利に代わっている．

　総選挙と同日の参院補選に伴うおもな派閥の勢力の変化はつぎのとおりである．衆参議員の合計で，旧小渕派は2増の95人，森派が3減の61人，加藤派が8減の60人，江藤・亀井派は11減の52人，山崎派は8減の22人となった．旧小渕派は唯一勢力を伸ばし，森派も大幅な減少を免れて第二派閥となった．同じ主流派でも江藤・亀井派は大きな打撃を負い，明暗を分けている．非主流派の加藤派，山崎派は大幅に勢力を後退させた．

　執行部の方針に反して立候補した自民系候補については（表10-3参照），（2）で触れた22人のうち5人が当選しており，それ以外にも6選挙区について，実際には野党候補が当選したものの与党系で候補者統一が成功していれば与党が議席を獲得した可能性が十分にある[20]．つまり，公認調整などの失敗によってすでに連立与党は11議席を失っていたということもできよう．ただし，野中幹事長が選挙後の7月1日に選挙協力に反して立候補して当選した者について入党を認めない方針を示していたにもかかわらず，上記の5人は2001年9月までに全員自民党に入党（復党）している．

　比例区の名簿順位を決定する際，一部の比例区単独立候補者を優遇した結果，比例区での不調を受けて重複立候補者の復活当選は少数に留まり，比例区全当選者56人のうち7人にすぎなかった．96年総選挙では比例区全当選者70人のうち実に32人が復活当選者であったことに比べれば大きく減少していることが分かる．東北，北関東，東京，中国，四国の各ブロックでは，重複立候補者の復活当選はなく，北陸，東海，九州の各ブロックでも，優遇されて上位に登載された重複立候補者の復活当選のみで同一順位で並ぶ重複立候補者の復活当選はなかった．

　選挙結果を受けて危機感を抱き，執行部の体制が基本的に継続したことを批判する声も党内に高まった．とくに都市部で有力議員を含む落選者が相次いだことで，都市部の若手議員の間に危機感が強まり，地方へのバラマキ批判，都市型政策の提言が多くなされた．こうした流れのなかで「自民党の明日を創る会」が石原伸晃を代表世話人として結成され，抜本的な党改革を求めて執行部批判を展開した．

（7）候補者ポスターと政党の戦術・特徴

a．政党ポスター

　政党ポスターでは，森首相の正面写真を大きく載せ，「小渕前首相の思いを受けつぎ『景気回復』を必ずやりとげます。」という文言を掲げた．（5）で見たように，小

渕の遺志を継ぐと強調して選挙戦を「弔い合戦」と位置づけようとするのは意図的であろう．しかし不人気の森首相を前面に押し出す点は戦術としては理解しがたい．このポスターを，やくみつるは「（森首相は）堂々と写っているが，いばれた解散でもあるまい」，島森路子は「小渕さんの弔い選挙，という意図が露骨すぎる」と評する．こうした指摘を予想してか，自民党広報担当者は「使うかどうかは各支部の判断に任せ，本部からドーンと送りつけるわけではない」としている．

b．候補者ポスター

自民党の候補者ポスターの特徴は表10-5にまとめられている．

顔写真が大きくてスローガンが小さく[1]，自民党候補はポスター上でまさに自らの「顔」で売っているようだ．候補者名はやや小さい[1]が，候補者独自のロゴマークを入れる候補が多い[2]こと，政党としての公約の掲載が少ない[19]

表10-5 候補者ポスターの特徴（自民党）

章別	番号	自民党候補のポスターの特徴	参照頁
デザイン	[1]	顔写真は大きい．政党名の面積は平均より小さいが民主党よりは大きい．スローガン等の面積は小さい．候補者名の面積はやや小さい．	p.47
	[2]	候補者独自のさまざまなロゴマークの記載者は多い．	p.57
写真	[3]	「顔の中心」のちらばり具合は小さい．	p.67
	[4]	全身を写したポスターは少ない．	p.69
	[5]	現職候補のなかで議員バッジをつけて写っている割合は低い．	p.76
文字情報	[6]	苗字にそれほどスペースを割いていないようである．左端に記載したものが多い．	p.83
	[7]	名前を横書きにしたポスターは少ない．	p.85
	[8]	姓名を漢字で表記したものが多い．	p.88
	[9]	政党名を2箇所以上に書いているポスターが多い．複数表記では比例区向けが大きく，1つしかない場合は公認表記が多いという2極化が見られる．	p.94
	[10]	閣僚などの重要な経歴を積極的に載せている．	p.98
	[11]	スローガンの文字数は少ない．	p.105
	[12]	カタカナ語などの使用率は低い．	p.108
	[13]	未来志向の言葉としては，地元の未来を志向した言葉が多い．	p.110
	[14]	候補者の出身地として地域名を出すなどではなく，スローガンで地元に触れるタイプが多い．	p.113
候補者属性	[15]	党首の名前・写真が入ったものはない．	p.138
選挙区属性	[16]	都市の候補ほど候補者名が大きい傾向がやや強い．	p.159
政党	[17]	00年には比例区宣伝が入ったが，これは制度改変の直接的な影響であり，79年と比較して，大きな変化はないと考えられる．	p.174
	[18]	比例区での所属政党への投票の呼びかけ・政党ロゴマーク・公認表記，記載する割合はいずれも高い．	p.178
	[19]	公約の掲載は少ない．	p.185
	[20]	自民党の議席独占県ではスローガンのないポスターが多い．	p.187

ことなどは，選挙戦で政党よりも候補者個人が主体となってアピールしている面が大きいことを示していよう．（2）a．で示したように公認調整の失敗が多発するのも自民党候補者のこうした特徴の表れといえる．

しかし他方で，比例区についての言及や政党ロゴマークの記載が多い［18］という特徴も見られる．これは（2）b．で述べたように，執行部の比例区票掘り起こし圧力の表れと見ることができよう．ただ，これは各候補者が執行部に好意的だということではないのではないだろうか．党首の名前や写真を誰一人載せようとしない［15］ことがそれを物語っている．

名前を横書きにするものが少なく［7］，漢字表記が多く［8］，カタカナ語などを使わない［12］という傾向からは自民党の「旧態依然さ」が感じられる．さらに顔の位置が集中している［3］ことや全身で写真に写る候補が少ない［4］ことからも，ポスター制作，ひいては選挙運動を，従来的でオーソドックスな形で行う自民党候補の姿が浮かび上がる．

地元の重視も自民党候補の特徴として挙げられるが，ポスター上にもそれは見事に表れている．そもそも地元について触れるスローガンが多く［14］，未来を志向するときにも地元を念頭に置いている［13］のである．

簡単にまとめると，自民党候補者は，党執行部の圧力を受けながらも，独自に選挙戦を戦おうとするが，地元志向を前面に出し，旧来的なスタイルで選挙運動を展開しているのだといえるだろう．

(自民党担当　山本耕資)

4．民主党

(1) 状況

旧民主党に民政党，新党友愛，民主改革連合が合流し，1998年4月に誕生した新民主党は，合党以来初の全国レベルの国政選挙であった98年参議院選挙で予想以上の成績を収め，橋本龍太郎を首相の座から引き摺り下ろすことに成功した．この結果は代表であった菅直人をはじめとする民主党幹部に自信をつけさせ，来る総選挙での政権奪取という目標がけっして不可能ではない現実的なものであると所属議員，他党幹部，世間に認識させるものであった．しかし結果的には民主党は2000年総選挙で限定的にしか勝利せず，2001年の参院選挙では「生まれ変わった」自民党と公明党の連合の前にまったく歯が立たなかった．

98年以降2000年総選挙までの民主党の選挙戦略は，互いに密接に絡んだ2つの問題により迷走した．1つは連立パートナーとして公明党を確保できなかったという政権戦略の問題，もう1つは民主党という党がさまざまな勢力の寄り合い所帯であることに起因する党内統合の問題である．

公明党を野党共闘路線に留まらせることができなかったのは，必ずしも民主党の責任ではない．公明党が98年参院選の結果得たキャスティングボートの地位をうま

く利用し，同時に小渕派支配体制下の自民党が躊躇なく自公連立の方向を明確にしたからである[21]．しかし自公路線の確立後もなお民主党は公明党との共闘を探り続けたために，自公連立に対する明確な攻撃を仕掛けることができなかったのは政権を目指す政党としてマイナスであった．また，こうした公明党との不明確な関係によって，後に述べるように選挙区候補の擁立戦略にも大きく狂いが生じ，結果的にいくつかの議席を損した可能性がある．ただし，民主党にとってみれば，公明党・創価学会の票がなければ「政権の獲得」という目標の達成はそもそも不可能であったろう[22]．

このような公明党との関係の不明確さは，党内に公明党と歴史的に協力関係にある旧民社党・新党友愛勢力を抱えているためでもある．これに限らず，政権戦略，政策選択が議題として上るたびに党内の亀裂が浮き彫りになる．国旗国歌法案の採決など，与党側にこの党内の足並みの乱れを利用され，多くの失点を重ねた．党内対立の問題は，99年9月の党首選で菅直人に代わり鳩山由紀夫が選出されるという事態にまで発展した．鳩山自体は旧民主党の出身だが，鳩山を支えたのは多くが新民主党から加わった議員であった．党内の融和を進めるにあたり鳩山は適任といえたが，リーダーシップ，迫力に欠けるという風評どおり，路線の明確化は総選挙の公示日に至ってもなされず，結果的に与党側に多くの攻め口を与えた．

(2) 候補者の公認と選挙協力
a．小選挙区

民主党の小選挙区における公認方針は，比例区での得票を増やすためになるべく多くの選挙区で立てるというものであった．その目標数は250選挙区で，残り50は公明党などとの選挙協力のためのものであったが，後に公明党は自民党との連立に傾いたのである．また目標設定は，「250選挙区で候補を擁立」，「会期中に200人擁立」などたびたびなされたが，裏を返せばそれだけなかなか候補擁立が進んでいなかったことを意味する．

（1）で述べたとおり，民主党の候補者擁立戦略は党内統合の問題と公明党との関係により迷走した．選挙区の1次公認は98年10月28日に発表されたが，目標としていた「100人以上」どころか現有議席数よりも少ない66人（現職47人，元職7人，新人12人）の公認に留まった．その理由は地方組織の統合が進んでいないために新人の発掘が進まず，また，現職や旧党派所属の立候補予定新人の間で競合している選挙区が多かったためである．一部の選挙区では公明党の候補との選挙協力を模索し，候補者擁立の見送りも考慮されていた．2次公認は11月18日に行われ，選挙区では17人が公認された．このとき選挙区と比例区の重複候補の原則が崩れ，5人の比例区単独候補者が公認されている．この後，98年中に3次（12月1日，4人）と4次（12月25日，16人）の公認を発表したが，その後は調整が着いたところ，候補者が確保できたところというように数人ずつ（ときには1人ずつ），五月雨式に

候補者が発表されていった．結局，目標としていた250議席での候補者擁立は成らず，最終的な候補者数は242人であった．

以下，民主党の公認決定過程における特徴的事例や背景を，「公明党問題」，「自由党，社民党との選挙協力の問題」，「候補者の『逃亡』問題」の順に見ていく．

まず，公明党との関係について見てみると，民主党は公認にあたって，1次公認当初から同党との協力を重視し，公明党候補がいる選挙区には公認候補を擁立しないなどの方針を立てていた．しかし99年8月に自公連立成立が確実になったために，公明党候補がいる選挙区でも候補者を擁立する方針に転換している．こうした転換は公認調整に混乱を招き，選挙結果にも影響を与えている．例えば，東京17区では候補を立てないことによって公明党の山口那津男を支援し，他の選挙区で創価学会からの支援を受けようという戦術に出た．しかし，自公対決に埋没して比例区の得票が伸びないのではないかなどの心配により，前回旧民主党で立候補し今回は無所属で出馬していた米山久美子を選挙期間中に急遽推薦し，幹部によるてこ入れも行った．このような事情から，米山のポスター（508頁）には菅直人とのツーショットの写真がシールとして張られている[23]．

一方，具体的に選挙協力を結実させている例もあり，その多くは関西の旧民社党，連合系候補であった．兵庫県では，公明党を含む旧野党が「兵庫五党協」という協力組織をつくり，これによる統一候補擁立，公認調整が早くから行われた．大阪では，兵庫五党協のような母体はなかったが，旧同盟系を中心とする連合，民社協会が中心となり民主党と公明党の間での選挙協力が実現した．大阪の公明党候補のポスターに民社協会の名が見られるのはこのような事情による[24]．これらの選挙協力は，自公連立発足後も基本的に維持された．民主党執行部は選挙前に公明党批判を強めたが，その後も旧同盟系労組の連絡組織である友愛連絡会が公明党候補の支援に回るなど，まったく足並みは揃わなかった．

結局このような状況のなかで，民主党は「単独過半数」から「与党の過半数割れ」に目標をシフトさせ，当初は慎重であった野党間共闘を進めることになった．具体的には民主，自由，社民3党の選挙協力であるが，これは実際には民主-社民，民主-自由という2種の2党間協力であり（社民-自由間の協力はなかった），かつ民主党と両党との関係は大きく異なるものであった．以下，順に見てゆく．

まず自由党との関係について見よう．自由党との選挙協力交渉が実質的に開始されたのは小沢一郎の「民由社連立論」が明らかになってからだと思われるが，この時点で民主党は選挙区で230人を擁立しており，自党の候補が存在していない選挙区において自由党の候補を推薦するというのが基本的な選挙協力であった．自由党からも推薦を得たが，自由党の地方組織が岩手以外ではほとんどない状態では，民主党にとって推薦より他の野党から候補が立たないことの方が効果は大きかったろう．

一方社民党とは連合を介して当初から選挙協力が模索された．しかし，旧民主党が結成されたときのごたごたや，旧民社党系への嫌悪などがあり，九州を中心とし

た限定的な協力に留まっている．沖縄県や新潟県など社民党の強い県ではむしろ民主党への非協力の姿勢が目立っており，沖縄3区，新潟1区で旧社会党系の民主党公認候補に対して自前の候補を立候補させたのは「恨み」からだとも噂されている．沖縄2区では民主党の新人候補は支援せず，その代わりに3区とのバーターで自由連合の候補を支持している(25)．社民党との協力が達成されたのは，九州の各県や福井，秋田などである．しかし秋田では自由党が全選挙区で候補を立てるなど，お世辞にも野党共闘がうまくいっているとはいえない．社民党の候補は71人出馬しているが，そのうち41人が民主党候補と競合しており，競合率は6割となっている．同じく自由党は61人中49人と競合率8割となっており，次回以降の選挙では野党間の協力から一歩進んで候補の統一が必要であろう．

民主党の候補擁立にまつわる苦悩は他党との協力に関することだけではない．なんとか探し回って擁立した候補者に逃げられるという，党としての基盤の弱さに起因する問題が頻発している．千葉7区では擁立した候補が公認を辞退するということが2度続き，最終的に候補を擁立することができたのは告示まで3週間を残すだけの段階であった．最初に公認した栄博士は公認を辞退したにもかかわらず，東京2区に無所属で立候補している．この後に公認が降りた候補は病気を理由に辞退した．地元を代表する政治一家の出身で「マツキヨの社長」こと松本和那（自民）が対抗馬であり，勝利はとうてい望めない選挙区であったことが影響しているだろうと思われる．千葉ではやはり強力な自民党の現職がいる12区でも候補が辞退しており，計3候補に「逃げられ」ている．他に対抗馬の強さが影響したと思われる例では，新潟5区からの出馬を取りやめた元職の星野行男が挙げられる(26)．相手は田中真紀子であるが，不出馬決定が選挙直前の5月であったことから，後継候補を立てることはできなかった．

また岡山5区では，加藤六月の娘婿である加藤勝信を「勝てる候補」として推薦したが，選挙直前の5月に「加藤の名を残したい」などの理由で加藤は自民党に入党し，比例区から出馬するという事件も起きた(27)．これらの事例は，「二大政党の一角」という自負とは裏腹に政治家を志す人々にとって民主党がまだまだ頼りない政党であることの証であろう．

候補者擁立過程は以上のように困難が多かったが，一方で新たに発掘し擁立した候補者には善戦する候補も多かった．もっとも良い例は地元を代表する政治一家出身である船田元を破った栃木1区の水島広子であるが，落選した候補でも徳島2区の高井美穂，福岡2区の岩本司など自民党のベテラン候補相手に善戦した若い候補が多かった．加藤の代わりに岡山5区で擁立した秦知子や千葉7区で急遽擁立した内山晃も遅れて参戦したものの3割の得票を稼いだ．水島と同様，候補者公募に応じて立候補し当選した候補者には大島敦（埼玉6区）がいるが，彼のポスター（430頁）に「候補者公募で選ばれた新鋭」と明記されているように，民主党にとってこれら「新鋭」候補者たちの善戦は今後の選挙のための財産となるだろう(28)．

b．比例区

　旧民主党時代，現職と新人の重複順位に差をつけたのに対し不満が出たのを受けて，現職であるか新人であるかにかかわらず原則として選挙区に立候補した者はみな比例区に同順位で並べることとした．こうすることで，多くが民主党の弱い地域で立候補している新人に，自らの当選可能性を高めるために選挙運動に手を抜かないように努力させるのが目的である．しかし一部の候補は，公認調整による選挙区の移動を受け入れる代わりに当選確実な順位で比例区名簿に登載されている[29]．

　また，当初候補者は全員選挙区に出馬させる方針であったが，選挙区調整により比例区単独になった候補が数名[30]いる．民主党は自民党と違いコスタリカ方式は取らないことになっており，96年の選挙で比例区の候補であったものが2000年も引き続き比例区で出馬する例が多かった．しかし総じて自民党に比べ調整の必要な選挙区は少なかったため，比例区単独候補は少なく，惜敗率による順位争いには意味があったといえよう．

（3）各種団体の支援

　民主党の最大の支援組織はいうまでもなく連合である．連合は最終的に小選挙区・比例区合わせて242人の民主党候補を推薦している．ただし，連合は99年7月の段階で，比例区では支援対象を民主党に一本化することを決めている一方，小選挙区については「民主党を基軸とする」とし，他党への協力の余地を残していた．この方針の裏には，連合が旧社会党・総評系と旧民社党・同盟系のさまざまな労組を抱えているという事情がある．自治労など旧社会党系の労組は，選挙区で民主党の候補が出馬していても社民党の候補を支援することがあるのである．ただし，このように（民主党同様）内部統合の問題を抱えている連合の存在は，選挙においては非自民勢力を糾合する核として重要である[31]（例えば，大分では社民党との選挙協力を仲立ちし，成功を収めている）．民主党にとって連合は，「集票組織」としても重要であるが，他党との関係を取り持つ意味でも貴重な役割を果たしているといえよう．

　労組以外では，前回総選挙でほぼすべての選挙区で自民党候補を推した立正佼成会，霊友会などの創価学会に批判的な宗教団体などでつくる「四月会」に対して，民主党は接近を図っている．「つぎの選挙では民主党の候補を推薦する余地が出てくる」（霊友会）などの声もあったが，民主党が自公の連携以前には公明党と協力関係だったこともあって簡単には協力できないという気運もあった．結果，総選挙時に立正佼成会は民主党候補を34人，霊友会は3人推薦している．その一方で，民主党執行部の最終的な方針にもかかわらず，旧同盟系労組は歴史的に関係の深い公明党・創価学会との協力を今回も進め，この結果創価学会の支援を受ける民主党候補も存在した[32]．

（4）政策的主張
a．政策アンケート
『朝日新聞』の政策アンケートに対する民主党の回答は表10-6のとおりである．
b．政党公約
「15の挑戦」を柱に，「110の提案」と題する総選挙公約を発表している．所得税の課税最低限引き下げや環境税導入，公共事業削減を明記して，「あえて厳しい訴えも盛り込んだ」（鳩山）という．これは，「ばらまき，無責任政治の自公保」（鳩山）との差異化を図るとともに，（とくに「課税最低限引き下げ」に見られるように）民主党

表10-6　政策アンケート回答（民主党）

政策分野	民主党の回答
景気対策と財政再建	ただちに健全化ビジョンを策定し，経済再生と両立させる．情報公開で無駄を一掃，公共事業を10年で3割以上削減し，一部はIT関連投資や社会保障に再配分．国のかたちを分権連邦型に変え，中央集権の無駄を削減．
憲法問題（9条）	有識者の意見を聞きながら，論憲の立場から議論していくが，9条の平和主義の基本原理は維持されるべきだと考える．集団的自衛権行使の是非は，憲法解釈の変更で行うべきではない．
地方分権	国の担う公共事業は大規模空港，港湾，高速道路などに限定すべきだ．国と地方の税源配分は1対1に．補助事業は極力限定し，補助金は「統合補助金」化して，事業の優先順位などは自治体が独自に判断できる仕組みが必要だ．
規制緩和	産業の保護・育成を目的に作られた各種の参入規制・価格規制を撤廃し，市場原理に基づく自由・公正な競争市場を確立する．社会的規制は必要に応じて残し，各種のセーフティネットの整備を並行的に進めていく．
思いやり予算・安保条約	思いやり予算は，時代の推移に合わせた厳しい検証をし，必要なものは残し，不必要なものは削減すべきだ．安保条約は米国との緊密な話し合いを前提に，国内法令の整備などを通じて事前協議制度のあり方を明確にする．
教育改革	教育の諸問題を話し合い，改革案を提示する中で，教育基本法の改正が取り扱われるべきである．突出して「愛国心」や「道徳心」の養成のみを挙げて改正を議論することは危険である．
社会保障	基礎自治体を基本に広域自治体，国が補完しあう「分権連邦型国家」を目指す．「スリムな中央政府」と「効率的で身近な地方政府」が，税財源も含め対等の仕組みを確立する．基礎年金は税で国が運営し最低限の所得保障をする．医療や介護は地方政府が責任を持って行う．
雇用	政府の「70万人雇用創出」策の失敗は，「公的措置＝単なるバラマキ」と考えたから．民主党の主たる公約措置は職業能力の開発．失業率と有効求人倍率が同時に上昇しており，必要とされる産業に労働者がうまく供給されていないのがわかる．
環境税	環境税は必要．化石燃料の炭素含有量及びエネルギー消費熱量を課税対象とする環境税を創設し，新エネルギー導入支援策や省エネ対策等への補助金に重点的に支出する．

に政権担当能力があることを示そうとする戦略である.

　国の基本的なあり方として,「分権連邦型国家」を掲げる.これは,全国の自治体を10程度の道州と1000程度の市に再編したうえで,国と地方の税財源比率を現行の2対1から1対1に転換する,自治体に課税自主権を認め地方債の許認可制を廃止する,国の仕事を外交・防衛・司法・通貨などに限定する,というものである.この他に,消費税を福祉目的税化し,現行の国民年金(基礎年金)を「国民基本年金」として財源を全額税でまかなう,公共事業を5年で2割,10年で3割削減する,という構想も打ち出している.安全保障政策では,国連平和維持軍(PKF)本体業務への参加凍結解除や,事実上の有事法制整備の方針を示した.その他,長良川河口堰の運用見直しや通信傍受法廃止も掲げている.

(5) その他

　鳩山代表は建前では自民党を上回る議席獲得を目標としたものの,現実的には政権奪取のためには自民党分裂への期待も強かった.そのあまり,鳩山は6月18日にテレビ番組で,自民党の加藤紘一が離党すれば総選挙後に首相指名選挙で推す可能性もあることを示唆した.内外からの批判の末,20日に民主党は総選挙後の鳩山首班指名を確認しているが,この発言はリーダーシップの欠如と政権戦略の曖昧さを露呈させた.

(6) 議席目標と選挙結果

　野党第一党でありながら衆院総議席の5分の1にも満たない勢力であった民主党にとって,今回の総選挙での飛躍は至上命題であった.総選挙が不人気な森内閣の下で行われるとは予想されていなかった1月時点で,熊谷弘幹事長代理は小選挙区94,比例区77の計171議席に,現有議席からほぼ倍増することを目標として掲げている.解散後も鳩山代表は与党の過半数割れと自民党を上回る議席の獲得を目標として表明し,民主党を軸とする政権の樹立を強調した.しかし幹部の間に現実に議席数で自民党を超えるのは難しいとの認識はあり,本音では150議席程度を目標としていたようである.実際「今回は一定の躍進を遂げ,次の総選挙で政権をねらう」(鳩山代表周辺)との声が上がっている.情勢調査の結果民主党の伸び悩みが伝えられると,「130議席を獲得し二大政党制につなぐ選挙」(鳩山代表周辺)だと位置づけられた.鳩山代表は選挙前勢力を上回る議席を獲得できれば代表を続投し執行部を留任させる考えを明らかにしている.

　選挙の結果,獲得議席は選挙前の95議席を大きく上回ったものの127議席で130には届かず,自公保の絶対安全多数維持を許した.しかし,執行部は「政権を担い得る二大政党の一翼になってくれという期待感をもらった」(鳩山代表)と受け止めている.議席増には森首相の失言など敵失によって無党派層の追い風を得たという面も強く,党としての基本路線の明確化とその国民への浸透,組織強化,政権構想の

具体化などの課題が残った．
　野党間の選挙協力は全体として不調であった．与党の対抗候補が有力であったことに加え，協力体制がかみ合わなかったためである．数少ない成功例としては大分での社民党とのバーター協力が挙げられる．大分1区の民主党・釘宮磐を社民党が，同4区の社民党・横光克彦を民主党がそれぞれ推薦し，ともに当選を果たした．また，福岡1区の松本龍，山形1区の鹿野道彦らも社民，自由の推薦・支持を得て当選している．

(7) ポスターと政党の戦術・特徴
a．政党ポスター
　政党のポスターとして『朝日新聞』の特集に登場していたのは「奪る。」と黄色の背景に毛筆体で大書きしたポスターである．これは「と」とふりがなが振ってあるように，ワープロで変換しても出てこない造語であるが，文字通り政権の座を奪うという意欲を示したものだろう[33]．黄色と黒と赤（政党ロゴ）で互いに目立つ色でまとめられており，やくみつる，島森路子両採点者もこの「意気込み」面は評価している．民主党担当者のコメントは「迫力不足という印象をぬぐいたかった」というものであったが，民主党の広告戦略の方向性は，いかに自民党に取って代わる政党であると認識されるかということ（政権担当能力のアピール）であったといえるだろう．「政権担当能力を示す」という戦術は，前述の政党公約のところでも見られたように（所得税の課税最低限引き下げ），当選挙における民主党の一貫した姿勢であり目標であった．
　そのような観点からすると，ポスターからは離れてしまうが，総選挙中に流れた同党のテレビCMはやや失敗作であったといわざるを得ない．民主党のCMは，ある会議で「日本を変える」という党首の鳩山に対し，出席者が嘲笑を浴びせながら「冗談でしょ？」と馬鹿にしたのに対して鳩山が「冗談じゃない」とやり返すという場面から始まる一連の物語を，15秒（30秒）に区切ったものである[34]．評価者によってその印象に違いがあるだろうが，鳩山の演技は迫力不足そのものであった．全体的に黒を基調としたCMであり，【黒色系のポスター】(55頁)でいわれているような「抑圧を跳ね返す意思の強さ」のようなものを演出しようと試みたのかもしれないが，かえって鳩山の演技力のなさを引き立て，このCMの暗さが浮き彫りになっている．これでは「政権担当能力のある頼れる政党」というイメージは生まれないだろう．個人的（＝菅原）には，鳩山をCMに出演させるなら大石尚子のポスターに見られたようなコミカルさを引き立たせるような方向で演技させるのが良いように思われるが，どうだろうか[35]．
　ところで，民主党ポスターは「奪る。」以外には政権奪取後の展望等何も書かれていない．政権交代を目指すという一点では党内に合意がある一方で，「寄り合い所帯」から脱皮できず路線が明確化できないでいるといった事情が反映されているよ

うにも思える.

b．候補者ポスター

　民主党の候補者ポスターの特徴は表10-7にまとめられている.

　まず,（陳腐な工夫も含めて）「目新しさ」を狙っているようである［4］［7］［12］［13］．これは，既存の自民党政治の打破を目指す野党第一党として，チャレンジングな姿勢をアピールした候補が比較的多かったものとも考えられる．しかし，これは新人候補の多さによるものでもあり，とくに公認が遅れた候補者にはこうした「目新しさ」に頼るしか戦術がなかったという事情の反映でもあろう（公認の遅れは（2）で見たとおりである）．逆に，現職候補はわりに「堅い」つくりのポスターが多い.

　このように「若さ・新しさ」をアピールする候補者が比較的多いこととも関係するが，民主党候補のポスターの特徴として，「多様性」を挙げてよいだろう．オーソドックスなもの（例えば，鳩山由紀夫，427頁）から「奇をてらった」もの（例えば，岩本司，446頁）までさまざまである．これは候補者の年代の幅広さとともにイデ

表10-7　候補者ポスターの特徴（民主党）

章別	番号	民主党候補のポスターの特徴	参照頁
デザイン	[1]	政党名，候補者名はやや小さい．スローガンはやや大きい．顔写真の大きさは平均と大差ない．	p.47
写真	[2]	「顔の中心」の散らばりが，自民よりはやや大きいものの，比較的小さい．	p.67
	[3]	全身を写したポスターは比較的多い．	p.69
	[4]	色シャツを着用して写っているのは民主党候補が多い．	p.72
	[5]	現職のなかで議員バッジをつけているものは多い．	p.76
文字情報	[6]	苗字の記載場所はおおよそ3箇所に分散している．	p.83
	[7]	苗字が横書きである割合が平均より高い．	p.85
	[8]	姓名が漢字のみで表記される割合は平均くらい．	p.88
	[9]	自民党ほどではないが，政党名の複数表記が見られる．	p.94
	[10]	閣僚などの政府内・議院内の経歴はまったく載せていない．	p.98
	[11]	スローガンなしのポスターは少ない．	p.105
	[12]	カタカナ語・英語・URLとも多く用いている．	p.108
	[13]	未来志向のスローガンの使用率は高い．	p.110
候補者属性	[14]	候補者本人またはその政治的肩書きと地元との近接性を示すものが多い．	p.113
	[15]	菅幹事長は党幹部としては例外的にポスターに多く登場する．鳩山党首は選挙向けタレントとは考えられていないようだ．	p.138
選挙区属性	[16]	都市度とポスターの各要素の面積との相関関係はほとんど見られない．	p.159
政党	[17]	比例区への言及は少ないが，政党ロゴはきわめて多い．	p.178
	[18]	党首のポスターはオーソドックス（名前縦書き，写真は正面を向いた顔写真）．「党首性」は感じられない．	p.184
	[19]	公約の記載は少ないが，分野は幅広い．	p.185

オロギー的な幅の広さの表れでもある．この特徴は，1つには公約・政策の多様性 [19] としてポスター上に表れている．

ところで，公約表記自体は少ない [19] が，これはとくに民主党候補の特徴といえるものではない（【政党別公約】(185頁)参照）．むしろ，なんらかのスローガンを入れる者が多く [11]，またそれに比較的大きなスペースをとっている [1] ことから，(具体的な「公約」といえるものではないにしろ) なにがしかの主張を掲げている者が多いということに注目すべきだろう．これも挑戦者としての意気込みの表れの1つだと考えられる．これは，民主党自体が挑戦者であるということもあるし，候補者に新人が比較的多いということでもある．

党リーダーのありようも候補者ポスターに表れている．鳩山は自民党の森喜朗に比べれば，候補者ポスターに登場する回数は多い（鳩山2回，森0回）が，菅直人の方がより登場回数が多い（4回）という点で，党内でのリーダーシップの弱さや，世間での人気のなさを物語っている．

最後に，表には出ていないが，上述した民主党の選挙戦術との絡みで重要と思われるポイントを2点挙げる．第一に，公認戦略と選挙協力をめぐる混乱が候補者ポスターに表れていることである．そのいきさつと例は（2）a．で既に述べた．第二は，党としての目玉政策である「所得税課税最低限引き下げ」が候補者ポスターでは，まったく触れられていないことである（「減税」を訴えている候補者はいるが[36]）．これは，「政権担当能力をアピールする」という党の意図と，実際の候補者の戦術との間に距離があることを示している．良くいえば候補者の自律性の高さ，悪くいえば党内統合の弱さがここに表れている．

以上をまとめると，民主党候補のポスターは，比較的若い候補を中心に「新しさ」をアピールして「政権交代に挑む挑戦者」というイメージを売る一方で，党内の意見の多様性や党首のリーダーシップの弱さ，そして党の路線の不明確さをも象徴していたといえよう．

（民主党担当　菅原　琢・山本耕資・境家史郎）

5. 公明党

（1）状況

前回96年の総選挙では，公明党系勢力は新進党のなかにいた．その後98年に公明党は再結党されるのだが，94年の新進党の結党から現在までの公明党系勢力の流れを見ていく．

94年12月に「国民参加型政党」と銘打って新進党が結党された．当時，公明党は衆院52人，参院12人を有する第三党であり，新進党に参加した諸政党のなかでも新生党（衆参合わせて74人）につぐ勢力だった．公明党には1選挙区2万票ともいわれる創価学会票があり，新進党は「小沢・創価学会党」といわれることもあった．この時参院議員中心に新党「公明」も結党され，これは新進党解党を経て公明党再

第10章　2000年総選挙・各政党の戦術とポスター分析のまとめ　273

結党に至るまで，衆院とは別に活動した．96年の衆院選での敗北を経て，97年12月に新進党が解党に至ると，旧公明党議員は難しい立場に立たされた．保守色，小沢色を強くし政権に近づこうとする小沢一郎率いる自由党と，リベラル・反自民で結集しようとする旧民社党グループを含む勢力（これらは後に民主党に合流）で，新進党は大きく2つの極に分断された．旧公明党衆院議員は，両勢力の間で揺れた．支持母体の創価学会は分裂回避を望んだが，結局5人が自由党に参加，残る者ら37人で「新党平和」が結党された．自民党が大敗した98年の参院選を経て，98年11月，94年以来分かれていた公明党系勢力は，参院の「公明」，元新進党議員からなる「新党平和」に，自由党に参加した5人を加え，公明党を再結党した．この時点で65人（衆院42人，参院23人）の第三党となった公明党は，自民，民主の間でキャスティングボートを握ることとなった．

その後，99年10月から公明党は自自公連立政権に参加し政権党となる．そして4月の小渕首相死後も，引き続き自公保連立を維持し，政権に留まった．公明党は2000年総選挙時にも，自民，民主につぐ第三党としての勢力を保っており（改選前42議席），初めて政権与党として総選挙に臨んだ．

本選挙では，争点は「政権の選択」だとして，自公保連立維持の姿勢を鮮明にし，自民党と広範な選挙協力を展開した．自民党幹部は98年の大敗を受けて参院での単独過半数獲得には相当の時間がかかると見ており，両党幹部は「ここ10年は連立の時代になる」と認識していた．したがって選挙協力は将来を見据えた強い協力だった．が，自公保連立批判の世論は強く，逆風の選挙だった．全国で750万ともいわれる創価学会票があり，公認調整では自民党からかなりの選挙協力を引き出していたが，自民支持者の票がすんなりと公明にいくのか，その効果は疑問視されていた．一方これまで長年野党として共闘していたものが突然の政権入りとなり，野党とくに野党第一党民主党との確執は激しかった．民主党の菅幹事長は選挙協力を「自公新党だ」とし，政教分離に踏み込んで公明党批判を展開した．一方，公明党は，新進党時代に創価学会の支援を受けて当選した旧民社党議員が多い民主党に対し，その「変節」は裏切り行為だ，として猛反撃している．

(2) 候補者の公認と選挙協力
a. 小選挙区

自自公連立成立まで，少なくとも98年の再結党時までは，公明党系勢力の立場は"自民と民主の中間でやや民主より"であり，2000年衆院選挙でも民主党との選挙協力を前提にしていた．その後99年10月に政権入りしてからは与党3党での選挙協力を急ピッチで進めた．

自民党は全国で750万票ともいわれる創価学会票を期待して譲歩，公明党は，東京大阪の大都市圏を中心とした重点区での自民候補の取り下げを求めた．2000年1月の選挙協力協議開始以降，21選挙区で候補者調整が検討されたが，最終的に17選

挙区で調整が成功した．ただ，調整は必ずしもうまくはいかず，4選挙区で両党公認候補が，また5選挙区では自民党の公認から漏れ無所属で出た保守系候補と公明党公認候補が競合した．結局公認は当初の23人から調整の結果18人になった．詳しくは，第3節（自民党）に譲る．

　自民党，保守党候補への推薦についてはつぎのとおりである．自民党候補への推薦は，当初50人程度に留まると見られていたが，創価学会票を期待する自民党候補からの駆け込み推薦要請が相次いで，結局150人を超えた．森首相，野中幹事長，亀井政調会長ら党幹部が軒並み推薦される一方，公明党の連立参加に距離を置く反主流派加藤，山崎，小泉の「YKKトリオ」は推薦名簿から外れており，公明党への姿勢が反映された形になった．保守党候補はそのほとんどを推薦．自民候補と保守候補が競合した3つの選挙区では，いずれも保守党候補を優先して推薦した．

b．比例区

　比例区単独で56人，小選挙区との重複で7人が比例区名簿に登載された．方針は，前・元職を優先したほか，小選挙区で立候補する意欲を持ちながら与党間の候補者調整などでやむを得ず比例区に回った人に配慮し，名簿上位に位置づけた．また，重複立候補となることで陣営が緩むのを警戒し，近畿，東海，九州の各ブロックでは重複立候補を避けた．この結果，重複立候補は小選挙区候補18人中7人に留まった．

（3）各種団体の支援

　公明党には，1選挙区2万数千票，全国750万票ともいわれる創価学会票がある．学会票は，前回は旧新進党議員を支え，その後公明党のほかおもに民主党・自由党に移ったが，今回は打って変わって自民党候補に下駄を履かせた．しかし，これまで政教分離問題で痛烈な創価学会批判を受けてきた経緯から，地域によっては自民党候補を支援することに抵抗感が強かったようだ．

　野党時代には長年支持母体だった連合は，公明党が与党になって対応が注目されていた．自民党からの圧力で公明党が辞退したことから結局，比例区では民主党支援一本化，公明党との協力は民主党にも配慮して選挙区ごとの個別的な支援に留め（例えば兵庫の「連合・5党協議会」は従来の協力関係を優先して統一候補に公明党の冬柴鉄三を選んだ），連合中央として公明党への支援は行わなかった．

（4）政策的主張

a．政策アンケート

　『朝日新聞』の政策アンケートに対する公明党の回答は表10-8のとおりである．

b．政党公約

　「多様な生き方を支える社会へ」と題した重点政策（公約）は，3つの柱からなる．①社会保障などの制度を職域中心から地域中心の考え方に変える②学校や病院など

表10-8　政策アンケート回答（公明党）

政策分野	公明党の回答
景気対策と財政再建	当面は景気回復に全力をあげ，2003年をめどに本格的な財政再建に移行．5年単位で目標を設定し，第1期で累積債務残高を対GDP比150%以下に．歳出の見直し，地方分権推進，公共事業改革などを実施．
憲法問題（9条）	9条を守るとともに，平和憲法の範囲内でできる国際貢献に積極的に取り組む．また，9条に基づき，わが国の自衛権は領域の保全に徹した専守防衛に限定し，海外における武力行使や，わが国の軍事大国化につながりかねない集団的自衛権の行使は慎むべきだと考える．
地方分権	地方分権の観点から，国から地方へ財源の移譲を促進する税制改革や，市町村合併の推進と並行して，公共事業の各省シェアの見直し，統合補助金への移行，事業決定過程の透明化，地方単独事業の拡大などを推進する．
規制緩和	経済的規制は原則撤廃・緩和する．特にIT革命を推進するため，通信・放送の融合を前提とした情報通信分野，職業紹介事業などの規制を緩和．併せて職業能力開発制度の拡充などセーフティネットを構築する．
思いやり予算・安保条約	在日米軍駐留経費の一部負担を削減することは適切ではない．日米関係の琴線に触れる問題だけに，慎重に対応すべきだ．在日米軍のマナーの向上を求めるためにも，日米地位協定の見直しを進めるべきだ．
教育改革	改正すべきか守るべきかは党内で検討中．教育基本法が非常に優れた基本法であることは間違いないが，一方で現状にそぐわないところがあることも事実．極端な右傾化を想起させる議論もある．慎重に議論を重ねて結論を出す．
社会保障	社会保障における「小さな政府」の考えに賛成．「過度な規制・保護をベースとした行き過ぎた平等社会への決別」を主張していることに賛同できる．しかし，不運にも敗者になったり失敗したりした人が再挑戦できる社会にする必要があり，セーフティネットはそれを実現できるよう充実すべきだ．
雇用	政府が失業対策として行っている雇用調整助成金制度や特定求職者雇用開発助成金の対象を拡大することを始め，雇用保険延長給付の対象地域の拡大，広域就職職業紹介活動などの事業拡充等を図るべき．
環境税	環境税は必要と考える．地球温暖化防止を実効的にするため，経済的手法の導入が重要．低税率・補助金併用型炭素，エネルギー税制の仕組みを導入．使途としてCO_2等削減に向けた技術開発，普及促進を検討．

の機構を「官」中心から民間中心にする③法令を分かりやすく透明性の高いものにする．具体的項目としては，2003年度から2次にわたる五カ年計画で財政赤字を減らすことや，医療，年金，介護，雇用の各保険料徴収や給付などの事務を一元化した「社会保障基金機構」の設立が盛り込まれた．さらに遊説では，2000年4月にスタートした介護保険制度について，現行では65歳になっている受給対象者を全国民とし，障害者に対する介護サービスを介護保険でまかなえるようにすべきと神崎代表が提言を行っている．

(5) その他

政党が配布したビラで話題を呼んだ．与党3党連名で民主党の中傷ビラを作成[37]．また，共産党を中傷するビラの配布にかかわったとして，公明党と創価学会が同党から公開質問状を受けている．

(6) 議席目標と選挙結果

目標として，小選挙区の公認18人全員の当選を含め，解散前より8議席多い50議席獲得を掲げた．自民党との選挙協力を期待しての"強気"の目標だった．しかし，候補者調整がつかず4選挙区で自民公認候補と競合，さらに5選挙区で比例区にまわるのを拒否して公認を蹴った自民党系無所属候補と競合し，また，比例区においても自公保連立批判の逆風が吹きあれており，当初から，「30議席台半ばが実力，40議席に乗れば…」との見方が強かった．

小選挙区で，現職18候補のうち7人しか当選できずに苦戦したが，比例区で一定の勢力を得て，かろうじて第三党の地位を確保した（42→31議席）．選挙協力の成否は，当初の予想どおり，公明党にとって「見返り票」の少ない一方通行に終わった．ただし公明が候補を立てず自民候補が出た267の小選挙区で，公明支持層が自民候補に投票したのは65％であったのに対し，かつての協力相手民主党にも15％が流れている[38]．創価学会票は全国的に自民候補に下駄を履かせたが，自民支持者は個人後援会が中心なだけに，公明への票の流入は鈍かった．候補者調整がつかず自民候補と競合した4選挙区，自民系無所属候補と競合した5選挙区，併せて9選挙区の戦績は，自民2勝，公明2勝だったのに対し，3選挙区を民主に，2選挙区を無所属に（うち1つは東京4区の森田健作）奪われるという惨憺たる結果に終わった．

(7) ポスターと政党の戦術・特徴

a．政党ポスター

政党ポスターでは，5つの基本政策ごとに2パターン，計10種類のポスターを作製した．教育，環境，情報通信など，政策ごとにコピーを載せた．時代のテーマを捉え，それに対するメッセージを伝えてはいるが，ややインパクトに欠ける印象は否めない．やくみつるは「テーマごとにメッセージを伝えようとする新しい試み」と評価するが，島森路子は「政党広告というより『愛鳥週間』『環境週間』のポスターのようだ」と主張のパンチの弱さを指摘している．

b．候補者ポスター

公明党の候補者ポスターの特徴は表10-9にまとめられている[39]．

公明党のポスターの特徴は一言でいって，「政党アピールより候補者個人アピールが強い」ということである．候補者名サイズが大きく，政党名サイズは小さい［1］．これは，20年前から基本的に変わっておらず［9］，その原因は政党拒否度の高さにあるといえそうだ［11］．つまり，投票したくない政党で共産党についで名前の

表10-9　候補者ポスターの特徴（公明党）

章別	番号	公明党候補のポスターの特徴	参照頁
デザイン	[1]	ポスター面の半分以下しか使用していない地味で簡素なポスターが主流．候補者名サイズは7政党中最大だが，顔写真サイズはもっとも小さい．政党名サイズは他党に比べもっとも小さい．スローガンサイズは保守党についで小さい．	p.47
	[2]	候補者独自のロゴマークの記載率はもっとも高い．	p.57
写真	[3]	議員バッジをつけて写真に写る候補者は多い．	p.76
文字情報	[4]	苗字を横書きにしたポスターの割合が保守党についで高い．	p.85
	[5]	全員（10人）が名前をゴシック体で書いている．	p.90
	[6]	政務次官などの経歴，および現職議員という経歴の掲載率が高い．	p.98
	[7]	未来志向のスローガンは少ない．	p.110
	[8]	地元志向のポスターは少ないようである．	p.113
政党	[9]	今も昔も変わらず政党より候補者をアピールしている．00年には，79年よりも，与党であることや自民党との選挙協力を反映した作りになっている．	p.174
	[10]	比例区での所属政党への投票の呼びかけ・政党ロゴマーク・政党公認の表記，いずれも，載せる割合はきわめて低い．	p.178
	[11]	拒否層の多さを意識して，政党アピールが弱く，候補者個人アピールが強い．比例区での自党への投票の呼びかけの記載が少ない．政党名自体の記載をしない候補が10人中4人いて，政党名の面積の合計のポスター全面積に占める割合も小さい．他党の推薦を載せる候補が半数いて，自党名のみ単独で載せた候補は3人しかいない．自民党推薦の記述の面積は，自党名面積とほぼ変わらない．スローガンも，政党の政策を訴えるというよりは，候補者個人の資質を全面に出したものが多い．	p.191
	[12]	自民党から推薦を得ていたポスターのある8候補のうち5人が，自民党という党名を記載．	p.193

挙がる公明党[(40)]は，できるだけ政党名を前面に出さない戦略を採っていると考えられる．立候補者18人全員が現職議員であり，全員が小選挙区当選を狙ったという事情から，比例区集票よりも，候補者個人の集票が重視された結果だ．事実，比例区での所属政党への投票の呼びかけ・政党ロゴマーク・政党公認の表記は，いずれも載せる割合はきわめて低い［10］．そもそも公明党という政党名そのものをまったくポスターに載せなかった候補者が，ポスター入手10候補中4人に上っている［11］．

　公明党ポスターに見られるもう1つの特徴は，拒否層を意識して公明党を前面に出さない反面，自民党，保守党の推薦を前面に出してアピールしたことだ．公明党は18選挙区中15選挙区で自民党と，全選挙区で保守党と選挙協力したが，当選は7名に留まった．ポスターでは，自民党から推薦を得ていたポスターのある8候補のうち5人までもが，自民党という党名を記載した［12］．さらにこれらの候補は，公明党表記の面積とほぼ同じサイズで自民党推薦を載せている［11］．このように，公明党の選挙は自民党，保守党との選挙協力中心に進められたことがポスター上から

も分かる．

(公明党担当　平田知弘)

6. 共産党

(1) 状況

　96年の衆院選では，他の野党が軒並み議席を減らすなかで，共産党は比例区を中心に得票し，15議席から26議席へと議席を増やした（内訳は，選挙区が2議席，比例区が24議席）．98年の参院選でも，共産党は改選議席で6議席から15議席へと倍増以上の躍進を果たし，議席数は非改選議席と合わせて23議席に達した．

　この参院選での共産党の選挙戦略は，一般に受け入れやすい「消費税の3％への引き下げ」を大きく主張し，また，不破哲三委員長・志位和夫書記局長という体制による柔軟路線を推し進めるというものであった．これらが効を奏し，共産党は民主党についで無党派層の支持を得て，その20％近くの票を集めることに成功する[41]．このように，従来の支持層だけでなく無党派層をも取り込んだことが，両選挙の大きな勝因であった．

　こうして迎えた2000年の衆院選では，自自，自自公，自公保と変遷した連立与党が安定した支持を集められず，野党による連立政権の樹立が現実味を帯びてきていた．共産党は，同年1月に行われた党の第5回中央委員会総会で，つぎの総選挙で与党側が過半数割れした場合には，日米安保条約破棄などの共産党の基本政策を凍結した「暫定政権」を野党勢力で樹立する方針を打ち出すなど，連立入りに意欲を示す．しかし，これに対して，野党結集のかなめとなるべき民主党は，「共産党が党名を改め，綱領を全面的に撤回して路線変更するのであれば，連立の可能性は否定しない」（鳩山由紀夫代表）として，共産党にとっては容易に受け入れがたい厳しい注文をつけた．

　衆院選が近づいても共産党のラブコールに対する民主党の冷淡な態度は変わらず，結局，共産党は同年5月15日に，野党による連立政権樹立構想を撤回し，民主党を競争相手として批判する方針を明確化することとなった．しかしその後も，不破委員長が，将来政権入りした場合について，自衛隊の解散要求を掲げた党の綱領に短期的にはこだわらず，当面は自衛隊を存続させて有事の際には「自衛隊を使っても構わない」とし，また，天皇が「お言葉」を述べる国会の開会式を欠席してきた党の方針についても，「（共産党が加わる）暫定政権の協議事項だ」として出席を検討する姿勢を示すなど，政権担当能力があることを強調する発言は続いた．目前に迫った総選挙後に野党の連立政権入りする可能性はなくなったものの，それまで進めてきた柔軟路線・現実路線から方向転換することは得策でないと判断したのであろう．

　しかし，このような言明は，共産党もいわば「普通の党」であるという弁解以上のものではなく，98年の参院選で俎上にあげた消費税問題のように，無党派層に強

くアピールしうる主張とはいいがたい．このように，連立入りに食指が動いた結果，かえって党の独自色が薄れてしまったのは，共産党にとって皮肉なことであった．

また，共産党にとってもう1つの大きな問題は，この衆院選から比例区定数が20削減されたことであった．これについて，不破委員長は「これは大きい．（中略）各ブロックを一つひとつ見ると，（与党側が）20削減した意味がよく分かる」と述べて，定数削減が比例区頼みの共産党をいわば「狙い撃ち」したものであるとの認識を示した．そして，「わが党でも，人が良くて風頼みの人がいる．総選挙で前進できる可能性は高いが，死力を尽くさないと現実にならない」と続けて，定数削減の影響に対する強い危機感を表した．

（2）候補者の公認と選挙協力

a．小選挙区

まず，99年6月に1次公認候補として190人を公認した．続いて，同年10月に89人を2次公認し（同時に1次公認の2人の公認を取り消した），同年11月には25人の追加公認を決め（2人の差し替えを含む），300の小選挙区すべてで候補者を擁立することを決定した．

また，後述のように党幹部などの多くが比例単独ないし小選挙区・比例区の重複で立候補するなかで，中島武敏，東中光雄，佐々木陸海のベテラン前職3人はあえて小選挙区で単独立候補している．あくまで選挙戦略の軸は比例区であるが，それに加えて，実力候補者による小選挙区での議席獲得をも狙ったのであろう．

b．比例区

小選挙区の公認の場合と同様に，99年6月には46人を1次公認し，同年10月には8人を2次公認した．さらに，2000年4月28日には9人を追加公認し，同年5月16日には3人の追加公認と合計66人の候補者の名簿登載順位を決定した．このうち，小選挙区との重複立候補が34人，比例単独の立候補が不破委員長や志位書記局長ら党幹部を中心に32人となっている．

（3）各種団体の支援

沖縄では，沖縄社会大衆党の支援を受けている．共産党が96年総選挙，98年参院選で社会大衆党候補を推薦した経緯がある．

（4）政策的主張

a．政策アンケート

『朝日新聞』の政策アンケートに対する共産党の回答は表10-10のとおりである．

b．政党公約

財政再建の具体策として，公共事業費・防衛費・政府の途上国援助（ODA）を段階的に半減することを挙げている．共産党は，消費税を3%へ引き下げれば個人消

表10-10　政策アンケート回答（共産党）

政策分野	共産党の回答
景気対策と財政再建	景気対策と財政再建は両立できる．「公共事業50兆円，社会保障20兆円」の逆立ち財政をただし，福祉や暮らしを予算の主役にすえれば，個人消費の拡大で景気も財政再建も軌道に乗る．
憲法問題（9条）	恒久平和主義を徹底的にめざした戦争放棄の9条は，世界でも先駆的な意義を持っており，将来にわたって堅持すべきである．集団的自衛権は，軍事ブロックづくりの根拠にされてきたものであり，認めるべきではない．
地方分権	暮らし・福祉型公共事業のためには，住民参加が可能な地方に権限と財源を移すほうがよい．ただし，自治体の「開発会社化」や，公共投資の「総額先にありき」「使い切り方式」といった姿勢をただすことも必要である．
規制緩和	規制緩和万能論にはくみしない．いま大事なことは，大型店の出店規制など，暮らし・営業を守るルールを作ることである．
思いやり予算・安保条約	駐留経費約6500億円のうち，地位協定上の根拠がない部分の約2750億円はすぐ全廃すべきだ．
教育改革	憲法への逆行へと結びついた教育基本法改正論には反対．「個人の尊厳」など，現行基本法の精神を生かすことこそ重要である．
社会保障	すでに危機的状態にあるセーフティネットをさらに改悪する，社会保障における「小さな政府」には反対．公共事業の無駄・浪費こそ削減すべきであり，社会保障には予算の手厚い配分を．
雇用	失業者を増やさないためには，政府のように「労使任せ」ではなく，公的措置が必要．一方的なリストラ・首切りを制限する「解雇規制法」の制定など，ヨーロッパでは当たり前の雇用を守るルールを確立する．
環境税	一方的に消費者・使用者の負担となったり，温暖化ガスの排出権購入にあてるような環境税であれば反対．環境対策はまず直接的な抑制で．

費が回復して景気が良くなるとの持論があったが，与党側からは「なんでも反対するばかりで代案がない」との批判を受けていた．こうした批判に応えて，代わりの財源確保への具体案を示したのであろう．

(5) その他

とくになし．

(6) 議席目標と選挙結果

議席目標については，不破委員長が「自民党のように解散前勢力を大幅に下げた勝敗ラインなんてケチなことは考えない」と述べたように，まず「比例を軸に」を合言葉に「すべての比例ブロックで前回を上回る議席増をめざす」（志位書記局長）とし，続いて小選挙区でも都道府県ごとに重点区を設けて「大胆に議席に挑戦する」（同）とした．ただし，具体的な目標議席数は明らかにされていない．

選挙結果は，26議席から20議席への後退となった．比例区は24議席から20議席へ

と議席を減らし，小選挙区は300の選挙区すべてに候補者を擁立したものの全滅に終わった．96年，98年の選挙での躍進の勢いを失い，実質的な敗北といえる．前回の参院選で票田となった無党派層も，今回は15％弱しか共産党に投票しなかった[42]．

敗因としては，比例区定数の削減・民主党との連携の失敗に加えて，柔軟路線と党の綱領との整合性を与党側から攻撃されたことや，「自公保」対「民主」という対決の構図のなかに埋没してしまったことが挙げられるであろう．不破委員長は，議席減の理由について「政権党によるかつてない大規模な反共攻撃が展開された」[43]と述べ，執行部の責任論については「我々が間違った方針を出していれば別だが，きちんと改革の提案をしてきた」と語った．

その後，2000年11月に行われた第22回党大会では，執行部の刷新が行われ，志位和夫委員長・市川忠義書記局長，そして空席となっていた議長職に不破元委員長が就くという新体制が生まれた．従来からの「不破－志位」体制が変わるものではないが，衆院選の敗北を受けて，イメージ戦略の観点からも党の顔を一新することが必要との判断によるものであろう．

（7）選挙ポスターと政党の戦術・特徴
a．政党ポスター
　共産党は，文字の色や写真を変えた3つのタイプの政党ポスターをつくった．しかし，ポスター面の半分近くを占めようかという巨大な「日本共産党」の文字，やはり大きな「国民と心の通う新しい政治をおこします」の統一スローガン，そして申し訳程度の写真（不破委員長がマイクを握る顔写真など），という基本的な組み合わせには変化はない．このポスターについて，やくみつるは「不破さんの白髪がなければ，5年前のものといわれても分からない」として，そのマンネリさに疑問を呈しているのに対し，島森路子は「偉大なるマンネリ．ポスターとして，工夫もないが，時流にも流されず，十年一日．ひとつの見識は感じる」として，一応の評価をしている．

b．候補者ポスター
　共産党の候補者ポスターの特徴は表10-11にまとめられている．
　共産党のポスターを描写すると，「党が党のために作ったポスター」の一言に尽きる．
　ほとんどのポスターは，小選挙区のポスターであるにもかかわらず，各候補者の当選よりも比例区での党の得票の方にベクトルが向けられている．
　また，こうしたポスターになりうる当然の前提というべきであろうか，どのポスターも党の強い指導の下で作られているようである．例えば，ある都道府県の各選挙区の候補者のポスターが，ただ候補者名と顔写真を変えただけでまったく同じ形式であるというケースがいくつか見られるが，これは，その地域の党支部が統一的にポスターを作った結果であろう．

表10-11　候補者ポスターの特徴（共産党）

章別	番号	共産党候補のポスターの特徴	参照頁
デザイン	[1]	他政党に見られない独自のレイアウトが多い．	p.43
	[2]	各要素の合計面積が他政党よりも際立って広い．政党名が非常に大きく，候補者名・スローガン等もやや大きいが，顔写真はむしろ小さめである．	p.47
写真	[3]	「顔の中心」は2つの集団に分かれていて，それぞれのちらばり具合は小さい．	p.67
	[4]	眼鏡をかけている候補者が他政党に比べて多い．	p.78
文字情報	[5]	苗字に大きな面積が割かれている．	p.83
	[6]	縦書きのポスターが平均よりも多い．	p.85
	[7]	社民党とならんで，女性候補者の丸ゴシック体の使用率が他政党より高い．	p.90
	[8]	政党名を比例区の宣伝として1つだけ記載するポスターが圧倒的に多く，その占める面積も非常に大きい．	p.94
	[9]	現職または元職という経歴の掲載率が高い．	p.98
	[10]	スローガンの文字数は多いが，1文字あたりの面積が小さいため，詰め込んだ印象を受ける．	p.105
	[11]	カタカナ語などの使用率は低い．	p.108
	[12]	未来志向の言葉の使用率は平均よりやや低い．	p.110
	[13]	党の地域レベルの役職の記載が多い．	p.113
候補者属性	[14]	候補者の年齢を記載したポスターは少ない．	p.125
選挙区属性	[15]	都市の候補者ほど候補者名が大きい傾向が強く，スローガンは小さくなる傾向がある．	p.159
	[16]	地域争点に触れているポスターが見られる．	p.167
政党	[17]	00年ポスターでは，79年ポスターと比べて，政党名が大きく，顔写真が小さくなっている．	p.174
	[18]	9割以上のポスターで比例区の宣伝がある一方，政党のロゴマーク・公認表記は皆無である．	p.178
	[19]	公約の記載が多い．	p.185
	[20]	自民党支持の強い地域では，他地域と比べて，候補者名が小さく，スローガンが大きい．	p.187
	[21]	公明党と比べて，拒否度の高さを意識せずに政党名を全面に打ち出している．	p.191

　具体的にその内容を見ていくと，まず，政党名が非常に重視されている．しかも，政党名の記載は，候補者を飾る一属性としてではなく，政党自体を宣伝して比例区での得票を増やす目的で行われている［8］．その占める面積も非常に大きい［2］［8］うえ，そうしたポスターの枚数は全体の9割以上にのぼる［18］．共産党のポスターを概観すると，まるで小選挙区ではなく比例区のポスターを見ているような錯覚を覚えるほどである．

　逆に，候補者のアピールには乏しい．候補者名は大きいものの［2］［5］，顔写

真は小さく[2]，しかも外見をあまり気にせずに眼鏡をかける候補者が多い[4]．スローガンについては，文字数自体は多く[10]，公約の記載も多い[19]が，大部分は党全体もしくは都道府県レベルでの統一スローガンである．年齢の記載・カタカナ語や未来志向のスローガンの使用などは少なく[11][12][14]，経歴については党の地域レベルの役職の記載が中心である[13]．総じて，候補者の顔・特長が分かりにくいポスターとなっていることは否めない．

　こうした戦略は，共産党と同じく拒否度が高い公明党が，公明色を抑えたポスターを作る戦略を採ったことと対照的である[21]．共産党の場合は，共産色を前面に打ち出し，個々の小選挙区での当選の可能性を低くしてでも，比例区での得票を増やしたいという，いわば「肉を切らせて骨を絶つ」戦略に出たものといえるであろう．

（共産党担当　大野桂嗣）

7．社民党

(1) 状況

　旧社会党は93年総選挙で大敗したものの衆院第二党の立場を確保し，非自民連立政権に加わった．しかし連立の立役者である新生党の小沢一郎の路線に反発して94年に連立を離脱し，委員長・村山富市を首班として自民党と連立を組むという歴史的な選択を行う．この自社さ連立で与党となって以後は，自衛隊の合憲性を認めるなど現実路線に転換した．退潮に直面し社会党内では民主リベラル新党結成の動きが盛んとなり，95年1月に山花貞夫らの新会派結成が予定されていたが，その予定日未明に発生した阪神・淡路大震災の影響で頓挫した．その後，新党問題は左派主導で事実上党名改称に留まることとなり，96年社会民主党（以下「社民党」）が生まれた．しかし9月には民主党の成立に際し，合流か否か党としての方針がふらつくなかでおもに右派はここに移籍し，その一方で結局社民党は独自に翌月の選挙を戦うこととしたが，その勢力は大幅に縮小した．10月にはさらに，与党入り後初の衆院選で選挙前の30議席から15議席へと激減して「壊滅的な打撃」といわれ，98年の参院選でも選挙前の20議席から13議席へと激減（改選議席は12から5へ）するという大敗北を喫した．

　このような逆境のなか，社民党は98年の参院選を前に自民党との閣外協力を解消し，護憲・平和主義などを正面に打ち出すようになった．独自色を明らかにすることで自らの存在意義を高めることを狙ったものといえよう．

　また，従来は労働組合をその主たる支持母体としていたが，民主党結成に伴って有力な社民党系労組の多くが民主党を支持するようになっていき，社民党の支持労組は先細りしていた．そこで，2000年衆院選では労組中心の選挙にかえて市民に支持を訴える路線を明確にした．前回の衆院選で，議案提出が可能な最低ラインたる21議席を大きく割り込んだため，議席を増やすことが緊急の課題となり，できるだ

け広い範囲から多くの票を得られるように戦略を立てたのであろう．

（2）候補者の公認と選挙協力
a．小選挙区
　社民党の公認は遅く，1次公認の決定は99年11月11日となった．公認候補の擁立が遅れた背景には，最大の支援組織だった連合が民主党支持を打ち出したことがある．最初に公認されたのは30人で，内訳は現職9人，元職4人，新人17人であった．原則として全員を比例区との重複としている．その後，少しずつ公認候補を増やし，99年末には44人，最終的には71人（現職10人，元職6人，新人55人）となった．女性候補を小選挙区・比例区合計で22人（主要7政党のうちでは共産，民主についで多い）と多く立てている．とくに原陽子ら若手の女性候補が注目を浴びた．村山富市元首相，伊藤茂副党首らは引退を決めた．
　選挙協力としては，民主・自由両党との選挙協力を進めるが，選挙後の連立についての明確な意思は打ち出さないままであった．第3節（民主党）で触れたように，民主党との協力は競合しない選挙区での相互の支援が中心であった．自由党とは推薦・支持での協力は行っていない．
b．比例区
　小選挙区の公認候補をすべて重複立候補させ，北海道ブロック以外では同列の1位とすることも決めた．比例区単独候補を含め，76人を名簿に登載している．

（3）各種団体の支援
　労働組合に頼るところが大きい．従来，連合が最大の支援団体であった．今回も連合は社民党の支援要請に応じて社民党候補19人を推薦している．しかし連合は基本的に民主党支持を打ち出しており，社民党は2000年衆院選挙では市民型政党への転換を打ち出したが，なお労組OB・OG票の組織化を全国的に進めた．

（4）政策的主張
a．政策アンケート
　『朝日新聞』の政策アンケートに対する社民党の回答は表10-12のとおりである．
b．政党公約
　弱者への配慮と護憲を強く主張する．経済的・社会的に弱い立場の人たちをターゲットに政策を訴えることを明らかにし，党首第一声でも，「経済的にも社会的にも力は弱いが，平和を熱烈に求め，希望を忘れず，次の世代への責任まで考えて働いている皆さんのことを大事にすべきだ」と訴える．また，環境問題への取り組みも強く主張している．
　弱者への配慮と護憲はa．政策アンケートによく表れているが，それ以外の政策的主張としては，国民年金（基礎年金）の平均給付額を1人あたり月額10万円に

表10-12　政策アンケート回答（社民党）

政策分野	社民党の回答
景気対策と財政再建	来年度予算から健全化を図るのが責任ある対応．ただし「痛み」を一方的に国民に強いる手法には反対．雇用や老後の不安など「将来不安」を解消し，生活の質的向上に直結する歳出の重点化を進める．
憲法問題（9条）	9条は人類の理想である戦争放棄，戦力不保持という先進的な価値を持っている．冷戦後，国際的に改めて注目されている9条の理念を守り，その精神を世界に広げていかなければならない．周辺事態を避ける外交努力こそ必要だ．集団的自衛権は行使すべきではない．
地方分権	地域の実情や住民のニーズにこたえる事業の立案・実施のためには，公共事業の分権的改革が必要であり，一層の権限・財源の委譲を求める．地方所得税の創設，地方消費税の配分割合の拡充など，国税から地方税への税源の委譲を進める．
規制緩和	業界利益保護や官の不透明な裁量はなくしていくべきだ．しかし，労働や環境，健康，安全，交通などにかかわる分野については，弱者や地方の切り捨て，社会的混乱をもたらさないよう，必要な社会的規制は強化しなければならない．
思いやり予算・安保条約	日本の財政・経済状況，国際環境を勘案すれば，駐留経費は削減すべきだ．日米安保は非軍事面の関係を強化し，軍事面はアジア太平洋の多極的安全保障の枠組みの充実を図り，地域的安全保障の枠組みに包摂していく．
教育改革	教育基本法は，戦前への深い反省から制定された法律であり，愛国心・道徳心養成を明文化する改正には反対．「学級規模の20人化」など，子どもたちにやさしい学校教育現場をつくることを，教育改革で最優先する．
社会保障	社会保障における「小さな政府」の考えに反対．福祉への投資こそが，雇用創出をはじめとするすそ野の広い経済への波及効果をもたらし，老後や子育てなどの将来不安を一掃しうる．高水準の社会保障を国民の納得できる負担により実現する創造的社会，いわば「大きな社会」を構築すべきである．
雇用	労働者が変化に適応して雇用されていくために不可欠な職業能力開発体制等の拡充が最優先されなくてはならない．また，福祉・環境・教育分野に関する「雇用創出基本計画」を策定し，目的達成への財政及び政策を総動員する．
環境税	環境税の導入は必要．車の排出ガスによる地球温暖化，大気汚染，健康・騒音被害等の対策を進めるため車の総走行量を規制する．ガソリン税の導入，ディーゼル車や排気量の多い車（2000cc以上）に重課する等，低公害車への助成や自然エネルギーの開発費用に充当．

引き上げる「国民年金倍増計画」や，企業形態の変更による解雇を認めない「解雇規制法」の制定，現行の児童手当を廃止したうえで，新たに18歳まで第一子1万円，第二子2万円，第三子以降3万円を支給する「子供手当」の創設，第三者機関の警察監視委員会の設置などがある．

（5）その他

憲法9条尊重と社会的・経済的弱者重視の政策を前面に打ち出し，これらの点を中心に森内閣への批判を展開した．国民の間で不人気であった森内閣を批判することで，一般有権者の支持を得ようとしたものと思われる．

土井党首は，森首相の「神の国」発言を，「だれが聞いても『神国思想』を復活させようとしか受け取れない発言で，明らかに憲法違反」としたうえで，「(森首相には) 首相の資質なしと，国民の審判を下す選挙にしなきゃならない」と述べた．「神の国」発言を「憲法違反」と評価し，そのような発言を「森首相には首相の資質なし」とする大きな材料としているところに社民党の護憲思想が表れているといえよう．

(6) 議席目標と選挙結果

渕上貞雄幹事長は6月2日に党本部で開かれた支持労組の元幹部らとの会合にて，「100人内外を擁立し，最低で25人程度の当選をはかりたい」と述べ，選挙前の14議席から大幅増を目指す考えを示した．うち，比例で20議席以上確保することを目指した．国会法56条1項で，議案の提出には衆議院においては20人以上の賛成を要するとされており，社民党は議案提出権を回復することを至上命題としたのだと考えられる．

結果として小選挙区で4議席，比例区で15議席の計19議席を獲得し，目標の25議席には届かず，まだ衆院における議案提出権も回復できていないものの選挙前より5議席増やした．票を伸ばせた主要因の1つに労組OB・OG票の組織化を全国的に進められたことがある．

選挙後には，「我が党にとっては生き残れるかどうかの厳しい戦いだったが，社民党の土台がしっかりしてきた」(渕上貞雄幹事長)，「フラフラした政策ではなく，一貫した政策を主張してきた」(土井たか子党首) といった幹部の弁が聞かれた．護憲の立場を前面に出して訴えたことが国民の支持につながったと受け止めている．

ただし，土井たか子党首という看板によるところが大きすぎることが顕わになり，また労組の全面的な支持に頼る体質からの脱却も十分に進んではいない．土井党首描くところの「市民政党への脱皮」が選挙後の課題として残った．

(7) 選挙ポスターと政党の戦術・特徴

a．政党ポスター

「社民党」の文字を大きく掲げ，土井党首の微笑と「がんこに平和，元気に福祉」のスローガンで構成されている．やはり党首頼みの社民党である．やくみつる，島森路子とも，「がんこに平和」というスローガンと土井党首の登場とがマッチするとして評価している．

b．候補者ポスター

社民党の候補者ポスターの特徴は表10-13にまとめられている．

旧社会党時代からの支持基盤をあてこんでか，政党名の面積は大きい［1］が，同時に名前もやや大きい．小選挙区での当選が難しい候補でも，比例区に他の小選挙区候補と同一順位（原則1位）で重複立候補しているために，復活当選を狙って惜敗率を高めようとしていると解釈できる．

多くの候補は選挙区内で3番手以下であり，戦略的投票による得票は期待できないので，具体的な政策など公約をふんだんに主張し，党のカラーを前面に出した「がんこに平和，げんきに福祉」のスローガン記載者も多い［16］．小選挙区の候補は党勢の盛んな地域に擁立されており，従来からの支持者に訴える狙いがあるものと考えられる．政府内での重要経歴を載せない［9］ことによっても，"野党性"を支持者にアピールしているのであろう．

社民党の象徴といえば土井党首である．土井党首の写真を掲載したポスターは数多く［14］，もともと知名度の低い候補にとって「土井頼み」の選挙となっているようだ．土井党首のイメージ中心の選挙は党全体の方針でもあるが，「土井頼み」からの脱却が，土井党首自ら語るところでもあり社民党の大きな課題となっている．この意味で，福島，辻元が他候補のポスターに登場している［14］ことは注目される．

表10-13　候補者ポスターの特徴（社民党）

章別	番号	社民党候補のポスターの特徴	参照頁
デザイン	[1]	名前サイズはやや大きい．政党名は共産党についで大きい．顔サイズ，スローガンはやや小さい．	p.47
写真	[2]	顔の位置にばらつきがある．	p.67
	[3]	全身を写したポスターが比較的多い．	p.69
	[4]	議員バッジは土井党首のみつけているが，それ以外は誰もつけていない．	p.76
文字情報	[5]	苗字の表記位置は，3つのパターンが混在している．	p.83
	[6]	苗字は横書きが平均よりやや多い．	p.85
	[7]	漢字のみの姓名表記の割合は平均に近い．	p.88
	[8]	女性の方が党名を出す傾向があるようだ．	p.94
	[9]	閣僚などの政府内・議院内の重要経歴はまったく載せていない．	p.98
	[10]	スローガンの文字数はやや少なめ．スローガン面積は候補の当選回数と負の相関を示す．	p.105
	[11]	カタカナ語を多く用いている．	p.108
	[12]	未来志向の言葉は著しく少ない．	p.110
	[13]	地元志向の言葉はあまり使われない．	p.113
候補者属性	[14]	土井党首のほか，福島瑞穂参院議員や辻元清美代議士の写真も使われている．	p.138
政党	[15]	比例区への言及率はほぼ平均．ロゴマーク・公認表記は少ない．	p.178
	[16]	「がんこに平和，げんきに福祉」が統一スローガンとして頻繁に使用されている．	p.185

これと関連して女性候補を数多く擁立し,「女性の党」というカラーを打ち出していたが,これを反映してか女性の方が政党名を出す傾向がある［8］.こうして小選挙区,比例区とも女性候補が活躍し,当選者の過半数を女性が占めるなど文字どおり女性の党になった.女性候補は女性であることを前面に打ち出した候補が多く,そうした候補ほど当選している.もちろん当選者はもとより有利な選挙区から出馬している候補だが,そうした選挙区に積極的に女性を擁立している点が注目される.

(社民党担当　泉本宅朗)

8. 自由党

(1) 状況

新進党の解党とともに誕生した自由党は,結党後初の本格的な国政選挙となった98年の参院選では改選議席をわずかに上回り,辛うじて面目を保つことには成功したものの野党のなかで孤立した状態にあった.選挙協力による生き残りを図るためしだいに自民党との連立を模索するようになり,98年秋には正式に合意が成立,翌99年1月,小渕内閣の下で政権参加を果たした.しかし,その後8月に公明党が連立に参加するとその影響力は低下し,衆議院の定数削減問題をめぐり自民,公明両党との対立が深まるなか,連立離脱の姿勢も示しながらの緊迫した状況が続いた.結局,2000年4月の小渕首相の緊急入院・総辞職に際し自公との連立を解消するに至り,党内で小沢一郎党首に批判的な勢力は連立継続のため新たに保守党を結成,小沢の側近も含め多くの有力者が新党に流れた.自由党は野党に転じたうえ,両議院における議席も衆院18,参院5と半減し,今回の総選挙は「保守のアクセル」としての党の存在意義そのものが問われる戦いとなった.

(2) 候補者の公認と選挙協力

a. 小選挙区

自由党は連立離脱前の2000年2月に,前回総選挙において比例区単独で立候補して当選した衆議院議員全員を,つぎの総選挙では原則として重複立候補させる方針を決めた.自民党との選挙協力が進んでいないことを受け,自民党との取引材料を増やす目的と同時に,選挙協力が難航し自民党と選挙で争う事態も想定してのことであった.

野党に転じた後の2000年4月,小沢党首は民主党の鳩山由紀夫代表らに対し,総選挙後の民主,自由,社民の野党3党による「非自公保,非共産」の連立政権づくりに向け,鳩山代表を3党の統一首相候補とし,各党が競合している小選挙区で統一候補を擁立することを提案した.これに対し民主党は5月に入ってから対応を協議したが,全面的な候補者調整については時間的な余裕がなく困難であるとの見方を示し,野党3党による連立政権構想にも直ちに同調はしない構えを見せた.一方で,候補者が競合しない選挙区での連携など部分的な選挙協力については含みを持

たせ，その後5月23日には選挙協力の第1号として森喜朗首相の地元の石川2区で自由党公認の候補者を支持することを決めた．当初は選挙協力に慎重だった民主党も与党側の結束に危機感を強め，6月に入ってから連合の仲立ちで数度にわたり民主，自由，社民の野党3党の幹事長による会談が行われた．そのなかで，総選挙後の連立も視野に入れて3党間の選挙協力を本格化させることで一致し，12日には互いに競合する候補者のいない80選挙区(44)で選挙協力を進めることが発表された．

　公認の過程は以下のようなものであった．99年6月7日の党大会において，次回総選挙での小選挙区の公認立候補予定者58人(45)を発表，続いて8月14日には16人，12月21日には4人の追加公認（それまでに1人辞退）が発表された．2000年にも追加公認がなされているが，4月には党の分裂により多くの公認立候補予定者が離党し，また，野党3党による選挙協力が進むなかで，5月26日には競合する民主党への配慮から新顔3人の公認が取り消された（表10-14参照）．最終的な公認候補者の数は61人となり，そのうち小沢一郎（岩手4区），岩浅嘉仁（徳島3区），西岡武夫（長崎1区）の3人は小選挙区のみの立候補となった．

b．比例区

　小沢一郎ら3人を除く58人が重複立候補し，原則として前職を同列で1位におい

表10-14　自由党の公認取消

5月11日	岩手3区	佐々木洋平	現職	勝利は難しいとの地元の意見による．
5月26日	宮城1区	清水文雄	新人	競合する民主党に配慮．
	山梨1区	蒲田裕子	新人	競合する民主党に配慮．
	大阪8区	青山宜義	新人	競合する民主党に配慮．
	兵庫7区	野田数	新人	保守党への移籍が取りざたされたことによる．

た．4月の党分裂後も自由党に残った前職を優遇したものと考えられる．東北ブロックでは，現職の佐々木洋平（後に保守党へ）に代えて岩手3区で擁立した新人の黄川田徹を1位にした．2000年6月10日には比例区単独での立候補予定者15人を発表し，こちらは東北ブロックの菅原喜重郎以外はいずれも新顔となっている．

（3）各種団体の支援

　連合は自由党への支援を部分的に決めている．中井洽（三重1区），佐藤公治（広島6区），岩浅嘉仁（徳島3区）が連合の推薦を受けた．

（4）政策的主張

a．政策アンケート

　『朝日新聞』の政策アンケートに対する自由党の回答は表10-15のとおりである．

b．政党公約

「日本一新」と題する公約を発表し，そのなかで，「国民主権，基本的人権の尊重，平和主義という現憲法の原則を発展させつつ，新しい憲法を作り，政治，行政，地方自治，司法，経済などのシステムを抜本的に改革する」として，新憲法制定の方針を明記．制定に向け，「日本の歴史と伝統を教えて『よき日本人』を育てる」「国際安全保障や地球環境保全に貢献する」などとした指針を提示した．

具体的な政策としては，①義務教育は国が責任を持ち，毎週土曜日を道徳を学ぶ日とする，②子育てや定年による離職・転職者再雇用を法律で義務づける，③所得税の控除を廃止して手当に改め，国と地方の歳出を1割（15兆円）削減する，などを挙げた．

表10-15　政策アンケート回答（自由党）

政策分野	自由党の回答
景気対策と財政再建	特殊法人の原則廃止をはじめ，規制撤廃と地方分権を断行し，国・地方の歳出を一割以上削減．規制緩和で経済を民需主導の3％成長軌道に乗せ，税の自然増収で七年以内に財政を健全化．
憲法問題（9条）	9条も含め，タブーなく論議すべき．憲法の理念に基づき，武力による急迫不正の侵害を受けた場合に限り，国民の生命・財産を守るため武力による阻止または反撃を行う．それ以外の場合は，個別的であれ集団的であれ，自衛権の名のもとに武力による威嚇または武力の行使は一切行わない．
地方分権	公共事業費について，その相当額を県市町村に一括して交付し，国はその使途に一切関与しない．最終的には財源も移譲．経済規制は原則撤廃，その他の権限も縮小して民間・地方に移譲し，効率的で簡素な政府をつくる．
規制緩和	情報通信や福祉関連など，成長分野の重点的規制緩和が重要．既得権益をもつ人への激変緩和も考慮する必要がある．経済的利益だけでなく，個人の自由な活動を保証するという視点も大切．
思いやり予算・安保条約	財政事情ではなく，安全保障の観点から考えるべき．日米安保が有効に機能するよう，より積極的に努力していくことが必要．
教育改革	教育基本法を見直し，日本人の伝統的な資質や文化をはぐくみ，「よき日本人」を育てる．義務教育は国が責任をもって行う．
社会保障	消費税を基礎年金・老人医療・介護をはじめとする社会保障経費に充て，財政基盤を強化し，社会経済安定のためのセーフティネットを確立する．消費税方式によってナショナルミニマムを保障し，「簡素で効率的な政府の構築」につなげる．
雇用	産業構造の変化を国民が前向きな機会ととらえ，新たな時代に挑戦していけるような公的支援措置（雇用調整助成金の活用，職業情報規制の撤廃，能力開発機会の提供，子育て後や定年後の再雇用，等）を講ずる．
環境税	課税対象のあり方，他の税制とのバランス，企業負担のあり方を踏まえた上で検討する．仮に導入した場合，地球温暖化防止，自然環境の保全等に充当．

（5）その他

小沢党首は連立解消の理由を「政策合意の不履行」と強調し，自民党との再連携の可能性についても否定し続けた．選挙戦では，「日本一新」というキャッチコピーを用いて改革路線を前面に打ち出し，政策の一貫性と改革派というイメージの浸透を図るとともに，党首自らが広告塔となり，その知名度の高さを活かした広報活動を各方面で展開した．なかでもテレビCMは大きな話題を呼び，2000年の広告大賞を受賞した．

（6）議席目標と選挙結果

小沢一郎党首はこの総選挙を「党の命運をかけた戦い」と語った．与党3党は過半数を割るとの強気の見通しを示し，小選挙区で20人以上の当選と，比例区では98年参院選の5割増となる約800万票の獲得を目指すとし，全体で50議席の獲得を目標に据えた[45]．

結果として，目標の50議席には届かなかったものの，小選挙区で4議席，比例区で18議席の計22議席と選挙前勢力の18議席を上回った．連立離脱に際しての党の分裂により勢力を半減させていたが，生き残りをかけた今回の選挙戦で，今後の政界における影響力についてはなんとか確保することに成功した．

（7）候補者ポスターと政党の戦術・特徴

a．政党ポスター

斜め横を向き，遠くを見つめる小沢党首を左端に配し，中央やや右に縦書きで「日本一新．」と書かれている．「理念の人」小沢を印象づけようとしているものであろう．島森路子は「洗練されている」「新しいことをしようというねらいが伝わる」と評価しているが，幾度となく政局を動かしてきた小沢を想起すれば，やくみつるの「いまの小沢さんに『日本一新』といわれても，むなしい響きしか残らない」という評にもうなづける．

b．候補者ポスター

自由党の候補者ポスターの特徴は表10-16にまとめられている．

まず，スローガンの文字数が多い［9］．一方で政党名の表記は少なく［7］，比例区についての言及もほとんどない［15］．また，それぞれの占める面積についても，スローガンのそれは大きく，政党名に割かれているスペースは小さい［1］．このことは，結党してまだ日の浅い自由党では政党名の宣伝の効果が薄く，スローガンで訴えかけることによって無党派層からの支持を得ようとしていることがうかがえる．その他にも，ロゴマークなどの政党として統一されたアピールには乏しく，全体として，候補者個人のアピールに主眼をおいたポスターであるといえる．分裂によりその勢力を大きく後退させたことも，候補者中心の選挙戦を余儀なくされた一因といえよう．

表10-16 候補者ポスターの特徴（自由党）

章別	番号	自由党候補のポスターの特徴	参照頁
デザイン	[1]	候補者の顔写真は比較的大きく，政党名は小さい．スローガンはやや大きい．	p.47
	[2]	候補者独自のロゴマークの記載者は少ないが，他党と異なり比較的高齢の候補者に多い．	p.57
写真	[3]	「顔の中心」は中央やや上が多いが，ばらつきがある．	p.67
文字情報	[4]	苗字のサイズはそれほど大きくはない．位置は右端が多い．	p.83
	[5]	苗字の横書きは平均よりやや多い．	p.85
	[6]	姓名は漢字のみでの表記は少なく，漢字かな混合が多い．	p.88
	[7]	政党名表記は1箇所のものがほとんど．	p.94
	[8]	野党では唯一閣僚などの"与党的"経歴を表記している．	p.98
	[9]	スローガンの文字数は少なめだが1文字あたりの面積は大きい．スローガン面積が選挙前当選回数と負の相関を成す．	p.105
	[10]	カタカナ語などの総合使用率は平均より少し高い．	p.108
	[11]	未来志向スローガンの使用率は民主党についで高い．「日本一新」など．	p.110
	[12]	地元志向の語はあまり使われていない．	p.113
候補者属性	[13]	3人の候補が党首の写真を掲載．	p.138
選挙区属性	[14]	都市部ほどスローガン面積が大きい傾向がある．	p.159
政党	[15]	比例区についての言及はほとんどなく，政党ロゴマーク・公認表記を載せる割合は平均より多い．	p.178
	[16]	具体的な公約を掲げているものは少ない．	p.185

（自由党担当　畑江大致）

9. 保守党

（1）状況

　保守党の結党は2000年4月，総選挙のわずか2ヶ月前だった．自由党からの分派という形の結党で，自由党51人の国会議員のうち，政権離脱に反対する26人が保守党を結党して政権に留まった．選挙戦では，将来の合流を視野に入れて自民党との広範な選挙協力を進めた．4月の自由党からの離脱では，政党交付金を分割できる「分党」ではなく，自由党からの「分派」という形で押し切られたため政党交付金を受けられず，財政的に厳しい選挙戦となった．自民党との違い＝独自性を打ち出せなかったうえ，自公保連立政権批判が吹き荒れており，自民公明との選挙協力に頼る厳しい選挙だった．

（2）候補者の公認と選挙協力
a．小選挙区

　選挙区の公認は現職15人，新人1人の計16人で，現有議席の確保に全力を注いだ．

自民党との公認調整では，愛知・大阪を中心に11選挙区で自民党との調整が決着しており，公明党の推薦も受けた．3選挙区[46]では調整がつかず，自民党と競合した．さらに，5月末の最終調整で，3人の保守党選挙区候補が自民党比例区から立候補するという"奇策"まで登場した．

　推薦について，保守党は，公明党候補18人全員，自民党候補271人のうち自党と競合する4つの選挙区がある県の全候補を除くなどした187人を推薦した．自民，公明両党が競合する4選挙区では，いずれも公明党の候補を推薦．また，公明党との連立を激しく批判する自民党の白川勝彦の推薦を見合わせるなど，創価学会票を見込んでの公明党への配慮が目立った．

b．比例区

　厳しい財政状況のため，東京，東海，近畿の3ブロックに候補者を絞った．いずれのブロックでも，候補者は比例単独立候補の1人のみとなっている．

(3) 各種団体の支援

　与党3党の調整候補11人を含む13人は公明党の推薦を受け，創価学会の支援票で下駄を履いている．

(4) 政策的主張

a．政策アンケート

　『朝日新聞』の政策アンケートに対する保守党の回答は表10-17のとおりである．

b．政党公約

　公約の柱は以下の4つ．①GDPの実質成長率を2％台の自律的回復軌道に乗せ，そのうえで財政再建に取り組む．②青少年問題では人格形成の基本となる「教育憲章」を制定する．③18歳以上の少年に成人と同じ刑事罰を科す．④少年法を改正して刑事処分を科す年齢を「16歳以上」から「14歳以上」に引き下げ，凶悪犯罪者の氏名の公表を検討する．

(5) その他

　保守党は自由党からの離脱の際に政党交付金が受けられない「分派」を強いられ，厳しい財政状況だった．公認料1000万円も，大半を銀行からの借入金でまかなっている．

(6) 議席目標と選挙結果

　自民から比例で出た3人を除き，18人現職全員の議席確保が目標だった．自由党には負けたくないとの対抗意識ものぞく．結果は，3人に絞った比例候補は1人も届かず，結局確保できたのは7議席．党存続の最低ラインとまでいわれた2桁にも届かず，22議席に伸ばした自由党にも大きく溝を開けられる惨敗に終わった．選挙

表10-17　政策アンケート回答（保守党）

政策分野	保守党の回答
景気対策と財政再建	経済が実質2%台の自律的回復軌道に乗るまでは積極的経済政策路線を堅持．その上で財政再建に本格的に取り組む．財政構造の抜本的改革と行革に徹底的に取り組み，安易な緊縮財政路線は取らない．
憲法問題（9条）	国民の真剣な論議を通じ，「新たな憲法」の制定をめざす．独立国である以上，自分の国を守るための軍隊の位置づけを憲法上明確にすべき．集団的自衛権の問題も政府解釈の変更ではなく，憲法で明確にすべきだ．
地方分権	国の事業は長期計画の作成も含め，ハブ（拠点）空港・ハブ港湾，整備新幹線，基幹道路などに限定し，それ以外は地方自治体にゆだねる．地方の事業に対しては補助金を廃止し，地方に一括交付する制度に改める．
規制緩和	経済的規制は原則自由，社会的規制は必要最小限を原則として，規制の撤廃・緩和を進める．電気通信事業法による事業区分の見直しと競争ルールの整備，申請手続きの電子化，検査制度の合理化などを進める．
思いやり予算・安保条約	在日米軍は，わが国の防衛のみならず，アジア太平洋地域の平和と安定に寄与．日本は駐留経費の一部負担の責務がある．負担割合は両国の政治判断で．安保条約は戦略的対話などで活性化．
教育改革	教育基本法の改正に賛成．今日の教育には心を育てる人間教育が欠けている．教育基本法見直し，家庭教育・道徳教育の充実を図り，日本人としての自覚と責任を持ち，国際的にも尊敬される青少年を育てる教育を．
社会保障	社会保障における「小さな政府」に賛成．高齢社会では，社会保険料の重負担が社会の停滞を招く．消費税の福祉目的税化を図り，基礎年金，高齢者医療，介護を基礎的社会保障として国が責任を持つ．拠出型年金制度の創設，医療制度の改革などを行う．
雇用	景気の回復，技術開発投資などを通じ，経済の活性化を図り，経済全体のパイを大きくし，雇用の場を拡大することが先決．その上で，奨励金の支給などの雇用奨励措置が考えられるべきだ．
環境税	環境税導入に基本的に賛成．市場経済のもとでは，環境保全にため新たな規制を設けることより，環境税などの経済的措置が優先されるべきだ．当面，自動車保有税に関し，増減税の組み合わせにより，グリーン税制の導入を図る．使途は環境保護対策．

協力で重点だった関西からの当選が7人中4人を占めた．

選挙協力が成った選挙区では（公明党推薦に基づく）創価学会票の上積みもあって11人中7人が当選したが，自民党と競合した3選挙区ではすべて敗れた（うち2選挙区は民主党が議席を獲得した）．自民党候補が小選挙区で立ち保守候補が自民党の比例区に回った"奇策"の3選挙区では，小選挙区の自民党候補で勝ったのは大阪13区の塩川正十郎だけで，2選挙区では民主党候補に敗れた．さらに，和歌山2区では，党選対委員長の中西啓介が，自民党中央の意向に反して無所属で立った新人の谷本龍哉に敗れるなど，各地で選挙協力の不調が目立った．

（7）選挙ポスターと政党の戦術・特徴
a．政党ポスター

保守党ポスターのテーマは，その綱領にもあるとおり「家族」である．党の顔である扇党首の家族8人が登場．さすが歌舞伎座の名門といいたいところだが，「扇一家といっても，若い人は知らない．アピールする層が限られてしまう」（やくみつる）との指摘がもっともである．また，家族を大切にするという保守主義の主張は分かるが，「どんな政治をしたいのか分からない」（島森路子）というものになっている．

b．候補者ポスター

保守党の候補者ポスターの特徴は表10-18にまとめられている[47]．

保守党ポスターの特徴は，「地味」の一言に尽きる．ポスター上の空きスペースが広く，政党名サイズ，スローガンサイズは小さい．さりとてとくに候補者名・顔写真にサイズが大きいわけでもない［1］．政党，政策もアピールしてはいないうえ，候補者をとくにアピールしているわけでもないのである．当然，比例区での投票を呼びかける「比例区は保守党へ」という文句も少なく，政党のロゴマークを入れて政党のアピールを強めようというポスターも少ない［11］．

では何をアピールしているかといえば，連立与党の候補だということだ．ポスターのある保守党候補のうち，元首相海部俊樹，有力な対抗候補が共産党だけだった兵庫五党協候補の井上喜一，自民党候補と競合した岡島正之以外，自民，公明両党から推薦をもらっている候補者はすべて表記しているのだ［11］．

表10-18　候補者ポスターの特徴（保守党）

章別	番号	保守党候補のポスターの特徴	参照頁
デザイン	[1]	7政党中，各要素の占める割合の合計がもっとも小さく，空きスペースの多い簡素で地味なポスターが主流．スローガンサイズは7政党中もっとも小さい．政党名サイズも公明党についで小さい．	p.47
	[2]	候補者独自のロゴマーク記載者はいない．	p.57
写真	[3]	8人中3人までもが，写真に全身が写っている．	p.69
	[4]	議員バッジをつけて写真に写った候補者の割合はやや高い．	p.76
文字情報	[5]	名前を横書きにしたポスターの割合がもっとも高い．	p.85
	[6]	8人中4人が候補者名を漢字表記している．	p.88
	[7]	スローガンを載せない候補の割合がもっとも高く，8人中4人はスローガンなしである．	p.105
	[8]	未来志向のスローガンは少ない．	p.110
	[9]	地元志向のポスターは少ない．	p.113
候補者属性	[10]	自民党または公明党から推薦をもらっている7候補中4候補がポスターに記載．	p.138
政党	[11]	比例区での所属政党への投票の呼びかけは皆無．政党ロゴマークの掲載率も低い．政党公認の表記をする割合はやや高い．	p.178

候補者，政党，政策アピールいずれも弱く，ひたすら自民公明の推薦ばかりをアピールする．本選挙で保守党は政権のなかで独自性がないことを問われていたが，ポスターにも，完全に連立与党のなかに埋没してしまっている様子が見事に表象されているのである．

（保守党担当　平田知弘）

---

(1)　『読売新聞』2000年7月6日付．
(2)　蒲島郁夫「地方の『王国』と都市の反乱」東大法・蒲島郁夫ゼミ編『有権者の肖像』，木鐸社，2000年．
(3)　『朝日新聞』2000年5月27日付に詳しい．
(4)　公明党と院内会派を組んでいた改革クラブは，候補者4人全員が自民党候補と競合した．
(5)　千葉2区，東京17区，静岡1区，高知1区．
(6)　うち大阪3区ではコスタリカ方式を採用している．
(7)　東京4区，東京20区，神奈川6区，大阪16区，兵庫8区．
(8)　千葉3区，愛知2区，愛知10区．
(9)　うち東京14区，兵庫6区ではコスタリカ方式を採用している．
(10)　うち愛知3区，愛知7区，大阪13区では保守党現職が自民党に移籍し比例区で，コスタリカ方式で立候補している．
(11)　大阪7区，大阪9区，和歌山1区，和歌山3区．
(12)　岩手3区では，当初自由党から公認されていた佐々木洋平が公認を取り消され，のちに保守党に公認された．このため保守党は佐々木を与党統一候補とするよう求めたが，自民党は6月1日にこの選挙区で志賀節を公認した．
(13)　『朝日新聞』2000年6月3日付．
(14)　離反者のうち愛知8区の森田裕介は無所属の会公認で，それ以外は無所属で出馬した．
(15)　兵庫7区には保守党候補が立候補しているが，これは自公保3党での選挙協力協議の終了後に保守党から公認された候補であり，自民党は選挙協力協議に基づいて擁立を見送ったわけではない．
(16)　重複立候補していないのは11人である．このうち津島雄二，田中真紀子，小泉純一郎，橋本龍太郎，山中貞則は次点候補の倍以上の得票で大勝した．落選したのは松永光のみである．
(17)　衆院比例区の定年制を巡っては，1999年3月に自民党改革本部が2001年10月以降の総選挙での導入を答申していた．
(18)　投票日現在で74歳以上であるにもかかわらず比例区単独で立候補したのは，中曽根（82歳），宮沢（80歳）のほか，中山利生（北関東3位，75歳），高橋一郎（東京4位，74歳），堀之内久男（九州5位，75歳），大原一三（九州6位，75歳）の計6人．

(19) こうした発言には80年総選挙での例が背景にあると考えられる．80年の総選挙では，投票日から10日前の大平首相の死が「判官びいき」を引き起こし，これが自民党の勝利につながったといわれる．
(20) これらの6選挙区では，自民系無所属候補（離反候補）と連立与党公認候補との得票数合計が，当選した野党候補の得票数を上回る．もちろん，この事実だけをもって当然に離反候補を出さなければ与党統一候補が当選していたとはいえないが，可能性は十分にあった．
(21) 代表になる前の鳩山由紀夫は，民主党が政権に焦りすぎたのが公明党にしっとを買ったのではと述べている（『朝日新聞』1999年7月31日付）．
(22) 蒲島，前掲論文．
(23) これは本人の手紙によると，選挙途中に推薦をもらってから，急遽作成し貼ったものだそうだ．
(24) 【他力本願ポスター】(138頁) 参照．
(25) 3区の東門美津子のポスターには自由連合推薦の記載が見られる．【他力本願ポスター】(138頁) 参照．
(26) 発表された理由は家族の病気である．
(27) 加藤は結局自民党中国ブロックの比例名簿に登載されたが，その順位は当選圏外である7位であった．
(28) 実際，岩本司は2001年の参院選福岡選挙区で逆風のなか当選しており，民主党にとって2000年総選挙は選挙区に候補者を根付かせるための選挙でもあったといえよう．
(29) 東京13区の城島正光と山梨3区の後藤斎．
(30) 北海道ブロックの金田誠一らや，南関東ブロックの葉山峻など．なお，小選挙区立候補者のうち，山形1区の鹿野道彦，三重2区の中川正春，三重3区の岡田克也の3人は本人の選択により重複立候補はしていない．
(31) 【他力本願ポスター】(138頁) 参照．
(32) 例えば，新潟6区の筒井信隆．
(33) 民主党の有力な若手の1人である松沢成文のポスターでもこの文字が登場している．【迷スローガン・迷デザイン】(150頁) 参照．
(34) 政見放送では全編放送された．なお，本稿における当CM紹介は，その概要を示しているにすぎない．細かい表現の違い等はご了承願いたい．
(35) 鳩山本人の候補者ポスターに関しては【党首対決】(184頁)，民主党候補のポスターに登場する鳩山については【他力本願ポスター】(138頁) を参照．
(36) 田中慶秋．
(37) 第3節参照．
(38) 『朝日新聞』の出口調査による．
(39) 分析対象とした公明党のポスター数はわずかであることに注意されたい．
(40) 蒲島ゼミ2000年衆議院選挙調査によると，有権者が挙げた「絶対に支持したくない政党」は，共産党（53.8％）と公明党（48.2％）が他の政党と比べて突出

している．
(41) 『朝日新聞』の出口調査による．
(42) 『朝日新聞』の出口調査による．
(43) 投票日直前に，与党側が共産党を攻撃するいわゆる「謀略ビラ」を大量に撒いたという疑惑などを指しているものと思われる．
(44) 内訳は民主59人，自由5人，社民12人で，無所属の会2人，無所属2人も選挙協力の対象とする．
(45) すでに第1次立候補予定者として発表されていた11人を含む．
(46) さらに調整対象ではなかった岩手3区でも競合した．
(47) 分析対象とした保守党のポスター数はわずかであることに注意されたい．

終章
選挙ポスター研究の意義

菅原　琢

1. 本章の目的

　はじめに述べたように，本書は選挙ポスターを政治学的に分析する初の試みである．初めて行われたというのは，それだけで価値があるものである．本書に価値があるとすれば，その多くの部分はここから生じているといえる．しかし，このような独自性は一過的な価値といえるかもしれない．選挙ポスターという制度がなくなれば，この研究の成果も意味がなくなるからだ．

　本章は，他の選挙メディア研究との比較のなかで我々の研究を位置付けることで，本書の意義を見出そうとするものである．本書の研究成果が，現代政治分析においてどのような価値を持ちうるのか，考察していきたい．

　この目的のもと，本章はつぎのように進む．まず次節では我々の分析の結果をまとめる．本書は，前提となる切り口や手法がないなかで，各人がそれぞれの興味にしたがい試行錯誤しながら行った分析を集積している．したがって読み手の側に立てば，本書の分析はいささか不統一な印象を受けることだろう．この意味でも，どのような成果があったのか集約しておくことは意味があることである．第3節では，選挙メディアを用いた他の研究をいくつか取り上げ，本書の分析との相違を確かめていく．これを踏まえて最後に第4節で，本書の成果をまとめる．

2. 分析の総括

　本書の分析結果は，つぎのように大きく5つにまとめることができる．以下，具体的な分析結果を交えながら説明してみよう．

①ポスターの構図・デザインは画一的である．
　「序」，序章，資料Ⅰでそれぞれ述べていることだが，選挙ポスターには面積，機能の面で制約がある．屋外にある専用の掲示場に貼られることを目的としているため，そこに盛り込まれる情報は選挙公報などに比較し圧倒的に少ない．その数少ないアイテムは，候補者の氏名，顔写真，政党名，候補者や政党の政策的・イメージ的訴えに集約されている．そして，大部分のポスターは面積のほとんどが前2者によって占められている．ポスターのレイアウトはこの2者の配置により，数少ないパターンに集約される．

候補者の氏名は，自民党候補を中心に縦書きが支配的である．字体はゴシックが多い．選挙ポスターにおいてもっとも重要な要素である候補者名に関しては，基本を外せないという候補者側の心理がうかがい知れる．

もう一方のポスター上のアイテムの柱，候補者写真についても多くの候補が自らの顔写真のアップを載せている．半身や全身を載せているのは一部の候補であり，顔の位置が中央から外れている候補の多くは当選可能性の低い候補であった．候補者の服装は，スーツへの標準化が進んでいる．よりカジュアルなファッションや，白衣のような自らの職歴を示す服装も見られたが，特殊事例である．

デザインの画一性に関する例外は背景やアイテムの色使いである．各候補は，それぞれ気に入った色の組み合わせを用いているようで，見た目はカラフルである．しかし，色彩を戦略的に利用していると考えられる例は一部である．見るものに候補者を印象付けない無個性で無難な色使いは，だいたいのポスターに共通する特徴である．

このように選挙ポスターの見た目に関しては，どの候補も基本を守り，失点を防ごうとしているようである．この結果，顔アップ，氏名縦書きという選挙ポスターのスタンダード・典型が生み出されているといえよう．

②内容と細かい表現はバライエティーに富んでいる．

デザイン・構図は，遠目で見た「印象」を形成するものである．より近づいて細かく内容を見ると，画一的という印象の強い選挙ポスターも，多様であることが分かった．

まず，候補者はロゴマークを多用していることが分かる．候補者本人のイニシャルをかたどっただけのものから，ムツゴロウなど政策を主張する目的のロゴまで，マークの意味も，種類もさまざまであった．

ロゴマークと同様に，写真のなかに潜ませた「小道具」も，自らの職業や技術・能力のアピールを企図したものから，真意を測りかねるものまでさまざまなものがあった．これらは，言葉を用いるとくどくなる主張を，視覚的な手段で伝えるものである．選挙ポスターという制限の多いメディアをいかに有効に利用するかという，候補者の工夫がこのような細かい部分に反映されているのだ．

文字を用いた訴えも多様で，文字数や大きさにそれぞれの候補は工夫をこらしており，駄洒落を用いて親しみやすさを演出しようともしている．まだまだ少ないものの，自らのウェブサイトの URL を掲載している候補もいる．

このように，ポスターの細かい表現方法は印象よりもはるかに多様で，各候補者は自らの個性を打ち出そうとしていることが分かった．

③選挙メディアであるにも関わらず，政策的な内容に乏しい．

②で述べたように表現の仕方は豊富である．しかしその表現の多くは候補者個人

のイメージを印象付けるためのものであり，政策を宣伝するためのものではないことが分かった．

　選挙ポスターで候補者の主張が占める部分は，メインのアイテムに押され非常に少なくなっている．その少ない面積も，具体的な政策に触れられることは稀である．「未来志向」「地元志向」と分類されたような，敵を作りにくい，抽象的で政治的意味に乏しい訴えがスローガンの大半を占めている．

　例外は共産党であり，東京湾埋め立てや愛知万博の問題など，地域的な争点を積極的にとりあげ，連立政権への批判も鋭い．社民党の一部の候補も政党のスローガンである「頑固に平和，元気に福祉」を掲載している．ただし共産党の候補であっても，「くらし」や「国民のための政治」などの表現も目立っている．選挙ポスターは，何かしらの訴えをするためのメディアでも，対決するためのメディアでもなく，いかに嫌われないで自らの顔と名前を広めるか，というメディアなのである．

④候補者，政党，選挙区の違いを反映している．

　候補者の性別や年齢，所属政党や立候補した選挙区などの諸特徴が，選挙ポスターには反映されている．これらの特徴を総合すれば，日本政治の現状を浮き彫りにするだろう．

　例えば第9章では，候補者の性別が日本において重要なアピールポイントであることが明らかとなった．一部の強い地盤を持つ候補を除き，女性的イメージの主張，服装，イメージ戦略が，女性候補のなかでは盛んであった．候補者名の書体に丸ゴシックを用いるという特徴も確認された．「女性である」ということを広告することが有効であるのは，日本の政治における女性進出の遅れを反映したものであるといえよう．

　候補者の年齢や経歴も，ジェンダー・アピールと同様に弱い候補，政治的資源の乏しい候補にとって重要なアピール材料である．若い候補は，積極的に自らの年齢を表記し，新鮮さをアピールしている．また候補者の経歴も，与党の実績アピール的な「重要役職」表記に対して，野党新人は自らを認知させるために「普通経歴」表記を積極的に行っている．

　候補者のポスターは，候補者個人の選挙運動の一端ではあるが，ここには所属政党の違いも如実に反映していた．各党ごとの選挙ポスターの特徴は，第10章で選挙戦略との関連を踏まえつつまとめているので，そちらを参照していただきたい．

　選挙ポスターには，選挙区特性の影響も見られた．都市部の選挙区では，若い候補は積極的に自らの年齢をアピールしていた．同様に経歴の表記も農村部よりも都市部の候補の方が積極的に行っていた．「地元志向」スローガンは農村部，高齢化の進んでいる地域に顕著であった．その他，選挙区の地域性（東京と大阪）や競合状況（相手候補）も反映しているのではないかと論じられている．

⑤選挙ポスターは，候補者の合理性の産物である．

①から④で示した選挙ポスターのメディアとしての諸特徴を形成しているのは，各候補者の合理的判断である．④で示した政党や候補者属性による特徴は，単に違っているのではなく，それぞれ意味を持った違いなのである．選挙ポスターの各表現が候補者の合理的な選挙戦略の帰結であるということは，ここまでのまとめにも含まれてはいるが，ここで改めて強調する必要のある本書の重要な結論である．

候補者の合理性とは，大体において得票の増大を企図するという意味である．この顕著な例は，自民党候補と公明党推薦表記の関係に見られる．公明党は多くの自民党候補を推薦しているが，推薦を受けた候補のほとんどはこれを表記していない．これは，創価学会の集票を信頼するとともに，公明党を嫌う有権者層を刺激しないようにという配慮である．公明党公認候補も，自らの政党名を小さく，あるいは明らかにせず，推薦を受けている自民党や保守党の表記を大きくしている．これも同党候補の合理性の表れである．これとは逆に同じ「拒否政党」でありながら共産党の候補は，自らの党名を大きく表記している．これは一見すると非合理的行動であるかのように思われるかもしれないが，選挙区での集票以上に比例区を重視していたからだと考えられる．

本分析篇のなかで，候補者あるいは政党の合理性にとくに着目しているのは第7章と第8章である．第7章では，力のある候補者は政党から自立的に選挙運動を行い，逆に力の劣る候補者は政党に従属・依存した選挙運動を展開していることを示し，さらにこのような行動が選挙結果にも影響を与えていることを明らかにした．

また第8章では，政党組織の特性により，政党の合理性が優先される場合と候補者の合理性が優先される場合があることをまず実証している．そして，比較的自律性の強い民主党の候補者のほとんどが，比例区においてフリーライダー化するという「候補者にとって合理的な行動」を採っていたことを示している．

序章で述べたように，本書では2つの視角から選挙ポスターを分析している．1つ目の視角は，現代の選挙ポスターとはどのようなものかという，これ自体を分析する従属変数的視角である．以上の結論のうち最初の3つがこの目的に沿った結論である．2つ目の視角は，現代の日本政治を分析する道具として選挙ポスターを分析するという，独立変数的視角である．結論④と⑤は，この目的に対応する．ただし，結論⑤は④の前提でもあるだろう．

3. 本研究の位置付け

本書『選挙ポスターの研究』は，文字通り選挙ポスターを研究したものとして画期的であるといえるだろう．しかし本書の重要性はこれだけではないと我々は考えている．

これまで，日本政治分析において選挙メディア[1]は，政治エリートの政策を分析するためにデータソースとして，もしくはメディアそのものの利用，有権者への影

響を分析するという目的で用いられてきた．政策は有権者とのコミュニケーションを前提としたものであるから，選挙メディアはエリートとマスのコミュニケーションに関わる分析に用いられてきたといえるのではないか．衆議院の選挙制度改革後の代表的な研究である1998年の『選挙研究』に掲載されている，堤[2] と川上[3] の論文を中心に，これまでの選挙メディア分析をとりあげ，これを示してみよう．

堤は，選挙管理委員会に提出された各候補の選挙公報の内容分析を行い，つぎの3つの結論を提示している．①1996年において行財政改革がもっとも中心的な争点であったが，これは明確な対立軸を提示するものではなかった．②候補者の掲げる政策は，所属政党の影響をもっとも強く受け，地域特性，候補者の経歴の影響もそれなりに存在した．③有権者にとって政策は投票判断基準の1つではあるが，重要ではない．

この結論から明らかであるが，この論文は，選挙メディアを字義通りエリートが自らの主張を有権者まで運ぶための媒体として分析に用いている．品田の「有権者の選好を政治エリート間の勢力関係に転換する結節点が選挙であり，公約はそのような転換を政策面で担保する役割を果たす[4]」という言葉に示されるとおり，政策・公約分析はエリートと有権者のコミュニケーションの分析なのである．このようなタイプの選挙メディア研究は，猪口[5] を初めとして比較的古くから計量的に行われており，選挙メディアの分析といえば大概はこの公約分析タイプの分析となる．

川上は，マス・メディアの分析も含みつつ，新聞などの政党広告，各選挙メディアの有権者への影響などを取り上げ，政党のメディア戦略を量的な観点から明らかにすることで，制度改変によってメディア利用にどのような影響があったか分析している．結論としては，選挙メディアに関してさまざまな改革が行われたにもかかわらず，有権者を投票所に向かわせることはできず，むしろネガティヴ・アドは有権者の棄権要因となったのではないかと述べている．

この論文は，当該メディアが有権者に対してどのような影響をどの程度与えるのかという視点から論を進めている．いわば，選挙メディアの効果とその利用の仕方・戦略を分析しているのだ．公約分析タイプに比較し数は少ないという印象があるが，このようなメディア分析タイプの研究は，1つの流れを形成している[6]．

さて本書には，これまでの選挙メディア研究と同様に政党や候補者の政策を分析しており，公約分析的な分析を含んでいる．また，選挙ポスターのメディアとしての特徴を明らかにしており，ポスター上の表現を有権者の獲得のためのエリートの戦略として捉えて分析している部分も多く存在する．この意味で，メディア分析タイプの分析も行っているといえるだろう．前節のまとめに照らし合わせると，公約分析タイプの分析結果がおもに③に，メディア分析タイプの分析結果がおもに①，②にあたる．このように本書は，これまでのメディア分析と同様の志向も示している．

しかし一方で，選挙ポスターは有権者とのコミュニケーション能力を欠いている

という認識も本書の基調をなしている．これは，従来のメディア分析とは視点を異にするものである．このような認識は，序章で述べたように，独立変数的な視角を生じさせた．これまでの選挙メディア分析と本書の分析の相違は，政治的エリートを分析する手段としての選挙メディア分析というこの部分である．このような独立変数的な視角からの分析は，前節の結論ではおもに④，⑤にまとめられている．

　従来の日本の選挙メディア分析がエリートと有権者の関係を前提としてメディアを分析しているが，本書はこれに加え，政党の組織や戦略の違い，候補者の属性の違いなど，メディアを用いてエリートそのものを分析している．情報の受信側あるいは受信者と送信者の関係だけでなく，送信者の分析にも注力しているのである．V.O. キィは，政党の機能は有権者のなかの政党，組織としての政党，政府のなかの政党の3つに分類されると述べたが，この政党をエリートと読み替えると，従来の選挙メディア分析が1つめの範囲に限定されていたのが，本書の分析では第2の視角にまで広がったといえるだろう．

　このような分析視角の違いは，選挙ポスターと他の選挙メディアの特性の違いから来ている．選挙公報や政治広告などの選挙メディアは，有権者とのコミュニケーションを前提としている．選挙ポスターも作り手としては有権者を意識していることは間違いないだろう．しかし，序章で見たように有権者のほとんどは選挙ポスターを見かけてはいるものの，投票行動決定の際の手がかりとはしていない．有権者がじっくり見ないのであれば，自らの細かい政策やアピールで埋め尽くすことはあまり意味がない．面積が限られ，屋外であるため人に注視される時間も限られる選挙ポスターは視認性が命である．

　しかし，このようなメディアの違いの存在は，選挙ポスター分析が現在の選挙メディア研究の流れのなかでは意味をなさない，主流の選挙メディア研究とは別個のものである，ということを意味しない．むしろ選挙メディアを，有権者の投票行動や，メディアそのものの分析のためのものと限定せず，政治エリートの行動や性質などを分析する道具として扱うことの意義深さを示すものではないかと我々は考えている．結果として，選挙メディア研究の射程を拡大する一助となったのではないだろうか[7]．

4. おわりに

　本章では，選挙ポスターと選挙ポスター分析の特徴を示し，日本の選挙メディア研究の系譜のなかでこれがどのように捉えられるかを論じた．選挙ポスターは，デザイン，レイアウトの面で画一的であり，多彩な自己表現はあるものの具体的な政策的メッセージに乏しく，メディアとしての役割は最低限度しか果たしていない．しかし，有権者とのコミュニケーションが成立していないというメディアとしての無意味さは，これまでの研究のような有権者とのかかわりを前提とした研究ではなく，発信者そのものに関する分析への道筋を与えたといってよいだろう．この点が

既存の日本の選挙メディア研究には見られない，新しい分析視角といえるのではないかというのが，本章の主張である．

　このような視点が，実際に新しいものであるとするなら，それは選挙ポスターという新しい材料を用いたことによるところが大きい．本書の意義の最大のものは，やはりこの新しいものを分析したということだろう．本研究には，データの収集や整理に限界があり，選挙区候補の1回分のデータしかないなどの限界がある．前例のない分析であったために，ある種統一的ではない，さまざまな角度からの分析を行った．データのなかには分析に使用されなかったものもあり，完成しなかった分析もいくつかあった．アイディアだけで結果の出ない分析も多くあり，かなりの部分「無駄」な作業をしていたのは事実だろう．しかしこのことは研究自体を無駄なものにするわけではない．無駄も含めたさまざまな作業の結果，本研究ではかなりの分析モデルを提示できたのではないかと考える．この意味で，大部の論文ではなく1つ1つ意味のある結論を引き出した分析篇の手法は，選挙メディア研究にまつわる将来的なコストをいくらか縮小させたのではないだろうか．本書の最大の意義は，未開拓の領域に鍬を入れ，確かに収穫を得たこと，である．

（1）　ここでは選挙メディアを，政治エリート自身がある程度コントロール可能なメディア（序章で示した選挙運動メディアの類型のうちA類型に属するもの）に限定して議論する．

（2）　堤英敬「1996年衆議院選挙における候補者の公約と投票行動」『選挙研究』第13号，木鐸社，1998年，89-99頁．

（3）　川上和久「日本におけるメディア・ポリティクス」前掲書，100-109頁．

（4）　品田裕「90年代日本の選挙公約」『変化をどう説明するか：政治篇』，木鐸社，2000年，148頁．

（5）　猪口孝「選挙公約－各党の政治的軌跡」『現代日本政治経済の構図』，東洋経済新報社，1983年．
　　　小林良彰・堤英敬「選挙公約に関する計量分析」『選挙』2000年1月号-3月号，都道府県選挙管理委員会連合会．

（6）　稲葉哲郎「政治広告のスタイルと効果」飽戸弘編著『政治行動の社会心理学』，福村出版，1994年，240-259頁．

（7）　候補者のウェブサイトに関する岡本の分析は，ウェブページの内容ではなく候補者の属性とウェブの開設の関係に着目しており，興味深い．岡本哲和「2000年衆議院総選挙における候補者ホームページの分析」『レヴァイアサン』29号，木鐸社，2001年，141-155頁．

第二部
資料篇

資料 I
選挙ポスターの作られ方

境家史郎

　ここでは，選挙ポスターに関する基礎的な資料として，公職選挙法の関係条文と自民党のポスター作成マニュアルを収録し，それぞれについて簡単な解説を加える．

1. 公職選挙法における「ポスター」

(1) 関係条文

　選挙ポスターに関する公職選挙法（平成14年3月現在）上の規定は，公選法「第13章　選挙運動」の第143条，第144条に集中しているが，ここではポスター掲示場に関する規定なども含め，第143条から第147条までをそのまま載せることにする．

（文書図画の掲示）
第143条
①選挙運動のために使用する文書図画は，次の各号のいずれかに該当するもの（衆議院比例代表選出議員の選挙にあつては，第1号，第2号，第4号及び第5号に該当するものであつて衆議院名簿届出政党等が使用するもの）のほかは，掲示することができない．
一　選挙事務所を表示するために，その場所において使用するポスター，立札，ちようちん及び看板の類
二　第141条の規定により選挙運動のために使用される自動車又は船舶に取り付けて使用するポスター，立札，ちようちん及び看板の類
三　公職の候補者が使用するたすき，胸章及び腕章の類
四　演説会場においてその演説会の開催中使用するポスター，立札，ちようちん及び看板の類
四の2　個人演説会告知用ポスター（衆議院小選挙区選出議員，参議院選挙区選出議員又は都道府県知事の選挙の場合に限る．）
五　前各号に掲げるものを除くほか，選挙運動のために使用するポスター（参議院比例代表選出議員の選挙にあつては，公職の候補者たる参議院名簿登載者が使用するものに限る．）
②選挙運動のために，アドバルーン，ネオン・サイン又は電光による表示，スライドその他の方法による映写等の類を掲示する行為は，前項の禁止行為に該当するものとみなす．
③衆議院（小選挙区選出）議員，参議院（選挙区選出）議員又は都道府県知事の選

挙については，第１項第４号の２の個人演説会告知用ポスター及び同項第５号の規定により選挙運動のために使用するポスター（衆議院小選挙区選出議員の選挙において候補者届出政党が使用するものを除く．）は，第144条の２第１項の規定により設置されたポスターの掲示場ごとに公職の候補者１人につきそれぞれ１枚を限り掲示するほかは，掲示することができない．

④第144条の２第８項の規定によりポスターの掲示場を設けることとした都道府県の議会の議員並びに市町村の議会の議員及び長の選挙については，第１項第５号の規定により選挙運動のために使用するポスターは，同条第８項の規定により設置されたポスターの掲示場ごとに公職の候補者１人につきそれぞれ１枚を限り掲示するほかは，掲示することができない．

⑤第１項第１号の規定により選挙事務所を表示するための文書図画は，第129条の規定にかかわらず，選挙の当日においても，掲示することができる．

⑥第１項第４号の２の個人演説会告知用ポスター及び同項第５号の規定により選挙運動のために使用するポスターは，第129条の規定にかかわらず，選挙の当日においても，掲示しておくことができる．

⑦第１項第１号の規定により掲示することができるポスター，立札及び看板の類の数は，選挙事務所ごとに，通じて３をこえることができない．

⑧第１項第４号の規定により掲示することができるポスター，立札及び看板の類の数は，演説会場外に掲示するものについては，会場ごとに，通じて２を超えることができない．

⑨第１項に規定するポスター（同項第４号の２及び第５号のポスターを除く．），立札及び看板の類は，縦273センチメートル，横73センチメートル（同項第１号のポスター，立札及び看板の類にあつては，縦350センチメートル，横100センチメートル）をこえてはならない．

⑩第１項の規定により掲示することができるちようちんの類は，それぞれ１箇とし，その大きさは，高さ85センチメートル，直径45センチメートルを超えてはならない．

⑪第１項第４号の２の個人演説会告知用ポスターは，長さ42センチメートル，巾10センチメートルをこえてはならない．

⑫前項のポスターは，第１項第５号のポスターと合わせて作成し，掲示することができる．

⑬第１項第４号の２の個人演説会告知用ポスターには，その表面に掲示責任者の氏名及び住所を記載しなければならない．

⑭衆議院(小選挙区選出)議員又は参議院議員の選挙においては，公職の候補者は，政令で定めるところにより，政令で定める額の範囲内で，第１項第１号及び第２号の立札及び看板の類，同項第４号の２の個人演説会告知用ポスター（衆議院小選挙区選出議員又は参議院選挙区選出議員の選挙の場合に限る．）並びに同項第５号のポスターを無料で作成することができる．この場合においては，第141条第７項ただし

書の規定を準用する.

⑮都道府県の議会の議員及び長の選挙については都道府県は,市の議会の議員及び長の選挙については市は,それぞれ,前項の規定(参議院比例代表選出議員の選挙に係る部分を除く.)に準じて,条例で定めるところにより,公職の候補者の第1項第4号の2の個人演説会告知用ポスター(都道府県知事の選挙の場合に限る.)及び同項第5号のポスターの作成について,無料とすることができる.

⑯公職の候補者又は公職の候補者となろうとする者(公職にある者を含む.以下この項において「公職の候補者等」という.)の政治活動のために使用される当該公職の候補者等の氏名又は当該公職の候補者等の氏名が類推されるような事項を表示する文書図画及び第199条の5第1項に規定する後援団体(以下この項において「後援団体」という.)の政治活動のために使用される当該後援団体の名称を表示する文書図画で,次に掲げるもの以外のものを掲示する行為は,第1項の禁止行為に該当するものとみなす.

一 立札及び看板の類で,公職の候補者等1人につき又は同一の公職の候補者等に係る後援団体のすべてを通じて政令で定める総数の範囲内で,かつ,当該公職の候補者等又は当該後援団体が政治活動のために使用する事務所ごとにその場所において通じて2を限り,掲示されるもの

二 ポスターで,当該ポスターを掲示するためのベニヤ板,プラスチック板その他これらに類するものを用いて掲示されるもの以外のもの(公職の候補者等若しくは後援団体の政治活動のために使用する事務所若しくは連絡所を表示し,又は後援団体の構成員であることを表示するために掲示されるもの及び第19項各号の区分による当該選挙ごとの一定期間内に当該選挙区(選挙区がないときは,選挙の行われる区域)内に掲示されるものを除く.)

三 政治活動のためにする演説会,講演会,研修会その他これらに類する集会(以下この号において「演説会等」という.)の会場において当該演説会等の開催中使用されるもの

四 第14章の3の規定により使用することができるもの

⑰前項第1号の立札及び看板の類は,縦150センチメートル,横40センチメートルを超えないものであり,かつ,当該選挙に関する事務を管理する選挙管理委員会(衆議院比例代表選出議員又は参議院比例代表選出議員の選挙については,中央選挙管理会)の定めるところの表示をしたものでなければならない.

⑱第16項第2号のポスターには,その表面に掲示責任者及び印刷者の氏名(法人にあつては名称)及び住所を記載しなければならない.

⑲第16項において「一定期間」とは,次の各号に定める期間とする.

一 衆議院議員の総選挙にあつては,衆議院議員の任期満了の日の6月前の日から当該総選挙の期日までの間又は衆議院の解散の日の翌日から当該総選挙の期日までの間

二 参議院議員の通常選挙にあつては，参議院議員の任期満了の日の6月前の日から当該通常選挙の期日までの間
三 地方公共団体の議会の議員又は長の任期満了による選挙にあつては，その任期満了の日の6月前の日から当該選挙の期日までの間
四 衆議院議員又は参議院議員の再選挙（統一対象再選挙（第33条の2第3項から第5項までの規定によるものを除く．次号において同じ．）を除く．）又は補欠選挙（同条第3項から第5項までの規定によるものに限る．）にあつては，当該選挙を行うべき事由が生じたとき（同条第7項の規定の適用がある場合には，同項の規定により読み替えて適用される同条第1項又は第3項から第5項までに規定する遅い方の事由が生じたとき）その旨を当該選挙に関する事務を管理する選挙管理委員会（衆議院比例代表選出議員又は参議院比例代表選出議員の選挙については，中央選挙管理会）が告示した日の翌日から当該選挙の期日までの間
五 衆議院議員又は参議院議員の統一対象再選挙又は補欠選挙（第33条の2第3項から第5項までの規定によるものを除く．）にあつては，当該選挙を行うべき事由が生じたとき（同条第7項の規定の適用がある場合には，同項の規定により読み替えて適用される同条第2項に規定する遅い方の事由が生じたとき）その旨を当該選挙に関する事務を管理する選挙管理委員会（衆議院比例代表選出議員又は参議院比例代表選出議員の選挙については，中央選挙管理会）が告示した日の翌日又は当該選挙を行うべき期日の6月前の日のいずれか遅い日から当該選挙の期日までの間
六 地方公共団体の議会の議員又は長の選挙のうち任期満了による選挙以外の選挙にあつては，当該選挙を行うべき事由が生じたとき（第34条第4項の規定の適用がある場合には，同項の規定により読み替えて適用される同条第1項に規定する最も遅い事由が生じたとき）その旨を当該選挙に関する事務を管理する選挙管理委員会が告示した日の翌日から当該選挙の期日までの間

（文書図画の撤去義務）
第143条の2
前条第1項第1号，第2号又は第4号のポスター，立札，ちょうちん及び看板の類を掲示した者は，選挙事務所を廃止したとき，第141条第1項から第3項までの自動車若しくは船舶を主として選挙運動のために使用することをやめたとき，又は演説会が終了したときは，直らにこれらを撤去しなければならない．

（ポスターの数）
第144条
① 第143条第1項第5号のポスターは，次の区分による数を超えて掲示することができない．ただし，第1号のポスターについては，その届け出た候補者に係る選挙区ごとに1000枚以内で掲示するほかは，掲示することができない．

一　衆議院（小選挙区選出）議員の選挙において候補者届出政党が使用するものにあつては，その届け出た候補者に係る選挙区を包括する都道府県ごとに，1000枚に当該都道府県における当該候補者届出政党の届出候補者の数を乗じて得た数
二　衆議院（比例代表選出）議員の選挙において衆議院名簿届出政党等が使用するものにあつては，その届け出た衆議院名簿に係る選挙区ごとに，500枚に当該選挙区における当該衆議院名簿届出政党等の衆議院名簿登載者の数を乗じて得た数
二の2　参議院（比例代表選出）議員の選挙にあつては，公職の候補者たる参議院名簿登載者1人について7万枚
三　都道府県の議会の議員，市の議会の議員又は市長の選挙にあつては，公職の候補者1人について1200枚．ただし，指定都市の市長の選挙にあつては，候補者1人について4500枚
四　町村の議会の議員又は長の選挙にあつては，公職の候補者1人について500枚
②前項のポスターは，当該選挙に関する事務を管理する選挙管理委員会（衆議院比例代表選出議員又は参議院比例代表選出議員の選挙については，中央選挙管理会．以下この項において同じ．）の定めるところにより，当該選挙に関する事務を管理する選挙管理委員会の行う検印を受け，又はその交付する証紙をはらなければ掲示することができない．この場合において，同項第1号のポスターについて当該選挙に関する事務を管理する選挙管理委員会の行う検印又はその交付する証紙は，当該選挙の選挙区ごとに区分しなければならない．
③前2項の規定は，次条第8項の規定によりポスターの掲示場を設けることとした都道府県の議会の議員並びに市町村の議会の議員及び長の選挙については，適用しない．
④第143条第1項第5号のポスターは，衆議院（比例代表選出）議員の選挙において衆議院名簿届出政党等が使用するものにあつては当該選挙区ごとに中央選挙管理会に届け出た3種類以内のものを掲示するほかは掲示することができず，衆議院（小選挙区選出）議員の選挙において候補者届出政党が使用するもの及び衆議院（比例代表選出）議員の選挙において衆議院名簿届出政党等が使用するものにあつては長さ85センチメートル，幅60センチメートル，それ以外のものにあつては長さ42センチメートル，幅30センチメートルを超えてはならない．
⑤第143条第1項第5号のポスターには，その表面に掲示責任者及び印刷者の氏名（法人にあつては，名称）及び住所を記載しなければならない．この場合において，候補者届出政党が使用するものにあつては当該候補者届出政党の名称を，衆議院名簿届出政党等が使用するものにあつては当該衆議院名簿届出政党等の名称及び前項のポスターである旨を表示する記号を，参議院名簿登載者が使用するものにあつては当該参議院名簿登載者に係る参議院名簿届出政党等の名称を，併せて記載しなければならない．

(ポスター掲示場)
第144条の2
①衆議院（小選挙区選出）議員，参議院（選挙区選出）議員又は都道府県知事の選挙においては，市町村の選挙管理委員会は，第143条第1項第5号のポスター（衆議院小選挙区選出議員の選挙において候補者届出政党が使用するものを除く．）の掲示場を設けなければならない．
②前項の掲示場の総数は，1投票区につき5箇所以上10箇所以内において，政令で定めるところにより算定する．ただし，市町村の選挙管理委員会は，特別の事情がある場合には，あらかじめ都道府県の選挙管理委員会と協議の上，その総数を減ずることができる．
③第1項の掲示場は，市町村の選挙管理委員会が，投票区ごとに，政令で定める基準に従い，公衆の見やすい場所に設置する．
④市町村の選挙管理委員会は，第1項の掲示場を設置したときは，直ちに，その掲示場の設置場所を告示しなければならない．
⑤公職の候補者は，第1項の掲示場に，当該選挙に関する事務を管理する選挙管理委員会が定め，あらかじめ告示する日から第143条第1項第4号の2及び第5号のポスターそれぞれ1枚を掲示することができる．この場合において，市町村の選挙管理委員会は，ポスターの掲示に関し，政令で定めるところにより，当該公職の候補者に対し，事情の許す限り便宜を供与するものとする．
⑥前項の場合において，公職の候補者1人が掲示することができる掲示場の区画は，縦及び横それぞれ42センチメートル以上とする．
⑦前各項に規定するもののほか，第1項の掲示場におけるポスターの掲示の順序その他ポスターの掲示に関し必要な事項は，当該選挙に関する事務を管理する選挙管理委員会が定める．
⑧都道府県の議会の議員の選挙については都道府県は，市町村の議会の議員及び長の選挙については市町村は，それぞれ，条例で定めるところにより，第143条第1項第5号のポスターの掲示場を設けることができる．
⑨都道府県又は市町村が前項の規定によりポスターの掲示場を設置する場合においては，当該掲示場の総数は，1投票区につき5箇所以上10箇所以内において，政令で定めるところにより算定しなければならない．ただし，特別の事情がある場合には，当該都道府県又は市町村は，それぞれ，条例で定めるところにより，その総数を減ずることができる．
⑩第3項から第7項までの規定は，第8項の規定によりポスターの掲示場を設置する場合について，準用する．

(ポスター掲示場を設置しない場合)
第144条の3

天災その他避けることのできない事故その他特別の事情があるときは，前条第1項又は第8項の掲示場は，設けないことができる．

(任意制ポスター掲示場)
第144条の4
第144条の2第8項の規定によるほか，都道府県の議会の議員の選挙については都道府県は，市町村の議会の議員及び長の選挙については市町村は，それぞれ，同条第3項から第7項まで及び前条の規定に準じて，条例で定めるところにより，第143条第1項第5号のポスターの掲示場を設けることができる．この場合において，ポスターの掲示場の数は，1投票区につき1箇所以上とする．

(ポスター掲示場の設置についての協力)
第144条の5
第144条の2及び前条の規定によりポスターの掲示場を設置する場合においては，土地又は工作物の居住者，管理者又は所有者は，ポスターの掲示場の設置に関し，事情の許す限り協力しなければならない．

(ポスターの掲示箇所等)
第145条
①何人も，衆議院議員，参議院(比例代表選出)議員，都道府県の議会の議員又は市町村の議会の議員若しくは長の選挙(第144条の2第8項の規定によりポスターの掲示場を設けることとした選挙を除く．)については，国若しくは地方公共団体が所有し若しくは管理するもの又は不在者投票管理者の管理する投票を記載する場所には，第143条第1項第5号のポスターを掲示することができない．ただし，橋りよう，電柱，公営住宅その他総務省令で定めるもの並びに第144条の2及び第144条の4の掲示場に掲示する場合については，この限りでない．
②何人も，前項の選挙については，第143条第1項第5号のポスターを他人の工作物に掲示しようとするときは，その居住者，居住者がない場合にはその管理者，管理者がない場合にはその所有者(次項において「居住者等」と総称する．)の承諾を得なければならない．
③前項の承諾を得ないで他人の工作物に掲示された第143条第1項第5号のポスターは，居住者等において撤去することができる．第1項の選挙以外の選挙において，居住者等の承諾を得ないで当該居住者等の工作物に掲示されたポスターについても，また同様とする．

(文書図画の頒布又は掲示につき禁止を免れる行為の制限)
第146条

①何人も，選挙運動の期間中は，著述，演芸等の広告その他いかなる名義をもつてするを問わず，第142条又は第143条の禁止を免れる行為として，公職の候補者の氏名若しくはシンボル・マーク，政党その他の政治団体の名称又は公職の候補者を推薦し，支持し若しくは反対する者の名を表示する文書図画を頒布し又は掲示することができない．
②前項の規定の適用については，選挙運動の期間中，公職の候補者の氏名，政党その他の政治団体の名称又は公職の候補者の推薦届出者その他選挙運動に従事する者若しくは公職の候補者と同一戸籍内に在る者の氏名を表示した年賀状，寒中見舞状，暑中見舞状その他これに類似する挨拶状を当該公職の候補者の選挙区（選挙区がないときはその区域）内に頒布し又は掲示する行為は，第142条又は第143条の禁止を免れる行為とみなす．

（文書図画の撤去）
第147条
都道府県又は市町村の選挙管理委員会は，次の各号のいずれかに該当する文書図画があると認めるときは，撤去させることができる．この場合において，都道府県又は市町村の選挙管理委員会は，あらかじめ，その旨を当該警察署長に通報するものとする．
一　第143条，第144条又は第164条の2第2項若しくは第4項の規定に違反して掲示したもの
二　第143条第16項に規定する公職の候補者等若しくは後援団体が当該公職の候補者等若しくは後援団体となる前に掲示された文書図画で同項の規定に該当するもの又は同項の公職の候補者等若しくは後援団体に係る同条第19項各号の区分による当該選挙ごとに当該各号に定める期間前若しくは期間中に掲示したポスターで当該期間中において同条第16項の規定に該当するもの
三　第143条の2の規定に違反して撤去しないもの
四　第145条第1項又は第2項（第164条の2第5項において準用する場合を含む．）の規定に違反して掲示したもの
五　選挙運動の期間前又は期間中に掲示した文書図画で前条の規定に該当するもの

(2) 解説
　公選法の規定は複雑であるが，以上の条文のポイントを要約すると表Ⅰ-1・表Ⅰ-2のようになる．
　衆議院総選挙で利用されるポスターには，選挙運動用ポスター（個人分，候補者届出政党分），個人演説会告知用ポスターなどがある（その他，選挙事務所表示用などがある）．今回，ポスターを収集するにあたっては，「ポスター掲示場用」を指定させていただいた．「掲示場用」としては，個人分の選挙運動用ポスター（42×30cm

資料Ⅰ 選挙ポスターの作られ方　317

表Ⅰ-1　候補者ポスターに関する規定

選挙名	規格	個人演説会	枚数／種類	備考
衆議院議員(小選挙区)	42×10cm		公営ポスター掲示場にしか掲示できない	供託金が没収されない限り一定の範囲内で無料
参議院議員(選挙区)				
都道府県知事				
都道府県議会議員	42×30cm	できない	1200枚	条例で公営ポスター掲示場が設けられる場合がある	条例で定めるところにより，供託金が没収されない限り一定の範囲内で無料
政令指定都市市長			4500枚		
政令指定都市議会議員			1200枚		
市(特別区)長					
市議会(特別区議会)議員					
町村長			500枚		
町村議会議員					

※ 自由民主党広報本部編『選挙宣伝－新・目で見る選挙戦－』，自由民主党広報本部，1997年，7頁をもとに作成．

表Ⅰ-2　選挙ポスターに関する注意事項

全選挙に適用
記載内容については制限なし（ただし，買収，利害誘導，虚偽事項の公表等にわたるものは禁止）．
紙質，色刷りについては制限なし．
掲示責任者および印刷者の氏名（名称），住所の記載を要す．
夜光塗料の使用は差し支えない．
選挙当日も掲示しておくことができる．
他人への譲渡禁止．

衆議院議員，参議院議員，知事の各選挙に適用
掲示は，公営掲示場に限り，1箇所1枚．選挙期間中は貼り替えてもよい．
個人演説会告知用ポスターを合わせて1枚として作成し掲示できる．

都道府県議会議員以下の選挙に適用
選挙管理委員会の検印を受けるか，交付する証紙を貼らなければならない．
橋梁，電柱，公営住宅，地方公共団体管理の食堂および浴場は承認を得れば掲示できる．
他人の工作物に掲示するには承諾を要する．

※ 自由民主党広報本部編『選挙宣伝－新・目で見る選挙戦－』，自由民主党広報本部，1997年，7頁をもとに作成．

まで）と個人演説会告知用ポスター（42×10cmまで）があるが，これらは合わせて作成することができる（この場合，42×40cmまで）（143条12項）．本書で分析対象としたのは，この42×40cmの大きさのものである（詳しくは，「分析対象とサンプルのバイアス」を参照）．

2. ポスター制作の「手引き」

(1) 自民党「ポスター作成マニュアル」

　選挙ポスターは，決してやみくもに制作されているわけではない．そこには，候補者や政党の意図が潜んでいる．したがって，制作者側が何を狙ってポスターを作っているかを知ることには大きな意味がある．ここでは，自民党のポスター作成マニュアルともいうべき，『選挙宣伝―新・目で見る選挙戦―』（自民党広報本部編，

1997)の内容を一部抜粋する．この冊子は純粋な内部資料ではない（誰でも入手可能である）から，タテマエにすぎずホンネの部分は表れていないかもしれないが，それでも一般的な製作者側の意図を知るうえでは有益であろう．以下は，その内容の一部である（図表などは省略してある）．

【効果的な広報宣伝のために】(前掲書，2〜5頁)
広報宣伝物のいろいろ
■印刷物をはじめとした広報宣伝物制作の準備は公示（告示）以前に整えておかなくてはなりません．たとえば，本番前に使用する印刷物だけでも講演会や座談会の告知用ポスター，チラシ類，あるいは講演会のためのしおりやハガキなどがあります．実際の選挙運動ではさらにその数が増え，特に衆議院議員選挙では，法改正によって運動が飛躍的に拡大され，内容も変わりましたので，いつ，何を，どれだけ制作するかはあらかじめ充分に計画し，準備しておきましょう．
■広報宣伝物には候補者個人の行うものと，政党・確認団体の行うものとがあります．

候補者個人
《公示（告示）前に使用するもの》
★　後援会しおり，入会申込書，後援会報
★　後援会事務所および連絡事務所用看板，ステッカー
★　講演会，座談会，国会報告会などの告知用ポスター
《公示（告示）後に使用するもの》
★　選挙運動用ポスター（候補者ポスター）
★　選挙運動用ビラ（個人ビラ）
★　選挙運動用通常葉書（選挙ハガキ）
★　選挙公報
★　新聞広告
★　看板，立札，ちょうちん
★　選挙運動用自動車
★　候補者用胸章・たすき

政党・確認団体
《公示（告示）後に使用するもの》
★　ポスター
★　法定ビラ
★　ハガキ
★　選挙公報
★　新聞広告
★　自動車

印刷物の制作およびその日程
■印刷物の制作は，その作業の多くを専門家に任せることになりますが，基本的な制作日程は候補者側も理解しておく必要があります．原稿制作や印刷に必要な日数は下表を参考にして，時間的にゆとりをもって計画を進めましょう．

選挙区データ分析
目標有権者層を設定しましょう．
■候補者のイメージや政策は，何を，どう打ち出していけば効果的かを探るために，選挙区のデータを分析してみましょう．そのデータは，候補者自身が世論調査をすることが望ましいのですが，新聞社や地方自治体などで発表されたものを利用するだけでも充分参考になります．
■まず，世論調査や社会統計，投票形態調査などの調査結果を調べて，有権者の動向や意識傾向を把握します．次に，これを基本に，候補者の人柄や政治目標に合わせて婦人層や若年層，あるいは勤労者層などといったように，比較的重点を置く有権者層を設定します．

イメージづくり
セールスポイントを強調しましょう．
■候補者のイメージづくりは慎重に行わなければなりません．いったん打ち出したイメージを途中で変えようとしても困難なことが多いものです．候補者とかけはなれたものは，選挙をかえって不利なものにしてしまいます．候補者本人のセールスポイントを引き出し，これを強調することでイメージづくりを進めましょう．
■候補者イメージの要素としては庶民性，実行力，温か味，政治力，誠実さ，頼もしさ，清潔さ，などがあります．経歴や実績，家庭環境なども含めて，あらゆる角度から候補者が持ち合わせているものはどれかを良く見きわめましょう．

政策（公約）
身近なテーマを具体的に表現しましょう．
■政策（公約）は，有権者の要望や期待に応えるような内容を，できるだけ具体的に打ち出すようにしましょう．また，他候補の政策を比較検討して有利な争点を探し出し，対抗していくのも効果的です．
■政策（公約）を決定する際の基本になる要件としては
　①国家的見地に立った政策
　②地方あるいは地元のための政策
　③候補者の経験をいかした政策（たとえば，出身・支持母体に向けたものや政治活動の実績を強調するもの）などがあります．それぞれについて現状認識や将来の展望をふまえ，わかりやすく訴えることが大切です．
■党の公約との整合性を考慮しましょう．

スローガン（キャッチフレーズ）
早目に決定して最大限に活用しましょう．

■スローガンはできるだけ早い時期に決定し、ポスターやビラ、ハガキなどに徹底して活用しましょう。

■スローガンは、候補者の政見や重点政策の中から、強調したい部分をとり出して決定します。候補者の人柄や政治姿勢が自然に有権者に伝わるような内容を、できるだけ簡潔に表現しましょう。また、スローガンは、名前と一体化して使うと効果的です。たとえば、「誠意と実行力の自民太郎」、「明日の夢をつくる自民太郎」などのように用います。

■対象や地域によっていくつかのスローガンを使い分ける方法もあります。この場合でも、宣伝車の連呼などで使う中心スローガンは、はっきり決めておきましょう。

■衆議院・参議院の選挙では比例代表との連動を考慮し、ポスター、ビラ、ハガキなどに、「比例代表も自由民主党」と明記しましょう。

写真

各種のポーズを揃えておきましょう。

■写真はポスターやビラ、ハガキなどの印刷物はもちろん、新聞などのマスコミ用としても使われます。大半の有権者は写真によってのみ候補者と接触するのですから効果的な写真を撮るように努めることは、有権者への呼びかけの第一歩といえます。

■写真は、第三者である有権者に訴えかけるものですから、使用する写真を決める際には、候補者本人の好みよりも、スタッフなどの意見を充分尊重するようにしましょう。

■ポスター用の写真だけでなく、ビラ、ハガキ、後援会報などに使用する場合も考えて、子供や支持者との歓談風景や、家族との団らん風景、スポーツをしているところなど生活感のある写真も用意しておきましょう。

■モノクロ（白黒）写真は報道関係者に提供することも考慮して、もっとも良いと思われる表情を選び、充分な枚数を用意しておきましょう。

色彩、名前の書体、シンボルマーク

統一して継続使用しましょう。

■ポスター、ビラ、ハガキなどの色彩や書体を統一して、色や形からも候補者を印象づけるようにしましょう。

■印刷物に使用する色は候補者のイメージのほか季節感も考慮して選びましょう。たとえば、赤やオレンジは情熱を、白やブルーは清潔さや爽やかさを感じさせますが、季節によっては暑苦しさや寒々とした感じを与えて逆にマイナスになることもあります。

■名前の書体（ロゴタイプ）も、これを統一して継続使用することで、有権者の印象度や連想効果を高めることができます。

■シンボルマークは、身近な動物や植物などを図案化したり、特定の図形に意味づ

けしたりして作ります．できるだけ単純な図柄にした方が親しみやすく，遠くからみても判りやすくなります．できればこれに合わせて，シンボルカラーを決めるとよいでしょう．
■党のシンボルマークを活用しましょう．

【ポスター制作のポイント】(前掲書，6頁)
■候補者ポスターの目的は，名前と顔を有権者に浸透させることです．記載事項を欲ばらず，顔写真と名前を中心に構成し，簡明に候補者のイメージを訴えましょう．
■氏名以外の記載事項は役職名や人物キャッチフレーズ程度にとどめましょう．新人候補など，若さを強調したいときは年齢を記載するとよいでしょう．
■読みにくい名前や，読み方が何通りかある名前の場合は，ひらがなを効果的に使いましょう．また，同選挙区内に同姓または同名の候補者がいる場合は，姓か名どちらかを大きく扱うなど有権者が判別しやすいような工夫が必要です．
■色彩は季節感や強調したいイメージに合わせて，全体を明るい感じにまとめましょう．鮮明で強い色を基調にして，遠くから見てもわかりやすいものにしなければなりません．
■公営掲示場のポスターは途中でデザインの違うものに貼りかえることができます．選挙戦前半は顔写真を中心にして候補者の名前とイメージの浸透をはかり，後半は名前中心のデザインにして投票への確実性を高めるのもひとつの方法です．
■印刷枚数は個人演説会場用や事務所用，破損した場合の貼りかえ用も見込んでおきましょう．
※制作を専門家に依頼する際は，強調したいイメージや好みの色，名前の書体（縦組みか横組みか）などの必要な事項を伝えておくと，やり直しの手間が省けます．
※デザインを決める場合は原寸大の「出来上がり見本」を見ながら比較検討しましょう．縮小寸法の見本では完成したときの感じがつかみにくいものです．

《写真撮影について》
■写真撮影はイメージづくりの基本です．撮影に際しては次のことに注意してください．
　＜スーツ＞スーツの色や柄は季節に合ったものを選びましょう．紺，グレーなど比較的濃い色の場合は，ストライプやパターン模様が入った，多少派手な感じのほうが仕上がりが映えます．
　＜ネクタイ＞全体を引き締めるアクセントとして目立つものを選ぶのがコツです．顔だけを拡大して使う場合は結び目部分しか出ないこともありますから柄や模様の位置にも注意してください．
　＜ワイシャツ＞スーツ，ネクタイとの調和を第一に，淡い色の着なれたものを選びましょう．新しいワイシャツは首になじまず，不自然な感じになることがあり

ます．
＜髪・髭＞髪は，散髪直後はかえって不自然になります．また，髭は顔を拡大して使用したときに意外と目立ちます．アゴの下なども忘れずに，できれば撮影直前に剃ってください．
■あらゆる場合に使用できるように正面，左右，上半身，全身などいろいろなポーズを撮影しておきましょう．スタジオ内ではカメラマンに任せ，リラックスして自然に振舞ってください．

《名前の書体について》
■書体には明朝体とゴシック体を中心に多くの種類があるほか，毛筆などによる書き文字があります．候補者のイメージや印刷した場合の読みやすさを考えて決定しましょう．
■画数の多い文字や，字数が多い名前の場合，書体によっては細部が潰れたり，読みにくくなったりすることがありますから注意しましょう．

(2) 解説

以上の内容は，本書のポスター分析に多くの示唆を与えている．例を挙げると，政策（公約）を決定する際に，競合候補の政策を比較検討すべきこと（【競合候補者を意識したポスター】(169頁) 参照），公約決定の基準に「国家的見地に立った政策」「地方あるいは地元のための政策」が挙げられていること（【地元志向に見る候補者の建前と本音】(113頁) 参照），スローガンに「比例代表も自由民主党へ」と明記すべきこと（【「比例代表は○○党へ」の謎】(96頁) 参照），色彩や書体，シンボルマークの使い方に注意すべきこと（【色彩心理学からポスターを見る】(49頁)，【黒色系のポスター】(55頁)，【候補者名の書体】(90頁)，【ロゴマークはどうなのか】(57頁) など参照），読みにくい候補者名にはひらがなを使用すべきこと（【姓名の表記方法】(88頁) 参照），写真の写り方に注意すべきこと（【候補者の写り方】(65頁)，【候補者のファッションチェック】(72頁) など参照）などがある．

これらの例からは，ポスターが実際に候補者や政党の戦略にもとづいて作成されていることが読み取れる．選挙戦略を研究するうえで，ポスターを分析することが有効であり，また政治学的に重要でもあることを示唆しているといえよう．

資料Ⅱ
ポスターに関するデータ

平田知弘

　今回，集まったポスターは685枚に達した．これは全1199候補の57.1%にあたる．この数は膨大で，それだけで資料的価値のあるものだが，ここから何かしらの分析なり研究なりを行おうとすれば，ポスターをデータ化するという作業が不可欠であった．データ化は，ただなんとなくポスターを眺めるという段階から，ポスター同士を比較し傾向を見出し何らかの含意なり結論なりを引き出すという段階に至る過程の第一歩であった．本書のポスター研究が単なる印象論に留まらず，実証的研究であるために，ポスターのデータ化は不可欠であった．

　我々が行ったことは，以下のようなことである．まず，ポスターの構成要素を確定させなければならなかった．何らかの比較を行うためには，何らかのポスターの形式を見出さなければならなかったのである．ポスターは，候補者名・政党名・スローガンなどからなる文字部分，候補者の写真部分という大きく分けて2つの基本的要素からなっている．それに全体のデザインを考え合わせれば，ポスターを数値で表現できると考えた．文字，写真，デザインの3つの大枠のなかで，つぎに何を変数とするか検討を重ねたが，作業は難航した．ポスターをよく観察することからはじめ，データ化できるものは徹底的にデータ化した．文字部分では，候補者名や政党名に着目したいくつかの変数を作成するとともに，候補者の経歴やスローガンまで，ポスター上のすべての文字を打ち出した．写真部分では，当初はネクタイの柄から候補者の笑い方まで，目についたありとあらゆる特徴をデータ化した．全体のデザインでは，ポスターを13のレイアウトの型に分類し，ポスターの部分部分の色を入力していった．政党もしくは個人のロゴマークが多用されていたのは，大きな驚きだった．こうして当初，1枚のポスターにつき77の変数が作成，データ化された．

　ポスターを数値で表現するために，座標を取り入れた．候補者の苗字・名前・顔写真・政党名・スローガンの5つを標的に，685枚すべての座標を計測した．ポスターの四隅のうちの1点を原点とし，そこからX座標とY座標を設定する．あとは，5つ（政党名，スローガンはそれぞれ最大3つずつとったので，正確には最大9つ）の要素についてそれぞれ，囲むように4点の座標をとっていった．これで，各要素の位置と面積が数値で表され，比較や集計が可能になった．座標データは，本書の多くの分析で使われ，有意義な成果を導き出している．この際，東京大学大学院の青塚瑞穂氏作成のソフト Data Picker には，大変お世話になった．このソフトがなければ，我々の座標データ作成作業は想像を絶する困難に直面していただろう．この

場を借りて厚く御礼申し上げる．

　入力作業は一度で終わるわけではなかった．685枚という膨大な数のポスターである．当然，ミスがあった．色の確定など，主観的要素をどうしても排除できない変数もあった．さらに各自執筆に入った段階で，新たに変数が加えられることもあった．これまでは気づかなかったポスターの要素が実は意外な重要性を持つことに気づくことがしばしばあったのだ．結局，8ヵ月を要して，最終的なデータが完成した．資料Ⅱでは，こうして作られた各候補のポスターについてのデータ（の一部）をまとめて掲載する．本書の分析，論文で使われているデータである．ぜひ，本書を読む際の参考にしていただきたい．

1．デザイン（レイアウトと色）
レイアウト
　ポスターは，そのほとんどが一定の型のレイアウトに収まってしまう．我々は，【ポスターのレイアウトパターン】(43頁)で，ポスターを13のレイアウトの型に分類した．ここでは，各ポスターがその13のレイアウトの型のいずれに該当するのかを掲載する．13のレイアウトの型の意味は，【ポスターのレイアウトパターン】(43頁)を参照していただきたい．
苗字の方向
　ポスターには必ず候補者名が入っている．ポスターに載せた候補者の苗字が縦書きか横書きかを示す．
名前の方向
　ポスターに載せた候補者の名前が縦書きか横書きかを示す．名前のないポスターも15枚あった．
候補者名のフォント
　候補者名の文字のフォントである．「ゴ」はゴシック体，「丸」は丸ゴシック体，「明」は明朝体，「毛」は毛筆系の書体，「他」はそれ以外の書体である．
候補者名の文字色
　候補者名の文字の色である．基本的に1色である．多く使われた色は，「赤」(247人)，「白」(167人)，「青・水色」(124人)だった．なお表中の「オ」はオレンジ，「ピ」はピンクを指す（以下の色に関する項目についても同様）．
候補者名の背景色
　ポスター紙面を分割し，候補者名やスローガンなど（政党名を含む）を書くスペースを設けるポスターが多い（次頁ポスターサンプルを参照．②③の部分）．「候補者名の背景色」では，そのうち，候補者名を書くスペース（ポスターサンプル②の部分）の背景色を最大3色まで並べた．候補者名を書くスペースを設けたポスターは248枚で，多く使われた色は，「青・水色」(86人)，「白」(53人)，「赤」(45人)だった．
メイン背景色

【ポスターサンプル】

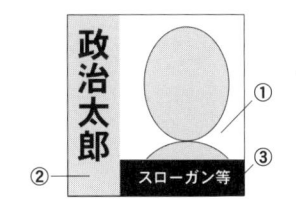

　ポスターのメインの背景となっている色を調べた．基本的に，候補者の写真の背景の色である（ポスターサンプルを参照．①の部分）．多く使われた色は「白」(375人)「青・水色」(110人)「黄」(61人) であった．なかには「青空」(25人)「自然」(19人)など，色とはいえないものもある．モノクロのポスターもある．単色ではない場合も多く，そのような場合にはもっとも面積が大きく目立つ順に最大3色まで並べた．

サブ背景色
　スローガンなどを書くスペース（ポスターサンプル③の部分）の背景色を最大3色まで並べた．スローガンなどを書くスペースを設けたポスターは128枚だが，共産党に多く89人を占める．逆に他の政党では37人にすぎず，共産党が紙面を分割した凝ったポスター作りをしていることがわかる．多く使われた色は，「赤」(40人，ただし共産党が37人を占める)，「白」(34人，うち共産党18人)，「黄」(25人，うち共産党19人) であった．

全体の色数
　ポスター上で，合わせて何色が使われているかを示す．色数が多いほど，派手なポスターということになろう．

政党ロゴ
　共産党以外は，各党は政党のロゴマークを作成している．各候補が所属政党のロゴマークをポスターに載せているかどうかを示す．

個人ロゴ
　候補者の中には，独自でロゴマークを作って，ポスターに載せている者がいる．このような，候補者"独自"のロゴマークの有無を掲載する．

2. 写真

写真の範囲
　候補者の体がどこまで写真に収まっているかを，0 - 顔のみ，1 - 首まで，3 - 上半身まで，4 - それ以上（下半身が写っている），の4分類に分けている．

手
　写真に手まで写っているかどうか．

スーツの着用
　スーツを着ているかどうか．女性は含まない．

シャツの色
　シャツを着ている候補は，その色を掲載した．女性は含まない．「他」となっているのは，パイロットの制服や野球のユニフォームなど特徴的な服装をしている候補である．

シャツの柄
　シャツの柄である．「無」は無地，「ス」はストライプ，「チ」はチェック，「他」はその他を指している．

議員バッジ
　現職議員候補のなかには，議員バッジをつけて写真に写っている候補がいる．これは現職議員であるという選挙民へのアピールと考えられるから，ことさら重要だ．議員バッジの有無をまとめた．

眼鏡
　メガネをかけている候補者がいる．その数301人であるから，半数近い候補者がメガネでポスターに写っていることになる．各コードの意味は，人数の多い順に，1 - 金属フレーム（198人），2 - ふち無し（56人），3 - べっこう製など1，4以外のフレーム（37人），4 - 黒ぶち（10人），である．

装飾品
　女性であればイヤリングやネックレスをつけて写真に写っている候補者がいる．男性では，鉢巻やたすきもいる．弁護士バッジをつけている者もいる．まとめて「装飾品」として示す．

本人以外の写真
　本人以外の写真をポスターに載せる候補者がいる．具体的には，党首や党幹部，地域の有力政治家，有名人などである．助っ人を使って少しでも有権者にアピールしようという狙いである．なかには，まったく無関係と思われる子供を登場させたり[1]，自分の家族を登場させたりした候補者[2]もいた．

備考
　特徴的なポスターに備考を加えた．たとえば，ポスター全体がモノクロであるもの，候補者が車椅子や自転車に乗っているもの，候補者が白衣を着用しているもの，などなどである．なかには"環境派"を訴えるために，干潟で潮干狩りをする人々が登場しているポスターもあった（藤原信（社民，497頁））．

3. 文字

政策・公約
　候補者のスローガンから，政策やあるいは公約とも思える内容のものをピックアップして10のジャンルに分類した．ジャンルは，代表的な争点で，表記の多かったもの10項目である．政策・公約をスローガンに表記したのは，圧倒的に共産党に多かった．10の分類とその略称は表Ⅱ-1参照．なお【政党別公約】(185頁)での分類は，

表Ⅱ-1　政策公約⇔略称

略称	説明
福	年金，介護，雇用，医療問題など広い意味での福祉政策.
憲	護憲を訴えるもの.
農	農・漁業政策.
環	環境政策.
教	教育政策.
景	景気対策（中小企業政策なども含む）.
公	公共事業等の見直し.
税	税制改革や消費税問題.
政	行政改革，地方分権問題の他，首相公選やクリーンな政治を求めるものなど広い意味での政治改革を訴えるもの.
女	女性の政治参加を推進しようとするもの.

このデータをさらに詳細にしたものである．

経歴

　ポスターに自分の経歴を表記する候補者は多い．今回収集した685枚のポスターのうち，141枚に何らかの候補者の経歴が表記されている（うち58人は複数の経歴を表記）．ここでは，表記の多かった代表的な経歴を10に分類して，表記の有無をまとめて掲載する．この10の分類は，【経歴をアピールする候補者たち】(98頁)で使われている分類である．詳しくはそちらを参照していただきたい．10の分類とその略称は表Ⅱ-2参照．

詳細プロフィール

　経歴は，候補者の代表的な役職などを有権者にアピールするものであった．一方，ポスターのなかには，候補者の生まれから育ちまで詳細にプロフィールを表記しているものがある．このような経歴とは質的に違う候補者の詳細なプロフィールの有無を掲載する．

表Ⅱ-2　経歴⇔略称

経歴の10分類	略称
閣僚	閣
政務次官	政
議院職	院
衆院議員	衆
地方政治家	地
議員秘書・大臣秘書官	秘
党の役職	党
出身大学	大
松下政経塾	松
その他経歴	他

表Ⅱ-3　支持・推薦⇔略称

政党・団体名	略称
自民	自
公明	公
保守	保
民主	民
自由	由
社民	社
連合	連
農政連(福岡)	農
五党協(連合・五党協議会)	五
その他	他

支持・推薦

他党の推薦と，各種団体の推薦に2分できるが，合わせて掲載する．他党の推薦は，与野党それぞれの選挙協力の表れで，19のポスターに見られた．自公保の選挙協力に期待した公明，保守に極端に多く，野党では民主と社民の地域的協力が表れた．団体推薦も19のポスターにあったが，多くは連合の推薦を表記したものである．詳しくは，【他力本願ポスター】(138頁) をご覧いただきたい．表Ⅱ-3は略称対応表．

党公認

半数近い324人が所属政党の公認をポスターに表記している．公認争いの激しい自民党では，実に96%のポスターに公認表記がある．「○○党公認」の表記の有無を整理した．無所属候補が「無所属」と表記した場合があるが，これも党公認に含めた．

比例区宣伝

「比例代表は○○党へ」「比例代表も○○党へ」といった定型文句があるかないかである．前者は「は」，後者は「も」と掲載している．共産党には「政党をえらぶなら共産党」という文句があったので，これは「を」とした（静岡1区の島津幸広は「政党えらぶなら共産党」であったが「を」に分類した）．本選挙は衆院選に比例代表制が導入されて2回目の選挙だった．政党の比例区戦略を計るのに最適の指標であり，第8章「政党組織と候補者の比例区行動」，【政党のアピール戦略】(178頁) など，本書の多くで使用されている．

政党名（独立）

党公認，比例区の宣伝には当然政党名が表記されているわけだが，それ以外にも政党名が単独で表記されているポスターがある．多くは，政党ロゴに添えて表記されたもので，252ポスターに表記がある．

年齢表記

年齢表記がある場合は，その年齢を記載した．【年齢表記に見られる候補者の選挙戦略】(125頁) で使われている変数である．

ジェンダーアピール

女性であることをアピールしたポスターをチェックした．第9章「選挙キャンペーンにおける『ジェンダーアピール』の位置付け」参照．

3. 座標データ

座標データでは，各要素の大きさをポスター全面に占める面積の割合の形で掲載する．「苗字サイズ」「名前サイズ」「顔サイズ」「比例サイズ」「公認サイズ」「独立サイズ」「政党名サイズ合計」「スローガンサイズ合計」の8項目である．「顔サイズ」の測定では，頭頂部，あごの先，両耳の4点の座標を取り，囲まれたひし形の部分の面積を採用した．実際の顔は楕円であるところを，ひし形で面積を取ったことになる．ひし形から楕円の面積に直すには値を約1.57倍すればよいが，もちろん顔の形は完全な楕円ではないし，人によって顔の形は違うので，正確な大きさを出すことはで

きない．ここでは他のポスターとの比較が重要であって絶対的な顔写真の大きさは問題にしないので，ひし形の面積をそのまま掲載している．「比例サイズ」「公認サイズ」「独立サイズ」はいずれも政党名の大きさを指している．「比例サイズ」は「比例代表は○○党へ」との表記のなかの「○○党」部分のサイズ，「公認サイズ」は「○○党公認」との表記のなかの「○○党」部分のサイズ，「独立サイズ」は比例でも公認でもない部分に表記された政党名のサイズである．これらは，各党の比例区戦略や公認戦略を分析するうえでも重要な違いである．3つの政党名サイズを合計したものが「政党名サイズ合計」である．最後に，「スローガンサイズ合計」とは，すべてのスローガンサイズの合計である．

4. 肩書等とスローガンの原文

　以上の変数とは別に，データ化のもととなったポスターの文字情報を，原文のまま掲載する．ここでは，ポスター上の文字情報のうち，候補者の肩書等（経歴なども含む）とスローガンについて収録することにする．なお，候補者の生い立ちなどとくに細かなプロフィールを載せているものについては，【詳細プロフィール】とだけ記してある．

　　（1）　自民党愛知和男（396頁），無所属伊藤智巳（507頁），公明党福島豊（449頁）の3人．
　　（2）　民主党馬淵澄夫（444頁）は，「家庭では、6児の父、10人家族」とのスローガンを掲げ，家族10人を登場させている．

資料Ⅱ　データ1

候補者名	政党	選挙区	レイアウト	苗字の方向	名前の方向	候補者名のフォント	候補者名の文字色	候補者名の背景色	メイン背景色	サブ背景色	全体の色数	政党ロゴ	個人ロゴ	写真の範囲	スーツの着用	スーツの色	シャツの色	シャツの柄	議員バッジ	眼鏡
木本 由孝	自民	北海道1区	1	縦	縦	ゴ	白	一	赤	一	1		2	○	白	無			2	
吉川 貴盛	自民	北海道2区	1	縦	横	ゴ	赤	一	白	オ	一	2	○	2	○	白	無		1	
石崎 岳	自民	北海道3区	1	縦	縦	ゴ	赤	一	白	緑	2		2	○	白	無			
佐藤 静雄	自民	北海道4区	2	縦	縦	ゴ	赤	一	他	一	1		2	○	白	無			
町村 信孝	自民	北海道5区	12	横	横	ゴ	白	赤	白	一	2		1	○	白	無			1
今津 寛	自民	北海道6区	7	縦	縦	ゴ	黒	白	青	一	2	○	2	○	白	無			
金田 英行	自民	北海道7区	1	縦	縦	ゴ	青	一	白	一	1		2	○	白	無			1
佐藤 孝行	自民	北海道8区	1	縦	縦	筆	白	一	赤	一	1		2	○	白	無			
岩倉 博文	自民	北海道9区	1	縦	縦	ゴ	黄	一	緑	白	2		2	○	白	無			
山下 貴史	自民	北海道10区	5	縦	縦	ゴ	赤	一	白(青)	一	2	○	2	○	白	無			1
中川 昭一	自民	北海道11区	13	横	横	他	赤	一	白	白(灰)	2	○	○	2	○	白	無			
武部 勤	自民	北海道12区	1	縦	一	ゴ	青	一	黄	白	2		2	○	白	無			
北村 直人	自民	北海道13区	6	縦	縦	他	水	一	黄	一	2		2	○	白	無			1
津島 雄二	自民	青森1区	5	縦	横	ゴ	赤	一	白	一	1	○	2	○	白	ス			3
江渡 聡徳	自民	青森2区	5	縦	縦	ゴ	赤	一	白	一	1	○	2	○	白	無			
大島 理森	自民	青森3区	5	縦	縦	ゴ	黄	一	水	青	2	○	2	○	白	無			
木村 太郎	自民	青森4区	5	縦	縦	ゴ	青	一	白	一	1	○	2	○	白	無			
玉沢徳一郎	自民	岩手1区	3	縦	縦	ゴ	黄	緑	水	一	2		2	○	白	無			
鈴木 俊一	自民	岩手2区	12	横	横	ゴ	青	白	赤	一	2	○	2	○	白	無			
志賀 節	自民	岩手3区	3	縦	縦	ゴ	白	赤	白	一	2		2	○	白	無			
井形 厚一	自民	岩手4区	13	横	横	ゴ	黄	一	青空	一	1	○	2		白	無			
愛知 和男	自民	宮城1区	11	横	横	ゴ	赤	一	他	一	1	○	3	○	青	無			1
中野 正志	自民	宮城2区	11	横	横	ゴ	赤	一	灰	一	1	○	2		?	無			
三塚 博	自民	宮城3区	6	縦	縦	ゴ	黄	一	青	一	1	○	2	○	白	無			1
伊藤宗一郎	自民	宮城4区	4	縦	縦	ゴ	青	一	白	一	1		2	○	白	無			
土井喜美夫	自民	宮城5区	3	縦	縦	ゴ	白	青	水	一	2		2	○	白	無			2
佐藤久一郎	自民	宮城6区	11	横	横	ゴ	黄	一	緑	一	1	○	2	○	白	無			
遠藤 武彦	自民	山形2区	1	縦	縦	ゴ	青	一	白	一	1		2	○	白	無			
近岡理一郎	自民	山形3区	1	縦	横	ゴ	白	一	青	一	1	○	2	○	白	無			
加藤 紘一	自民	山形4区	2	縦	一	ゴ	青	一	水	一	1		2	○	白	無			
佐藤 剛男	自民	福島1区	4	縦	縦	白	赤	一	白	一	2	○	2	○	白	無			1
根本 匠	自民	福島2区	1	縦	横	ゴ	青	一	白	一	1	○	2	○	白	無			
穂積 良行	自民	福島3区	12	横	横	筆	赤	一	白	青	2		2	○	白	無			
山内日出夫	自民	福島4区	12	横	横	ゴ	白	一	赤	一	1	○	2	○	白	無			
吉野 正芳	自民	福島5区	12	横	横	ゴ	白	一	赤	一	2	○	2	○	白	無			
梶山 弘志	自民	茨城4区	5	縦	縦	ゴ	黄	一	水	一	1	○	2	○	白	無			
船田 元	自民	栃木1区	12	横	横	白	緑	茶	一	2	○	2	○	白	無			1	
西川 公也	自民	栃木2区	4	縦	縦	白	青	白	一	2	○	2	○	白	無				
渡辺 喜美	自民	栃木3区	9	縦	縦	ゴ	青	黄	白	一	2	○	2	○	白	無			2
佐藤 勉	自民	栃木4区	3	縦	縦	ゴ	白	緑	白	一	4		2	○	白	無	○		

装飾品	本人以外の写真	備考	政策・公約	経歴	詳細プロフィール	支持・推薦	党公認	比例区宣伝	政党名（独立）	年齢表記	ジェンダーアピール (%)	苗字サイズ (%)	名前サイズ (%)	顔サイズ 4点計測 (%)	比例サイズ (%)	公認サイズ (%)	独立サイズ (%)	政党名サイズ合計 (%)	スローガンサイズ合計 (%)
											も	21.4	3.9	21.9	1.9			1.9	
							○				も	20.3	2.5	20.6	0.2	0.6		0.8	
										44	も	17.2	4.8	22.2	0.6			0.6	2.2
							○				も	11.2	10.9	21.3	2.2	0.5		2.8	3.8
				福景	閣秘						も	15.5	6.3	17.4	1.1			1.1	8.8
						○	○					17.8	9.2	18.3		0.6	0.2	0.9	3.3
				景			○				も	15.6	6.2	23.4	2.6	0.3		2.9	2.0
							○				も	11.9	10.3	20.1	1.6	1.5		3.1	
							○					16.4	4.5	22.7		0.9		0.9	1.8
							○			47	も	14.3	7.0	20.2	1.2	0.9		2.0	2.4
							○	閣			も	11.6	12.2	7.2	1.6	0.6		2.1	4.6
											も	28.9		27.4	1.0			1.0	
						○	も	○				8.8	9.7	17.4	2.1	0.9	0.6	3.7	0.5
						○	も	○				16.8	4.2	19.4	1.9	1.6	0.9	4.3	3.1
						○	も	○				7.3	12.5	10.5	1.8	2.1	2.9	6.9	1.3
						○	も	○				9.2	10.0	19.8	2.2	0.9	0.1	3.2	
												12.3	12.5	24.1	0.2	0.2		0.4	
				景	閣		○	も	○			14.5	1.5	19.4	0.4	0.4	0.4	1.2	6.2
							○	も	○			15.6	5.0	10.9	2.8	0.3		3.1	5.9
								党				13.7	6.4	25.2		0.5		0.5	2.2
腕時計 子供4名	子供モノクロ						○	も	○			22.1	3.3	5.3	2.0	0.6	0.3	2.9	2.2
							○					8.7	8.7	1.7		0.4		0.4	4.8
							○	も				7.3	9.8	13.2	3.0	0.2		3.2	2.3
							○	も				14.0	7.0	17.7	3.1	0.4		3.5	2.3
				院			○	も				9.3	8.4	24.4	1.2	0.5		1.7	4.5
							○					14.8	7.1	17.8		0.4		0.4	
							○	も				8.1	9.7	21.5	2.2	0.2		2.4	2.6
							○					11.1	11.4	20.6		0.6		0.6	
							○					18.0	2.5	21.8		0.5		0.5	6.5
							○					17.2	0.5	20.6		0.2		0.2	4.6
							○	も				9.9	12.9	12.4	2.8	0.8		3.6	4.3
							○					14.6	7.2	10.4		0.8		0.8	8.0
							○	も	○			11.9	6.7	11.6	2.5	0.2	0.1	2.8	9.1
							○					9.0	13.2	24.6		0.3		0.3	
							○	も				5.7	10.3	15.8	1.7	1.1		2.7	12.7
							○	も	○			8.2	11.3	17.1	2.4	1.1	0.3	3.8	5.8
							○	も	○			10.4	4.9	12.7	2.4	0.3	0.3	3.0	10.4
							○	も				9.6	10.1	16.0	4.2	0.9		5.1	3.2
							○	も	○			8.3	10.8	20.5	2.2	0.4	0.2	2.7	3.6
							○	も				15.3	5.8	18.2	1.6	1.3		2.9	

候補者名	政党	選挙区	レイアウト	苗字の方向	名前の方向	候補者名のフォント	候補者名の文字色	候補者名の背景色	メイン背景色	サブ背景色	全体の色数	政党ロゴ	個人ロゴ	写真の範囲	手	スーツの着用	シャツの色	シャツの柄	議員バッジ	眼鏡
茂木 敏充	自民	栃木5区	12	横	横	ゴ	白	オ	白	—	2	○		1		○	白	無		
佐田玄一郎	自民	群馬1区	2	縦	縦	ゴ	赤	—	白(水)	—	3	○	○	2		○	白	無	3	
笹川 堯	自民	群馬2区	1	縦	縦	ゴ	赤	—	白	—	1	○		2		○	白	無	○	1
谷津 義男	自民	群馬3区	6	縦	縦	ゴ	青	—	自然	—	1	○		1		○	白	無		
福田 康夫	自民	群馬4区	2	縦	縦	他	黄	—	青	—	1			2		○	白	無		3
小渕 優子	自民	群馬5区	1	縦	縦	ゴ	赤	—	白	—	1	○		2						
松永 光	自民	埼玉1区	1	縦	縦	ゴ	黒	—	白	—	1			2		○	白	無		3
新藤 義孝	自民	埼玉2区	11	横	—	ゴ	白	—	青	—	1	○		2		○	青	無		
今井 宏	自民	埼玉3区	9	縦	縦	ゴ	青	白	黒	—	2	○		2		○	白	無		
福永 信彦	自民	埼玉5区	6	縦	縦	ゴ	青	—	白	—	1	○		2		○	白	無	○	1
中野 清	自民	埼玉7区	7	縦	縦	ゴ	白	赤	自然	—	2			2		○	白	ス		1
大野 松茂	自民	埼玉9区	1	縦	横	ゴ	赤	—	緑	—	1	○		2		○	白	無		3
山口 泰明	自民	埼玉10区	11	横	横	ゴ	ピ	—	白	—	1	○		2		○	白	無		
小島 敏男	自民	埼玉12区	10	縦	縦	ゴ	赤	緑	青	—	2			2		○	白	無		
三ツ林隆志	自民	埼玉14区	2	縦	縦	ゴ	赤	—	白	—	1			2		○	白	無		1
臼井日出男	自民	千葉1区	5	縦	縦	他	赤	—	白	—	1			2		○	白	無		
江口 一雄	自民	千葉2区	6	縦	横	ゴ	赤	—	白(水)	—	1	○		2		○	白	無		
松野 博一	自民	千葉3区	9	縦	縦	ゴ	黄	青	白	—	2			2		○	白	無		
西尾 憲一	自民	千葉4区	12	横	横	ゴ	黄	青	白	—	2	○	○	2		○	白	無		3
狩野 勝	自民	千葉5区	8	縦	縦	ゴ	青	白	白(黄)	—	2			2		○	青	無		1
井奥 貞雄	自民	千葉6区	5	縦	縦	ゴ	赤	—	白	—	1	○		2		○	白	無		
松本 和那	自民	千葉7区	10	縦	縦	ゴ	黄	青	白	—	2			2		○	白	無		
桜田 義孝	自民	千葉8区	12	横	横	ゴ	白	赤	白(水)	—	3			2		○	白	無		
水野 賢一	自民	千葉9区	9	縦	縦	ゴ	白	青	青空	—	2			2		○	白	無		
林 幹雄	自民	千葉10区	5	縦	縦	ゴ	白	—	黒	—	1	○		2		○	白	ス		
森 英介	自民	千葉11区	6	縦	縦	筆	赤	—	緑	—	1	○		2		○	白	無		
中村正三郎	自民	千葉12区	5	縦	横	筆	黄	—	水	—	2			2		○	白	無		
小此木八郎	自民	神奈川3区	6	縦	縦	ゴ	白	—	赤	—	1	○		2		○	白	ス		
鈴木 恒夫	自民	神奈川7区	12	横	横	ゴ	緑	—	白	—	1	○		2		○	白	無		
小泉純一郎	自民	神奈川11区	6	縦	縦	ゴ	白	—	青	—	1	○		2		○	白	無		
亀井 善之	自民	神奈川16区	5	縦	横	ゴ	白	—	他	—	1			2		○	白	無		
中尾 栄一	自民	山梨1区	5	縦	縦	ゴ	赤	—	白	—	1	○		2						
堀内 光雄	自民	山梨2区	5	縦	縦	ゴ	黄	—	水	—	1	○		2		○	白	無	○	3
横内 正明	自民	山梨3区	9	縦	縦	ゴ	黄	青	白	—	2		○	2		○	白	無		1
下村 博文	自民	東京11区	9	縦	縦	ゴ	青	白	緑	青	3	○		2		○	白	無		
伊藤 公介	自民	東京23区	9	縦	縦	ゴ	赤	白	他	—	2	○	○	3	○	○	白	無		
吉田六左エ門	自民	新潟1区	6	横	横	他	黒	—	黄	—	1	○		1		○	白	無		
桜井 新	自民	新潟2区	1	縦	縦	丸	白	—	緑	—	1	○	○	2		○	白	無		2
稲葉 大和	自民	新潟3区	5	縦	縦	ゴ	赤	—	白	—	1	○		2		○	白	無		
栗原 博久	自民	新潟4区	11	横	横	筆	赤	—	白(水)	—	1	○		2		○	白	無		

装飾品	本人以外の写真	備考	政策・公約	経歴	詳細プロフィール	支持・推薦	党公認	比例区宣伝	政党名（独立）	年齢表記	ジェンダーアピール	苗字サイズ(%)	名前サイズ(%)	顔サイズ4点計測(%)	比例サイズ(%)	公認サイズ(%)	独立サイズ(%)	政党名サイズ合計(%)	スローガンサイズ合計(%)
			政党				○	も	○			9.6	4.3	17.0	2.3	0.8	0.3	3.4	8.8
	ハンカチ		党				○	も				9.4	5.7	13.8	2.2	0.7		3.0	1.4
			衆				○					8.6	11.8	11.8			0.2	0.2	8.8
							○	も	○			6.4	8.6	22.6	2.1	0.7	0.1	2.9	6.0
							○	も	○			11.6	11.7	23.2		0.1		0.1	1.8
							○	も	○			10.3	7.2	11.9	2.2	0.1	0.1	2.5	2.1
			福教景 閣閣閣				○	も	○			17.7	5.6	20.0		0.5		0.5	4.8
							○	も	○			25.8	0.2	28.3	1.3	0.4	0.2	1.9	6.8
						○	○	も				9.9	4.9	13.9	1.2	0.2		1.5	6.8
							○	も	○			15.0	8.5	11.4	2.8	1.1	0.5	4.3	5.7
			福景			公	○	も				13.4	7.5	18.3	1.3	1.0		2.3	3.6
							○	も				21.4	2.5	22.2	2.9	0.8		3.7	0.9
							○	も	○			5.4	15.3	16.0	2.6	0.4	0.1	3.0	2.8
							○	も	○			7.8	8.1	14.2	2.2	1.1	0.1	3.5	3.6
							○			46		10.9	11.5	22.6		1.5		1.5	
			景	閣			○	は	○			13.8	4.0	14.6	3.1	0.4	0.4	3.8	6.8
			景	院他			○	は				19.7	3.9	23.3	2.5	0.6		3.1	2.8
			松				○	は		37		10.2	5.0	18.0	2.6	0.3		2.9	1.4
			地				○	は	○			10.7	6.1	10.8	1.6	0.4	0.1	2.1	6.1
							○	は				20.1	2.4	17.5	1.7	0.5		2.2	3.5
							○	も	○			14.3	4.2	18.8	2.1	0.5	0.4	3.0	6.8
							○	も				14.1	5.2	11.6	2.6	1.0		3.7	
							○	は	○			10.9	5.9	14.0	3.2	1.0	0.4	4.7	5.8
							○	は	○	33		16.1	7.8	12.0	2.4	0.6	0.5	3.5	6.6
							○	は				5.5	11.9	27.9	2.6	0.4		3.0	6.8
			政党他				○	は	○	51		6.2	9.9	13.0	3.3	1.7	0.1	5.2	5.4
							○	は	○			19.0	3.6	16.5	2.5	0.7	0.6	3.8	7.2
			政				○	も		35		22.0	2.6	14.1	2.5	1.0		3.6	3.3
			政政院衆				○	も	○			9.8	9.9	12.0	1.7	1.4	0.0	3.1	11.3
			閣閣				○	も				6.4	15.5	24.1	2.3	0.5		2.8	5.0
							○	も				24.3	5.4	22.7	2.2	0.2		2.4	
							○	も	○			14.7	12.3	20.7	2.0	0.4	0.3	2.7	9.0
			閣				○	も	○			7.5	7.4	12.0	2.7	0.7	0.3	3.7	8.2
							○	も				12.6	9.7	18.7	3.7	0.3		4.0	
								も				6.4	6.3	18.6	2.9			2.9	9.9
			環政				○	も				7.0	6.6	1.1	0.8	0.4		1.2	7.3
							○	も	○			2.3	22.3	23.5	1.5	0.2	0.2	2.0	3.1
							○					10.7	5.2	21.8		0.9		0.9	
							○	も	○			11.0	8.1	14.3	2.2	0.7	0.3	3.2	2.2
							○	は				18.6	1.1	12.0	0.6	0.9		1.5	5.7

候補者名	政党	選挙区	レイアウト	苗字の方向	名前の方向	候補者名のフォント	候補者名の文字色	候補者名の背景色	メイン背景色	サブ背景色	全体の色数	政党ロゴ	個人ロゴ	写真の範囲	手	スーツの着用	シャツの色	シャツの柄	議員バッジ	眼鏡
白川 勝彦	自民	新潟6区	8	縦	縦	明	白	赤	白	―	1	○		2		○	白	無		
長勢 甚遠	自民	富山1区	1	縦	縦	ゴ	青	―	白	―	1			2		○	白	無	○	1
馳 浩	自民	石川1区	5	縦	縦	ゴ	青	―	黄	―	1	○		2		○	白	無		
森 喜朗	自民	石川2区	9	縦	縦	ゴ	白	青	白	―	3	○		2		○	白	無		
瓦 力	自民	石川3区	2	縦	縦	明	白	オ	白	―	1	○		2		○	白	無		
松宮 勲	自民	福井1区	10	縦	縦	ゴ	白	緑	白	―	2	○		2	○	○	白	ス		2
牧野 隆守	自民	福井2区	6	縦	縦	ゴ	水	―	白	―	1	○		2		○	白	無		1
高木 毅	自民	福井3区	5	縦	縦	ゴ	赤	―	水	―	1	○		2		○	白	無		3
小坂 憲次	自民	長野1区	2	縦	縦	ゴ	赤	―	白	―	1	○		2		○	白	無		
村井 仁	自民	長野2区	5	縦	縦	ゴ	白	―	青	―	1	○		2		○	白	無	○	
岩崎 忠夫	自民	長野3区	12	横	横	丸	青	黄	白	―	2			2		○	白	無		1
小川 元	自民	長野4区	5	縦	縦	丸	赤	―	黄	―	1	○		2		○	白	無		4
宮下 創平	自民	長野5区	1	縦	縦	筆	黄	―	自然	―	1			2		○	白	無	○	3
野田 聖子	自民	岐阜1区	6	縦	縦	丸	赤	―	白	―	1	○		2						
棚橋 泰文	自民	岐阜2区	2	縦	縦	ゴ	赤	―	青	―	1	○		2	○	○	白	無		
武藤 嘉文	自民	岐阜3区	1	縦	縦	ゴ	赤	―	白	―	1		○	2		○	白	無		
金子 一義	自民	岐阜4区	13	横	横	ゴ	白	赤	白	―	2	○	○	2		○	白	無		1
古屋 圭司	自民	岐阜5区	5	縦	縦	ゴ	青	―	白	―	1	○		2		○	白	無		
戸塚 進也	自民	静岡1区	9	縦	縦	ゴ	赤	青	白	―	2	○		2		○	白	無		
原田昇左右	自民	静岡2区	1	縦	縦	ゴ	赤	―	白	―	1			2		○	白	無		
柳沢 伯夫	自民	静岡3区	8	縦	縦	ゴ	白	赤	黄	―	2	○		2		○	白	無		
望月 義夫	自民	静岡4区	12	横	横	ゴ	赤	白	青空	―	2	○		2		○	白	無		2
斉藤斗志二	自民	静岡5区	2	縦	縦	ゴ	赤	―	白	―	1	○		2		○	白	無		
桜田 光雄	自民	静岡6区	12	横	横	明	白	赤	青空	―	2	○		2		○	白	ス		2
木部 佳昭	自民	静岡7区	1	縦	縦	ゴ	赤	―	青	―	1	○		2		○	白	無		3
塩谷 立	自民	静岡8区	6	縦	横	ゴ	青/白	―	白/青	―	2	○	○	2		○	白	無		
鈴井 慎一	自民	静岡9区	1	縦	縦	ゴ	赤	―	白	―	1			2		○	白	無		
谷口 守行	自民	愛知2区	5	縦	縦	ゴ	青	―	オ	―	1	○		2		○	白	無		
片岡 武司	自民	愛知3区	6	縦	縦	ゴ	黄	―	赤	―	1	○		2		○	白	無		2
木村 隆秀	自民	愛知5区	9	縦	縦	ゴ	赤	青	白	―	2	○		2						
鈴木 淳司	自民	愛知7区	11	横	横	ゴ	黄	―	赤	―	1	○		2	○	○	白	無		1
大木 浩	自民	愛知8区	11	横	横	ゴ	赤	―	黄	―	1	○		2	○	○	白	無		3
鈴木 雅博	自民	愛知10区	11	横	横	ゴ	黄	―	赤	―	1	○		2		○	白	無		
山中 燁子	自民	愛知11区	11	横	横	ゴ	白	―	水	―	1	○	○	2						
杉浦 正健	自民	愛知12区	1	縦	縦	ゴ	黄	―	赤	―	1	○		2		○	白	無		
大村 秀章	自民	愛知13区	5	縦	縦	ゴ	赤	―	青空	―	1	○		2		○	白	無	○	1
浅野 勝人	自民	愛知14区	1	縦	横	ゴ	白	―	黒	―	1			2		○	白	無		
山本 明彦	自民	愛知15区	2	縦	縦	ゴ	緑	―	白	―	1	○		2		○	白	無		
川崎 二郎	自民	三重1区	11	横	横	ゴ	黄	―	白(水)	―	1			2	○	○	白	無	○	3
衣斐 賢譲	自民	三重2区	6	縦	縦	明	オ	―	水	―	2	○		2		○	白	無		

資料Ⅱ　データ1

装飾品	本人以外の写真	備考	政策・公約	経歴	詳細プロフィール	支持・推薦	党公認	比例区宣伝	政党名（独立）	年齢表記	ジェンダーアピール	苗字サイズ(%)	名前サイズ(%)	顔サイズ4点計測(%)	比例サイズ(%)	公認サイズ(%)	独立サイズ(%)	政党名サイズ合計(%)	スローガンサイズ合計(%)
										○	も	17.9	4.8	22.4	1.4	0.3		1.6	
										○		15.8	6.0	14.4		0.3		0.3	5.2
									○	○	も	11.0	6.3	16.9	2.5	0.5	0.1	3.1	7.4
										○	も	10.5	9.2	15.7	1.0	0.6		1.6	2.8
				閣閣					○	○	も	11.3	4.0	15.5	2.9	0.6	0.1	3.6	0.6
										○	も	7.9	10.8	6.8	2.4	0.6		3.0	3.7
									○	○	も	10.3	4.3	19.0	2.6	0.5	0.3	3.4	4.0
										○	は	8.4	9.6	20.1	1.7	0.9		2.6	5.8
				政						○	も	9.5	9.4	22.1	2.4	0.4		2.8	5.0
				政政院					○	○	も	7.9	3.5	12.6	2.5	0.4	0.3	3.2	12.8
									○	○	も	8.3	8.6	13.6	2.1	0.5	0.3	2.9	9.9
									○	○	も	8.3	12.4	17.3	2.6	0.5	0.4	3.5	
										○		12.8	13.2	15.9		1.7		1.7	8.7
イヤリング,ネックレス				閣					○	○	も	8.8	9.0	15.7	2.7	0.6	0.2	3.5	2.3
				福景　他					○ 37	○	も	12.0	4.4	18.1	2.2	0.7	0.1	3.1	5.0
				閣閣党						○		17.5	6.3	20.5		0.4		0.4	5.8
	モノクロ								○	○	も	4.9	7.5	16.9	2.3		0.1	2.7	2.7
				政党						○	も	11.3	10.5	19.5	0.7	0.8		1.5	2.7
									○	○	も	10.5	10.4	17.3	2.0	0.8	0.1	2.8	9.2
										○		16.2	5.2	21.9		0.3		0.3	4.4
										○	も	8.9	12.0	15.0	2.3	0.8		3.0	
										○	も	7.3	10.4	8.4	0.2	0.4		0.7	5.9
									○	○	も	5.7	10.1	17.3	1.6	0.6	0.3	2.5	3.1
									○	○	も	8.3	5.6	13.7	2.8	0.4	0.3	3.5	7.8
				閣閣党						○		5.7	7.2	19.7		0.8		0.8	9.5
										○	も	24.8	2.4	20.1	1.6	0.2		1.8	
										○		17.3	4.0	27.5		0.2		0.2	2.2
				福教景					○	○	も	9.0	8.7	13.2	2.5	0.3	0.2	3.1	3.3
				政					○	○	も	9.3	9.0	13.0	2.8	0.4	0.3	3.5	2.1
										○		18.8	4.8	16.0		3.8		3.8	4.0
				環					○	○	も	7.6	12.2	7.1	2.6	0.3	0.3	3.1	1.5
									○	○	も	15.7	7.0	8.0	1.4	1.5	0.1	3.0	16.2
									○	○	も	8.7	6.6	7.4	4.2	0.3	0.5	5.0	10.4
イヤリング,ネックレス							○		○	○	も	8.3	11.0	9.0	2.4	0.1	0.4	3.0	2.2
				福教景　党					○	○	も	6.7	8.7	17.2	0.5	0.2	0.2	0.8	6.6
ハンカチ							40			○	も	14.9	9.0	9.3	1.3	0.2		1.5	14.8
										○	も	13.3	5.7	25.5	0.2	0.6		0.8	
										○	も	11.6	8.9	20.5	2.6	0.7		3.3	
				政　閣					○			17.4	6.8	17.9		0.4		0.4	4.4
									○	○	も	8.0	9.3	16.1	2.5	0.7	0.3	3.4	3.9

候補者名	政党	選挙区	レイアウト	苗字の方向	名前の方向	候補者名のフォント	候補者名の文字色	候補者名の背景色	メイン背景色	サブ背景色	全体の色数	政党ロゴ	個人ロゴ	写真の範囲	スーツの着用	シャツの色	シャツの柄	議員バッジ	眼鏡
平田 耕一	自民	三重3区	1	縦	縦	ゴ	オ	―	青空	―	1	○		2	○	白	無		
田村 憲久	自民	三重4区	11	横	横	ゴ	―	―	白	―	1	○	○	2	○	白	無		
目片 信	自民	滋賀1区	6	縦	縦	ゴ	黒	―	白	―	1	○		2	○	白	無		
小西 哲	自民	滋賀2区	8	縦	縦	ゴ	白	緑	水	―	2	○	○	2	○	白	無		
岩永 峯一	自民	滋賀3区	5	縦	縦	ゴ	青	―	白	―	1	○		2	○	白	ス		
伊吹 文明	自民	京都1区	2	縦	縦	ゴ	黄	―	白	―	1	○		2	○	青	ス		
山本 直彦	自民	京都2区	5	縦	縦	ゴ	赤	―	白	―	1	○		2	○	白	無	1	
奥山 茂彦	自民	京都3区	6	縦	横	ゴ	赤	―	白	―	1	○		2	○	白	無		
野中 広務	自民	京都4区	11	横	横	明	赤	―	白	―	1	○		2	○	白	無		
谷垣 禎一	自民	京都5区	3	縦	縦	ゴ	青	白	水	―	2	○		2	○	白	無	1	
菱田 嘉明	自民	京都6区	6	縦	縦	ゴ	赤	―	白	―	1	○		2	○	白	無	1	
中馬 弘毅	自民	大阪1区	6	縦	―	筆	赤	―	白	青	2			2	○	白	無	1	
左藤 章	自民	大阪2区	9	縦	横	ゴ	白	青	白	―	2	○		2	○	白	無	1	
中山 正暉	自民	大阪4区	2	縦	縦	筆	赤	―	白	―	1			0					
上瀬 剛	自民	大阪8区	10	縦	―	ゴ	白	青	白	―	2	○		2	○	白	無		
坪井 一宇	自民	大阪11区	1	縦	縦	ゴ	青	―	白	―	1			2	○	○	青	ス	
北川 知克	自民	大阪12区	11	横	横	ゴ	緑	―	他	―	1	○		2	○	白	無	1	
塩川正十郎	自民	大阪13区	2	縦	縦	筆	赤	―	水	―	1	○		2	○	白	無	2	
谷畑 孝	自民	大阪14区	4	縦	縦	ゴ	黄	―	黒	―	2								
竹本 直一	自民	大阪15区	3	縦	縦	ゴ	赤	―	―	―									
岡下 信子	自民	大阪17区	1	縦	縦	ゴ	黄	―	青	―	1			2					
中山 太郎	自民	大阪18区	1	縦	縦	ゴ	黄	―	灰	―	1			2	○	青	無	○	1
砂田 圭佑	自民	兵庫1区	13	横	縦	ゴ	青	―	白(赤)	―	2	○		2	○	白	無		2
井川 弘光	自民	兵庫3区	5	縦	縦	他	黄	―	青	―	1	○		2	○	白	無		
谷 洋一	自民	兵庫5区	1	縦	縦	ゴ	白	―	赤	―	1		○	2	○	白	無	○	4
宮本 一三	自民	兵庫9区	4	縦	縦	明	白	赤	青空	―	2	○	○	2	○	白	無		3
渡海紀三朗	自民	兵庫10区	11	横	横	ゴ	白	―	青	―	1	○		2	○	白	無		1
戸井田 徹	自民	兵庫11区	13	縦	縦	ゴ	青	―	白	―	1	○		2	○	白	無		
河本 三郎	自民	兵庫12区	13	横	横	ゴ	赤	―	白	―	1	○		2	○	白	無		
森岡 正宏	自民	奈良1区	1	縦	横	ゴ	赤	―	白	―	1	○		2	○	白	無		
滝 実	自民	奈良2区	3	縦	縦	明	白	紫	白	―	2	○		2	○	白	無	1	
奥野 誠亮	自民	奈良3区	6	縦	縦	明	白	―	茶	―	1	○		2	○	白	無		
田野瀬良太郎	自民	奈良4区	11	横	横	ゴ	紫	―	黄	―	1	○		2	○	白	チ	2	
岸本 光造	自民	和歌山2区	2	縦	縦	オ	―	―	白	―	1			2	○	白	無		
石破 茂	自民	鳥取1区	1	縦	縦	ゴ	赤	―	白	―	1	○		2	○	青	無	○	
相沢 英之	自民	鳥取2区	13	横	横	ゴ	青	―	黄	緑	2			2	○	白	無		
細田 博之	自民	島根1区	6	縦	縦	ゴ	青	―	白	―	1	○		1	○	白	無		
竹下 亘	自民	島根2区	2	縦	縦	明	赤	―	青	―	1	○		2	○	白	無		
亀井 久興	自民	島根3区	6	縦	縦	明	青	―	黄	―	2	○		2	○	白	無		
逢沢 一郎	自民	岡山1区	10	縦	縦	ゴ	緑	―	黄	白	2	○		2	○	白	無		

資料Ⅱ　データ1

装飾品	本人以外の写真	備考	政策・公約	経歴	詳細プロフィール	支持・推薦	党公認	比例区宣伝	政党名(独立)	年齢表記	ジェンダーアピール	苗字サイズ(%)	名前サイズ(%)	顔サイズ4点計測(%)	比例サイズ(%)	公認サイズ(%)	独立サイズ(%)	政党名サイズ合計(%)	スローガンサイズ合計(%)
								○	も		○	12.3	8.7	21.0	2.6	0.8	0.4	3.8	2.4
								○	も		○	9.6	10.2	20.7	2.7	0.6	0.1	3.4	3.9
								○	も		○	10.1	5.3	21.6	2.5	0.2		2.8	4.9
								○	も			7.8	9.9	17.6	2.3	0.3		2.6	
								○	も		○	10.8	10.6	19.3	1.5	0.2	0.0	1.7	4.9
								○	も			19.4	7.4	18.3	1.7	1.5		3.2	
					地景			○	も		○	22.6	6.4	12.0	2.6	0.5	0.1	3.2	2.2
								○	も		○	21.9	3.5	8.6	2.4	0.4	0.4	3.2	4.6
					党			○	も		○	10.7	9.4	15.1	2.0	0.7	0.1	2.9	
					閣院他			○	も			14.7	7.6	22.8	2.5	0.5		3.0	1.6
					地			○	も			17.5	5.6	14.4	1.9	0.5		2.3	3.2
					政院				は			38.0		13.4	1.3			1.3	
					秘			○	も	○	48	11.6	5.5	8.8	3.4	0.7	0.1	4.2	6.8
					閣閣			○				26.7	6.5	22.2		0.8		0.8	
								○	も			28.6		17.8	2.6	1.1		3.7	0.5
								○	も			10.3	8.6	9.6	0.5	0.4		0.8	10.7
								○	も		○	10.6	7.6	15.4	2.9	0.5	0.1	3.5	8.1
								○				19.9	5.7	14.7		1.2		1.2	
				政			公保	○	も			18.2	8.9	15.2	0.3	0.8		1.1	7.5
								○	も			16.0	6.9	19.9	3.2	0.4		3.6	4.7
ネックレス					女			○	も	○	○	13.5	6.3	15.6	2.9	1.1	0.3	4.3	6.2
					院			○	も			10.8	11.4	17.9	3.5	0.3		3.8	1.4
					福景			○	も			47.8	3.7	4.5	1.1	0.3		1.4	14.0
								○	も		○	14.0	3.2	20.4	3.5	1.9	0.3	5.7	
								○				15.4	9.4	16.6		0.7		0.7	
								○				17.9	9.7	11.3		0.8		0.8	3.1
								○	も		○	13.3	5.2	13.7	2.6	0.4	0.4	3.4	9.6
								○	も		○	32.0	20.1	9.1	1.9	1.0	0.3	3.2	5.1
								○	も			9.2	8.5	23.2	1.1	0.5		1.6	7.0
								○	も		○	26.0	2.4	23.4	2.4	0.6	0.2	3.2	10.1
				党				○	も			5.6	11.6	18.0	1.7	1.0		2.7	5.2
								○	も			9.1	9.4	18.6	2.4	1.0		3.4	
ハンカチ				環				○	も		○	20.5	2.5	13.8	4.6	0.7	0.3	5.6	6.1
								○				13.9	2.4	10.0		0.8		0.8	2.5
								○	も			12.0	4.7	15.7	2.4		0.1	3.3	
								○				19.8	3.2	9.7		0.4		0.4	12.0
								○	も			12.3	12.8	25.6	3.3	0.7	0.2	4.1	
								○	も			12.8	6.6	15.3	2.1	0.7	0.2	3.1	4.0
								○	も			7.8	7.6	18.2	2.5	0.5	0.3	3.3	
								○	も		○	11.3	4.4	18.8	2.2	0.6	0.2	3.0	4.2

候補者名	政党	選挙区	レイアウト	苗字の方向	名前の方向	候補者名のフォント	候補者名の文字色	候補者名の背景色	メイン背景色	サブ背景色	全体の色数	政党ロゴ	個人ロゴ	写真の範囲	スーツの着用	シャツの色	シャツの柄	議員バッジ	眼鏡
熊代 昭彦	自民	岡山2区	9	縦	縦	ゴ	青	黄	青	—	2	○	○	2	○	白	無		
平沼 赳夫	自民	岡山3区	6	縦	縦	ゴ	赤	—	白	—	1	○		2	○	白	無		
橋本龍太郎	自民	岡山4区	1	縦	縦	ゴ	白	—	緑	—	1			2	○	白	無		
村田 吉隆	自民	岡山5区	6	縦	縦	ゴ	茶	—	白	オ	2	○		2	○	白	無		
中川 秀直	自民	広島4区	5	縦	縦	ゴ	赤	—	白	—	1	○		2	○	白	無		○
高村 正彦	自民	山口1区	6	縦	縦	ゴ	青	—	白	—	1	○		2	○	白	無		
佐藤 信二	自民	山口2区	5	縦	縦	明	赤	—	黄	—	1	○		2	○	白	無		4
河村 建夫	自民	山口3区	5	縦	縦	ゴ	赤	—	青空	—	1	○		2	○	白	ス		3
安倍 晋三	自民	山口4区	1	縦	縦	ゴ	青	—	白	赤	2	○	○	2	○	白	無		
岡本 芳郎	自民	徳島1区	3	縦	縦	ゴ	白	緑	白	—	2	○		2	○	白	無		1
山口 俊一	自民	徳島2区	3	縦	縦	ゴ	白	赤/水/緑	白	—	4	○	○	2	○	白	無		
後藤田正純	自民	徳島3区	9	縦	縦	ゴ	白	青	他	—	2	○	○	2	○	青	無		
大野 功統	自民	香川3区	6	縦	縦	ゴ	オ	—	青	—	1	○		2	○	白	無		1
塩崎 恭久	自民	愛媛1区	11	横	横	丸	黒	—	白	—	1	○		2	○	白	無		
村上誠一郎	自民	愛媛2区	5	縦	縦	ゴ	青	—	白	—	1	○		2	○	白	無		
小野 晋也	自民	愛媛3区	5	縦	縦	ゴ	緑	—	白	—	1	○		2	○	白	無		1
山本 公一	自民	愛媛4区	9	縦	縦	ゴ	白	赤	白	—	2	○		2	○	白	無		
福井 照	自民	高知1区	6	縦	縦	丸	青	—	白	—	1	○		2	○	白	無		
中谷 元	自民	高知2区	5	縦	縦	ゴ	赤	—	白	—	1	○		2	○	白	無		
山本 有二	自民	高知3区	6	縦	縦	他	白	—	緑	—	1	○	○	2	○	白	無		1
西田 藤二	自民	福岡1区	12	横	横	ゴ	白	青	白	—	2			2	○	白	無		
山崎 拓	自民	福岡2区	12	横	横	ゴ	黒	—	白	—	1			2	○	白	無		1
太田 誠一	自民	福岡3区	3	縦	縦	ゴ	白	赤	白(青)	—	2			2	○	白	無		
渡辺 具能	自民	福岡4区	12	横	横	ゴ	青	—	白	—	1	○	○	2	○	白	無		
原田 義昭	自民	福岡5区	10	縦	縦	ゴ	白	赤	水	—	3	○		1	○	白	無		
古賀 正浩	自民	福岡6区	3	縦	縦	明	白	赤	茶	—	2	○		2	○	青	無		1
古賀 誠	自民	福岡7区	9	縦	縦	明	青	白	水	—	2	○		2	○	白	無		
麻生 太郎	自民	福岡8区	2	縦	横	ゴ	赤	—	白	—	1	○	○	2	○	白	無		
三原 朝彦	自民	福岡9区	3	縦	—	筆	白	赤	白	—	2	○		2	○	白	無		1
武田 良太	自民	福岡11区	2	縦	縦	ゴ	赤	—	白	—	1	○		2	○	白	無		
坂井 隆憲	自民	佐賀1区	12	横	横	ゴ	白	青	自然	—	2	○	○	2	○	白	無		
今村 雅弘	自民	佐賀2区	4	縦	縦	明	黄	緑	白	—	2	○		2	○	青	無		
保利 耕輔	自民	佐賀3区	8	縦	縦	ゴ	黄	青/緑	白	—	2	○		2	○	白	無		1
岩下 栄一	自民	熊本1区	1	縦	縦	ゴ	白	—	青空	—	1	○		1	○	白	無		4
松岡 利勝	自民	熊本3区	2	縦	縦	ゴ	白	—	赤	—	1	○		2	○	白	無		4
園田 博之	自民	熊本4区	1	縦	縦	丸	緑	—	白	—	1	○		2	○	白	無	○	
矢上 雅義	自民	熊本5区	6	縦	縦	ゴ	緑	—	白	—	1	○		2	○	白	ス		
保岡 興治	自民	鹿児島1区	1	縦	—	ゴ	赤	—	白	—	1	○		2	○	白	無		1
園田 修光	自民	鹿児島2区	11	横	横	明	青	—	青空	—	1	○		2	○	白	無		
宮路 和明	自民	鹿児島3区	5	縦	縦	ゴ	オ	—	青空	—	1	○	○	2	○	白	無	○	1

資料Ⅱ　データ1

装飾品	本人以外の写真	備考	政策・公約	経歴	詳細プロフィール	支持・推薦	党公認	比例区宣伝	政党名（独立）	年齢表記	ジェンダーアピール	苗字サイズ(%)	名前サイズ(%)	顔サイズ4点計測(%)	比例サイズ(%)	公認サイズ(%)	独立サイズ(%)	政党名サイズ合計(%)	スローガンサイズ合計(%)
			景				○	は	○			16.7	3.7	15.5	2.8	0.3	0.2	3.3	3.5
							○	も	○			6.7	6.9	17.7	3.4	0.6	0.9	5.0	2.3
				閣			○					12.1	4.2	26.8		0.8		0.8	
							○	も				10.6	5.9	23.4	2.2	1.2		3.4	
				党			○	も				10.3	10.7	14.9	1.3	0.6		1.8	4.8
				閣			○	も				12.2	12.6	18.2	1.3	0.4		1.7	
				閣閣党			○	も				16.4	15.5	24.5	0.9	0.7		1.6	
				政			○	も	○			9.5	9.7	10.5	2.6	0.3	0.4	3.4	3.5
							○	も				10.5	12.5	16.7	2.3	0.5		2.8	2.0
		マイク					○	も				12.6	3.4	19.0	2.6	0.1		2.7	6.1
							○	も				20.4	5.1	12.4	1.4	0.8		2.2	4.9
							○	も		30		16.6	4.0	14.2	2.5	0.3		2.8	6.1
			景	政			○	も				9.2	7.3	12.7	2.9	0.5		3.4	5.3
							○	も				14.4	7.8	14.7	2.8	0.3		3.1	5.5
				政院党大			○	も				10.2	8.8	13.6	0.7	0.4		1.1	6.4
							○	も	○	45		7.4	10.5	14.9	1.7	0.7	0.3	2.7	10.9
							○	は				11.1	7.9	15.1	0.9	0.6		1.5	2.8
							○	も	○			10.7	7.7	14.5	2.4		0.3	3.9	4.0
							○	も	○			17.2	8.8	16.7	3.4	1.6	0.1	5.1	
				政			○	も				9.5	8.7	29.6	1.3	0.6		1.9	3.3
		モノクロ					○					5.2	7.1	13.7		1.0		1.0	12.0
							○	も				15.4	7.3	17.5	0.9	0.6		1.4	17.3
						農	○					16.3	11.5	14.3		1.1		1.1	1.7
						農	○					6.5	9.2	14.7		0.3		0.3	2.1
			景	政衆	○	農	○	も				13.9	4.5	32.6	2.4	0.8		3.2	2.1
							○	も				2.0	14.2	24.8	2.7	0.3		3.0	6.3
						農他	○	も				11.2	5.5	13.8	2.4	0.3	0.1	2.8	7.8
						農	○	も				20.3	3.0	24.5	1.0	0.6		1.6	4.5
						農						18.4		19.5	2.6	0.8		3.4	4.4
										32		19.0	5.5	13.5		0.7		0.7	7.1
赤ん坊	子供						○	も				8.3	5.3	10.8	2.5	0.6		3.1	6.4
							○	も				12.5	4.6	11.0	1.5	1.1		2.7	4.8
							○	も				11.7	4.9	14.2	1.4	0.4		1.8	7.6
							○	も				8.9	7.1	25.5	2.8	0.3		3.1	7.9
							○	も				9.1	17.3	20.8	1.1	0.8		1.9	4.4
							○	も				11.0	9.3	14.0	2.5	0.8		3.4	
							○	も	○			9.1	9.9	16.4	1.5	0.6	0.7	2.8	10.4
							○	も				29.5	0.6	23.7	2.1	0.8		2.9	
							○	も	○			13.5	3.3	19.1	2.6	1.0	0.3	3.9	
							○	も	○			4.4	4.3	11.1	1.8	1.2	0.4	3.4	4.8

候補者名	政党	選挙区	レイアウト	苗字の方向	名前の方向	候補者名のフォント	候補者名の文字色	候補者名の背景色	メイン背景色	サブ背景色	全体の色数	政党ロゴ	個人ロゴ	写真の範囲	スーツの着用	シャツの色	シャツの柄	議員バッジ	眼鏡
小里 貞利	自民	鹿児島4区	8	縦	縦	ゴ	白	緑	白	—	2	○	○	2	○	白	無	○	2
山中 貞則	自民	鹿児島5区	1	縦	縦	明	オ	—	灰	—	1			2	○	白	無		2
横路 孝弘	民主	北海道1区	1	縦	横	ゴ	赤	—	白(黄)	—	1	○		2	○	白	無		3
佐々木秀典	民主	北海道6区	3	縦	横	ゴ	白	青	—	白	—	2			2	○	白	無	
桜庭 康喜	民主	北海道7区	1	縦	縦	ゴ	紫	—	黄	—	2			2	○	白	無		1
鳩山由紀夫	民主	北海道9区	2	縦	縦	ゴ	白	—	茶	—	2			2	○	白	無		
小平 忠正	民主	北海道10区	11	横	横	明	赤	—	白	—	2			2	○	白	無		1
出田 基子	民主	北海道11区	2	縦	縦	ゴ	赤	—	白	—	1			1					
仲野 博子	民主	北海道13区	3	縦	縦	丸	白	ピ	白	—	2	○			2	○	白	無	
戸来 勉	民主	青森1区	2	縦	縦	ゴ	赤	—	白	—	1	○		2	○	白	無		
田名部匡代	民主	青森3区	11	横	横	ゴ	オ	—	黒	—	1			1					
藤倉喜久治	民主	岩手1区	2	縦	縦	オ	—	白(緑)	—	1	○		2	○	白	無			
熊谷 修二	民主	岩手3区	12	横	横	ゴ	赤	白	他	—	2			2	○	白	無		1
安住 淳	民主	宮城5区	1	縦	縦	ゴ	白	—	黒	—	1	○		2	○	黒	無		
寒河江孝允	民主	山形4区	12	横	横	ゴ	赤	黄	水	—	2			2	○	ピ	無		1
増子 輝彦	民主	福島2区	3	縦	縦	ゴ	青	黄	白	—	2	○		2	○	白	無		
吉田 泉	民主	福島5区	12	横	横	他	緑	黒	白	—	2			2	○	白	無		
小泉 俊明	民主	茨城3区	11	横	横	ゴ	黄	—	青	—	1	○		2	○	白	ス		2
大畠 章宏	民主	茨城5区	11	横	横	ゴ	赤	—	青	—	1	○		2	○	白	無		1
水島 広子	民主	栃木1区	3	縦	縦	ゴ	白	青	白	—	2	○							
中島 政希	民主	群馬4区	1	縦	縦	ゴ	赤	—	白	—	1			2	○	白	無		4
武正 公一	民主	埼玉1区	2	縦	横	ゴ	赤	—	白	—	1			2	○	白	無		2
谷口 雅典	民主	埼玉2区	12	横	横	ゴ	黒	白	水	白	2	○	○	2	○	○	ピ	無	1
上田 清司	民主	埼玉4区	2	縦	縦	ゴ	白	—	黒	—	1			2	○	白	無		
枝野 幸男	民主	埼玉5区	12	横	横	ゴ	白	青	白	—	2			2	○	白	無		
大島 敦	民主	埼玉6区	2	縦	縦	ゴ	緑	—	白	—	2				○	青	ス		
田川 秀明	民主	埼玉7区	12	横	横	ゴ	黒	黄	白	—	2			2	○	白	無		
木下 厚	民主	埼玉8区	2	縦	縦	ゴ	青	—	黄	—	2			2	○	白	無		
五十嵐ふみひこ	民主	埼玉9区	5	縦	縦	オ	—	他	—	2			2	○	白	無		1	
長峯 正之	民主	埼玉14区	12	横	横	ゴ	青	白	水	—	2			2	○	白	無		3
北村 哲男	民主	千葉1区	2	縦	縦	ゴ	白	—	オ	—	1	○		2	○	○	白	ス	○
竹内 圭司	民主	千葉3区	13	縦	縦	ゴ	黒	—	黄	—	1	○		2	○	青	無		
田中 甲	民主	千葉5区	1	縦	縦	ゴ	水	—	白	—	1	○		2	○	白	ス	○	2
生方 幸夫	民主	千葉6区	11	横	横	ゴ	赤	—	白	—	1	○		2	○	白	ス		
黒柳 博司	民主	千葉10区	4	縦	縦	ゴ	白(黄)	青	白	青	2	○		2		○	青	チ	
松本 勝仁	民主	千葉11区	4	縦	縦	ゴ	白	赤	—	白	—	2			2	○	白	無	
半田 善三	民主	千葉12区	11	横	横	ゴ	赤	—	自然	—	2			2	○	白	無		1
大出 彰	民主	神奈川2区	2	縦	縦	筆	黒	—	黄	—	2			2	○	白	無		
加藤 尚彦	民主	神奈川3区	12	横	横	筆	黄	緑	他	—	2	○	○	2	○	白	無		
大石 尚子	民主	神奈川4区	3	縦	縦	明	青	—	他	—	1	○		2	○				

資料Ⅱ データ1

装飾品	本人以外の写真	備考	政策・公約	経歴	詳細プロフィール	支持・推薦	党公認	比例区宣伝	政党名(独立)	年齢表記	ジェンダーアピール	苗字サイズ(%)	名前サイズ(%)	顔サイズ4点計測(%)	比例サイズ(%)	公認サイズ(%)	独立サイズ(%)	政党名サイズ合計(%)	スローガンサイズ合計(%)
			閣	○	も							10.8	11.2	9.1	0.5	0.7		1.2	1.3
			閣	○								9.1	3.5	21.4		0.5		0.5	1.6
		横路・五十嵐・菅野・安井	閣	○	○							22.8	3.0	17.3		0.8	0.3	1.2	8.6
			閣	○	は							19.1	3.9	23.9	0.1	0.5		0.6	5.3
			院	○	は							23.6	2.6	15.9	0.6	0.4		1.0	4.9
				○								18.7	2.1	13.3			0.3	0.3	1.5
				○								13.8	8.7	18.1			2.5	2.5	
イヤリング			女	○							○	19.4	3.1	24.6		0.6		0.6	7.0
				○							○	14.5	9.2	22.3		0.7	0.5	1.2	3.2
				○					46			14.7	5.9	19.5		1.6		1.6	9.1
				○								20.1	5.1	18.9		0.4		0.4	5.7
				○								8.6	9.5	16.7			0.2	0.2	4.0
				○								9.6	10.3	12.5		0.1	0.1	0.1	16.8
				○					38			4.4	2.2	14.3		0.5		0.5	12.0
				○								11.5	3.2	15.1	3.9			3.9	4.6
				○								13.7	9.3	16.7			0.3	0.3	4.4
				○	も							10.7	6.3	10.4	0.2	0.2		0.4	10.0
				連○					43			8.1	12.3	10.4		0.8		0.8	6.1
					も			○	52			19.2	2.0	18.6	0.3		0.1	0.5	3.2
				○				○				8.9	9.1	14.7			2.2	2.2	3.5
				○								11.8	11.8	21.3		3.2		3.2	
			地松	○	は				39			19.4	2.9	20.4	0.2	0.4		0.6	5.7
		鳩山・菅	環政	○				○	34			6.4	3.8	6.6		1.5		1.5	19.9
				○								9.9	14.2	13.4			0.6	0.6	2.0
			政他						36			18.6	6.6	9.0			1.4	1.4	13.7
			他	○								9.6	11.8	14.4			1.9	1.9	11.4
				○	は			○	41			3.7	6.5	12.4	0.2	0.5	0.7	1.4	6.4
					は							9.7	9.1	11.9	5.8			5.8	5.7
ハンカチ			党	○	は							11.5	2.3	13.7	2.5	0.5		3.0	8.6
			地大	○								9.7	9.7	14.2			0.9	0.9	6.8
				○								11.4	11.4	11.5		2.7		2.7	4.7
				○					32			10.0	9.6	0.7		0.9		0.9	12.9
					○							9.1	4.4	11.5	1.4			1.4	7.7
				○								13.1	8.7	9.0		0.5		0.5	5.7
		口ひげ		○					41			9.0	9.0	12.7		2.7		2.7	1.8
				○								19.9	11.2	12.9		1.3		1.3	5.9
			福景衆	○								12.2	4.5	10.5			0.2	0.2	12.6
				○								13.8	5.5	16.4		0.7		0.7	4.6
		地球,指示棒		○								15.1	4.0	4.7	5.7			5.7	5.8
ブローチ	鳩山・親子	子供		○								8.0	7.9	5.9			0.4	0.4	4.2

候補者名	政党	選挙区	レイアウト	苗字の方向	名前の方向	候補者名のフォント	候補者名の文字色	候補者名の背景色	メイン背景色	サブ背景色	全体の色数	政党ロゴ	個人ロゴ	写真の範囲	手	スーツの着用	シャツの色	シャツの柄	議員バッジ	眼鏡
田中 慶秋	民主	神奈川5区	3	縦	縦	他	白	青	緑	—	2	○		2		○	白	ス	○	
松沢 成文	民主	神奈川9区	12	横	横	ゴ	白	青	他	白	3	○		1		○	白	無		
永井 英慈	民主	神奈川10区	13	横	横	ゴ	赤	緑	白(水)	—	2	○		2		○	白	無		1
ツルネンマルテイ	民主	神奈川17区	2	縦	縦	ゴ	白	—	他	—	1	○		2			灰	無		1
小沢 鋭仁	民主	山梨1区	11	横	横	ゴ	赤	—	黒	—	1			2	○	○	白	ス	○	2
後藤 斎	民主	山梨3区	11	横	横	ゴ	赤	—	黄	—	1			2		○	白	無		2
海江田万里	民主	東京1区	4	縦	縦	ゴ	黄	青	他	—	2	○		2		○	青	無		
松原 仁	民主	東京3区	6	縦	縦	ゴ	赤	—	黄	—	1	○		2		○	白	無		
宇佐美 登	民主	東京4区	11	横	横	ゴ	青	—	黄	—	2	○		2		○	白	無		
石井 紘基	民主	東京6区	2	縦	縦	筆	赤	—	自然	—	1			2		○	白	無		
長妻 昭	民主	東京7区	12	横	横	ゴ	青	黄	白	白(黄)	3			2		○	白	ス		1
吉田 公一	民主	東京9区	11	横	横	ゴ	赤	—	白	—	2			2		○	白	無		
鮫島 宗明	民主	東京10区	8	縦	横	ゴ	白	赤	自然	—	2			2		○	白	無		
井上 和雄	民主	東京14区	4	縦	縦	ゴ	白	オ	白	—	2			2		○	白	無		
馬渡 龍治	民主	東京15区	1	縦	横	ゴ	オ	—	水	白	2	○		2		○	白	無		
中津川博郷	民主	東京16区	2	縦	縦	ゴ	白(水)	—	白(青)	—	1	○		2		○	白	無		1
菅 直人	民主	東京18区	8	縦	縦	ゴ	赤	—	白	白(灰)	2			2		○	白	無		
末松 義規	民主	東京19区	3	縦	縦	ゴ	青	オ	自然	—	2			2		○	白	ス		
加藤 公一	民主	東京20区	2	縦	縦	ゴ	黒	—	白	—	1	○		3	○	○	青	無		
山花 郁夫	民主	東京22区	4	縦	縦	ゴ	白	赤	白(灰)	—	2	○		2		○	白	無		1
阿久津幸彦	民主	東京24区	13	横	縦	ゴ	オ	—	白	—	1	○		2		○	白	無		
関山 信之	民主	新潟1区	13	横	横	ゴ	赤	—	黄	黒	2	○		2		○	白	無		1
野畑 圭造	民主	富山3区	2	縦	縦	丸	青	—	水	—	2	○		2		○	白	無		
奥田 建	民主	石川1区	2	縦	縦	ゴ	青	—	白	—	2	○		2		○	白	無		
青木 康	民主	福井1区	1	縦	縦	ゴ	青	—	白	—	2	○		2		○	白	ス		
京藤 啓民	民主	福井2区	1	縦	横	ゴ	赤	—	白	—	2	○		2		○	白	無		
辻 一彦	民主	福井3区	2	縦	縦	筆	オ	—	白	—	1			2		○	白	無		○
下条 みつ	民主	長野2区	4	縦	縦	ゴ	青	黄	白	—	2	○		2		○	白	無		2
羽田 孜	民主	長野3区	1	縦	縦	ゴ	赤	—	白	—	2	○		2		○	白	無		
加藤 隆	民主	長野5区	5	縦	縦	ゴ	赤	—	水	—	2	○		2		○	白	無		
小嶋昭次郎	民主	岐阜2区	4	縦	横	ゴ	白	青	白	—	2	○		2		○	白	無		1
園田 康博	民主	岐阜3区	2	縦	縦	ゴ	黄	—	青空	—	2	○		2		○	白	無		
和泉 昭子	民主	静岡5区	4	縦	縦	ゴ	青	—	オ	—	1	○		2						
渡辺 周	民主	静岡6区	4	縦	縦	ゴ	白	青	茶	—	2	○		1		○	白	無		2
熊谷 弘	民主	静岡9区	11	横	横	ゴ	黄	—	白(水)	—	2	○		2		○	白	無		
古川 元久	民主	愛知2区	1	縦	縦	ゴ	黒	—	赤	オ	2	○		1		○	青	無		2
近藤 昭一	民主	愛知3区	1	縦	縦	ゴ	青	—	オ	—	2	○	○	2		○	白	無	○	2
赤松 広隆	民主	愛知5区	1	縦	縦	ゴ	赤	—	白	—	2	○		2		○	白	無		
前田 雄吉	民主	愛知6区	6	縦	縦	ゴ	黄	—	青	—	2	○		2		○	白	無		1
小林 憲司	民主	愛知7区	2	縦	縦	ゴ	白	—	青	—	1	○		2		○	白	無		

資料Ⅱ　データ1

装飾品	本人以外の写真	備考	政策・公約	経歴	詳細プロフィール	支持・推薦	党公認	比例区宣伝	政党名（独立）	年齢表記	ジェンダーアピール	苗字サイズ(%)	名前サイズ(%)	顔サイズ4点計測(%)	比例サイズ(%)	公認サイズ(%)	独立サイズ(%)	政党名サイズ合計(%)	スローガンサイズ合計(%)
ハンカチ		福環教税					○	○				7.4	7.8	17.5		0.3	0.6	0.9	7.1
		衆党松						○		42		9.9	12.4	15.1		0.4		0.4	4.8
		福教景政					○	○				12.5	8.9	13.3		0.5	0.1	0.6	18.6
								○				6.8	6.3	12.8			0.0	0.0	3.2
	地球,口ひげ	マイク						○				5.6	9.8	20.6	1.2		1.2		7.8
								○				10.4	12.0	18.5			1.1	1.1	6.9
								○				11.4	7.4	2.9			0.7	0.7	
		松					○			43		9.9	2.0	15.7		0.7		0.7	6.6
		衆松					○			33		13.6	5.1	15.3		0.3		0.3	7.4
									も		○	15.2	5.9	13.4	1.6	0.8		2.4	5.4
		福公政 大他他					○			40		18.7	0.7	4.5		0.2	0.9	1.1	19.0
							○	は	○			19.8	5.5	13.0	0.4	2.4	0.3	3.2	5.8
		環					○					23.5	2.1	11.7	1.8			1.8	2.5
		他						○				7.4	7.6	12.0			0.6	0.6	13.2
							○		○	42		21.8	2.7	16.7	1.0		0.9	1.8	
							○	○				16.9	3.6	24.6	1.2		0.7	1.9	
								○				6.1	13.1	12.1			1.1	1.1	2.3
		衆他					○			43		9.5	9.8	13.7		0.4	0.2	0.7	3.3
		税		他						36		12.2	8.5	0.7		1.0		1.0	3.7
レッドリボン								○				7.6	9.6	15.1		1.4		1.4	2.5
		菅		秘				○				25.7	2.7	12.7		0.4		0.4	4.2
								○				18.2	1.4	14.5		0.3		0.3	12.0
			○					○				14.9	4.2	7.9	0.8	0.1		0.9	4.6
			○					○				17.2	6.7	14.5		0.3		0.3	2.2
								社連○				22.0	4.2	20.6	0.6			0.6	
								社連○				22.4	3.4	24.7	0.3			0.3	5.1
								○				23.6	1.4	17.4		0.4		0.4	5.2
				秘大			○		○	44		10.8	9.5	21.2	0.3	0.3		0.6	1.7
							○	○				19.5	8.4	14.4		0.2	0.4	0.6	4.3
							○	○				7.9	9.6	13.5		0.6	0.9	1.5	9.5
							○	○				21.6	5.8	17.1		0.2	0.8	0.9	2.1
							○			33		16.3	12.5	17.6	1.5			1.5	4.1
イヤリング,スカーフ								○				9.3	9.9	16.7		0.2		0.2	
								○				7.2	1.7	30.2		0.3		0.3	3.3
			○									13.0	3.2	31.4	0.3			0.3	7.4
							○	は	○			10.2	9.8	22.4	0.1	0.8	0.1	1.0	1.6
								は				13.3	8.9	12.0	0.3			0.3	5.8
								○				12.7	7.2	20.9			0.9	0.9	4.6
							○	は	○	40		13.9	8.8	18.7	0.4	0.9	0.1	1.4	6.0
								は	○			7.9	10.9	17.5	1.2		0.4	1.6	3.7

候補者名	政党	選挙区	レイアウト	苗字の方向	名前の方向	候補者名のフォント	候補者名の文字色	候補者名の背景色	メイン背景色	サブ背景色	全体の色数	政党ロゴ	個人ロゴ	写真の範囲	手	スーツの着用	シャツの色	シャツの柄	議員バッジ	眼鏡
伴野 豊	民主	愛知8区	1	縦	横	ゴ	黄	一	白	一	1	○	○	2	○		白	無		2
佐藤 観樹	民主	愛知10区	3	縦	縦	ゴ	青	一	緑	一	2	○		2	○		白	ス		1
伊藤 英成	民主	愛知11区	2	縦	縦	ゴ	緑	一	黄	一	2	○		2	○		白	無		2
近藤 剛	民主	愛知15区	1	縦	縦	ゴ	黒	一	白	一	1	○		2	○		青	無		
中川 正春	民主	三重2区	11	横	横	ゴ	青	一	白	一	1	○		2	○		白	無		2
岡田 克也	民主	三重3区	11	横	横	ゴ	緑	一	緑	一	1			2	○		白	ス		
前原 誠司	民主	京都2区	1	縦	横	ゴ	黄	一	青	一	1			2	○		白	無		
泉 健太	民主	京都3区	2	縦	縦	明	黄	一	青	白	2	○		2	○		白	無		
玉置 一弥	民主	京都6区	2	縦	横	他	赤	一	白	一	1	○		3	○		白	無		
稲場 政和	民主	大阪2区	6	縦	横	白	一	青	白	一	2	○	○	2	○		白	ス		
稲見 哲男	民主	大阪5区	1	縦	横	ゴ	赤	一	白	一	1	○		2	○		白	チ		2
藤村 修	民主	大阪7区	12	横	横	ゴ	白	青	白(緑)	黄	3	○		2	○		白	無		1
中野 寛成	民主	大阪8区	4	縦	縦	ゴ	白	青	白	一	2	○		2	○		白	無		1
大谷 信盛	民主	大阪9区	3	縦	縦	ゴ	白	青	白	一	2	○		2	○		白	無		1
平野 博文	民主	大阪11区	1	縦	縦	ゴ	緑	一	黄	一	1	○		2	○		白	無	○	
樽床 伸二	民主	大阪12区	13	横	横	ゴ	白	(青)	青/白/赤	緑	4			2	○		白	無		
岡本準一郎	民主	大阪13区	11	横	横	ゴ	赤	一	白	一	1	○		2	○		白	無		
石田 敏高	民主	大阪19区	1	縦	縦	ゴ	赤	一	青	一	1	○	○	2	○		黄	無		
石井 一	民主	兵庫1区	2	縦	縦	ゴ	青	一	他	一	1	○		2	○		白	無	○	
土肥 隆一	民主	兵庫3区	13	縦	縦	ゴ	黄	一	白	一	1	○		3	○		白	無		1
吉岡 賢治	民主	兵庫5区	1	縦	横	ゴ	赤	一	黄	一	1	○		2	○		白	無		
市村浩一郎	民主	兵庫6区	12	横	横	ゴ	黄	緑	青空	赤	3	○		2	○		白	無		1
藤本 欣三	民主	兵庫9区	2	縦	横	他	オ	一	白	一	1	○		2	○		白	ス		
辻 泰弘	民主	兵庫10区	11	横	横	ゴ	赤	一	白	水	2	○		2	○		白	無		
松本 剛明	民主	兵庫11区	1	縦	横	ゴ	赤	一	白	一	1	○		1	○		白	無		2
馬淵 澄夫	民主	奈良1区	1	縦	横	ゴ	オ	一	白	一	1	○		2	○		白	ス		
中村 哲治	民主	奈良2区	1	縦	横	ゴ	オ	一	白(灰)	一	1	○		2	○		白	無		
前田 武志	民主	奈良4区	12	横	縦	ゴ	白	黒	黄	一	2	○		2	○		白	無		1
木村 文則	民主	和歌山2区	11	横	縦	他	赤	一	白	一	1	○		2	○		白	無		1
山内 功	民主	鳥取1区	2	縦	縦	他		一	青空	一	1	○		2	○		白	無		
西尾 政英	民主	広島1区	2	縦	横	ゴ	青	一	青空	一	1			2	○	○	白	ス		
佐々木修一	民主	広島5区	4	縦	横	ゴ	黄	青	白	一	2	○		2	○		白	無		
山崎 桃生	民主	山口1区	13	縦	縦	明	白	一	他	青	2	○		3	○		他	他		
平岡 秀夫	民主	山口2区	4	縦	横	ゴ	赤	青	白	一	2	○		2	○		白	無		
仙谷 由人	民主	徳島1区	11	横	横	ゴ	白	一	他	一	1	○		2	○		白	無		2
高井 美穂	民主	徳島2区	3	縦	縦	ゴ	白	青	他	一	2	○		2						
宇都宮真由美	民主	愛媛1区	12	横	横	丸	白	ピ	黄	一	3	○		2		○	白	無		
岩本 司	民主	福岡2区	11	横	横	ゴ	青	一	自然	一	1	○	○	2			白	無		
藤田 一枝	民主	福岡3区	3	縦	縦	筆	白	一	黒	自然	2	○		1						
楢崎 欣弥	民主	福岡4区	12	横	一	ゴ	オ	一		黒	1	○		1	○		白	無		

装飾品	本人以外の写真	備考	政策・公約	経歴	詳細プロフィール	支持・推薦	党公認	比例区宣伝	政党名（独立）	年齢表記	ジェンダーアピール	苗字サイズ(%)	名前サイズ(%)	顔サイズ4点計測(%)	比例サイズ(%)	公認サイズ(%)	独立サイズ(%)	政党名サイズ合計(%)	スローガンサイズ合計(%)
										39		16.4	5.1	23.1			0.2	0.2	8.8
			党				○	は				8.6	8.3	11.6	0.6	0.2		0.8	6.8
								は				8.8	6.9	12.5	0.4			0.4	10.7
			他					は	○	35		16.9	8.3	24.7	0.3		0.4	0.8	1.5
							○		○			8.8	9.0	25.1		0.3	0.2	0.5	8.4
									○			9.1	10.7	17.7		0.3		0.3	7.7
			衆松						○	38		13.1	1.6	20.8		0.5		0.5	5.1
			秘大						○	25		6.1	12.2	20.9		0.1		0.1	11.7
		パソコン,座位						は				27.5	3.8	6.1	0.1		0.8	1.0	3.4
								は				30.2	2.0	8.7	12.5			12.5	1.3
									○			26.3	1.2	18.9			1.0	1.0	0.5
			教政						○			16.5	4.3	7.6			0.5	0.5	20.1
ハンカチ			福教景 地党党大						○			8.5	8.7	5.5			1.8	1.8	11.3
								連		37		18.0	5.9	19.2			0.3	0.3	3.8
								連	○			19.3	3.5	10.3	0.1		0.2	0.3	3.1
									○			21.1	3.8	13.6			0.3	0.3	2.0
									○	28		8.4	4.2	16.7			0.7	0.7	8.2
									○			27.0	3.5	13.3			1.1	1.1	
			党						○			21.0	3.2	9.8		1.0		1.0	9.3
								連五	○			26.0	3.9	0.7		0.4		0.6	12.7
								連五○				17.8	2.6	19.1	0.3		1.5	1.7	4.6
			松					は	○	35		10.9	3.2	12.0	0.6		0.8	1.4	9.3
								連 ○ は	○			9.1	8.5	25.0	0.6	0.4	0.1	1.1	3.8
							○	は		44		15.6	1.7	18.8	0.6	1.2		1.8	2.0
									○			10.2	8.4	43.4		0.8	0.9	1.7	5.2
	家族9名		子供						○	39		20.2	1.8	15.1			0.3	0.3	5.2
レッドリボン									○			9.5	12.4	11.0			0.4	0.4	6.1
									○			16.6	0.7	9.6			0.3	0.3	4.3
								は	○	42		10.3	10.3	11.7	1.7		0.5	2.2	4.3
								○	○			23.0	2.6	13.1		0.1	0.4	0.6	9.1
			ボール					連 ○	○	38		7.7	1.3	4.1	0.1		0.8	0.9	8.7
									○	45		21.2	4.1	21.4		0.3		0.3	1.3
			自転車						○			11.9	11.8	1.1		1.2		1.2	4.2
									○			11.8	12.4	20.5	0.1		0.1	0.1	11.0
									○			10.7	10.1	14.6		0.7		0.7	9.5
									○			9.6	9.1	14.0		1.7		1.7	3.2
イヤリング			衆他					○ は				12.0	4.6	2.7	1.8	0.2	2.0		0.8
イヤリング, スカーフ		菅								35		11.6	14.4	13.5		1.5		1.5	7.4
									○			11.3	9.7	22.8			0.5	0.5	
イヤリング, ネックレス								○	○			27.1		19.3		0.5	0.0	0.5	4.6

候補者名	政党	選挙区	レイアウト	苗字の方向	名前の方向	候補者名のフォント	候補者名の文字色	候補者名の背景色	メイン背景色	サブ背景色	全体の色数	政党ロゴ	個人ロゴ	写真の範囲	スーツの着用	シャツの色	シャツの柄	議員バッジ	眼鏡
岩田 順介	民主	福岡8区	3	縦	縦	明	白	赤	白	ー	2	○		2	○	白	無		
北橋 健治	民主	福岡9区	4	縦	横	ゴ	白	オ	白(灰)	ー	2			2	○	白	無	2	
島津 尚純	民主	福岡10区	2	縦	横	ゴ	白	ー	黒	ー	1			2		白			
原口 一博	民主	佐賀1区	2	縦	縦	ゴ	青	ー	青	ー	1			2	○	白	無	○	
樋口 博康	民主	佐賀2区	2	縦	縦	オ	白	ー	青空	ー	2			2	○	白	無		
藤沢 裕美	民主	佐賀3区	1	縦	縦	オ	ー	ー	白	ー	1			2	○				
高木 義明	民主	長崎1区	3	縦	横	ゴ	白	青/緑	白	ー	3			2	○	白	無		
松野 頼久	民主	熊本1区	1	縦	縦	ゴ	ー	ー	黒	ー	1			2	○	白	無		
松野 信夫	民主	熊本2区	1	縦	縦	ゴ	ー	茶	白	ー	2			2	○	青	無	1	
中村 太郎	民主	大分3区	1	縦	縦	ゴ	赤	ー	灰	ー	1			2	○	白	無	1	
大園 勝司	民主	鹿児島3区	11	横	横	明	青	ー	黄	ー	2			2	○	白	無	1	
島尻 昇	民主	沖縄2区	1	縦	縦	ゴ	赤	ー	青空	ー	2			2	○	白	ス		
上原 康助	民主	沖縄3区	1	縦	ー	丸	赤	ー	水	ー	1			2					
若松 謙維	公明	埼玉6区	2	縦	横	ゴ	赤	ー	白	ー	1	○		2	○	白	無		
富田 茂之	公明	千葉2区	9	縦	横	ゴ	白	青	白	ー	2			2	○	青	無	2	
大口 善徳	公明	静岡1区	12	横	横	ゴ	赤	白	オ	ー	2	○		2	○	白	無	1	
田端 正広	公明	大阪3区	2	縦	横	ゴ	赤	ー	黄	ー	1			2	○	白	無	○	1
谷口 隆義	公明	大阪5区	13	縦	横	ゴ	赤	白	白(青)	ー	2			2	○	白	無	1	
福島 豊	公明	大阪6区	12	横	横	ゴ	黄	青	ー	白	2			2	○	青	無		
北側 一雄	公明	大阪16区	7	縦	ー	ゴ	赤	ー	白	ー	1			2	○	白	無		
赤羽 一嘉	公明	兵庫2区	12	横	縦	ゴ	赤	ー	白	ー	1	○		2	○	白	無		
冬柴 鉄三	公明	兵庫8区	13	縦	縦	ゴ	青	ー	ピ	白	2			2	○	白	無		
白保 台一	公明	沖縄1区	2	縦	横	ゴ	赤	ー	白	ー	1			2	○	白	無	○	
佐藤 隆五郎	共産	岩手1区	8	縦	縦	ゴ	赤	ー	白	白(黄)	ー	1		2	○	白	無	1	
西山 剛	共産	岩手2区	8	縦	縦	ゴ	赤	ー	白	白(黄)	ー	1		2	○	白	無	2	
菊池 幸夫	共産	岩手3区	8	縦	縦	ゴ	赤	ー	白	白(黄)	ー	2		2	○	白	無	1	
坂本 良子	共産	岩手4区	8	縦	縦	ゴ	赤	ー	白	白(黄)	ー	2		1					
遠藤 いく子	共産	宮城1区	3	縦	縦	ゴ	黒	黄	白	ー	2				○	白	無		
津田 宣勝	共産	宮城2区	3	縦	縦	ゴ	白	青	白	ー	2			2	○	白	無		
加藤 幹夫	共産	宮城3区	4	縦	縦	ゴ	白	赤	白	ー	2			2	○	白	無	3	
佐藤 道子	共産	宮城4区	4	縦	縦	ゴ	白	赤	白	ー	2			2					
原 伸雄	共産	宮城5区	3	縦	縦	ゴ	白	赤	白	ー	2			2	○	白	無	1	
芳賀 芳昭	共産	宮城6区	4	縦	縦	ゴ	白	赤	白	ー	2			2	○	白	無		
佐藤 亜希子	共産	山形1区	8	縦	縦	ゴ	赤	白	水	ー	2			1				1	
太田 俊男	共産	山形2区	8	縦	縦	ゴ	赤	白	水	ー	2			2	○	白	無	1	
工藤 美恵子	共産	山形3区	8	縦	縦	ゴ	赤	白	水	ー	2			1					
佐藤 雅之	共産	山形4区	8	縦	縦	ゴ	赤	白	水	ー	2			2	○	白	無		
新美 正代	共産	福島1区	13	横	横	ゴ	青	黄	水	白	3			1					
飛田 利光	共産	福島2区	13	横	横	ゴ	青	黄	水	白	3			2	○	白	無		
鈴木 正一	共産	福島3区	13	横	横	ゴ	青	黄	水	白	3			2	○	白	無		

資料Ⅱ　データ１

装飾品	本人以外の写真	備考	政策・公約	経歴	詳細プロフィール	支持・推薦	党公認	比例区宣伝	政党名（独立）	年齢表記	ジェンダーアピール	苗字サイズ(%)	名前サイズ(%)	顔サイズ4点計測(%)	比例サイズ(%)	公認サイズ(%)	独立サイズ(%)	政党名サイズ合計(%)	スローガンサイズ合計(%)
											○	29.9	1.1	21.6			1.1	1.1	
										○	は	13.2	1.2	15.1	0.9	0.4		1.4	8.3
			衆党								○	16.7	3.5	20.4		4.2		4.2	1.0
											○	7.0	5.4	12.2	0.2	0.7		0.9	2.9
									○	40		11.8	3.3	11.4	0.4	0.1		0.5	2.5
スカーフ			松						○	31		9.6	3.1	9.8	0.2	0.2		0.5	7.4
			衆								○	16.8	3.5	12.5		0.9		0.9	
											○	14.7	3.6	29.2		0.2		0.2	1.5
弁護士バッジ											○	10.3	7.9	12.4	0.3	0.1		0.5	4.3
												8.6	8.5	20.3	0.4			0.4	3.4
			政									9.4	8.9	11.6		0.2		0.2	14.6
									○			12.5	7.3	10.7	1.4	0.8		2.1	7.6
						連	○					35.0		15.9	0.8			0.8	
			衆他他	自			○					18.5	6.6	19.4	0.1			0.1	3.3
												20.6	2.9	14.0					6.5
			他						○	44		18.5	4.1	7.3		0.4		0.4	4.8
				自保								22.3	3.3	15.3					5.8
			景	他他								22.9	5.0	8.0					8.0
子供2名	子供											17.3	3.0	3.1					
			政衆党党他	自保○						47		40.7		10.3		0.2		0.2	0.5
											○	21.8	2.3	2.1		1.0		1.0	4.1
			政衆								は	41.2	4.1	4.4	1.1			1.1	
			政衆	自他○								21.5	1.1	13.9	0.3			0.3	7.8
			福								は	19.2	5.8	16.0	4.2			4.2	7.5
			福								は	17.9	5.9	16.8	4.3			4.3	6.9
			福								は	19.3	5.6	14.4	4.5			4.5	7.1
イヤリング,ネックレス			福								は	18.8	5.0	16.2	4.4			4.4	6.7
イヤリング,スカーフ			福憲								は	9.2	7.0	12.8	8.6			8.6	2.8
			福憲								は	9.1	7.1	13.5	7.1			7.1	5.7
											は	9.4	7.3	13.5	6.4			6.4	5.6
イヤリング,ネックレス			福憲								は	9.5	9.6	13.3	6.3			6.3	5.6
			福農								は	7.0	8.5	12.8	6.7			6.7	5.3
			福農								は	9.7	7.1	14.1	6.4			6.4	5.4
ネックレス											は	12.2	13.3	15.7	5.5			5.5	4.6
											は	15.7	9.8	15.3	5.7			5.7	5.1
											は	15.8	11.1	17.0	5.5			5.5	5.0
											は	17.2	7.3	13.7	5.4			5.4	4.9
イヤリング			福憲								は	8.3	4.9	10.3	14.4			14.4	6.2
			福								は	9.9	5.3	9.6	15.1			15.1	3.9
			福								は	10.2	5.3	11.0	13.7			13.7	4.5

候補者名	政党	選挙区	レイアウト	苗字の方向	名前の方向	候補者名のフォント	候補者名の文字色	候補者名の背景色	メイン背景色	サブ背景色	全体の色数	政党ロゴ	個人ロゴ	写真の範囲	手	スーツの着用	シャツの色	シャツの柄	議員バッジ	眼鏡
原田 俊広	共産	福島4区	13	横	横	ゴ	青	黄	水	白	3			2		○	白	無		1
吉田 英策	共産	福島5区	13	縦	横	ゴ	青	黄	水	白	3			2		○	白	無		
田谷 武夫	共産	茨城1区	11	横	横	ゴ	黄	一	白(黄)	一	1			2		○	白	無		
横倉 達士	共産	茨城2区	11	横	横	ゴ	黄	一	白(黄)	一	1			2		○	白	無		1
上野 高志	共産	茨城3区	11	横	横	ゴ	黄	一	白(黄)	一	1			2		○	白	無		
大和田喜市	共産	茨城4区	11	横	横	ゴ	黄	一	白(黄)	一	1			2		○	白	無		1
大曽根勝正	共産	茨城5区	11	横	横	ゴ	黄	一	白(黄)	一	1			2		○	白	無		1
小松 豊正	共産	茨城6区	11	横	横	ゴ	黄	一	白(黄)	一	1			2		○	白	無		2
稲葉 修敏	共産	茨城7区	11	横	横	ゴ	黄	一	白(黄)	一	1			2		○	白	無		
野村 節子	共産	栃木1区	12	横	横	ゴ	青	一	白	一	2			1						
福田 道夫	共産	栃木2区	6	縦	横	ゴ	青	一	白(黄)	白	2			2		○	白	無		
槙 昌三	共産	栃木3区	7	縦	縦	ゴ	黄	青	白	一	2			2		○	白	無		1
飯塚 正	共産	栃木4区	12	横	横	ゴ	白	青	白	一	2			2		○	白	無		
川上 均	共産	栃木5区	13	横	横	ゴ	水	一	白	黄	2			2		○	白	無		
山田富美子	共産	群馬1区	9	縦	横	丸	青	黄	白(青)	赤	3			1						1
小菅 啓司	共産	群馬2区	7	縦	縦	ゴ	白	青	白	赤	3			2		○	白	無		
渋沢 哲男	共産	群馬3区	7	縦	縦	ゴ	白	青	白(黄)	白	3			2		○	白	無		
野村喜代子	共産	群馬4区	9	縦	横	丸	青	黄	白	赤	3			1						
半田 正	共産	群馬5区	13	横	横	ゴ	赤	一	白	黄	2			2		○	白	無		
湯川美和子	共産	神奈川2区	1	縦	縦	丸	赤	一	白	一	1			2						
大間知哲哉	共産	神奈川3区	1	縦	縦	丸	赤	一	白	一	1			2		○	白	無		1
田中 義彦	共産	神奈川4区	1	縦	縦	ゴ	赤	一	白	一	1			2		○	白	無		3
大森 猛	共産	神奈川5区	1	縦	縦	筆	赤	一	白	一	1			2		○	白	無		3
藤井美登里	共産	神奈川6区	2	縦	縦	丸	緑	一	白	一	1			2						
佐藤 邦男	共産	神奈川7区	2	縦	縦	ゴ	赤	一	白	一	1			2		○	白	無		1
大庭 裕子	共産	神奈川8区	1	縦	縦	ゴ	赤	一	白	一	1			2						
井口 真美	共産	神奈川9区	1	縦	縦	ゴ	赤	一	白	一	1			2						
笠木 隆	共産	神奈川10区	2	縦	縦	ゴ	赤	一	白	一	1			2		○	白	無		
小泉 安司	共産	神奈川11区	1	縦	縦	ゴ	赤	一	白	一	1			2		○	白	無		
沼上 常生	共産	神奈川12区	2	縦	縦	ゴ	赤	一	白	一	1			2		○	白	無		
長島 康夫	共産	神奈川13区	2	縦	縦	ゴ	赤	一	白	一	1			2		○	白	無		
奥出 孝子	共産	神奈川14区	1	縦	縦	ゴ	赤	一	白	一	1			2						2
三上 正	共産	神奈川15区	2	縦	縦	ゴ	赤	一	白	一	1			2		○	白	無		
酒井 邦男	共産	神奈川16区	2	縦	縦	ゴ	赤	一	白	一	1			2		○	白	無		3
鈴木新三郎	共産	神奈川17区	1	縦	縦	ゴ	赤	一	白	一	1			2		○	青	ス		2
大塚 淳子	共産	東京1区	13	横	横	ゴ	青	一	白	赤	2			1						
室 喜代一	共産	東京2区	7	縦	横	ゴ	赤	白(黄)	水	緑	3			2		○	白	無		
若月 秀人	共産	東京3区	1	横	横	ゴ	赤	一	黄	一	2			2		○	白	無		1
徳留 道信	共産	東京4区	1	横	横	丸	赤	一	白	赤	2			2		○	白	無		
宮本 栄	共産	東京5区	1	縦	縦	ゴ	青	一	黄	一	1			2		○	白	無		

装飾品	本人以外の写真	備考	政策・公約	経歴	詳細プロフィール	支持・推薦	党公認	比例区宣伝	政党名（独立）	年齢表記	ジェンダーアピール	苗字サイズ(%)	名前サイズ(%)	顔サイズ4点計測(%)	比例サイズ(%)	公認サイズ(%)	独立サイズ(%)	政党名サイズ合計(%)	スローガンサイズ合計(%)
			福								は	9.6	5.3	12.0	15.0			15.0	4.0
			福								は	4.0	13.1	9.7	14.7			14.7	4.5
			憲								は	6.3	5.4	13.5	5.3			5.3	8.5
			憲								は	8.6	4.9	14.2	5.6			5.6	7.9
			憲景税								は	8.6	4.8	12.3	5.3			5.3	10.5
			憲								は	9.3	3.8	15.0	5.3			5.3	8.9
			憲								は	10.0	3.6	14.6	5.3			5.3	9.5
			憲								は	7.5	4.3	12.0	5.0			5.0	8.1
			憲								は	8.6	5.0	12.6	5.3			5.3	8.9
イヤリング,ネックレス											は	12.7	7.9	14.8	11.0			11.0	7.7
			福公								は	14.6	2.8	14.2	12.3			12.3	7.4
			福環								は	15.9	9.5	13.9	4.4			4.4	2.5
			福農								は	16.3	2.1	13.0	11.3			11.3	7.8
			福教				党党				は	6.8	3.1	15.0	19.5			19.5	3.4
											は	14.5	3.0	22.9	6.5			6.5	5.9
			福景								は	14.6	6.1	13.3	6.1			6.1	5.1
			福景								は	18.0	6.6	11.3	5.4			5.4	7.3
ネックレス			福憲教								は	6.3	8.2	15.1	11.7			11.7	3.5
			福								は	10.2	5.3	19.5	5.5			5.5	8.6
ネックレス											は	13.6	6.7	17.6	5.9			5.9	4.4
			福								は	17.7	3.9	16.5	5.6			5.6	6.7
			景								は	13.5	6.1	14.5	5.8			5.8	5.5
			福				衆党				は	16.2	7.4	15.6	5.6			5.6	7.0
イヤリング,ネックレス			福環								は	14.2	6.5	17.3	5.7			5.7	5.1
											は	14.9	6.3	15.4	5.7			5.7	6.6
イヤリング			福憲景								は	17.0	4.4	17.5	5.6			5.6	6.4
イヤリング,ネックレス			福環			秘					は	○	14.1	5.4	15.0	5.6			5.6	4.6
			福教			他					は	17.2	6.9	15.9	5.9			5.9	7.5
						他					は	15.3	6.0	15.9	5.5			5.5	5.0
			福環								は	14.8	6.2	15.2	5.7			5.7	4.7
			福								は	13.9	6.4	15.7	5.5			5.5	6.9
イヤリング,ネックレス											は	16.7	4.6	16.8	5.7			5.7	5.9
											は	15.3	3.2	16.6	5.4			5.4	7.1
				地							は	14.8	6.2	16.0	5.4			5.4	7.5
											は	15.0	7.0	15.2	5.7			5.7	4.2
ネックレス											は	16.6	5.0	15.3	11.2			11.2	4.5
			税	他						44		26.4	4.0	13.9	5.3			5.3	1.1
											○	28.4	6.0	18.2		4.7		4.7	
			福憲環教景税								は	21.0	4.8	13.7	7.4			7.4	6.3
											○	29.5	3.7	17.3			5.2	5.2	

候補者名	政党	選挙区	レイアウト	苗字の方向	名前の方向	候補者名のフォント	候補者名の文字色	候補者名の背景色	メイン背景色	サブ背景色	全体の色数	政党ロゴ	個人ロゴ	写真の範囲	スーツの着用	シャツの色	シャツの柄	議員バッジ	眼鏡
水無瀬 攻	共産	東京6区	7	縦	縦	ゴ	青	黄	水	赤	3			2	○	白	無		
小堤 勇	共産	東京7区	13	横	横	ゴ	青	白	赤	―	2			2	○	白	無		
山崎 和子	共産	東京8区	5	縦	横	丸	赤	―	青空	黄	2			1					
望月 康子	共産	東京9区	2	縦	縦	丸	赤	―	ピ	―	1			2					
山本 敏江	共産	東京10区	2	縦	縦	丸	赤	―	白	―	2			2					1
中島 武敏	共産	東京11区	13	横	横	ゴ	赤	―	白	青/黄	3			2	○	白	無		4
山岸 光夫	共産	東京12区	8	縦	縦	ゴ	黄	青	白(黄)	白	3			2	○	白	無		1
佐々木 陸海	共産	東京13区	8	縦	縦	筆	赤	―	水	―	2			2	○	白	無		
塩沢 俊之	共産	東京14区	8	縦	縦	ゴ	青	―	黄	水/ピ/白	4			2					
榛田 敦行	共産	東京15区	6	縦	縦	ゴ	赤	―	白(緑)	黄	3	○		2	○	白	無		2
安部 安則	共産	東京16区	7	縦	縦	ゴ	青	白	白(黄)	―	2			2	○	白	無		1
三小田 准一	共産	東京17区	6	縦	縦	ゴ	赤	―	白	青	2			2	○	白	無		1
戸田 定彦	共産	東京18区	4	縦	縦	ゴ	白	青	白	―	2			2	○	白	無		
宮内 俊清	共産	東京19区	10	縦	横	ゴ	青	黄	自然	赤	3			3	○	白	無		1
鈴木 郁雄	共産	東京20区	13	横	横	ゴ	青	―	白	赤	2			2	○	白	無		1
鈴木 進	共産	東京21区	6	縦	縦	ゴ	赤	―	白	青	2			2	○	白	無		
岡田 隆郎	共産	東京22区	1	縦	縦	ゴ	赤	―	白	―	1			2	○	白	無		
佐藤 洋子	共産	東京23区	6	縦	横	ゴ	赤	―	白	緑	2			2					
藤本 実	共産	東京24区	9	縦	横	ゴ	青	黄	白	赤	3			2	○	青	無		3
鈴木 拓也	共産	東京25区	10	縦	横	ゴ	白	青	白	白(黄)	3			2	○	白	無		
川俣 幸雄	共産	新潟1区	7	縦	縦	ゴ	青	黄	白	赤	3			2	○	白	無		
村山 史彦	共産	新潟2区	7	縦	縦	丸	白	青	白	赤	3			2	○	白	無		
稲垣 恵造	共産	新潟3区	7	縦	縦	ゴ	青	―	白	―	2			2	○	白	無		
武藤 元美	共産	新潟4区	7	縦	縦	ゴ	白	青	白(黄)	赤	3			1					
加藤 栄二	共産	新潟5区	7	縦	縦	ゴ	白	赤	白(灰)	緑	3			2	○	白	無		
阿部 正義	共産	新潟6区	7	縦	縦	ゴ	白	赤	白(灰)	黄	3			2	○	白	無		1
火爪 弘子	共産	富山1区	4	縦	縦	ゴ	白	ピ	ピ	―	2			2					
上田 弘	共産	富山3区	13	横	横	丸	赤	―	白(黄)	白	2			2	○	白	無		2
金元 幸枝	共産	福井1区	7	縦	縦	丸	赤	―	白	ピ	2			2					1
野波栄一郎	共産	福井2区	2	縦	縦	ゴ	赤	―	水	―	1			2	○	白	無		
小柳 茂臣	共産	福井3区	2	縦	縦	ゴ	赤	―	水	―	1			2	○	白	無		
中野 早苗	共産	長野1区	8	縦	縦	ゴ	白	赤	白	―	2			1					
清水 啓司	共産	長野2区	9	縦	横	丸	白	青	白(黄)	白	3			2	○	白	無		1
中沢 憲一	共産	長野3区	10	縦	縦	ゴ	白	青	白(黄)	白	3			2	○	白	無		
木島日出夫	共産	長野4区	6	縦	縦	ゴ	赤	―	白	青	2			2	○	白	無		3
大坪 勇	共産	長野5区	12	横	横	ゴ	白	青	白	―	2			2	○	白	無		3
小川 理	共産	岐阜3区	7	縦	縦	ゴ	白	赤	白	―	2			2					
島津 幸広	共産	静岡1区	4	縦	縦	ゴ	赤	―	白	―	1			2	○	白	無		
四ツ谷 恵	共産	静岡2区	4	縦	縦	丸	赤	―	白	赤	3			2					1
高梨 俊弘	共産	静岡3区	4	縦	縦	ゴ	赤	―	自然	―	2			2	○	白	無		

資料Ⅱ　データ1

装飾品	本人以外の写真	備考	政策・公約	党公認	支持・推薦	詳細プロフィール	経歴	比例区宣言	政党名（独立）	年齢表記	ジェンダーアピール	苗字サイズ(%)	名前サイズ(%)	顔サイズ4点計測(%)	比例サイズ(%)	公認サイズ(%)	独立サイズ(%)	政党名サイズ合計(%)	スローガンサイズ合計(%)
											は	13.2	3.8	12.4	6.4			6.4	5.0
			福景								は	22.8	10.8	4.7	4.7			4.7	3.2
イヤリング,ネックレス											は	20.8	5.8	15.5	7.3			7.3	
ネックレス											は	14.7	5.7	16.8	7.9			7.9	1.6
											は	16.8	4.4	12.5	5.6			5.6	1.6
											は	29.8	5.4	1.9	7.5			7.5	12.5
				他	環						は	20.4	5.6	15.1	4.6			4.6	2.6
				衆							は	12.5	10.1	9.0	3.8			3.8	6.4
				他							は	21.1	7.7	9.1	6.8			6.8	4.9
				党他	環					29	は	18.1	4.7	14.8	5.9			5.9	10.1
											は	18.2	5.6	11.3	4.5			4.5	5.7
			福							41	は	18.4	4.6	16.3	11.8			11.8	4.3
											は	23.4	5.2	18.3	5.8			5.8	
	車椅子,座位		福								は	22.5	5.0	3.0	7.5			7.5	3.7
											は	17.8	6.1	11.4	12.1			12.1	3.7
				他							は	20.7	3.6	12.9	11.8			11.8	3.5
イヤリング								○				18.1	4.9	19.8			3.7	3.7	
			福								は	21.9	5.3	17.9	6.2			6.2	4.3
										31	は	16.0	4.3	13.8	9.4			9.4	5.2
											は	18.8	3.9	12.9	10.0			10.0	6.5
											は	18.3	3.1	14.1	5.4			5.4	10.8
				地他							は	13.8	8.3	13.3	6.6			6.6	9.0
イヤリング,ネックレス											は	15.3	6.2	12.5	6.2			6.2	15.7
			福								は	19.8	4.1	17.3	4.9			4.9	6.8
											は	17.4	5.2	12.7	6.7			6.7	9.1
											は	14.2	9.7	12.2	6.7			6.7	7.8
イヤリング			福憲								は	15.6	6.7	17.1	9.0			9.0	5.4
											は	12.9	3.1	16.0	8.7			8.7	9.7
イヤリング			福公税								は	25.3	3.0	12.9	2.6			2.6	5.7
											は	23.6	3.8	19.3	2.6			2.6	4.3
イヤリング											は	25.9	3.1	16.4	2.4			2.4	4.1
											は	16.8	9.0	14.8	5.6			5.6	3.4
			福								は	17.3	4.0	14.4	6.8			6.8	2.8
			教								は	17.3	3.0	14.7	3.8			3.8	8.4
											は	13.5	6.4	18.4	4.9			4.9	10.8
			福								は	15.3	5.2	12.7	8.7			8.7	5.5
			福	党							は	12.0	11.3	18.9	4.6			4.6	2.0
											を	16.9	2.4	21.0	1.8			1.8	9.0
			福環								を	12.7	4.3	11.6	1.6			1.6	7.0
			福教					○				18.2	5.9	15.5		3.1	3.1	3.1	

候補者名	政党	選挙区	レイアウト	苗字の方向	名前の方向	候補者名のフォント	候補者名の文字色	候補者名の背景色	メイン背景色	サブ背景色	全体の色数	政党ロゴ	個人ロゴ	写真の範囲	スーツの着用	シャツの色	シャツの柄	議員バッジ	眼鏡
西谷　英俊	共産	静岡4区	8	縦	縦	ゴ	赤	黄	緑	ー	3			2	○	白	無		1
杉田　保雄	共産	静岡5区	5	縦	縦	ゴ	赤	ー	白	青	1			2	○	白	無		1
井口　昌彦	共産	静岡6区	3	縦	縦	ゴ	赤	青	白	黄	3			2	○	白	無		1
宮城島　正	共産	静岡7区	8	縦	縦	ゴ	白	赤	緑	青	3			2	○	白	無		1
平賀　高成	共産	静岡8区	5	縦	縦	ゴ	赤	ー	水	ー	2			2	○	白	無		
大石　悦子	共産	静岡9区	13	横	横	丸	赤	ー	白(青)	緑	2			2					
新谷由紀子	共産	愛知1区	1	縦	縦	丸	赤	ー	白	ー	1			2					1
大野　宙光	共産	愛知2区	2	縦	縦	ゴ	青	ー	白(黄)	ー	1			2	○	白	無		1
西田　一広	共産	愛知3区	4	縦	縦	ゴ	赤	白	緑	ー	2			2	○	白	無		2
瀬古由起子	共産	愛知4区	2	縦	縦	丸	赤	ー	水	ー	1			1			○		1
小玉あさ子	共産	愛知5区	1	縦	縦	ゴ	赤	ー	白	ー	1			2					
辻　一幸	共産	愛知6区	1	縦	縦	ゴ	赤	ー	白	ー	1			2	○	○	白	無	
坂林　卓美	共産	愛知7区	1	縦	縦	ゴ	赤	ー	白	ー	1			2	○	白	無		1
梶浦　勇	共産	愛知8区	10	縦	縦	ゴ	赤	白	緑	ー	2			2	○	白	無		
松崎　省三	共産	愛知9区	1	縦	縦	ゴ	赤	ー	白	ー	1			2	○	白	無		
石田　保	共産	愛知10区	1	縦	縦	ゴ	赤	ー	白	ー	1			2	○	白	無		
佐藤　義淳	共産	愛知11区	4	縦	縦	ゴ	赤	白	水	ー	2			2	○	白	ス		3
野村　典子	共産	愛知12区	4	縦	縦	丸	赤	白	黄	ー	2			2					
宮川　金彦	共産	愛知13区	1	縦	縦	ゴ	赤	ー	白	ー	1			2	○	白	無		
野上　徳宏	共産	愛知14区	1	縦	縦	ゴ	赤	ー	白	ー	1			2	○	白	無		
斎藤　啓	共産	愛知15区	2	縦	縦	ゴ	赤	ー	青	ー	2			2					
吉原　稔	共産	滋賀1区	8	縦	縦	筆	青	白	水	ー	3			2	○	白	無		
桧山　秋彦	共産	滋賀2区	5	縦	縦	筆	青	ー	白	緑/黄	2			2	○	白	無		
林　俊郎	共産	滋賀3区	13	横	横	筆	赤	ー	白	緑	2			2	○	白	無		
小畑　勉	共産	大阪1区	6	縦	縦	ゴ	赤	ー	白	黄	2			2	○	白	無		1
石井　郁子	共産	大阪2区	9	縦	横	丸	赤	白	白(青)	白(黄)	3			1					
小林美恵子	共産	大阪3区	6	縦	横	ゴ	赤	ー	白(ピ)	白(黄)	2			1					2
長谷川良雄	共産	大阪4区	13	横	縦	ゴ	赤	ー	白	緑	2			2	○	白	無		
東中　光雄	共産	大阪5区	6	縦	縦	筆	赤	ー	他	黄	2			2	○	○	白	無	3
柳河瀬　精	共産	大阪6区	8	縦	縦	ゴ	青	白(黄)	水	赤	3			2	○	白	無		
藤井　幸子	共産	大阪7区	6	縦	縦	丸	ピ	ー	白	緑	2			1					
姫井　敬治	共産	大阪8区	5	縦	縦	ゴ	青	ー	白	赤	2			2	○	白	無		1
藤木　邦顕	共産	大阪9区	6	縦	縦	ゴ	青	ー	白	赤	2			2	○	白	無		
大嶺　学	共産	大阪10区	13	縦	縦	ゴ	赤	ー	白	黄/白(青)	3			2	○	白	無		
山下　京子	共産	大阪11区	6	縦	縦	筆	ピ	ー	白	赤	2			1					
西森　洋一	共産	大阪12区	5	縦	縦	ゴ	赤	ー	白	黄	2			2	○	白	無		1
吉井　英勝	共産	大阪13区	5	縦	縦	筆	青	ー	白	赤	2			1	○	白	無		
野沢　倫昭	共産	大阪14区	6	縦	縦	ゴ	赤	ー	白	黄	2			2	○	白	無		
柿沼　康隆	共産	大阪15区	6	縦	縦	筆	赤	ー	水	緑	2			2	○	白	無		3
菅野　泰介	共産	大阪16区	13	縦	ー	ゴ	赤	ー	白	緑/水	2			2	○	白	無		

資料Ⅱ　データ1　353

装飾品	本人以外の写真	備考	政策・公約	経歴	詳細プロフィール	支持・推薦	党公認	比例区宣伝	政党名（独立）	年齢表記	ジェンダーアピール	苗字サイズ(%)	名前サイズ(%)	顔サイズ4点計測(%)	比例サイズ(%)	公認サイズ(%)	独立サイズ(%)	政党名サイズ合計(%)	スローガンサイズ合計(%)
			福				党党				を	14.1	9.7	12.9	3.9			3.9	2.8
		顎ひげ,口ひげ	福								は	7.9	7.8	13.8	3.3			3.3	1.9
			福								は	6.7	3.9	17.2	7.4			7.4	6.4
			景						○			23.1	3.6	19.1			5.9	5.9	2.6
			福						○			22.3	5.4	18.4		2.2		2.2	3.7
イヤリング,ネックレス			福								は	13.9	3.8	13.3	13.8			13.8	6.9
		オオタカ	福景公税				党				は	13.9	4.6	18.1	2.9			2.9	6.9
		オオタカ	福景公税				党				は	15.5	8.4	17.6	2.2			2.2	7.0
		オオタカ	福景公税				党党				は	15.2	5.1	17.3	3.2			3.2	3.1
		オオタカ	福景公税				衆				は	9.2	14.3	17.8	2.3			2.3	2.7
イヤリング,ネックレス		オオタカ	福景公税				党				は	15.8	5.3	17.5	2.9			2.9	6.7
		オオタカ	福景公税				党				は	13.4	7.2	18.5	3.0			3.0	6.0
		オオタカ	福景公税				党党				は	18.5	3.3	18.1	3.0			3.0	6.1
		オオタカ	福景公税				党				は	16.2	4.2	16.0	4.2			4.2	7.6
		オオタカ	福景公税				党				は	14.9	4.5	16.9	2.1			2.1	6.2
		オオタカ	福景公税				党他				は	16.1	4.9	18.7	2.2			2.2	6.2
		オオタカ	福景公税				党				は	16.4	5.2	16.5	2.2			2.2	6.5
イヤリング		オオタカ	福景公税				党				は	14.1	5.2	16.4	2.0			2.0	6.4
		オオタカ	福景公税				党				は	16.5	6.7	16.6	1.8			1.8	6.3
		オオタカ	福景公税				党				は	15.5	6.8	18.5	2.7			2.7	6.3
		オオタカ	福景公税				党				は	16.0	4.6	21.1	2.3			2.3	6.1
			憲環				他				は	24.3	4.3	14.0	9.2			9.2	6.1
			福教公								は	17.1	4.3	13.6	15.4			15.4	6.9
			福景						○		は	14.7	4.8	12.2	14.4			14.4	10.1
			景								は	24.6	0.9	12.9	14.1			14.1	2.7
イヤリング,ネックレス			憲				衆				は	21.8	3.4	15.3	14.1			14.1	2.3
ネックレス											は	24.8	3.6	16.3	16.1			16.1	3.9
			福景								は	17.8	3.4	13.3	13.2			13.2	8.9
			憲				衆				は	26.0	2.9	16.0	11.9			11.9	5.9
											は	30.4	2.7	13.5	9.0			9.0	3.5
ネックレス			憲								は	22.7	2.7	13.9	14.5			14.5	3.8
			福								は	25.0	3.7	13.4	14.8			14.8	3.0
			憲								は 42	24.7	3.1	12.9	14.5			14.5	3.4
ネックレス			福				党				は 34	28.4	2.0	8.2	13.8			13.8	2.8
			景								は	26.0	2.7	13.8	15.0			15.0	3.0
			福								は	24.9	3.8	12.4	14.8			14.8	2.8
			景								は	27.7	2.0	14.7	14.6			14.6	3.2
						地					は	26.4	2.5	11.7	14.1			14.1	3.0
			景								は	27.3	0.9	12.1	16.3			16.3	4.1
											は	53.7		2.4	11.8			11.8	

候補者名	政党	選挙区	レイアウト	苗字の方向	名前の方向	候補者名のフォント	候補者名の文字色	候補者名の背景色	メイン背景色	サブ背景色	全体の色数	政党ロゴ	個人ロゴ	写真の範囲	手	スーツの着用	シャツの色	シャツの柄	議員バッジ	眼鏡
真鍋 穣	共産	大阪17区	13	縦	―	ゴ	赤	―	白	緑/水	2	2	○			他		他		
古久保暢男	共産	大阪18区	10	縦	縦	ゴ	白	青	水	赤	3	2		○		白		無		
西山 孝	共産	大阪19区	6	縦	縦	ゴ	青	―	白	赤	2	2		○		白		無		
藤末 衛	共産	兵庫1区	6	縦	縦	ゴ	青	―	白(黄)	赤	2	2				他		他		
平松 順子	共産	兵庫2区	6	縦	縦	ゴ	青	―	白	赤	2	1								
松本 勝雄	共産	兵庫3区	6	縦	縦	ゴ	青	―	白(黄)	赤	2	2		○		白		無		
瀬尾 和志	共産	兵庫4区	6	縦	縦	ゴ	青	―	白(黄)	赤	2	2		○		白		ス	1	
西本 嘉宏	共産	兵庫5区	6	縦	縦	ゴ	青	―	白(黄)	赤	2	2		○		白		無		
前田えり子	共産	兵庫6区	6	縦	縦	ゴ	青	―	白(黄)	赤	2	1								1
川内 一男	共産	兵庫7区	6	縦	縦	ゴ	青	―	白(黄)	赤	2	2		○		白		無		
藤木 洋子	共産	兵庫8区	6	縦	縦	ゴ	青	―	白	赤	2	1								2
市川 幸美	共産	兵庫9区	6	縦	縦	ゴ	青	―	白(黄)	赤	2	1								1
大椙 鉄夫	共産	兵庫10区	6	縦	縦	ゴ	青	―	白(黄)	赤	2	2		○		白		無		
小池 和也	共産	兵庫11区	6	縦	縦	ゴ	青	―	白(黄)	赤	2	2		○		白		無		
太田 清幸	共産	兵庫12区	6	縦	縦	ゴ	青	―	白(黄)	赤	2	2		○		白		無	1	
原 矢寸久	共産	和歌山1区	13	横	横	筆	赤	―	水		緑	2	2		○		白		無		
吉田 小雪	共産	和歌山2区	13	横	横	丸	赤	―	水		緑	2	2								
林 勤	共産	和歌山3区	13	横	横	筆	赤	―	水		緑	2	2		○		白		無		
岩永 尚之	共産	鳥取1区	1	縦	縦	ゴ	赤	―	水		―	1	2		○		白		無		
水津 岩男	共産	鳥取2区	1	縦	縦	ゴ	赤	―	水		―	1	2								
二階堂洋史	共産	広島1区	2	縦	横	ゴ	赤	―	白		―	2	2		○		白		無		
藤本 聡志	共産	広島2区	1	縦	横	筆	赤	―	白		―	2	2		○		白		ス	1	
大植 和子	共産	広島3区	1	縦	横	ゴ	赤	―	白		―	2	2								
小島 敏栄	共産	広島4区	1	縦	横	筆	赤	―	白(黄)		―	1	2								
角谷 進	共産	広島5区	1	縦	横	ゴ	赤	―	水		―	1	2		○		白		無	1	
浦田 宣昭	共産	高知1区	2	縦	縦	ゴ	赤	―	白		―	1	2		○		白		無	1	
谷崎 治之	共産	高知2区	2	縦	縦	ゴ	赤	―	白		―	1	2		○		白		無		
大西 正祐	共産	高知3区	2	縦	縦	ゴ	赤	―	白		―	1	2		○		白		無		
上村 泰稔	共産	佐賀1区	13	横	縦	ゴ	白	青	白	黄	3	2		○		白		無	1	
山田 和明	共産	佐賀2区	13	横	横	ゴ	青	―	黄	白	2	2		○		白		無	1	
木場 満義	共産	佐賀3区	13	横	横	ゴ	赤	―	黄	白	3	2		○		白		無		
寺田 善則	共産	長崎1区	10	縦	縦	ゴ	青	黄	白	赤	2	2		○		白		無	4	
江頭 学	共産	長崎2区	13	横	横	ゴ	青	白	白(灰)	黄	2	2		○		白		無		
久野 正義	共産	長崎3区	11	横	横	ゴ	青	―	白(黄)	―	1	2		○		白		ス		
山下 千秋	共産	長崎4区	13	横	横	明	青	―	青	白	黄	3	2		○		白		無		
川上紗智子	共産	熊本1区	9	縦	縦	丸	白	青	ピ	白(ピ)	赤	2	1								
山本 伸裕	共産	熊本2区	9	縦	縦	ゴ	白	青	水	赤	3	1	1		○		無				
益田 健宏	共産	熊本3区	9	縦	縦	ゴ	白	青	水	赤	3	1	1		○		無				
福田 慧一	共産	熊本4区	9	縦	縦	ゴ	白	青	青	黄	赤	3	1	1		○		無	1		
橋田 芳昭	共産	熊本5区	9	縦	横	ゴ	青	黄	緑	赤	3	1		○		白		無			

資料Ⅱ　データ1

装飾品	本人以外の写真	備考	政策・公約	党公認比例区宣伝	支持・推薦	詳細プロフィール	経歴	政党名〈独立〉	年齢表記	ジェンダーアピール(%)	苗字サイズ(%)	名前サイズ(%)	顔サイズ4点計測(%)	比例サイズ(%)	公認サイズ(%)	独立サイズ(%)	政党名サイズ合計(%)	スローガンサイズ合計(%)
		白衣,聴診器 懐中電灯									52.0		2.2	11.4			11.4	
									憲		は	19.3	2.4	13.9	14.3			14.3	4.0
											は	25.9	1.5	11.6	14.7			14.7	3.0
		白衣,聴診器									は	25.4	1.9	9.8	16.2			16.2	2.3
イヤリング,ネックレス											は	24.8	1.4	12.6	16.2			16.2	2.7
											は	24.4	1.3	11.4	16.3			16.3	2.8
											は	25.4	1.3	12.3	16.2			16.2	2.5
											は	25.8	2.0	12.7	16.3			16.3	2.9
											は	24.8	1.9	13.5	16.0			16.0	2.6
											は	23.8	1.0	12.4	16.1			16.1	2.4
									衆		は	26.8	1.3	11.3	15.6			15.6	2.5
ネックレス											は	24.5	1.8	12.6	16.0			16.0	3.0
											は	23.5	1.1	13.2	16.0			16.0	2.7
											は	23.3	1.2	13.5	15.8			15.8	2.6
											は	22.5	1.2	12.8	15.5			15.5	2.5
イヤリング											は	10.3	8.4	13.1	13.1			13.1	4.5
											は	12.6	4.2	15.0	13.6			13.6	4.3
											は	12.3	4.5	12.4	13.4			13.4	4.5
					福	党						22.8	3.3	16.2				6.2	
					福	党					は	18.3	2.5	16.5	6.5			6.5	9.7
								○			24.0	7.2	17.7			4.2	4.2	2.3
								○			25.9	6.0	16.6			4.3	4.3	2.1
イヤリング								○			27.2	4.4	16.9			4.4	4.4	2.3
イヤリング,ネックレス								○			25.1	6.0	16.3			4.3	4.3	2.3
										は	28.6	2.4	17.1	6.3			6.3	2.3
										は	17.8	8.2	15.0	5.3			5.3	7.8
					福						は	18.2	8.8	15.0	5.6			5.6	6.5
					福						は	18.1	8.1	15.5	5.4			5.4	6.5
					福						は	12.8	2.0	11.3	18.5			18.5	7.0
					福						は	6.3	6.4	12.6	22.5			22.5	4.6
					福						は	8.8	2.1	12.9	22.1			22.1	4.4
										は	10.4	2.4	10.4	7.5			7.5	5.8
					福						は	8.2	3.9	9.0	7.7			7.7	9.0
					福						は	11.6	2.1	14.0	8.1			8.1	1.3
					福						は	5.6	5.7	11.4	8.1			8.1	8.9
					福税						は	10.5	2.5	19.6	12.0			12.0	2.4
					福税						は	10.0	5.6	18.1	11.9			11.9	2.5
					福税						は	12.9	2.5	18.4	11.8			11.8	2.3
					福税						は	9.4	5.7	18.5	12.1			12.1	2.5
					福税						は	13.2	2.2	16.0	12.0			12.0	5.1

候補者名	政党	選挙区	レイアウト	苗字の方向	名前の方向	候補者名のフォント	候補者名の文字色	候補者名の背景色	メイン背景色	サブ背景色	全体の色数	政党ロゴ	個人ロゴ	写真の範囲	スーツの着用	シャツの色	シャツの柄	議員バッジ	眼鏡
祝迫 光治	共産	鹿児島1区	5	縦	縦	ゴ	赤	―	白	―	1			2	○	白	無		1
山口 陽規	共産	鹿児島2区	5	縦	縦	ゴ	赤	―	白	―	1			2	○	白	ス		
村山 智	共産	鹿児島3区	5	縦	縦	ゴ	赤	―	白	―	1			2	○	白	無		
川浪 隆幸	共産	鹿児島4区	5	縦	縦	ゴ	赤	―	白	―	1			2	○	白	無		3
福原 秋一	共産	鹿児島5区	5	縦	縦	ゴ	赤	―	白	―	1			2	○	白	無		
佐々木洋平	保守	岩手3区	4	縦	縦	ゴ	白	赤	白	―	2			2	○	白	無		
岡島 正之	保守	千葉3区	13	横	横	ゴ	青	―	白	―	1	○	○	3	○	白	無		3
三沢 淳	保守	愛知4区	2	縦	縦	ゴ	赤	―	白	―	1			3	○	他	他		2
海部 俊樹	保守	愛知9区	2	縦	縦	筆	黄	―	水	―	1	○		2	○	白	無		
井上 喜一	保守	兵庫4区	3	縦	縦	ゴ	白	水	黄	―	2			2	○	白	無		
中西 啓介	保守	和歌山1区	11	横	横	ゴ	黄	―	白(緑)	―	1	○		2	○	○	青	無	○
二階 俊博	保守	和歌山3区	1	縦	縦	ゴ	赤	―	白	―	1			2	○	白	無		
野田 毅	保守	熊本2区	1	横	横	ゴ	青	―	黄	―	1	○		2	○	白	無		2
小野健太郎	自由	北海道5区	1	縦	縦	ゴ	赤	―	白	―	1	○		1	○	白	無		3
西川 将人	自由	北海道6区	4	縦	縦	ゴ	白	青	白	―	2	○		2	○	他	他		
鰐淵 俊之	自由	北海道13区	11	横	縦	ゴ	黄	―	青空	―	1		○	2	○	白	無	○	1
工藤堅太郎	自由	岩手2区	4	縦	縦	ゴ	白	(青)	青/白/黄	―	3	○		2	○	白	無		1
黄川田 徹	自由	岩手3区	2	縦	縦	ゴ	赤	―	黄	―	1			2	○	白	無		3
小沢 一郎	自由	岩手4区	2	縦	縦	ゴ	青	―	黄	―	1			2	○	白	無		
堀 誠	自由	宮城3区	2	縦	縦	明	赤	―	水	―	1			2	○	白	無		
船川 克夫	自由	秋田1区	1	縦	縦	ゴ	青	―	黄	―	1			2	○	白	無		
工藤 富裕	自由	秋田2区	12	横	横	ゴ	赤	黄	青	―	2			2	○	白	ス		2
笹山 登生	自由	秋田3区	12	横	横	ゴ	白	水	白	―	2			2	○	白	無		
石原健太郎	自由	福島1区	12	横	横	ゴ	白	赤	青空	黄	3			2	○	白	無		
武藤 博光	自由	茨城5区	3	縦	縦	ゴ	白	赤	水	―	2			2	○	白	無		
二見 伸明	自由	茨城6区	8	縦	縦	ゴ	黄	青	水	赤	3			2	○	白	無		1
野村 五男	自由	茨城7区	11	横	横	ゴ	黄	(青)	黄/ピ/青	―	3			2	○	白	無		
山岡 賢次	自由	栃木4区	4	縦	縦	ゴ	赤	―	白	―	2	○		2	○	白	無		3
小林 俊博	自由	埼玉6区	2	縦	縦	明	黄	―	紫	―	1			2	○	白	無		1
大川優美子	自由	埼玉11区	4	縦	縦	ゴ	白	青	自然	―	2			2					
武山百合子	自由	埼玉13区	2	縦	縦	ゴ	青	―	他	―	1	○	○	2					
山田 英介	自由	埼玉14区	2	縦	縦	ゴ	白	―	白	―	1			2	○	白	無		2
生方 伸	自由	千葉9区	4	縦	縦	ゴ	白	赤	白(黄)	―	2			2	○	白	無		
飯島 浩史	自由	神奈川1区	1	縦	縦	ゴ	青	―	黄	―	1			2	○	白	無		2
蒲池 重徳	自由	神奈川3区	12	横	横	明	白	赤	黄	―	2	○		2	○	白	無		
土田 龍司	自由	神奈川6区	13	横	横	ゴ	白	―	青	水/白/黄	3	○		2	○	白	無		3
樋高 剛	自由	神奈川7区	2	縦	縦	ゴ	青	―	白	―	2	○	○	2	○	白	無		
相田弥智子	自由	神奈川8区	12	横	横	ゴ	白	赤	黄	―	2	○		1					
藤井 裕久	自由	神奈川14区	4	縦	横	ゴ	白	青	黒	―	2		○	2	○	白	無		
坪谷 郁子	自由	東京3区	8	縦	縦	ゴ	黄	青	白	―	2	○		1					

356　第二部　資料篇

資料Ⅱ　データ1

装飾品	本人以外の写真	備考	政策・公約	経歴	詳細プロフィール	支持・推薦	党公認	比例区宣伝	政党名（独立）	年齢表記	ジェンダーアピール	苗字サイズ(%)	名前サイズ(%)	顔サイズ4点計測(%)	比例サイズ(%)	公認サイズ(%)	独立サイズ(%)	政党名サイズ合計(%)	スローガンサイズ合計(%)
			福					は	○			13.4	6.1	17.7	8.0		1.1	9.1	8.5
			福					は	○			8.8	9.8	19.2	8.1		1.1	9.3	8.8
			福					は	○			9.5	9.2	18.7	8.0		1.1	9.1	8.4
			福					は	○			13.0	5.2	17.4	7.9		1.1	9.0	8.5
			福					は	○			11.0	8.2	17.2	8.0		1.1	9.1	8.7
ハンカチ									○			6.5	13.2	19.7		0.4		0.4	
		野球のユニフォーム							○			12.1	1.7	1.9		0.3		0.3	4.1
							自公○					15.1	7.4	3.6		0.2		0.2	16.2
									○			17.7	3.2	12.7			0.3	0.3	4.3
									○			12.0	8.4	23.2		0.7		0.7	
							自					20.8	2.8	8.8			0.2	0.2	4.3
					閣閣		自公○					33.8	1.0	21.2		0.9		0.9	
					閣閣閣党		自公					10.7	3.6	21.8		0.5		0.5	
									○	○38		23.5	4.1	29.8		0.8	0.3	1.2	2.1
		パイロットの制服							○	○31		6.5	6.6	5.6		0.2	1.3	1.5	8.3
									○	は		18.7	1.9	15.4	1.6	0.5		2.1	4.6
										は		20.6	5.3	17.1	1.4			1.4	
									○	○		10.8	3.3	11.4		0.9	0.2	1.1	
						党				○		9.0	7.5	18.9		0.4		0.4	
					農景政				○	○33		6.3	9.0	17.2		0.3	1.2	1.5	4.9
			福						○			11.8	8.9	9.8			0.9	0.9	3.9
									○	○47		11.3	9.1	5.9		0.5	0.4	1.0	14.4
									○			9.4	2.2	15.7		0.5		0.5	5.7
									○			8.5	13.4	14.7			6.1	6.1	9.6
									○	38		5.2	9.5	22.5		0.6		0.6	5.9
									○	は		9.4	9.6	9.4	3.6	0.4		3.9	
												7.3	11.4	13.2					
						福景				○		31.2	3.7	19.6		0.8		0.8	5.5
	小沢					農環			○			14.7	19.3	24.6		0.4		0.4	5.7
イヤリング			福						○			4.9	7.1	14.6		0.4		0.4	7.3
								○	○			11.8	8.5	14.2	0.2	0.9		1.1	3.4
									○	55		11.3	11.7	23.2		1.0		1.0	4.6
								○				10.0	21.0	18.6		0.5		0.5	5.2
								○		37		7.9	10.9	14.5	1.7			1.7	3.0
								○				12.7	2.9	11.3	0.6			0.6	6.3
									○			30.2	7.8	6.5			5.0	5.0	7.4
イヤリング	小沢			秘				は	○	34		17.2	3.4	6.5	0.2		1.1	1.2	2.5
								○				6.2	7.8	16.7		0.4		0.4	5.3
		モノクロ				党			○			22.3	3.7	16.5		0.3		0.3	4.0
イヤリング			政						○			6.5	3.2	24.1		0.5		0.5	9.1

候補者名	政党	選挙区	レイアウト	苗字の方向	名前の方向	候補者名のフォント	候補者名の文字色	候補者名の背景色	メイン背景色	サブ背景色	全体の色数	政党ロゴ	個人ロゴ	写真の範囲	手	スーツの着用	シャツの色	シャツの柄	議員バッジ	眼鏡
遠藤 宣彦	自由	東京5区	1	縦	縦	ゴ	黒	—	黄	—	1			2	○		白	無		
鈴木 淑夫	自由	東京6区	11	横	横	ゴ	白	—	黄	—	1			2	○	○	白	ス		2
末次 精一	自由	東京7区	1	縦	横	ゴ	赤	—	白(青)	—	1	○		2	○		白	無		
川島智太郎	自由	東京9区	2	横	縦	ゴ	青	—	オ	—	1			2	○		青	無		2
堀田 容正	自由	東京10区	3	縦	横	ゴ	白	赤	青	—	2			2	○		白	無		1
古山 和宏	自由	東京11区	13	横	横	ゴ	ピ	—	白	青	2			2	○		白	無		
逸見 英幸	自由	東京13区	1	縦	横	他	黄	—	赤	—	1			2	○		白	無		
東 祥三	自由	東京15区	3	縦	縦	ゴ	白	赤	白(黄)	—	2	○		2	○		白	無	○	1
金森 隆	自由	東京18区	3	縦	縦	ゴ	青	水	他	—	2			2			白	無		
渡辺浩一郎	自由	東京19区	11	横	横	ゴ	黄	—	青	—	1	○		2	○		白	無		
鈴木 盛夫	自由	東京22区	13	横	横	ゴ	青	白	水	白	2	○		2			青	無		
長尾 彰久	自由	東京23区	2	縦	横	ゴ	青	—	黄	—	2			2	○		白	無		
白沢 三郎	自由	新潟3区	4	縦	縦	ゴ	白	水	黄	—	2			2	○		白	無		1
菊田真紀子	自由	新潟4区	4	縦	縦	丸	白	赤	水	—	2			1						
広野 ただし	自由	富山1区	2	縦	縦	ゴ	青	—	黄	—	1	○	○	2	○		白	無		1
一川 保夫	自由	石川2区	1	縦	縦	ゴ	オ	—	茶	—	1	○		2	○		白	無		
都築 譲	自由	愛知12区	4	縦	縦	ゴ	赤	白	青	—	2			2	○		白	無		1
中井 洽	自由	三重1区	2	縦	横	ゴ	オ	—	白	—	1			2	○		白	ス		1
谷口 徹	自由	京都2区	1	縦	縦	筆	黒	—	白	水	2	○		2	○	○	白	無		2
豊田潤多郎	自由	京都4区	2	縦	縦	他	赤	—	白	—	1			2	○		白	無		3
松村 勗	自由	京都6区	2	縦	縦	他		—	白	—	1			2			白	無		
村上 史好	自由	大阪4区	4	縦	横	ゴ	白	青	黄	—	2		○	2	○		白	無		1
真鍋 晃篤	自由	大阪12区	3	縦	縦	ゴ	白	水	白	黄	3	○	○	3	○	○	白	無		1
西村 真悟	自由	大阪17区	11	横	縦	ゴ	黄	—	青	—	1	○		1			青	ス		1
梶原 康弘	自由	兵庫5区	1	縦	縦	ゴ	白	—	青	—	1			2	○		白	無		1
塩田 晋	自由	兵庫10区	3	縦	縦	ゴ	黄	青	自然	—	2	○	○	2	○		白	無		
佐藤 公治	自由	広島6区	4	縦	縦	ゴ	白	青	水	—	2			2	○		白	無		
岩浅 嘉仁	自由	徳島3区	4	縦	縦	ゴ	白	赤	青	—	2			2	○		白	ス		
西岡 武夫	自由	長崎1区	4	縦	縦	筆	黒	オ	白(黄)	—	2			2	○		白	無		
山田 正彦	自由	長崎3区	7	縦	横	ゴ	黄	青	黄	—	2			2	○		白	無		
吉永二千六百年	自由	熊本5区	3	縦	縦	筆	赤	黄	青					2			白	無		
平野 繁展	自由	鹿児島5区	11	横	横	ゴ	青	—	灰	—	2			2	○		白	無		1
浅野 隆雄	社民	北海道2区	11	横	横	ゴ	赤	—	自然	—	1	○		2	○		白	無		1
今村 修	社民	青森1区	1	縦	縦	ゴ	赤	—	白	—	1			2	○		白	無		
木下千代治	社民	青森2区	3	縦	縦	ゴ	赤	黄	白	—	2			2	○		白	無		1
田沢摩希子	社民	青森4区	4	縦	縦	ゴ	白	青	白	—	2			2						
後藤百合子	社民	岩手1区	11	横	横	丸	ピ	—	白	—	1			2						
八田 通孝	社民	岩手2区	3	縦	縦	ゴ	黄	青	白	—	1			2	○		白	無		1
木村 幸弘	社民	岩手4区	5	縦	縦	他	青	—	白	—	2			2	○		白	無		2
沖田 捷夫	社民	宮城1区	4	縦	縦	ゴ	黄	青	白(青)	—	2			2	○		白	ス		2

資料Ⅱ　データ1　359

装飾品	本人以外の写真	備考	政策・公約	経歴	詳細プロフィール	支持・推薦	党公認	比例区宣伝	政党名（独立）	年齢表記	ジェンダーアピール	苗字サイズ(%)	名前サイズ(%)	顔サイズ4点計測(%)	比例サイズ(%)	公認サイズ(%)	独立サイズ合計(%)	政党名サイズ合計(%)	スローガンサイズ合計(%)
											○	11.4	2.8	10.3		0.2		0.2	
			他								○	6.3	2.9	13.9		1.3		1.3	7.4
鉢巻	小沢		秘大他	○						37		17.2	3.9	10.4		1.1		1.1	14.7
									○	36		3.1	16.7	13.7		2.2		2.2	0.3
									○	45		24.7	3.5	23.4		0.5		0.5	5.6
			松	○					○	41		6.2	6.2	1.7		0.6		0.6	33.8
									は			25.0	4.2	7.2	1.9			1.9	7.4
			政党				○	○				27.3	5.2	10.3		0.2	0.2	0.3	5.0
									○	31		8.8	7.8	13.6		0.1		0.1	7.9
		地球	衆他	○								9.5	5.1	14.1		0.3	0.1	0.4	4.4
									○	33		6.9	6.7	6.7		0.7	0.3	0.9	9.0
												16.2	9.2	8.3			8.2	8.2	11.1
								○				10.2	10.3	19.0	1.1			1.1	
イヤリング,ネックレス								○				4.8	15.2	20.8	0.8			0.8	
			切手					○				6.5	9.2	14.4	0.8			0.8	4.5
								○	○			11.0	15.0	22.3	0.2	0.5		0.6	11.1
									○	49		21.9	2.1	15.4		1.1		1.1	7.5
			閣院党	連	○							15.5	8.2	20.7	0.4			0.4	
たすき		マイク						○		28		10.0	12.7	13.8	1.5			1.5	8.1
			衆他						○	50		31.5	3.4	18.6			2.6	2.6	0.9
								○				20.9	7.6	13.0	1.6			1.6	
		ボール						○				23.7	6.1	15.7	1.6			1.6	0.6
		自転車,座位体が絵	党党						○	29		17.9	6.2	17.3		1.4		1.4	4.1
								○				21.7	6.4	37.5		0.3		0.3	14.3
								○		43		9.3	11.1	15.7	0.8			0.8	12.7
							○	○				9.8	6.3	18.1	0.6		0.3	0.9	0.7
			党					○				9.9	11.2	10.7	0.8			0.8	
												12.7	7.7	15.2					
								○				9.0	10.4	18.2		0.1		0.1	3.8
								○				24.8	11.2	14.4		0.4		0.4	
									○			14.5	4.0	25.3			2.5	2.5	
								○				9.9	8.2	10.5	1.3			1.3	11.8
			福税						は			7.9	1.6	11.4	16.7			16.7	6.2
			福						は			11.4	12.2	18.4	1.9			1.9	4.7
									は			5.8	7.7	18.2	10.8			10.8	5.5
								○				11.0	11.2	18.5		2.4		2.4	4.5
						○		は				9.7	11.2	16.3	5.1	0.1		5.2	
			憲			○		は		44		12.1	6.3	11.6	3.0	0.3		3.3	6.7
								は	○			11.2	11.3	23.6	1.0		3.6	4.6	
								は				11.0	15.0	12.9	12.7			12.7	

候補者名	政党	選挙区	レイアウト	苗字の方向	名前の方向	候補者名のフォント	候補者名の文字色	候補者名の背景色	メイン背景色	サブ背景色	全体の色数	政党ロゴ	個人ロゴ	写真の範囲	手	スーツの着用	シャツの色	シャツの柄	議員バッジ	眼鏡
菅野 哲雄	社民	宮城6区	4	縦	縦	ゴ	白	青	青空	―	2	○		2	○	白	無			
畠山健治郎	社民	秋田2区	3	横	横	ゴ	オ	白(緑)	緑	―	2			2	○	白	無	3		
斉藤 昌助	社民	山形3区	11	横	横	ゴ	赤	(緑)	青/緑	―	3			2	○	白	無	1		
佐藤 恒晴	社民	福島1区	4	横	縦	ゴ	赤	白	水	―	2			2	○	白	無			
村上 武	社民	福島2区	12	横	横	ゴ	白	赤	白	―	2			2	○	白	無	1		
高沢 勝一	社民	茨城1区	5	縦	縦	ゴ	赤	―	白(青)	黄	2			2	○	白	無	1		
八木 隆次	社民	栃木1区	11	横	横	ゴ	赤	―	黄	―	1	○		2	○	青	無			
山口 鶴男	社民	群馬5区	2	縦	縦	筆	赤	―	白(灰)	―	1			2	○	白	無			
天辰 武夫	社民	埼玉1区	4	横	ゴ	ゴ	白	青	白	―	1			3	○	白	無			
高橋 勇	社民	埼玉7区	3	縦	ゴ	ゴ	赤	青	白	―	1			2	○	白	無	3		
藤原 信	社民	千葉5区	12	横	ゴ	ゴ	白	青/緑	他	―	3			3	○	白	無			
北角 虎男	社民	千葉7区	11	横	ゴ	ゴ	黄	―	水	―	1			2	○	白	無			
佐々木利夫	社民	千葉8区	11	横	ゴ	ゴ	赤	―	他	―	1			2	○	白	無			
石原 守	社民	神奈川7区	11	横	横	ゴ	黒	オ	白	―	2			2	○	白	無	4		
安田 節子	社民	神奈川8区	6	縦	縦	丸	紫	―	黄	―	1			2						
阿部 知子	社民	神奈川12区	13	縦	横	ゴ	オ	白(黄)	他	―	2	○		2	○					
千葉 紘代	社民	神奈川13区	3	縦	縦	ゴ	赤	水	黄	―	2			1						
原 陽子	社民	神奈川14区	13	横	横	丸	赤	―	白	―	1	○		2						
山中 悦子	社民	神奈川15区	2	縦	縦	ゴ	白	―	水	―	1	○		2						
梅 蘭	社民	東京3区	13	縦	縦	丸	ピ	―	白(黄)	―	1	○		1						
戸沢 二郎	社民	東京5区	11	横	横	ゴ	赤	―	白	―	3			2	○	白	無			
保坂 展人	社民	東京6区	4	縦	縦	ゴ	黄	青	白	―	2			2	○	青	無			
岩崎 駿介	社民	新潟1区	2	横	横	ゴ	赤	―	白(黄)	―	1			2	○	白	無			
倉持 八郎	社民	新潟3区	2	横	横	オ	―	―	自然	―	1			2	○	白	無	1		
目黒吉之助	社民	新潟5区	2	縦	縦	丸	赤	―	青空	―	1			3	○	白	無			
高木 睦子	社民	富山1区	1	縦	―	ゴ	赤	―	白	―	1			1		白				
湊谷 道夫	社民	富山3区	1	縦	縦	ゴ	黄	―	白	―	2	○		2	○	白	青			
戸田 二郎	社民	岐阜1区	3	縦	ゴ	ゴ	青	青	黄	―	2	○		3	○	白	無	1		
小林 正和	社民	愛知4区	12	横	横	ゴ	赤	黄	白	―	2			2	○	白	無	1		
大島 令子	社民	愛知7区	2	縦	縦	ゴ	赤	―	白	―	1			2	○					
大湾 宗則	社民	京都3区	2	縦	縦	ゴ	赤	―	白	青	1	○		2	○	白	無			
辻元 清美	社民	大阪10区	1	縦	横	ゴ	ピ	―	白	―	1			0						
中北龍太郎	社民	大阪17区	3	縦	横	ゴ	黒	―	白	―	1			2		白	無	2		
中川 智子	社民	兵庫6区	2	縦	縦	ゴ	赤	―	白	―	1			2				1		
土井たか子	社民	兵庫7区	2	縦	縦	筆	青	―	白	―	1			2					○	
北川れん子	社民	兵庫8区	12	横	横	ゴ	赤	白	黄	―	2			2	○					
植田 至紀	社民	奈良3区	2	縦	縦	ゴ	赤	―	白	―	1			2	○	白	ス			
知久馬二三子	社民	鳥取1区	3	縦	縦	丸	黄	―	ピ	白	2			2						
出島千鶴子	社民	島根3区	3	縦	縦	丸	白	水	黄	―	2			2						
松本 安正	社民	岡山2区	1	縦	縦	ゴ	青	―	白	―	1			2	○	白	無			

装飾品	本人以外の写真	備考	政策・公約	政党名表記	比例区宣言	党公認	支持・推薦	詳細プロフィール	経歴	年齢表記	ジェンダーアピール	苗字サイズ(%)	名前サイズ(%)	顔サイズ4点計測(%)	比例サイズ(%)	公認サイズ(%)	独立サイズ合計(%)	政党名サイズ合計(%)	スローガンサイズ合計(%)
											は	12.8	10.1	11.0	4.2			4.2	1.7
					○							11.3	11.5	19.6		0.1		0.1	
				福景							も	11.6	10.8	17.9	2.3			2.3	7.7
				福							は	4.4	25.6	10.7	7.7			7.7	2.5
											は	10.1	13.1	12.3	6.9			6.9	
					○						は	12.8	5.4	15.0	4.2	0.6		4.8	4.5
			秘党		○						は	10.6	10.3	7.3	0.7	0.1		0.8	12.0
			憲	他							は	13.9	6.7	12.8	4.5			4.5	
		土井	福				○					29.6	1.2	0.7			2.9	2.9	5.6
		土井		福								19.2	8.9	0.7			4.8	4.8	6.1
	人々	潮干狩りの群衆	福憲環		○		は					7.0	3.3	0.4	0.7			0.7	19.2
			地党		○	も						29.9	1.9	16.4	1.6	0.5		2.1	4.2
		マイク	憲			○						9.5	6.6	6.1			2.7	2.7	9.0
						は						13.9	6.5	9.7	4.6			4.6	7.2
イヤリング,スカーフ	土井・福島				○	は						12.2	7.8	10.7	0.9	0.6		1.4	6.8
イヤリング,ネックレス			他			は	○					30.3	12.4	8.2	5.2			5.2	
イヤリング,ネックレス						は	○					21.9	5.0	20.6	2.0			2.0	3.0
			政		○	は		25				8.7	17.1	7.7	1.9	0.6		2.5	5.9
イヤリング						は						5.4	7.5	23.8	1.9			1.9	3.7
イヤリング,ネックレス					○	は		35				7.5	7.9	10.3	0.4			0.4	3.9
			福憲環教		○	は						16.7	4.4	11.6	0.4	0.9		1.3	12.8
						は						10.3	10.1	15.9	3.4			3.4	5.0
			他他				○					16.2	6.5	19.6			4.3	4.3	
							○					22.7	3.9	13.7			8.9	8.9	
		地球					○					11.4	3.3	1.5			4.2	4.2	7.4
イヤリング,ネックレス							○					21.7		16.2			3.7	3.7	4.2
			福									20.7		14.9	3.3			3.3	4.9
		車椅子,座位 本人が絵	福				○					11.8	11.9	4.5			3.7	3.7	13.7
			福憲			は						10.5	7.1	10.7	2.6			2.6	6.0
イヤリング			女			は	○					12.5	9.2	12.4	4.8			4.8	7.8
			福憲				○					20.8	2.7	13.9			4.2	4.2	2.7
		土井			他他 ○	は						27.1	3.9	29.9	0.5	0.1		0.6	1.2
		土井・辻元	憲	他	○							14.2	4.1	17.5		1.3		1.3	2.7
イヤリング			憲	他他		は	○					24.0	3.9	13.3	2.5			2.5	6.7
イヤリング						は	○					35.8	1.8	11.3	3.7		1.3	5.1	
					○	は		46	○			8.8	16.3	7.9	1.6	0.8		2.4	2.2
							○	34				13.1	9.1	6.1			3.8	3.8	5.0
イヤリング												14.5	5.3	11.1			4.5	4.5	2.7
ネックレス			女		○		○					7.8	11.0	13.0			2.9	2.9	3.2
						は						14.9	9.0	18.2	1.4			1.4	3.7

362　第二部　資料篇

候補者名	政党	選挙区	レイアウト	苗字の方向	名前の方向	候補者名のフォント	候補者名の文字色	候補者名の背景色	メイン背景色	サブ背景色	全体の色数	政党ロゴ	個人ロゴ	写真の範囲	手	スーツの着用	シャツの色	シャツの柄	議員バッジ	眼鏡
金子 哲夫	社民	広島3区	2	縦	縦	ゴ	水	—	白(黄)	—	1			2		○	白	無		1
松井 秀明	社民	広島4区	1	縦	縦	ゴ	青	—	白(黄)	—	1			2		○	白	無		
加藤 繁秋	社民	香川1区	11	横	横	ゴ	赤	—	白	—	1	○		2		○	白	無		
奥田 研二	社民	香川3区	12	横	縦	ゴ	白	青	白	—	2	○		2		○	白	無		1
永和 淑子	社民	愛媛1区	2	縦	縦	丸	青	—	白	—	1		○	2						
梅崎 雪男	社民	愛媛2区	1	縦	縦	ゴ	オ	—	白(青)	—	1			2		○	白	無		3
藤田 高景	社民	愛媛3区	4	縦	縦	明	白	オ	水	—	2			2		○	白	無		
西村伸一郎	社民	高知3区	3	縦	縦	ゴ	白	青	白(黄)	—	2			2			白	ス		
大塚 和弘	社民	福岡8区	12	横	縦	ゴ	赤	白	青空	—	2			2		○	白	無		3
森本 由美	社民	福岡10区	11	横	横	ゴ	赤	白	黄	白	2			2						
中西 繽介	社民	福岡11区	1	縦	縦	筆	赤	—	黄	—	1			2		○	白	無		2
緒方 克陽	社民	佐賀1区	7	縦	横	ゴ	赤	白	自然	—	2			2		○	白	無		
柴田 久寛	社民	佐賀2区	7	縦	縦	ゴ	緑	白	他	—	2	○		2		○	白	無		1
今川 正美	社民	長崎4区	2	縦	縦	丸	黄	—	緑	—	1			2			白	ス		1
小西 達也	社民	熊本5区	1	縦	横	ゴ	赤	—	白	—	1			2		○	白	無		
重野 安正	社民	大分2区	3	縦	縦	ゴ	白	オ	自然	—	2			2			白	無		
横光 克彦	社民	大分4区	2	縦	縦	ゴ	白	—	水	—	1			2		○	青	ス		
浜田 健一	社民	鹿児島4区	5	縦	縦	ゴ	赤	—	白	—	1	○		2		○	青	ス		4
東門美津子	社民	沖縄3区	4	縦	縦	丸	赤	青空	白	—	2		○	2						
三村 申吾	無所会	青森2区	4	縦	縦	ゴ	赤	白	青空	—	2			2		○	白	無		
土屋 品子	無所会	埼玉13区	11	横	横	ゴ	黒	—	白	—	1			2		○				
中田 宏	無所会	神奈川8区	8	縦	縦	ゴ	緑	白	他	—	2	○		2		○	白	無		
伊藤 健一	無所会	愛知6区	2	縦	縦	ゴ	赤	—	緑	—	1			2		○	青	ス		
中村 力	無所属	岩手3区	2	縦	横	ゴ	赤	—	黄	—	1			2		○	白	無		1
加藤 正	無所属	岩手3区	13	縦	縦	ゴ	黒	—	白	—	1									
伊藤 智巳	無所属	宮城6区	2	縦	縦	ゴ	黄	—	他	—	1			2	○	○	白	無		2
永岡 洋治	無所属	茨城7区	1	縦	—	ゴ	白	—	赤	—	1			2		○	白	無		
小泉 龍司	無所属	埼玉11区	12	横	横	明	白	オ	青	—	2			2		○	白	無		
赤池 誠章	無所属	山梨1区	11	横	横	ゴ	白	—	自然	—	2			2			他	他		
栄 博士	無所属	東京2区	2	縦	縦	筆	白	—	黒	—	1			2		○	白	無		
長谷川英憲	無所属	東京8区	1	縦	縦	ゴ	赤	—	白	—	1			2		○	白	無		1
近藤 薫	無所属	東京15区	13	横	横	ゴ	黒	—	黄	白	2			2		○	白	無		1
米山久美子	無所属	東京17区	3	縦	縦	ゴ	白	緑	黄	—	2			2	○					
上川 陽子	無所属	静岡1区	6	縦	縦	ゴ	緑	—	白	—	2		○	2						
宮田 正之	無所属	愛知1区	4	縦	縦	ゴ	黒	黄	青	—	2			2		○	白	ス		
鈴木 克昌	無所属	愛知14区	1	縦	縦	ゴ	赤	—	青空	—	1			2		○	灰	ス		2
室井 邦彦	無所属	兵庫8区	12	横	横	ゴ	赤	白(黄)	白	緑	3			2			白	無		
西村 康稔	無所属	兵庫9区	1	縦	縦	ゴ	赤	—	白	—	2	○		2		○	白	無		
山口 壮	無所属	兵庫12区	11	横	横	ゴ	赤	—	青	—	1	○		2		○	白	無		
田村耕太郎	無所属	鳥取1区	1	縦	縦	ゴ	黄	—	青	—	1			1			白	無		

資料Ⅱ　データ1

装飾品	本人以外の写真	備考	政策・公約	経歴	詳細プロフィール	支持・推薦	党公認	比例区宣伝	政党名（独立）	年齢表記	ジェンダーアピール	苗字サイズ(%)	名前サイズ(%)	顔サイズ4点計測(%)	比例サイズ(%)	公認サイズ(%)	独立サイズ(%)	政党名サイズ合計(%)	スローガンサイズ合計(%)
									福		は	15.8	15.8	9.5	0.8			0.8	8.1
									福		は	8.6	7.2	10.7	0.9			0.9	6.5
		マイク						○				9.7	6.3	9.9			1.0	1.0	12.3
											は	15.8	2.7	13.3	5.8			5.8	6.5
イヤリング									福環		は ○	4.8	6.9	13.7	1.6		1.8	3.4	7.6
									福		は	8.6	8.4	12.6	3.6			3.6	7.7
									福		○	14.9	6.8	16.3			1.6	1.6	6.7
											は	12.8	7.8	12.7	7.8			7.8	6.3
											は	17.7	2.6	12.0	0.4			0.4	6.4
イヤリング										34	は	8.9	8.2	15.5	3.0			3.0	5.7
									憲		○	11.9	7.5	12.8			0.8	0.8	4.1
								○			は	16.2	2.9	9.0	2.3	0.5		2.9	2.6
								○			は	18.5	4.8	8.9	1.9	0.6		2.5	3.1
											○	15.3	5.0	16.8		0.4		0.4	
							党					22.8	4.4	20.3					
						福		民	○			20.9	3.7	14.5		0.2		0.2	2.6
								民	○			14.0	6.2	26.0		0.2		0.2	3.5
										49	は	10.9	3.1	12.0	1.2			1.2	4.1
イヤリング				女		地	他他	○			○	2.0	13.5	16.3			2.6	2.6	2.5
											○	10.9	11.4	17.0		0.2		0.2	
												6.7	4.5	16.3					8.3
					福環教景税政		松	民	○	35		6.7	9.9	1.9		0.8		0.8	16.8
									○			8.1	12.6	17.7		1.2		1.2	6.9
										38		11.0	5.5	17.8					
		写真なし							○			10.6	4.4			1.1		1.1	3.7
たすき 子供1名	子供									38		5.7	9.5	10.6					15.5
												26.6		21.5					4.1
										47		7.4	9.6	15.3					6.2
						福教	松		○			13.1	3.3	11.2		0.2		0.2	7.6
							大他		○	39		7.5	6.0	30.1		2.1		2.1	
									福		○	16.6	5.4	16.1		0.6		0.6	10.6
イヤリング, 腕時計	菅					他		由				6.0	2.6	6.2					14.4
イヤリング, ブローチ								民				11.9	7.7	12.4					13.0
												10.7	5.4	12.6					11.2
						地地党						7.9	8.4	15.8					4.9
						地地						12.6	12.0	14.1					7.5
									○			11.2	3.3	15.2		1.0		1.0	12.1
								○		37		17.6	7.0	8.3		1.1		1.1	6.4
				○								7.5	10.2	15.7					12.4
												9.1	17.4	25.1					4.6

候補者名	政党	選挙区	レイアウト	苗字の方向	名前の方向	候補者名のフォント	候補者名の文字色	候補者名の背景色	メイン背景色	サブ背景色	全体の色数	政党ロゴ	個人ロゴ	写真の範囲	手	スーツの着用	シャツの色	シャツの柄	議員バッジ	眼鏡
増原 義剛	無所属	広島3区	12	横	横	ゴ	白	—	赤	白	2			2		○	白			無
平井 卓也	無所属	香川1区	4	縦	縦	ゴ	白	青	黄	—	2			2		○	白			無
猪塚 武	無所属	香川2区	1	縦	縦	ゴ	黄	—	白	—	1			2		○	白			無
山本 幸三	無所属	福岡11区	2	縦	縦	ゴ	赤	白	白(灰)	—	2			2		○	白			無
荒木 隆夫	無所属	熊本5区	2	縦	縦	ゴ	赤	—	白	—	1			2		○	青			無

資料Ⅱ　データ1

装飾品	本人以外の写真	備考	政策・公約	経歴	詳細プロフィール	支持・推薦	党公認	比例区宣伝	政党名（独立）	年齢表記	ジェンダーアピール	苗字サイズ(%)	名前サイズ(%)	顔サイズ4点計測(%)	比例サイズ(%)	公認サイズ(%)	独立サイズ(%)	政党名サイズ合計(%)	スローガンサイズ合計(%)
ハンカチ						農		○		環		13.5	3.3	8.8					
												15.4	4.3	18.1					4.5
					51							13.0	4.3	21.3					8.4
												9.9	3.8	9.0					1.2
												16.8	3.9	21.1					

資料II　データ2

候補者名	政党	肩書等	個人スローガン
木本　由孝	自民		
吉川　貴盛	自民		
石崎　岳	自民		たくましく、誠実に－
佐藤　静雄	自民		決断と実行　信頼と実績
町村　信孝	自民	内閣総理大臣補佐官　元文部大臣	やります！！景気回復・福祉の充実21世紀のリーダー
今津　寛	自民		元気！旭川！
金田　英行	自民		景気の回復、地域の再生！
佐藤　孝行	自民		
岩倉　博文	自民		もっといい、ふるさとを！
山下　貴史	自民		新空知、新時代！
中川　昭一	自民	前農林水産大臣	十勝のため　日本のため　あなたのため
武部　勤	自民		
北村　直人	自民		愛郷無限
津島　雄二	自民		未来を拓く、確かな力
江渡　聡徳	自民		ETO 365日全開！
大島　理森	自民		
木村　太郎	自民		
玉沢徳一郎	自民	農林水産大臣	景気に活力！！岩手発元気
鈴木　俊一	自民		誠実、実績
志賀　節	自民	自民党岩手県第三選挙区支部長	今度こそ！
井形　厚一	自民		21世紀の風 promising with future.
愛知　和男	自民		次の世代のために　いま、やるべきこと。
中野　正志	自民		いま未来を考え、みんなで実現しよう！Japanmode
三塚　博	自民		力強く、県南の21世紀を拓きます。
伊藤宗一郎	自民	前衆議院議長	誠実・実行力、そして新しい時代を拓くために。
土井喜美夫	自民		
佐藤久一郎	自民		自然と地域から学んだことを活かしたい！
遠藤　武彦	自民		
近岡理一郎	自民		未来をみつめて次代を築く
加藤　紘一	自民		自由民主の旗のもと「力強い日本」を！
佐藤　剛男	自民		うつくしい地球　日本一のふるさとづくり
根本　匠	自民		新世代の旗手　強く、明るく　そして、やさしく。
穂積　良行	自民		次は、大臣！みなさんとともに
山内日出夫	自民		
吉野　正芳	自民		この地で生まれ、育ち、暮らせる"まち"づくり
梶山　弘志	自民		愛郷無限－新時代
船田　元	自民		はじめの信念　活力ある日本の再生。魅力ある日本へ変革。新たな決意に燃えて！
西川　公也	自民		信頼・行動・実現
渡辺　喜美	自民		まかせてください日本の政治
佐藤　勉	自民		
茂木　敏充	自民	通商産業政務次官	未来、行動、百万馬力。
佐田玄一郎	自民	自由民主党群馬県第一選挙区支部長	今度は私の番です！YOUNG&CLEAN

候補者名	政党	肩書等	個人スローガン
笹川　堯	自民	衆議院議員	明日への情熱—心ひとつに新しい時代をつくりましょう
谷津　義男	自民		郷土の未来のために
福田　康夫	自民		21世紀への今政治は何をすべきか 頑張ります。
小渕　優子	自民		21世紀にチャレンジ！！
松永　光	自民	元文部・通産・大蔵大臣	景気回復・雇用安定！教育改革・福祉の充実—
新藤　義孝	自民		本気で、変えられる人。
今井　宏	自民	【詳細プロフィール】	新しいニッポンが始まる。
福永　信彦	自民		元気な日本 豊かなさいたま！
中野　清	自民	公明党推薦	景気回復と雇用・福祉の促進！自民・公明・保守の連立で政治の安定を
大野　松茂	自民		まず地域、まず暮らし
山口　泰明	自民		清潔 信頼 ぬくもりの政治
小島　敏男	自民		あなたの声を明日につなぐ
三ツ林隆志	自民		
臼井日出男	自民	法務大臣	景気回復が実感できる暮らし実現！
江口　一雄	自民	前衆議院厚生委員長 八千代松陰学園理事長	景気回復 暮らしの安定！
松野　博一	自民	(財)松下政経塾出身	今度こそ！
西尾　憲一	自民	前千葉県議会議員	おもいやりのある自由社会を 新しい風 公募で選出 Open.
狩野　勝	自民		新たな前進！
井奥　貞雄	自民		21世紀への確かな政治。
松本　和那	自民		
桜田　義孝	自民		元気出そう日本！
水野　賢一	自民		若さ・情熱・行動力
林　幹雄	自民		一意専心
森　英介	自民	党国会対策副委員長 元労働政務次官 工学博士	力強い風を、房総から！
中村正三郎	自民		未来の安心をめざし 明日の房総を創る
小此木八郎	自民	文部政務次官	私は真剣です！
鈴木　恒夫	自民	衆議院議員三期 前衆議院文教常任委員長 元文部・環境両政務次官	品格ある社会 たゆまぬ改革
小泉純一郎	自民	元厚生大臣・郵政大臣	日本の政治を変えよう。
亀井　善之	自民		
中尾　栄一	自民		あなたの声に会いたい
堀内　光雄	自民	元通産大臣	新世紀を拓く
横内　正明	自民		
下村　博文	自民		人を幸せにする仕事、それが政治だ。
伊藤　公介	自民		今、環境の世紀。スリムで元気なニッポン。総理大臣を国民投票で！あなたともっと広げたい、ヒューマンネットワーク。

候補者名	政党	肩書等	個人スローガン
吉田 六左エ門	自民		元気だせ新潟
桜井 新	自民		
稲葉 大和	自民		子供たちの未来のために
栗原 博久	自民		誠実、行動、実績
白川 勝彦	自民		
長勢 甚遠	自民		今、信じあえる社会を あなたと—
馳 浩	自民		新しい顔、新しい金沢。
森 喜朗	自民		やっぱり石川県の代表です。
瓦 力	自民	防衛庁長官 元建設大臣	日本の中枢に 能登の先頭に
松宮 勲	自民		今度こそ！！
牧野 隆守	自民		安心して夢をもって暮らせる国家
高木 毅	自民		今度こそ
小坂 憲次	自民	郵政総括政務次官	ひらけ情報新世紀！
村井 仁	自民	金融再生総括政務次官 前大蔵委員長 元大蔵政務次官	あなたと築く、今日、明日、未来。
岩崎 忠夫	自民		元気な地域をつくる即戦力
小川 元	自民		
宮下 創平	自民		がんばります！安心してくらせる日本、そして伊奈谷のために
野田 聖子	自民	元郵政大臣	安心と豊かさをもとめて
棚橋 泰文	自民	弁護士	西濃から、安心できる日本を再生します ともに語り、ともに考え、西濃と日本の直面する経済・雇用・年金・医療・介護といった問題にチャレンジしていきます。
武藤 嘉文	自民	党行革推進本部長 元外務大臣 元通産大臣	必ず成しとげます！！日本の改革、郷土の発展
金子 一義	自民		日本の決意—私の意志。変えますニッポン。
古屋 圭司	自民	党国会対策副委員長 元法務政務次官	「三期十年の経験と実績」いよいよ働き盛り。
戸塚 進也	自民		今度こそ静岡から国政へ 県都と国を結ぶ架け橋
原田 昇左右	自民		世代と世紀を越えて、確かな政治を。
柳沢 伯夫	自民		
望月 義夫	自民		こたえます！！「誠実・本音」で
斉藤 斗志二	自民		郷土愛に燃える
桜田 光雄	自民		あなたがかえる、政治をかえる、日本がかわる。
木部 佳昭	自民	元建設大臣 国務大臣 党総務会長	伊豆はひとつ、全力発進
塩谷 立	自民		
鈴井 慎一	自民		挑戦と変革
谷口 守行	自民		景気も 福祉も 教育も！！
片岡 武司	自民		信頼される公正な政治の実現！
木村 隆秀	自民		思いやりのある正直な政治を。
鈴木 淳司	自民		未来にひたむき。
大木 浩	自民		即戦力！暮し 健康 環境
鈴木 雅博	自民		YES WE CAN. いまこそ、変えないかん！未来にひたむき。

候補者名	政党	肩書等	個人スローガン
山中　樺子	自民		新しい風を。樺
杉浦　正健	自民	自由民主党総務会副会長	景気加速。福祉の充実・年金政策・教育改革・100％がふるさとの仕事。
大村　秀章	自民		元気な日本を創ります！地元出身
浅野　勝人	自民		
山本　明彦	自民		
川崎　二郎	自民	前運輸大臣	信念を貫き、清潔・信頼の政治を！！
衣斐　賢譲	自民		身近なわかりやすい政治の実現。
平田　耕一	自民		楽しい日本を創ろう
田村　憲久	自民		新熱血政治宣言
目片　信	自民		OPEN MINDS 信の政治へ
小西　哲	自民		
岩永　峯一	自民		きっと、できる。ぜったい、やる。いつも熱い。いつも動いてる。皆さまとともに
伊吹　文明	自民		
山本　直彦	自民	元府議会議長	心のかよう国政を
奥山　茂彦	自民		景気の回復を！
野中　広務	自民	自由民主党幹事長	
谷垣　禎一	自民	国務大臣　金融再生委員会委員長　弁護士	元気な日本は郷土から
菱田　嘉明	自民	前八幡市長	地方自治に17年　確かな実績と豊かな経験を国政に活かします。21世紀　一人ひとりに安心・安全・安定をそれが政治の仕事です。
中馬　弘毅	自民	運輸総括政務次官　前衆議院外務委員長	
左藤　章	自民	元法務・郵政大臣　秘書官	二十一世紀の責任ある政治をめざして
中山　正暉	自民	建設大臣・国土庁長官	
上瀬　剛	自民		豊中の発展・大阪の飛躍
坪井　一宇	自民		ひとつになれば、力。
北川　知克	自民		政治に、街に、暮らしにカツを入れよう
塩川正十郎	自民		
谷畑　孝	自民	元通産政務次官　公明党推薦　保守党推薦	情熱と行動力で河内の発展！
竹本　直一	自民		夢の実現－それが政治です　21世紀ヘニッポン回復
岡下　信子	自民		女性の声、庶民の声を国政に！
中山　太郎	自民	前衆議院憲法調査会長	21世紀ヘニッポン回復
砂田　圭佑	自民		誠実。努力。豊かな感性で、明日の日本を創る。小選挙区で今度こそスナダを！　自由民主党は日本の「景気」と「福祉」をもっと元気にします。
井川　弘光	自民		
谷　洋一	自民		
宮本　一三	自民		信頼と誠実

候補者名	政党	肩書等	個人スローガン
渡海紀三朗	自民	きさぶろう	今、初心に返って。情熱と信念をもって頑張ります。
戸井田 徹	自民		人の痛みがわかる政治！！
河本 三郎	自民		責任があります。
森岡 正宏	自民		奈良発 戦力！
滝 実	自民	副幹事長	元気な日本を創ります
奥野 誠亮	自民		
田野瀬良太郎	自民		元気な4区、やっぱりたのせ。
岸本 光造	自民		町にみどりを 村に活力を
石破 茂	自民		
相沢 英之	自民		燃えよ二〇〇〇年 明るい政治で豊かな社会！
細田 博之	自民		
竹下 亘	自民		ふるさと創生21
亀井 久興	自民		
逢沢 一郎	自民		勇気ある実行 責任ある政治
熊代 昭彦	自民		景気を元気に！「自信回復宣言」
平沼 赳夫	自民		日本の未来、郷土岡山のために！
橋本龍太郎	自民	元内閣総理大臣	
村田 吉隆	自民		
中川 秀直	自民	党幹事長代理	「燦々日本」ルネッサンス
高村 正彦	自民	元外務大臣	
佐藤 信二	自民	元通産・運輸大臣 自由民主党組織本部長	
河村 建夫	自民	文部総括政務次官	日本再興－人の時代へ
安倍 晋三	自民		次の時代へ、夢をつなぐ力。
岡本 芳郎	自民		やります、心ある政治。
山口 俊一	自民		もっと確かに、夢のあるステージを。ドラマチック、21世紀。
後藤田正純	自民		若さと実行力。政治に新風・徳島から
大野 功統	自民	大蔵総括政務次官	景気回復のプロデューサー
塩崎 恭久	自民		信頼と夢
村上誠一郎	自民	東京大学法学部卒・大蔵政務次官・自民党愛媛県連会長・自民党副幹事長・衆議院大蔵委員長	日本復活のシナリオ『日本再興に英知を結集して』
小野 晋也	自民		夢・情熱・責任 力いっぱい働く
山本 公一	自民		信頼をかたちに！夢を現実に！
福井 照	自民		こんどは！
中谷 元	自民		
山本 有二	自民	法務総括政務次官	夢イキイキ、幸せあふれる郷土づくり。
西田 藤二	自民		あなたがいるから今度こそ！
山崎 拓	自民		可能性 具体策 発展 夢 確信 ある。
太田 誠一	自民	農政連推薦	いつも NEW
渡辺 具能	自民	農政連推薦	よい子、よい町、よい国づくり。
原田 義昭	自民	【詳細プロフィール】	子育て支援 たくましい21世紀を！景気を回復する！
古賀 正浩	自民		与党・自民党だからできる！まさひろだから頼れる！
古賀 誠	自民	農政連・その他友好団体推せん	政治に夢・誠・愛

資料Ⅱ　データ2　371

候補者名	政党	肩書等	個人スローガン
麻生　太郎	自民	農政連推薦	郷土と国の未来を見つめて　いま、確かな政治力！！
三原　朝彦	自民	農政連推薦	再起を期す！
武田　良太	自民		32才が日本をつくる
坂井　隆憲	自民		熱い心を伝えたい　新世紀　飛翔21
今村　雅弘	自民		勇気と優しさ。たくましい国づくり。
保利　耕輔	自民		信頼、そして実績。
岩下　栄一	自民		子供たちに誇れる日本を、熊本を。皆さんとご一緒に
松岡　利勝	自民		熊本の夢と希望を国政に直結！！
園田　博之	自民		
矢上　雅義	自民		Trust me Yagami あなたの信託にこたえます。
保岡　興治	自民		
園田　修光	自民		
宮路　和明	自民		充実の四期目！よみがえれ薩摩！
小里　貞利	自民	前国家基本政策委員長　元国務大臣総務庁長官(行革担当)　元震災対策特命大臣　元労働大臣　元国務大臣北海道・沖縄開発庁長官	ふるさとの声を日本の政治の屋根に！
山中　貞則	自民		最後の御奉公
横路　孝弘	民主		安心の21世紀を—。
佐々木秀典	民主		生涯安心正義貫徹
桜庭　康喜	民主		新しい可能性。未来へつなぐ、北・北海道の大いなる夢を国政へ
鳩山由紀夫	民主		応援してください。みなさまの代表をめざします。
小平　忠正	民主		
出田　基子	民主		女性の元気が政治を変える
仲野　博子	民主		21世紀の新戦力！！
戸来　勉	民主		青森の新しいエネルギー　即実行
田名部匡代	民主		21世紀の日本は安心ですか？
藤倉喜久治	民主		二十一世紀は民主党
熊谷　修二	民主		愛郷無限　私たちいわての自然と文化と純粋な人間の誇りを発信してみんなで新世紀を創ろう！！遠野・宮守は民話の温もり。釜石・大槌は働く人々のエネルギーと情熱の朱の色　東磐井は豊かな自然の懐。地球と健康を確かに支え継ぐ緑色　気仙、高田、大船渡　大空と海のすんだ青　一関・西磐井は薫り高い平泉文化圏。黄金の国ジパングのロマンを世界に拓いて輝いた明るい黄いろ
安住　淳	民主		世代交代　ガムシャラ宣言！新しい民主党
寒河江孝允	民主		豊かな庄内を　いざ、新世紀へ
増子　輝彦	民主		政権交代を実現しよう！！託そう明日を！
吉田　泉	民主		芯のある国をつくろう
小泉　俊明	民主	連合茨城推薦	私たちの怒りを国政に！
大畠　章宏	民主		新しい時代への挑戦！！至誠一貫
水島　広子	民主		母親として、精神科医として　こころの健康、育てます。

候補者名	政党	肩書等	個人スローガン
中島 政希	民主		
武正 公一	民主	松下政経塾出身 埼玉県議2期	国政・新時代！
谷口 雅典	民主	【詳細プロフィール】	若きチャレンジャー 全国応募総数564名から選ばれた一般公募候補者 環境政策の切り札 癒着・しがらみの政治から脱却を！
上田 清司	民主		今、真実の人
枝野 幸男	民主	弁護士	許さない！！利権・ばらまき・先送り
大島 敦	民主		候補者公募で選ばれた新鋭 政治にパンチ！勇気ある自立と調和の社会へ
田川 秀明	民主	【詳細プロフィール】	国政の場で骨太の主張を。
木下 厚	民主		あなたが動けば日本が変わる。
五十嵐文彦	民主		はっきりもの言う
長峯 正之	民主	熊谷高校・駒沢大学卒	あなたに最良の国を 地方政治23年のキャリア 人のこころがわかる政治
北村 哲男	民主		いま政治を変える、確かな人
竹内 圭司	民主		私の決意。今こそ政治を変えます！！あなたと語りたい
田中 甲	民主		こう！と決めたら
生方 幸夫	民主		直球主義 生方の生き方
黒柳 博司	民主		明日の日本を始めましょう！！
松本 勝仁	民主		自公政治を許しません！国民と決めていく。
半田 善三	民主	前衆議院議員	新しい流れを巻き起こそう！とにかく、やるんです！！景気・雇用・介護「不安」を「希望」へ
大出 彰	民主		怒りを優しさと希望の未来へ
加藤 尚彦	民主		自、公、森政権では日本が危ない！！日本の未来をアジアに！
大石 尚子	民主		いま、政治を変える時！
田中 慶秋	民主		やります。雇用・環境・介護・教育・減税 子や孫たちのために—
松沢 成文	民主	（次の内閣＝ネクスト・キャビネット）教育・科学技術担当大臣 衆議院議員二期 松下政経塾出身	現状か、未来かの選択です！政権ダッシュ！！
永井 英慈	民主		地方分権・道州制で15兆円の節税！！医療・介護・雇用・教育の充実に！！経済再生・世界平和のために！！地元代表は政策・実績・人柄の市民派
ツルネン・マルテイ	民主		市民の力で地球が変わる
小沢 鋭仁	民主		21世紀。世代交代。
後藤 斎	民主		改革・挑戦・信頼
海江田万里	民主		
松原 仁	民主	松下政経塾出身	都民の怒りを国政にガツン
宇佐美 登	民主	元衆議院議員 松下政経塾	「いい国作ろう！」個人の魅力がキラリと光る社会
石井 紘基	民主		「新しい政府」を創る！

資料Ⅱ　データ2　373

候補者名	政党	肩書等	個人スローガン
長妻　昭	民主	元日経ビジネス記者 慶応大学法学部卒業 家族：妻と息子3人	国民との契約〜税金を食いモノにする腐った官僚・政治家追放！〜（一任期分の五公約）1.政府が隠し持つ国民の命に関わる危険情報を公開させます。厚生省が表に出さない危険な食品添加物リスト・レントゲン検査によるガン発生危険度、警察が表に出さない車種名別の事故乗員死亡率リストなど 1.官営から民営へ。民間でも可能な業務は、役所や外郭団体から切り離し、民間に任せます。地方のムダな公共事業を中止、その資金を年金充実、高齢者介護の費用に回します。1.国会議員65歳定年制を制定し、世襲候補の当該選挙区での立候補を禁止します。1.官僚の天下り（役所の口利きによる再就職）を全面禁止します。
吉田　公一	民主		2000年 政権交代へ Millennium Special Message
鮫島　宗明	民主		公約「環境ホルモン使用制限法」を作ります。
井上　和雄	民主	元国連ユニセフ職員	家族を守る力になりたい！
馬渡　龍治	民主		
中津川博郷	民主		
菅　直人	民主		あなたの一票で、政権交代を。
末松　義規	民主	前衆議院議員・元外交官	あなたとともに日本を創る。
加藤　公一	民主	元サラリーマン	自分だけよければいい。そんな無責任な政治家が大きなツケを残しました。税金の無駄遣いはもうたくさんです。子どもや孫に借金をおしつけるのは人として間違っています。日本を変えましょう。できます。できます。必ずできます。私が、できるまで戦い続けます。
山花　郁夫	民主		いいかげんな政治は許さない！
阿久津幸彦	民主	石原慎太郎元秘書	未来への勇気
関山　信之	民主		変えよう日本 つくろう新潟
野畑　圭造	民主		たしかな未来を切りひらく
奥田　建	民主		新しい時代を、あなたと共に。
青木　康	民主	社民党支持 連合福井推薦	
京藤　啓民	民主	連合福井推薦 社民党支持	明日の日本を！
辻　一彦	民主		いま、確かな実績で 21世紀へ
下条　みつ	民主	元厚生大臣秘書官 信大卒	変えます。若い力で！
羽田　孜	民主		ひたすら郷土のため国のため
加藤　隆	民主		21世紀 新しい伊那谷へ 新しい風 新しい声 あなたが動けば日本が変わる。
小島昭次郎	民主		生粋！西美濃育ち
園田　康博	民主		若い力が政治を変える！
和泉　昭子	民主		
渡辺　周	民主		正義と公正を実感できる国へ
熊谷　弘	民主		民の力 夢のある国へ
古川　元久	民主		「魅力ある国、日本」へ、フル・アクション。
近藤　昭一	民主		私には、夢があります。共に実現できる夢が。

候補者名	政党	肩書等	個人スローガン
赤松　広隆	民主		一緒にあしたを考える
前田　雄吉	民主		21世紀の新しい力 日本を変えよう！
小林　憲司	民主		いざ、新世紀へ。
伴野　　豊	民主		未来への責任 使命感 信頼感 責任感
佐藤　観樹	民主	愛知十区総支部長	即、戦力！私は変えたい。
伊藤　英成	民主		「安心の社会」実現に向け改革を貫く
近藤　　剛	民主	弁護士	未来への選択。
中川　正春	民主		よっしゃあ！！まかしといて！！みんなが主役。夢の実現。
岡田　克也	民主		私は変える 三重そして日本。
前原　誠司	民主	衆議院議員2期 松下政経塾出身	今、日本を変えるチャンスです
泉　　健太	民主	立命館大学卒業 参議院議員　福山哲郎秘書	ぼくたちの日本、じゃないか！25歳の挑戦 日本に必要なのは「希望」。ならば政治に必要なのは「改革」。そして実行に必要なのは「勇気」。あなたの想いに応えたい。社会の歪みをただしたい。日本の政治に誇りをもちたい。ぼくたちの日本、なのだから！
玉置　一弥	民主		TOGETHER あなたとともにいいニッポンを創りなおします。
稲場　政和	民主		チャンス、チャレンジ。チェンジ。
稲見　哲男	民主		いなみの本気。日本を変える
藤村　　修	民主		利権政治 企業献金NO！人材教育で日本再構築 教育政策責任者 常識と普通の市民感覚 遺児と歩んで30年！ボランティア・市民運動出身
中野　寛成	民主	民主党副代表 前政策調査会長 豊中四中・豊中高校・関西大学卒 元豊中市議会議員。	未来への安全保障こそ景気のキメ手。雇用、医療、年金、介護、教育に全力投球！豊中育ち。豊中から日本の政策発信！
大谷　信盛	民主	連合推せん	政権交代！果たします、未来への責任。
平野　博文	民主	連合推薦	くらしの不安を断つ
樽床　伸二	民主		未来への責任〜子どもたちの時代のために〜
岡本準一郎	民主		直球勝負！！
石田　敏高	民主		
石井　　一	民主	民主党副代表	21世紀の希望、輝く神戸を！
土肥　隆一	民主	連合・五党協推せん	愛がある。情熱がある。あとは政権交代だ。
吉岡　賢治	民主	連合・5党協推薦　連合兵庫　社民党兵庫　公明党兵庫県本部　兵庫民社・等	未来への新たな選択
市村浩一郎	民主	松下政経塾出身	「日本の洗濯」ジャブ、ジャブ 新しい民主党
藤本　欣三	民主	連合推薦	私は変えたい。
辻　　泰弘	民主	連合・5党協　推薦	奪る。
松本　剛明	民主		今度は…
馬淵　澄夫	民主		新しいエンジンで、新しい国づくり 家庭では、6児の父、10人家族
中村　哲治	民主		時代がかわる。若い力で政治をかえる。

候補者名	政党	肩書等	個人スローガン
前田　武志	民主		希望の新世紀へチェンジ！
木村　文則	民主		すすめます 身近な政治を！
山内　功	民主		考えなければ、変わらない。希望にあふれる新生、21世紀へ！！
西尾　政英	民主	連合広島推薦	エースアタッカー登場！
佐々木修一	民主		新人力 今の政治には、しがらみのない真っ白な新人が必要です。
山崎　桃生	民主		MESSENGER あなたの想い伝えたい。
平岡　秀夫	民主		山口の新鮮力
仙谷　由人	民主		とくしまは、もっと良くなれる。
高井　美穂	民主		いっしょに変えましょう、応援してください。
宇都宮真由美	民主	元衆議院議員・弁護士	日本を、変えよう
岩本　司	民主		このままで、いいのですか。よかとですか。
藤田　一枝	民主		
楢崎　欣弥	民主		父、弥之助の志を継ぎます。
岩田　順介	民主		
北橋　健治	民主		日本はもっと良くなれる
島津　尚純	民主	前衆議院議員	国民と連立します
原口　一博	民主		澄んだ瞳に託したい－。
樋口　博康	民主		佐賀から世界へ－。世界を佐賀へ－。
藤沢　裕美	民主	松下政経塾出身	あなたとはじめる みなさんの夢とともに走り続けます
高木　義明	民主	衆議院議員	
松野　頼久	民主		これでいいのか！日本の将来
松野　信夫	民主		あなたが動けば日本が変わる 市民が主役
中村　太郎	民主		やわらかい民主主義
大園　勝司	民主		清治家。国民ひとりひとりの暮らしの中でこそ価値を発揮する、クリーンで公明正大な政治を実行します。
島尻　昇	民主		働きます！新鮮力！！国民と決めていく。
上原　康助	民主	連合沖縄推薦	
若松　謙維	公明	衆議院議員2期 公認会計士・税理士 自由民主党推薦	スーパー電卓！100倍やる男。SPEED
富田　茂之	公明		政策実現能力No1
大口　善徳	公明	弁護士	本気の改革！
田端　正広	公明	自民党推せん 保守党推せん	「ひとりの声」を大切にします。
谷口　隆義	公明	自民・公明・保守連立与党の候補です 公認会計士 税理士	Do it！やります！景気回復
福島　豊	公明		
北側　一雄	公明	自由民主党・保守党・大阪民社協会推薦 弁護士 衆院当選3回、元大蔵政務次官、党府本部代表、同政策審議会副会長	一緒に… Together

候補者名	政党	肩書等	個人スローガン
赤羽 一嘉	公明		実績で勝負！
冬柴 鉄三	公明		
白保 台一	公明	衆議院議員 沖縄開発総括政務次官 自民党推薦・スポーツ平和党推薦・新進沖縄推薦	サミットの大成功へ！！国連アジア本部誘致で東洋のジュネーブに！！
佐藤隆五郎	共産		雇用拡大と介護保険の改善をめざします 国民と心の通う新しい政治を
西山 剛	共産		社会保障と国民のくらしを予算の主役に 国民と心の通う新しい政治を
菊池 幸夫	共産		社会保障と国民のくらしを予算の主役に 国民と心の通う新しい政治を
坂本 良子	共産		社会保障と国民のくらしを予算の主役に 国民と心の通う新しい政治を
遠藤いく子	共産		介護保険の改善雇用、憲法まもる
津田 宣勝	共産		介護保険の改善雇用、憲法まもる 国民と心の通う新しい政治をおこす
加藤 幹夫	共産		21世紀へ明るい日本を 国民と心の通う新しい政治をおこす
佐藤 道子	共産		介護保険の改善 雇用、憲法まもる 国民と心の通う新しい政治をおこす
原 伸雄	共産		介護保険の改善 雇用、農・漁業まもる 国民と心の通う新しい政治をおこす
芳賀 芳昭	共産		介護保険の改善 雇用、農・漁業まもる 国民と心の通う新しい政治をおこす
佐藤亜希子	共産		国民と心の通う政治をおこす
太田 俊男	共産		国民と心の通う政治をおこす
工藤美恵子	共産		国民と心の通う政治をおこす
佐藤 雅之	共産		国民と心の通う政治をおこす
新美 正代	共産		子どもたちに平和の憲法を くらし・社会保障を予算の主役に
飛田 利光	共産		くらし・社会保障を予算の主役に
鈴木 正一	共産		くらし・社会保障を予算の主役に
原田 俊広	共産		くらし・社会保障を予算の主役に
吉田 英策	共産		くらし・社会保障を予算の主役に
田谷 武夫	共産		国民が主人公の政治を 憲法を平和・暮らしに生かす
横倉 達士	共産		国民が主人公の政治を 憲法を平和・暮らしに生かす
上野 高志	共産		景気打開のきめ手、消費税減税を 憲法を平和・暮らしに生かす
大和田喜市	共産		国民が主人公の政治を 憲法を平和・暮らしに生かす
大曽根勝正	共産		国民が主人公の政治を 憲法を平和・暮らしに生かす
小松 豊正	共産		国民が主人公の政治を 憲法を平和・暮らしに生かす
稲葉 修敏	共産		国民が主人公の政治を 憲法を平和・暮らしに生かす
野村 節子	共産		くらし・子供・平和をまもる日本改革すすめます
福田 道夫	共産		ダムは(思川開発事業)やめくらし・福祉の充実を
槙 昌三	共産		雇用・介護・環境問題に全力！

候補者名	政党	肩書等	個人スローガン
飯塚　正	共産		雇用・介護・農業平和に全力！
川上　均	共産	県委員 党南部地区青年学生部長	くらし・福祉・教育・中心の政治を
山田富美子	共産		おとしより・子どもたちに笑顔を
小菅　啓司	共産		くらし・福祉・営業を全力で守る「国民と心の通う」新しい政治をおこす
渋沢　哲男	共産		くらし・雇用・営業を守る政治に全力 国民と心の通う新しい政治をおこします
野村喜代子	共産		憲法を守りくらし、福祉、教育最優先の安心して暮らせる日本を
半田　正	共産		くらし・福祉・平和を守る政治を 国民と心の通う新しい政治をおこす
湯川美和子	共産		"庶民派"の頼もしい政治家
大間知哲哉	共産		くらし・福祉の相談活動17年 庶民の心がわかる誠実・行動の人
田中　義彦	共産		地域経済守って35年 不況打開に全力
大森　猛	共産	衆院議員1期 党労働部会長	雇用・年金・介護…安心の政治へ
藤井美登里	共産		雇用、介護、環境 やさしさと強さであなたの声にこたえます
佐藤　邦男	共産		21世紀の新しい国づくりにもえる若さと行動力
大庭　裕子	共産		景気回復、介護・子育て支援に全力 憲法を生かし、平和な21世紀
井口　真美	共産	元中路まさひろ衆院議員秘書	母と子の願いを国政に くらし・福祉・環境を大切にする政治を
笠木　隆	共産	川崎で小学校教師30年	雇用 介護 教育 人間が大切にされる政治へ
小泉　安司	共産	航空会社勤務40年	国際的視野で21世紀をひらく
沼上　常生	共産		環境 介護 雇用 くらしに希望と安心を
長島　康夫	共産		平和・介護・雇用に全力 気さくで頼れる政治家
奥出　孝子	共産		草の根から平和と子どもを守って20年
三上　正	共産		市議20年の経験を国政に生かす ゆたかな実績－頼れる政治家
酒井　邦男	共産		市議20年の経験を国政に生かす 行動力抜群－頼れる庶民政治家
鈴木新三郎	共産		"世直し"の願い託せる誠実・行動の人
大塚　淳子	共産		国民と心の通う新しい政治を
室　喜代一	共産	原水爆禁止日本協議会常任理事	これ以上の消費税増税はごめんです
若月　秀人	共産		
徳留　道信	共産		「自公保」政治を変えるたしかな力 くらし、社会保障を中心に、税金の使い道をきりかえます。中小商工業を支え、雇用と働く人びとの権利、自然をまもるルールを確立します。平和・民主・人権の憲法をまもって、政治・社会のゆがみをただし、教育の改革をすすめます。
宮本　栄	共産		
水無瀬　攻	共産		自民党政治を変える確かな力

候補者名	政党	肩書等	個人スローガン
小堤　勇	共産		不況打開・介護保険の改善に全力！！
山崎　和子	共産		
望月　康子	共産		ご一緒にみなさんと心の通う新しい政治を
山本　敏江	共産		草の根の声を国政に生かします。
中島　武敏	共産		自公政治ストップ！怒りの受け皿に
山岸　光夫	共産		いのち・環境 行動する医師
佐々木陸海	共産	衆議院議員2期	足立区民の願いを国政に生かす
塩沢　俊之	共産	国会秘書23年	下町の声を国政に
榛田　敦行	共産	党東京都文化知識人委員会副責任者 日本科学者会議会員	政治を変える新しい若い力 埋立から東京湾の自然を守ろう
安部　安則	共産		「自民・公明の悪政を変えたい」の思い しっかりうけとめ、がんばります
三小田准一	共産		自公保政治ノー！安心できる介護に全力
戸田　定彦	共産		
宮内　俊清	共産		くらし・社会保障を予算の主役に
鈴木　郁雄	共産		市民とともに行動し、解決の道ひらく
鈴木　進	共産	いわさ恵美事務所・前所長	自民党政治を変える確かな力
岡田　隆郎	共産		
佐藤　洋子	共産		くらし・福祉・平和…希望のもてる政治を
藤本　実	共産		自公保政治ストップ！政治を変える新しい力
鈴木　拓也	共産		ゆきづまった自民党政治をきりかえ希望のもてる21世紀に
川俣　幸雄	共産		政策力、実行力 あたたかさ 国民と心の通う新しい政治をおこします
村山　史彦	共産	教師15年・市議24年	国民が主人公の政治に変えます 国民と心の通う新しい政治をおこします
稲垣　恵造	共産		働く人とともに40年 あなたの願いを国会へ 国民と心の通う政治をおこします
武藤　元美	共産		子育て・介護・くらしのおもいを国会へ 国民と心の通う新しい政治を
加藤　栄二	共産		情熱もった草の根の代表 国民と心の通う新しい政治をおこします
阿部　正義	共産		清潔で情熱もった庶民の代表 国民と心の通う新しい政治をおこします
火爪　弘子	共産		平和の憲法をまもり、介護保険と福祉を充実します
上田　弘	共産		国民と心の通うあたらしい政治をおこします。
金元　幸枝	共産		くらしの声を国政に ムダな公共事業をやめ、安心できる年金・医療・介護に。消費税増税反対。
野波栄一郎	共産		国民と心の通う新しい政治を
小柳　茂臣	共産		国民と心の通う新しい政治を
中野　早苗	共産		国民と心の通う新しい政治を
清水　啓司	共産		社会保障と国民のくらしを予算の主役に
中沢　憲一	共産		教育にかけた情熱をいま国政に 国民と心のかよう新しい政治をおこします

候補者名	政党	肩書等	個人スローガン
木島日出夫	共産		議員立法・国会活動ナンバーワン あなたの願いを、必ず国会に届けます 国民と心の通う新しい政治をおこします
大坪　勇	共産		国民のくらし 社会保障を予算の主役に
小川　理	共産	日本共産党岐阜県委員会商工業対策部長	くらし・福祉・平和の守り手
島津　幸広	共産		静岡市から国政へ挑戦！
四ツ谷　恵	共産		福祉・環境優先の政治を
高梨　俊弘	共産		介護・教育に全力
西谷　英俊	共産	党地区政策・宣伝委員長	雇用拡大・くらしを守る
杉田　保雄	共産		くらしと社会保障を予算の主役に
井口　昌彦	共産		社会保障と国民のくらしを予算の主役に
宮城島　正	共産		景気回復に全力！
平賀　高成	共産		くらし・雇用・介護に全力
大石　悦子	共産		自民党政治をおおもとから改革する くらしと社会保障を予算の主役に
新谷由紀子	共産	党県女性部長 教育環境対策委員長	税金は景気や介護に 万博・空港の見直しを 国民と心の通う新しい政治を
大野　宙光	共産	党県平和環境部長	税金は景気や介護に 万博・空港の見直しを 国民と心の通う新しい政治を
西田　一広	共産	党県副委員長 経済環境本部長	税金は景気や介護に 万博・空港の見直しを
瀬古由起子	共産	前衆議院議員	税金は景気や介護に 万博・空港の見直しを
小玉あさ子	共産	党県環境福祉対策委員長	21世紀に新しい政治を 税金は景気や介護に 万博・空港の見直しを
辻　一幸	共産	党尾中部地区政策委員長	21世紀に新しい政治を 税金は景気や介護に 万博・空港の見直しを
坂林　卓美	共産	党七区環境くらし部長 万博問題対策委員長	21世紀に新しい政治を 税金は景気や介護に 万博・空港の見直しを
梶浦　勇	共産	党知多地区委員長	税金は景気や介護に 万博・空港の見直しを 長良川河口堰からの水道水はゴメン。元の木曽川に。
松崎　省三	共産	党尾張南部くらし環境対策委員長	21世紀に新しい政治を 税金は景気や介護に 万博・空港の見直しを
石田　保	共産	党一宮・尾北地区教育くらし対策委員長 教師生活36年	21世紀に新しい政治を 税金は景気や介護に 万博・空港の見直しを
佐藤　義淳	共産	日本共産党トヨタ自動車委員長	21世紀に新しい政治を 税金は景気や介護に 万博・空港の見直しを
野村　典子	共産	党12区経済福祉部長	21世紀に新しい政治を 税金は景気や介護に 万博・空港の見直しを
宮川　金彦	共産	党13区くらし環境部長	21世紀に新しい政治を 税金は景気や介護に 万博・空港の見直しを
野上　徳宏	共産	党14区くらし福祉対策委員長	21世紀に新しい政治を 税金は景気や介護に 万博・空港の見直しを
斎藤　啓	共産	党15区くらし環境部長	21世紀に新しい政治を 税金は景気や介護に 万博・空港の見直しを

候補者名	政党	肩書等	個人スローガン
吉原　稔	共産		くらし、憲法、環境まもる弁護士政治家
桧山　秋彦	共産		ムダなびわこ空港やめくらし・福祉・教育を予算の主役に
林　俊郎	共産	【詳細プロフィール】	平和、景気回復、雇用をまもります　国民と心の通う新しい政治を
小畑　勉	共産		景気回復、暮らし、営業第一に
石井　郁子	共産	前衆議院議員	子どもたちに平和の憲法を
小林美恵子	共産		子どもたちのひとみ輝く21世紀を
長谷川良雄	共産		不況打開、雇用拡大に全力をつくします
東中　光雄	共産	前衆議院議員	くらし・平和に憲法いかす
柳河瀬　精	共産		国民と心の通う政治を
藤井　幸子	共産		憲法を生かし平和とくらし守ります
姫井　敬治	共産		社会保障と国民のくらし第一に
藤木　邦顕	共産		憲法をくらしに生かす弁護士
大嶺　学	共産	党大阪10区国政対策委員長	社会保障とくらしを予算の主役に
山下　京子	共産		くらし、家計を応援して景気回復を
西森　洋一	共産		介護充実、雇用・くらし守る
吉井　英勝	共産		景気・経済問題の第一人者
野沢　倫昭	共産	市議24年	清潔・勇気・実行力抜群
柿沼　康隆	共産		くらし・家計を応援して景気回復を
菅野　泰介	共産		
真鍋　穣	共産		
古久保暢男	共産		憲法と子どもの未来守ります！
西山　孝	共産		国民と心の通う政治を
藤末　衛	共産		国民と心の通う政治を
平松　順子	共産		国民と心の通う政治を
松本　勝雄	共産		国民と心の通う政治を
瀬尾　和志	共産		国民と心の通う政治を
西本　嘉宏	共産		国民と心の通う政治を
前田えり子	共産		国民と心の通う政治を
川内　一男	共産		国民と心の通う政治を
藤木　洋子	共産	衆院2期	国民と心の通う政治を
市川　幸美	共産		国民と心の通う政治を
大椙　鉄夫	共産		国民と心の通う政治を
小池　和也	共産		国民と心の通う政治を
太田　清幸	共産		国民と心の通う政治を
原　矢寸久	共産		自民党政治をおおもとから改革する
吉田　小雪	共産		自民党政治をおおもとから改革する
林　勤	共産		自民党政治をおおもとから改革する
岩永　尚之	共産	党県政策委員長	介護保険充実に全力投球
水津　岩男	共産	党西部地区副委員長	介護保険充実に全力投球　国民と心の通う新しい政治ひらく
二階堂洋史	共産		国民が主人公の日本に
藤本　聡志	共産		国民が主人公の日本に
大植　和子	共産		国民が主人公の日本に
小島　敏栄	共産		国民が主人公の日本に

候補者名	政党	肩書等	個人スローガン
角谷　進	共産		国民が主人公の日本に
浦田　宣昭	共産		山原さんのあとをついで全力
谷崎　治之	共産		暮らしと福祉重視の政治に転換を
大西　正祐	共産		暮らしと福祉重視の政治に転換を
上村　泰稔	共産		くらしと社会保障を予算の主役に
山田　和明	共産		くらしと社会保障を予算の主役に
木場　満義	共産		福祉・くらしを予算の主役に！
寺田　善則	共産		くらし守る政治へ
江頭　学	共産		社会保障とくらしを予算の主役に
久野　正義	共産		社会保障とくらしを予算の主役に
山下　千秋	共産		社会保障とくらしを予算の主役に
川上紗智子	共産		税金の使い道を、くらし・社会保障中心にきりかえます
山本　伸裕	共産		税金の使い道を、くらし・社会保障中心にきりかえます
益田　健宏	共産		税金の使い道を、くらし・社会保障中心にきりかえます
福田　慧一	共産		税金の使い道を、くらし・社会保障中心にきりかえます
橋田　芳昭	共産		税金の使い道を、くらし・社会保障中心にきりかえます
祝迫　光治	共産		21世紀の国づくりは国民が主人公で　社会保障と国民のくらしを予算の主役に
山口　陽規	共産		21世紀の国づくりは国民が主人公で　社会保障と国民のくらしを予算の主役に
村山　智	共産		21世紀の国づくりは国民が主人公で　社会保障と国民のくらしを予算の主役に
川浪　隆幸	共産		21世紀の国づくりは国民が主人公で　社会保障と国民のくらしを予算の主役に
福原　秋一	共産		21世紀の国づくりは国民が主人公で　社会保障と国民のくらしを予算の主役に
佐々木洋平	保守		
岡島　正之	保守		国政14年、ますます！日本の未来は、経験曲線
三沢　淳	保守	自民党推薦　公明党推薦	全力投球　6月25日登板
海部　俊樹	保守		物も心も豊かな国を！！
井上　喜一	保守		
中西　啓介	保守	自由民主党推薦	和歌山をもりたてる力！
二階　俊博	保守	運輸大臣・北海道開発庁長官　自由民主党・公明党推薦	
野田　毅	保守	保守党幹事長(自由・公明推せん) 前自治大臣　元経済企画庁長官　元建設大臣	
小野健太郎	自由		熱血・大学講師！
西川　将人	自由		燃える31歳。日本一新。
鰐淵　俊之	自由		信念をつらぬく政治家
工藤堅太郎	自由		
黄川田　徹	自由		
小沢　一郎	自由	自由党党首	

候補者名	政党	肩書等	個人スローガン
堀　　誠	自由		新しい農林水産業の構築を提案します。経済の活性化を図り豊かな郷土を創ります。地方自治の確立で均衡ある社会にします。自然と人の調和ある発展をめざします。安心できる将来を共に考え実行します。日本一新
船川　克夫	自由		「働ける職場を増やす」
工藤　富裕	自由		秋田一新。尊敬する石田博英先生の意志を継がせて下さい。
笹山　登生	自由		筋を通したい！地域の再生が使命！
石原健太郎	自由		力。
武藤　博光	自由		日本を変える
二見　伸明	自由		
野村　五男	自由	元法務政務次官	
山岡　賢次	自由		「景気の回復」と「雇用の安定」を！！
小林　俊博	自由		即戦力環境のエキスパート・農政のプロ
大川優美子	自由		介護保険制度の充実を！！
武山百合子	自由		この国が好きです…だから変えます。日本一新
山田　英介	自由		5期55歳。即戦力！
生方　　伸	自由		地鳴り山鳴り自由の叫び
飯島　浩史	自由		日本をただす力
蒲池　重徳	自由		国政行政に一揆を！
土田　龍司	自由		日本を立て直す、政策プロ集団。自由に個性を発揮できる社会へ
樋高　　剛	自由	小沢一郎秘書	本音でぶつかる頑固な34歳
相田弥智子	自由		確かな日本、確かな幸せ、これからも。
藤井　裕久	自由	自由党幹事長	安心できる日本のために、住みやすい相模原のために。
坪谷　郁子	自由		私は政治屋にはならない－保身、損得、利権より国に役立つ人材を！－
遠藤　宣彦	自由		
鈴木　淑夫	自由	経済学博士	日本一新。
末次　精一	自由	昭和37年生まれ、京都大学卒　川崎製鉄（株）を経て、小沢一郎代議士秘書	今・スグ、日本の未来はイチローとすえつぐにおまかせください。
川島智太郎	自由		日本をしくみから変える政党　自由党
堀田　容正	自由		新しい時代を創る新しい力　45才の挑戦
古山　和宏	自由	【詳細プロフィール】	役に立たない政治家、全員交代　前回、次点。今度こそ！
逸見　英幸	自由		あなたの夢を「カタチ」に　日本一新
東　　祥三	自由	前外務総括政務次官　自由党幹事長代理	日本一新。
金森　　隆	自由		21世紀へ向かって若い力！！
渡辺浩一郎	自由	前衆議院議員　工学博士	NIPPON no MIRAI KODOMO no MIRAI
鈴木　盛夫	自由		日本改革へ突っ走れ！情熱のストライカー
長尾　彰久	自由		本音の政治
白沢　三郎	自由		
菊田真紀子	自由		
広野　允士	自由		小さな手に明るい未来のプレゼント！！日本一新。

候補者名	政党	肩書等	個人スローガン
一川 保夫	自由		これから、この人。
都築 譲	自由		未来へ！西三河から新世紀へ
中井 洽	自由	元法務大臣 前国会等の移転に関する特別委員長 自由党政治改革推進本部長 連合三重推薦	
谷口 徹	自由		既存への挑戦！！
豊田潤多郎	自由	元衆議院議員 元大蔵省企画官	豊かで潤い多い未来を！！
松村 勗	自由		
村上 史好	自由		直球派！！
真鍋 晃篤	自由	自由党大阪府連副幹事長 教育対策委員長	21世紀に向かって29歳、走ります！！
西村 真悟	自由		あなたと共に国を変えたい！
梶原 康弘	自由		時代が変わる。政治を変える。組織・団体でなく私たちの代表を！
塩田 晋	自由	最重点候補	Wake Up！自立するパワー目覚めよニッポン
佐藤 公治	自由	広島県第6総支部会長	
岩浅 嘉仁	自由		
西岡 武夫	自由		日本をただす力 長崎をいかす力
山田 正彦	自由		
吉永二千六百年	自由		
平野 繁展	自由		21世紀に新風を！
浅野 隆雄	社民		解雇・リストラ。年金制度の改悪。その先は増税です。雇用の創出は緊急課題です。しっかりした対抗軸をつくるために、私は頑張ります。がんこに平和 げんきに福祉
今村 修	社民		がんこに平和、げんきに福祉
木下千代治	社民	佐井村出身 大畑町在住	県議三期の実績でむつ下北の為に働く むつ下北初の国会議員に
田沢摩希子	社民		やさしさは力です。
後藤百合子	社民		
八田 通孝	社民		憲法を生かしやさしい社会
木村 幸弘	社民		
沖田 捷夫	社民		
菅野 哲雄	社民		世直しかんてつ
畠山健治郎	社民		
斉藤 昌助	社民		がんこに平和 げんきに福祉 ちいきに繁昌
佐藤 恒晴	社民		がんこに平和 げんきに福祉
村上 武	社民		
高沢 勝一	社民		新世紀へ新しい力。
八木 隆次	社民	社民党栃木県幹事長 元村山富市総理大臣秘書	巨船を砕く！！弱肉強食を許さない！！

候補者名	政党	肩書等	個人スローガン
山口 鶴男	社民	憲法擁護・平和・人権フォーラム前代表	
天辰 武夫	社民		福祉基本法の制定で安心なくらし
高橋 勇	社民		がんこに平和、げんきに福祉
藤原 信	社民	【詳細プロフィール】	人と自然に優しい政治「環境派」博士の挑戦！ 東京湾最後の干潟「三番瀬」の環境保全 危険な「遺伝子組み換え食品」の使用中止 ダイオキシン汚染の元凶である塩ビを追放 自然界に異変起こす「環境ホルモン」排除 自然を破壊するリゾート乱開発を阻止 介護保険充実、暮らせる年金増と負担軽減 労働不安の「リストラ・首切り」を規制 平和憲法遵守、戦争への道「改憲」反対
北角 虎男	社民	社民党千葉県政策委員長 前千葉県議会議員	とらさんを国政へ！
佐々木利夫	社民		21世紀に責任を持つ 平和憲法を守る！
石原 守	社民		市民の声を国政に
安田 節子	社民		ストップ！遺伝子組み換え食品
阿部 知子	社民	小児科医師	
千葉 紘代	社民		台所から日本の政治を
原 陽子	社民		日本一有権者の多い選挙区で日本一若い候補者として日本一お金をかけないクリーンな選挙を行います！！ 若さあふれる25才
山中 悦子	社民		子どもたちに説明できる政治を
梅 蘭	社民	【詳細プロフィール】	社民党期待の新しい風 平和・友好・アジアのかけ橋
戸沢 二郎	社民		平和憲法の精神を世界へ 福祉・教育重視の循環型社会へ 脱原発・クリーンエネルギー社会へ 非核・平和・共生のアジアへ
保坂 展人	社民		子どもといのちを守りたい
岩崎 駿介	社民	筑波大学前助教授 日本国際ボランティア・センター(JVC)前代表	
倉持 八郎	社民		
目黒吉之助	社民		変えよう・日本！
高木 睦子	社民		くらしと平和が一番
湊谷 道夫	社民		がんこに平和、げんきに福祉
戸田 二郎	社民		バリアフリーの福祉の街をつくる げんきに福祉 がんこに平和
小林 正和	社民		平和憲法を世界に広げ、戦争のない21世紀に！げんきに福祉、がんこに平和
大島 令子	社民		さあ女性の出番です。
大湾 宗則	社民		雇用不安・福祉切り捨てNo！自公政治No！憲法改悪No！
辻元 清美	社民	新社会党支援、さきがけ推薦	今からでも、変えられる
中北龍太郎	社民	弁護士	憲法改悪を許さない！

候補者名	政党	肩書等	個人スローガン
中川　智子	社民	環境ホルモン・ダイオキシン議連事務局長、介助犬を推進する議員の会事務局長	政治を変える！！パワフルおばさん　平和憲法をまもります。
土井たか子	社民		
北川れん子	社民		人間安全保障
植田　至紀	社民		チェンジ！人も政治も
知久馬二三子	社民		平和　元気　やさしい社会
出島千鶴子	社民		石見で生まれ育った女性を国政に
松本　安正	社民		政治の今に異議あり！！
金子　哲夫	社民		がんこに平和　げんきに福祉
松井　秀明	社民		がんこに平和　げんきに福祉
加藤　繁秋	社民		挑む
奥田　研二	社民		こんどこそ
永和　淑子	社民		福祉・環境　人権・平和を優先する社会へ
梅崎　雪男	社民		がんこに平和　げんきに福祉
藤田　高景	社民		がんこに平和・げんきに福祉
西村伸一郎	社民		もう一つの選択。
大塚　和弘	社民		たつ！
森本　由美	社民		You&Me　未来に走る
中西　績介	社民		暮しを、地域を、もっと元気に！憲法を守る
緒方　克陽	社民		「不安」な政治にカツ！
柴田　久寛	社民		平和の危機　生活不安にストップ！
今川　正美	社民		
小西　達也	社民	社民党熊本県連合副代表	
重野　安正	社民	民主党推薦	ふるさとの声、つたえたい。「これからもずっと福祉、人権、そして平和」
横光　克彦	社民	民主党推薦	清烈　新たな時代へ
浜田　健一	社民		未来をひらく若さと行動力　かごしま発出直し宣言
東門美津子	社民	前副知事　社大党、自由連合推薦	沖縄から初の女性国会議員を！
三村　申吾	無所会		
土屋　品子	無所会		ありのままのことばで語る政治
中田　宏	無所会	民主党推薦・松下政経塾出身	いま、正義が試されている！ニッポン丸洗い。小選挙区単独立候補　中田の八策　第一策首相公選　第二策景気対策　第三策行財政改革　第四策税制改革　第五策社会保障　第六策外交・防衛　第七策環境政策　第八策教育改革
伊藤　健一	無所会		今こそあなたの力を！
中村　力	無所属		
加藤　正	無所属		当たりまえのことが行き渡る社会の実現
伊藤　智巳	無所属		21世紀の男　新しい時代　政治家が変わる　みずから変わる　誠実・清潔
永岡　洋治	無所属		しっかり論議、すばやく実行。国政に新風を！
小泉　龍司	無所属		動く　MOVE　あなたの声に応えます
赤池　誠章	無所属	松下政経塾出身	学校を福祉・生涯学習・職業訓練の拠点へ

候補者名	政党	肩書等	個人スローガン
栄　博士	無所属	東京大学医学部卒　医師	
長谷川英憲	無所属		介護保険はただちに廃止　必要なひとに必要な介護を
近藤　薫	無所属	自由党推薦　消費問題研究会会長	ただしますこの国を　永代信用組合の不正追及
米山久美子	無所属	民主党菅直人推薦	今の政治（自公連立とは、自民＝公明）あなたはこれで良いのですか？
上川　陽子	無所属		政治に太陽を。いま、あなたの思いを政策に。静岡から、政策おこし。
宮田　正之	無所属	名古屋市会議員連続6回当選　自民党市会議員団幹事長・団長　名古屋市監査委員　第82代市会副議長　歴任	田中真紀子さん、石原慎太郎さんをめざして！
鈴木　克昌	無所属	愛知県議会議員（四期）　蒲郡市長（二期・六年）	"即戦力"生まれも育ちも14区
室井　邦彦	無所属		こんどは！！
西村　康稔	無所属		若さがつくる元気な日本！！明石出身
山口　壮	無所属	【詳細プロフィール】	変えてみせます。こんど、こそ。
田村耕太郎	無所属		新しい時代の風
増原　義剛	無所属		
平井　卓也	無所属		21世紀への責任。活気。元気。勇気。
猪塚　武	無所属	【詳細プロフィール】	21世紀はインターネットと地球環境の時代。
山本　幸三	無所属	福岡県農政連推薦	今こそ、実行を！
荒木　隆夫	無所属		

資料Ⅲ
「79年ポスター」に関するデータ

境家史郎

　ここでは，「分析対象とサンプルのバイアス」(20頁）で紹介した『候補者のイメージ戦略（第35回総選挙用図画資料集）』(天野昭・河野淑・田中克人編，社団法人国民政治研究会，1980）に収録されている「79年ポスター」に関するデータを掲載する．ここで扱うポスターは，同書に収録されているポスターのすべてではない．分析対象の限定に際しては，00年ポスターと同様の基準にしたがった（20頁参照）．

　データとしては，「候補者名」「所属政党」「選挙区」「(79年総選挙における)当落」「00年ポスターの有無」「候補者名サイズ(苗字と名前)」「顔サイズ」「政党名サイズ」「スローガンサイズ」を載せておく．各サイズのデータは，【79年ポスターとの比較（政党篇)】(174頁）で使用されているものである．

資料III　データ

候補者名	政党	選挙区	当落	00年ポスター	苗字サイズ	名前サイズ	顔サイズ	党名サイズ	スローガンサイズ
地崎 宇三郎	自民	北海道1区	当		8.6%	12.6%	32.8%		
箕輪 登	自民	北海道1区	当		19.3%	3.7%	28.5%	0.5%	
阿部 文男	自民	北海道3区	当		6.7%	5.2%	11.1%	0.4%	4.8%
鈴木 善幸	自民	岩手1区	当		16.1%	14.3%	21.3%	0.9%	
愛知 和男	自民	宮城1区	当	有	21.6%	5.5%	14.7%	0.5%	
佐々木 義武	自民	秋田1区	当		16.1%	12.4%	32.6%	0.8%	3.9%
石田 博英	自民	秋田1区	当		8.5%	7.8%	10.5%		
近藤 鉄雄	自民	山形1区	当		9.6%	9.3%	12.8%	0.4%	9.4%
加藤 紘一	自民	山形2区	当	有	9.6%	5.9%	20.4%	15.0%	5.0%
狩野 明男	自民	茨城1区	当		21.0%	6.0%	17.0%	1.0%	5.9%
梶山 静六	自民	茨城2区	当		17.4%	6.4%	11.8%	0.8%	5.3%
塚原 俊平	自民	茨城2区	当		9.4%	9.8%	6.5%		
渡辺 美智雄	自民	栃木1区	当		26.6%	2.1%	21.1%	0.4%	1.1%
船田 元	自民	栃木1区	当	有	16.3%	8.4%	25.0%	0.6%	
藤尾 正行	自民	栃木2区	当		16.2%	3.9%	11.6%	0.5%	
福田 赳夫	自民	群馬3区	当		13.2%	14.5%	23.3%	0.8%	3.6%
松永 光	自民	埼玉1区	当	有	23.4%	5.9%	24.3%	0.8%	
始関 伊平	自民	千葉1区	当		26.0%	2.0%	11.1%	2.7%	
浜田 幸一	自民	千葉3区	当		18.4%	5.3%	16.0%	1.3%	
山口 シヅエ	自民	東京6区	当		11.2%	14.1%	11.9%	0.9%	
原 武夫	自民	東京11区	落		5.9%	15.7%	15.6%	0.4%	
小泉 純一郎	自民	神奈川2区	当	有	23.2%	4.0%	14.8%	0.4%	9.1%
田中 角栄	自民	新潟3区	当		9.4%	10.5%	13.3%		
森 喜朗	自民	石川1区	当	有	5.8%	10.3%	14.3%	0.5%	
武藤 嘉文	自民	岐阜1区	当		20.3%	9.6%	26.6%	0.6%	
小島 静馬	自民	静岡2区	落		35.5%	8.2%	7.8%	1.0%	3.9%
浦野 烋興	自民	愛知4区	当		23.1%	4.7%	3.0%	0.5%	10.1%
藤波 孝生	自民	三重2区	当		12.3%	12.4%	16.6%	0.4%	2.9%
原田 憲	自民	大阪3区	落		20.6%		16.1%	0.8%	
竹下 登	自民	島根全県区	当		17.3%	9.1%	28.9%	0.9%	
桜内 義雄	自民	島根全県区	当		20.3%	2.8%	20.4%	2.1%	
橋本 龍太郎	自民	岡山2区	当	有	15.3%	5.5%	26.3%	0.7%	
宮沢 喜一	自民	広島3区	当		9.9%	3.5%	23.4%	1.0%	
亀井 静香	自民	広島3区	当		17.7%	2.8%	27.3%	0.5%	2.1%
森 清	自民	愛媛2区	落		6.4%	15.1%	17.7%	0.9%	3.6%
山崎 拓	自民	福岡1区	当	有	14.8%	7.1%	21.0%	0.9%	1.2%
白浜 仁吉	自民	長崎2区	当		13.3%	14.1%	26.4%	0.6%	1.3%
畑 英次郎	自民	大分1区	当		21.8%	14.0%	5.3%	0.9%	7.2%
長野 祐也	自民	鹿児島1区	落		7.0%	10.8%	8.2%	0.7%	2.5%
橋口 隆	自民	鹿児島3区	当		12.2%	6.8%	15.0%	0.5%	7.1%
山中 貞則	自民	鹿児島3区	当	有	11.7%	6.2%	21.7%	0.4%	4.3%
斉藤 実	公明	北海道1区	当		39.8%		7.7%	0.9%	5.2%
野村 光雄	公明	北海道4区	落		35.3%	6.7%	14.8%	0.2%	
和田 一郎	公明	栃木2区	当		18.4%	12.2%	28.8%	0.1%	
鳥居 一雄	公明	千葉1区	当		14.3%	12.4%	15.7%	0.3%	
森田 景一	公明	千葉4区	当		14.6%	4.6%	13.9%	0.5%	11.1%
木内 良明	公明	東京1区	当		28.6%	5.8%	15.2%	0.4%	

候補者名	政党	選挙区	当落	00年ポスター	苗字サイズ	名前サイズ	顔サイズ	党名サイズ	スローガンサイズ
鈴切　康雄	公明	東京2区	当		42.3%	11.9%	1.3%	0.2%	
池田　克也	公明	東京3区	当		23.6%	6.0%	22.8%	0.1%	
大久保直彦	公明	東京4区	当		23.5%	3.7%	14.7%	0.5%	
長田　武士	公明	東京5区	当		13.1%	13.0%	14.5%	0.5%	2.1%
中川　嘉美	公明	東京8区	当		39.2%	2.5%	12.8%	0.2%	2.7%
竹入　義勝	公明	東京10区	当		21.1%	8.0%	20.0%		
長谷雄幸久	公明	東京11区	当		26.7%	3.4%	11.6%	0.6%	
市川　雄一	公明	神奈川2区	当		49.6%	9.7%	1.9%	0.2%	
小浜　新次	公明	神奈川3区	当		20.9%	5.5%	10.4%	0.5%	
草野　威	公明	神奈川4区	当		31.2%	4.0%	16.6%	0.4%	
近江巳記夫	公明	大阪3区	当		21.2%	0.8%	13.4%	0.7%	4.8%
矢野　絢也	公明	大阪4区	当		23.5%	5.8%	10.3%	0.4%	2.5%
北側　義一	公明	大阪6区	当		24.2%	2.1%	11.7%	0.6%	
春田　重昭	公明	大阪7区	当		28.3%	1.2%	16.5%	0.8%	7.0%
渡辺　一郎	公明	兵庫1区	当		14.3%	3.0%	20.6%	1.1%	2.2%
岡本　富夫	公明	兵庫2区	当		11.4%	6.1%	20.2%	1.0%	0.9%
飯田　忠雄	公明	兵庫3区	当		12.1%	4.9%	22.6%	1.1%	2.5%
新井　彬之	公明	兵庫4区	当		9.9%	6.0%	22.4%	1.0%	2.8%
古川　雅司	公明	広島3区	当		10.6%	12.5%	22.8%	0.5%	5.5%
吉井　光照	公明	山口2区	当		19.3%	7.0%	12.5%	0.7%	
谷口　是臣	公明	長崎1区	当		15.4%	7.0%	5.6%	0.4%	1.8%
玉城　栄一	公明	沖縄全県区	当		31.4%	2.1%	13.8%	0.6%	
塚田　延充	民社	茨城1区	落		11.3%	8.5%	27.1%	1.5%	
大内　啓伍	民社	東京2区	当		11.7%	12.3%	20.4%	1.4%	
和田　春生	民社	東京3区	落		45.2%	6.8%	3.9%	0.7%	2.9%
小川　泰	民社	神奈川2区	落		10.9%	6.7%	31.7%	1.3%	3.7%
河村　勝	民社	神奈川5区	当		17.3%	8.7%	15.0%	1.4%	
春日　一幸	民社	愛知1区	当		12.4%	10.6%	16.1%	1.2%	
渡辺　武三	民社	愛知4区	当		12.8%	13.1%	15.5%	0.4%	5.5%
西田　八郎	民社	滋賀全県区	当		12.4%	12.3%	15.2%	1.5%	
佐々木良作	民社	兵庫5区	当		14.9%	8.5%	24.6%	0.5%	
稲富　稜人	民社	福岡3区	当		26.2%	1.5%	22.3%	1.7%	
木下敬之助	民社	大分1区	当		7.0%	10.6%	23.3%	0.2%	
米沢　隆	民社	宮崎2区	当		20.0%	9.3%	15.3%	1.1%	
吉川　春子	共産	埼玉4区	落		12.5%	12.6%	27.9%	2.0%	
平山　知子	共産	東京1区	落		22.3%	5.2%	17.6%	1.3%	
金子　満広	共産	東京8区	当		18.9%	6.2%	25.6%	0.9%	
岩佐　恵美	共産	東京11区	当		23.2%	3.9%	28.1%	1.0%	
東中　光雄	共産	大阪2区	当	有	33.3%		24.8%	1.2%	
藤田　スミ	共産	大阪5区	当		15.7%	11.8%	11.3%	0.6%	
中林　佳子	共産	島根全県区	当		5.0%	20.7%	24.3%	1.3%	
伊藤　茂	社会	神奈川1区	当		15.1%	7.0%	25.4%	0.5%	
小林　進	社会	新潟3区	当		18.1%	8.7%	17.4%	0.7%	
阿部　昭吾	社民連	山形2区	当		9.1%	9.1%	16.7%	0.6%	
楢崎弥之助	社民連	福岡1区	当		24.1%		16.1%	0.6%	
山口　敏夫	新自ク	埼玉2区	当		14.1%	3.4%	17.8%	1.8%	4.2%
安田　純治	無所属	福島1区	当		20.1%	6.8%	26.3%	1.1%	
松野　頼三	無所属	熊本1区	落		19.6%	3.3%	10.0%		3.0%

第三部
選挙ポスター集

1. 自民党　　　　（393）
2. 民主党　　　　（427）
3. 公明党　　　　（449）
4. 共産党　　　　（451）
5. 保守党　　　　（482）
6. 自由党　　　　（484）
7. 社民党　　　　（494）
8. 無所属の会　　（506）
9. 無所属　　　　（507）

（付.【色彩心理学からポスターを見る】参考ポスター（510））

自民党　393

木本由孝（北海道1区） 　　　吉川貴盛（北海道2区）

石崎　岳（北海道3区） 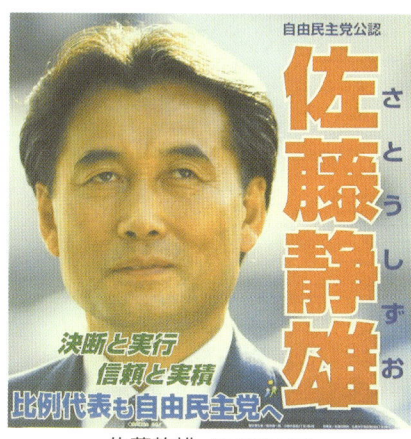　　　佐藤静雄（北海道4区）

町村信孝（北海道5区） 　　　今津　寛（北海道6区）

第三部　選挙ポスター集

金田英行（北海道7区）

佐藤孝行（北海道8区）

岩倉博文（北海道9区）

山下貴史（北海道10区）

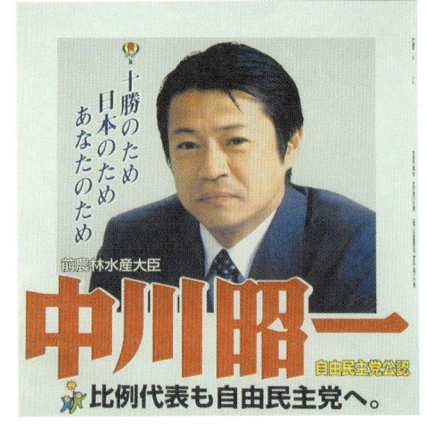

中川昭一（北海道11区）

武部　勤（北海道12区）

自民党　395

北村直人（北海道13区） 　　津島雄二（青森1区）

江渡聡徳（青森2区） 　　大島理森（青森3区）

木村太郎（青森4区） 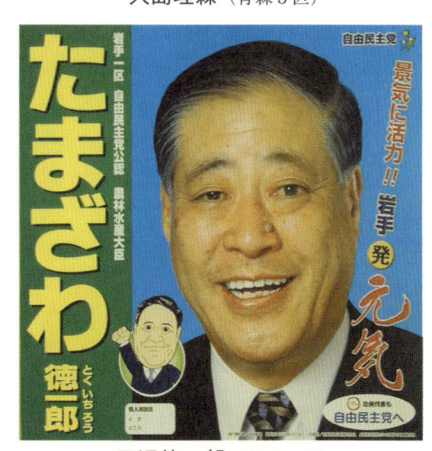　　玉沢徳一郎（岩手1区）

第三部　選挙ポスター集

鈴木俊一（岩手2区）

志賀　節（岩手3区）

井形厚一（岩手4区）

愛知和男（宮城1区）

中野正志（宮城2区）

三塚　博（宮城3区）

自民党

伊藤宗一郎（宮城4区）	土井喜美夫（宮城5区）
佐藤久一郎（宮城6区）	遠藤武彦（山形2区）
近岡理一郎（山形3区）	加藤紘一（山形4区）

第三部　選挙ポスター集

佐藤剛男（福島1区）

根本　匠（福島2区）

穂積良行（福島3区）

山内日出夫（福島4区）

吉野正芳（福島5区）

梶山弘志（茨城4区）

自民党　399

船田　元（栃木1区）

西川公也（栃木2区）

渡辺喜美（栃木3区）

佐藤　勉（栃木4区）

茂木敏充（栃木5区）

佐田玄一郎（群馬1区）

第三部　選挙ポスター集

笹川　尭（群馬2区）

谷津義男（群馬3区）

福田康夫（群馬4区）

小渕優子（群馬5区）

松永　光（埼玉1区）

新藤義孝（埼玉2区）

自民党　401

今井　宏（埼玉3区）

福永信彦（埼玉5区）

中野　清（埼玉7区）

大野松茂（埼玉9区）

山口泰明（埼玉10区）

小島敏男（埼玉12区）

三ツ林隆志（埼玉14区） 　臼井日出男（千葉1区）

江口一雄（千葉2区） 　松野博一（千葉3区）

西尾憲一（千葉4区） 　狩野　勝（千葉5区）

井奥貞雄（千葉6区） 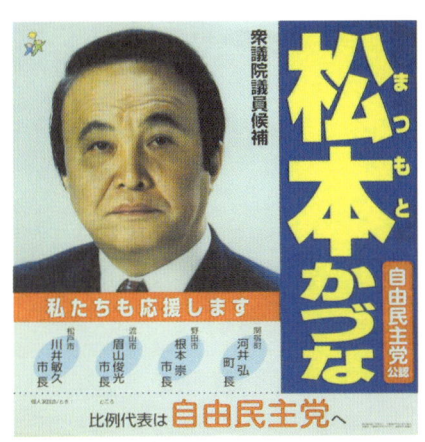　　　　松本和那（千葉7区）

桜田義孝（千葉8区） 　　　　水野賢一（千葉9区）

林　幹雄（千葉10区） 　　　　森　英介（千葉11区）

第三部　選挙ポスター集

中村正三郎（千葉12区）

小此木八郎（神奈川3区）

鈴木恒夫（神奈川7区）

小泉純一郎（神奈川11区）

亀井善之（神奈川16区）

中尾栄一（山梨1区）

自民党　405

堀内光雄（山梨2区）

横内正明（山梨3区）

下村博文（東京11区）

伊藤公介（東京23区）

吉田六左エ門（新潟1区）

桜井　新（新潟2区）

第三部　選挙ポスター集

稲葉大和（新潟3区）

栗原博久（新潟4区）

白川勝彦（新潟6区）

長勢甚遠（富山1区）

馳　浩（石川1区）

森　喜朗（石川2区）

自民党　407

瓦　力（石川3区）

松宮　勲（福井1区）

牧野隆守（福井2区）

高木　毅（福井3区）

小坂憲次（長野1区）

村井　仁（長野2区）

岩崎忠夫（長野3区） 　　小川　元（長野4区）

宮下創平（長野5区） 　　野田聖子（岐阜1区）

棚橋泰文（岐阜2区） 　　武藤嘉文（岐阜3区）

自民党　409

金子一義（岐阜4区） 　　　　　　　　　古屋圭司（岐阜5区）

戸塚進也（静岡1区） 　　　　　　　　　原田昇左右（静岡2区）

柳沢伯夫（静岡3区） 　　　　　　　　　望月義夫（静岡4区）

410　第三部　選挙ポスター集

斉藤斗志二（静岡5区）

桜田光雄（静岡6区）

木部佳昭（静岡7区）

塩谷　立（静岡8区）

鈴井慎一（静岡9区）

谷口守行（愛知2区）

片岡武司（愛知3区） 　　　　　木村隆秀（愛知5区）

鈴木淳司（愛知7区） 　　　　　大木　浩（愛知8区）

鈴木雅博（愛知10区） 　　　　　山中燁子（愛知11区）

杉浦正健（愛知12区）  　　　大村秀章（愛知13区）

浅野勝人（愛知14区）  　　　山本明彦（愛知15区）

川崎二郎（三重1区）  　　　衣斐賢譲（三重2区）

自民党　413

平田耕一（三重3区） 　　　田村憲久（三重4区）

目片　信（滋賀1区） 　　　小西　哲（滋賀2区）

岩永峯一（滋賀3区） 　　　伊吹文明（京都1区）

414　第三部　選挙ポスター集

山本直彦（京都2区）

奥山茂彦（京都3区）

野中広務（京都4区）

谷垣禎一（京都5区）

菱田嘉明（京都6区）

中馬弘毅（大阪1区）

自民党　415

左藤　章（大阪2区） 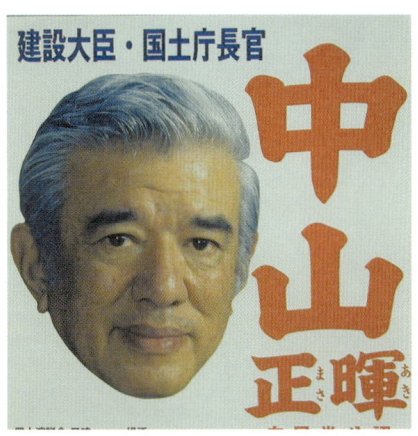　　　　　中山正暉（大阪4区）

上瀬　剛（大阪8区） 　　　　　坪井一宇（大阪11区）

北川知克（大阪12区） 　　　　塩川正十郎（大阪13区）

第三部　選挙ポスター集

谷畑　孝（大阪14区）

竹本直一（大阪15区）

岡下信子（大阪17区）

中山太郎（大阪18区）

砂田圭佑（兵庫1区）

井川弘光（兵庫3区）

自民党　417

谷　洋一（兵庫5区）

宮本一三（兵庫9区）

渡海紀三朗（兵庫10区）

戸井田徹（兵庫11区）

河本三郎（兵庫12区）

森岡正宏（奈良1区）

第三部　選挙ポスター集

滝　実（奈良2区）

奥野誠亮（奈良3区）

田野瀬良太郎（奈良4区）

岸本光造（和歌山2区）

石破　茂（鳥取1区）

相沢英之（鳥取2区）

自民党 419

細田博之（島根1区）

竹下亘（島根2区）

亀井久興（島根3区）

逢沢一郎（岡山1区）

熊代昭彦（岡山2区）

平沼赳夫（岡山3区）

橋本龍太郎（岡山4区） 　　　　　村田吉隆（岡山5区）

中川秀直（広島4区） 　　　　　　高村正彦（山口1区）

佐藤信二（山口2区） 　　　　　　河村建夫（山口3区）

自民党　421

安倍晋三（山口4区）

岡本芳郎（徳島1区）

山口俊一（徳島2区）

後藤田正純（徳島3区）

大野功統（香川3区）

塩崎恭久（愛媛1区）

村上誠一郎（愛媛2区）　　小野晋也（愛媛3区）

山本公一（愛媛4区）　　福井　照（高知1区）

中谷　元（高知2区）　　山本有二（高知3区）

自民党　423

西田藤二（福岡1区）

山崎　拓（福岡2区）

太田誠一（福岡3区）

渡辺具能（福岡4区）

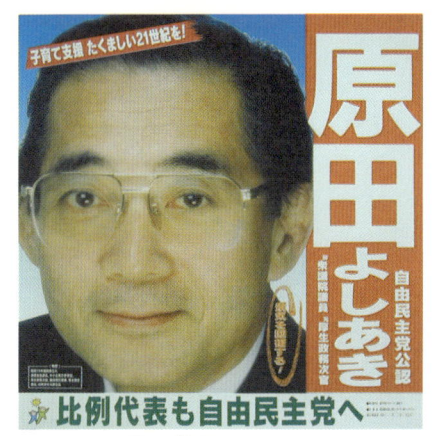

原田義昭（福岡5区）

古賀正浩（福岡6区）

第三部　選挙ポスター集

古賀　誠（福岡7区）

麻生太郎（福岡8区）

三原朝彦（福岡9区）

武田良太（福岡11区）

坂井隆憲（佐賀1区）

今村雅弘（佐賀2区）

自民党　425

保利耕輔（佐賀3区）

岩下栄一（熊本1区）

松岡利勝（熊本3区）

園田博之（熊本4区）

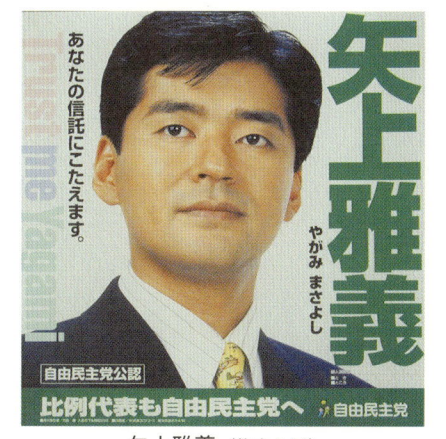

矢上雅義（熊本5区）

保岡興治（鹿児島1区）

園田修光（鹿児島2区） 　　　　宮路和明（鹿児島3区）

小里貞利（鹿児島4区） 　　　　山中貞則（鹿児島5区）

民主党　427

横路孝弘（北海道1区）

佐々木秀典（北海道6区）

桜庭康喜（北海道7区）

鳩山由紀夫（北海道9区）

小平忠正（北海道10区）

出田基子（北海道11区）

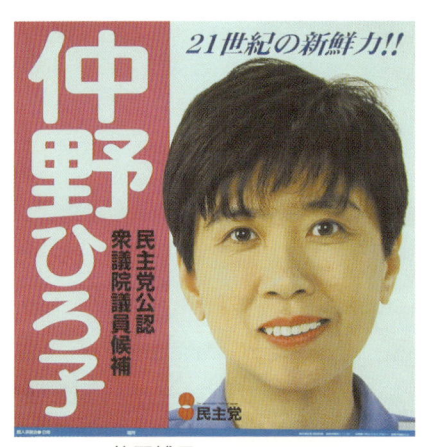

仲野博子（北海道13区） 　　戸来　勉（青森1区）

田名部匡代（青森3区） 　　藤倉喜久治（岩手1区）

熊谷修二（岩手3区） 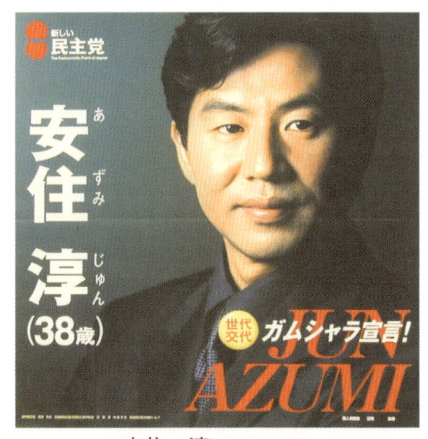　　安住　淳（宮城5区）

民主党　429

豊かな庄内を いざ、新世紀へ **さがえ たかよし** 民主党公認 阿部 昭吾	 **ましこ輝彦** 政権交代を実現しよう!!
寒河江孝允（山形4区）	増子輝彦（福島2区）
芯のある国を つくろう **よしだいずみ** **吉田　泉**	私たちの怒りを 国政に!! **小泉としあき** 43才
吉田　泉（福島5区）	小泉俊明（茨城3区）
新しい時代への挑戦!! 比例代表も民主党へ 至誠一貫 **おおはた 章宏** 52歳	母親として、精神科医として こころの健康、育てます。 **水島広子** 民主党
大畠章宏（茨城5区）	水島広子（栃木1区）

第三部　選挙ポスター集

中島政希（群馬4区）

武正公一（埼玉1区）

谷口雅典（埼玉2区）

上田清司（埼玉4区）

枝野幸男（埼玉5区）

大島　敦（埼玉6区）

田川秀明（埼玉7区） 　　　　　　　木下　厚（埼玉8区）

五十嵐文彦（埼玉9区） 　　　　　　長峯正之（埼玉14区）

北村哲男（千葉1区） 　　　　　　　竹内圭司（千葉3区）

第三部　選挙ポスター集

田中　甲（千葉5区）

生方幸夫（千葉6区）

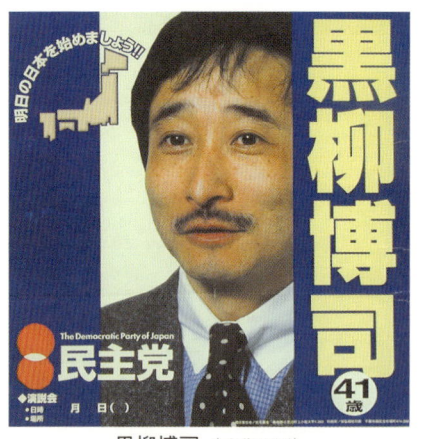

黒柳博司（千葉10区）

松本勝仁（千葉11区）

半田善三（千葉12区）

大出　彰（神奈川2区）

民主党 433

加藤尚彦（神奈川3区） 　　大石尚子（神奈川4区）

田中慶秋（神奈川5区） 　　松沢成文（神奈川9区）

永井英慈（神奈川10区） 　　ツルネンマルテイ（神奈川17区）

小沢鋭仁（山梨1区） 　　　　　後藤　斎（山梨3区）

海江田万里（東京1区） 　　　　松原　仁（東京3区）

宇佐美登（東京4区） 　　　　　石井紘基（東京6区）

民主党　435

長妻　昭（東京7区） 　　　　　　　　　吉田公一（東京9区）

鮫島宗明（東京10区） 　　　　　　　　井上和雄（東京14区）

馬渡龍治（東京15区） 　　　　　　　　中津川博郷（東京16区）

菅　直人（東京18区）

末松義規（東京19区）

加藤公一（東京20区）

山花郁夫（東京22区）

阿久津幸彦（東京24区）

関山信之（新潟1区）

民主党　437

野畑圭造（富山3区）

奥田　建（石川1区）

青木　康（福井1区）

京藤啓民（福井2区）

辻　一彦（福井3区）

下条みつ（長野2区）

438　第三部　選挙ポスター集

羽田　孜（長野3区）

加藤　隆（長野5区）

小嶋昭次郎（岐阜2区）

園田康博（岐阜3区）

和泉昭子（静岡5区）

渡辺　周（静岡6区）

民主党　439

熊谷　弘（静岡9区）

古川元久（愛知2区）

近藤昭一（愛知3区）

赤松広隆（愛知5区）

前田雄吉（愛知6区）

小林憲司（愛知7区）

440　第三部　選挙ポスター集

伴野　豊（愛知8区） 　　佐藤観樹（愛知10区）

伊藤英成（愛知11区） 　　近藤　剛（愛知15区）

中川正春（三重2区） 　　岡田克也（三重3区）

民主党 441

前原誠司（京都2区）

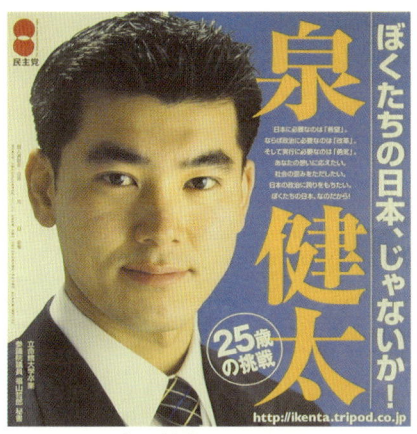

泉　健太（京都3区）

玉置一弥（京都6区）

稲場政和（大阪2区）

稲見哲男（大阪5区）

藤村　修（大阪7区）

第三部　選挙ポスター集

中野寛成（大阪8区）

大谷信盛（大阪9区）

平野博文（大阪11区）

樽床伸二（大阪12区）

岡本準一郎（大阪13区）

石田敏高（大阪19区）

石井　一（兵庫1区） 　　　　　土肥隆一（兵庫3区）

吉岡賢治（兵庫5区） 　　　　　市村浩一郎（兵庫6区）

藤本欣三（兵庫9区） 　　　　　辻　泰弘（兵庫10区）

第三部 選挙ポスター集

今度は…
松本たけあき
民主党公認

松本剛明（兵庫11区）

奈良県第1区（奈良市・添上郡月ヶ瀬村）衆議院議員候補
まぶちすみお 39才
民主党
新しいエンジンで、新しい国づくり

馬淵澄夫（奈良1区）

中村てつじ
民主党
時代がかわる。若い力で政治をかえる。
Nakamura Tetsuji

中村哲治（奈良2区）

希望の新世紀へチェンジ！
前田 まえだたけし
民主党

前田武志（奈良4区）

比例代表は民主党
すすめます 身近な政治を！
木村文則（42歳）
民主党

木村文則（和歌山2区）

考えなければ、変わらない。
希望にあふれる新生、21世紀へ！！
山内 おさむ
民主党公認候補
鳥取県第二区衆議院議員候補
民主党
OSAMU YAMAUCHI

山内 功（鳥取2区）

民主党　445

西尾政英（広島1区） 　　　　　佐々木修一（広島5区）

山崎桃生（山口1区） 　　　　　平岡秀夫（山口2区）

仙谷由人（徳島1区） 　　　　　高井美穂（徳島2区）

第三部　選挙ポスター集

宇都宮真由美（愛媛1区）

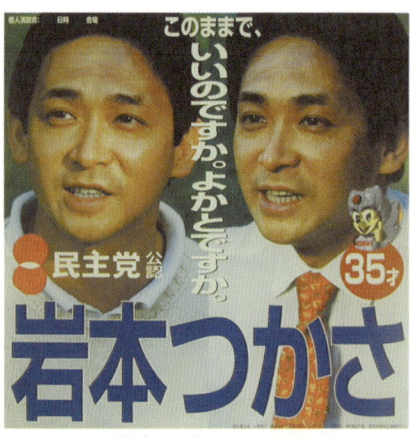

岩本　司（福岡2区）

藤田一枝（福岡3区）

楢崎欣弥（福岡4区）

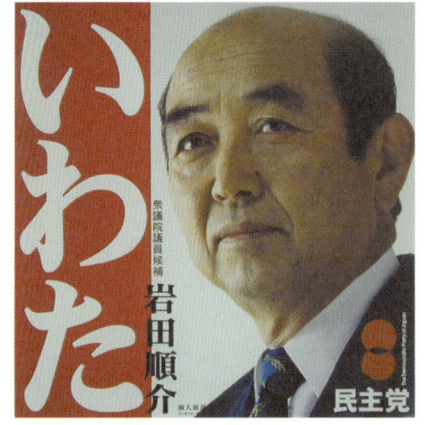

岩田順介（福岡8区）

北橋健治（福岡9区）

民主党　447

島津尚純（福岡10区）

原口一博（佐賀1区）

樋口博康（佐賀2区）

藤沢裕美（佐賀3区）

高木義明（長崎1区）

松野頼久（熊本1区）

第三部　選挙ポスター集

松野信夫（熊本２区）

中村太郎（大分３区）

大園勝司（鹿児島３区）

島尻　昇（沖縄２区）

上原康助（沖縄３区）

公明党　449

若松謙維（埼玉6区）

富田茂之（千葉2区）

大口善徳（静岡1区）

田端正広（大阪3区）

谷口隆義（大阪5区）

福島　豊（大阪6区）

北側一雄（大阪16区） 　　　　　　赤羽一嘉（兵庫2区）

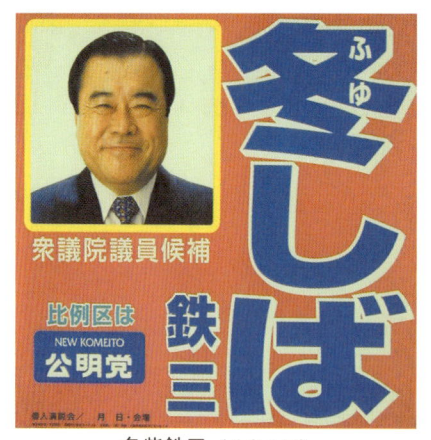

冬柴鉄三（兵庫8区） 　　　　　　白保台一（沖縄1区）

共産党　451

佐藤隆五郎（岩手1区） 　　西山　剛（岩手2区）

菊池幸夫（岩手3区） 　　坂本良子（岩手4区）

遠藤いく子（宮城1区） 　　津田宣勝（宮城2区）

加藤幹夫（宮城3区） 　　　　佐藤道子（宮城4区）

原　伸雄（宮城5区） 　　　　芳賀芳昭（宮城6区）

佐藤亜希子（山形1区） 　　　太田俊男（山形2区）

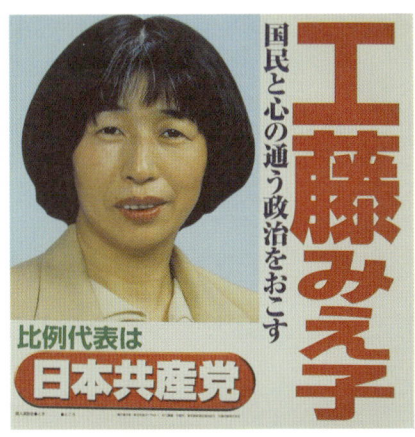

工藤美恵子（山形3区） 　　　　　佐藤雅之（山形4区）

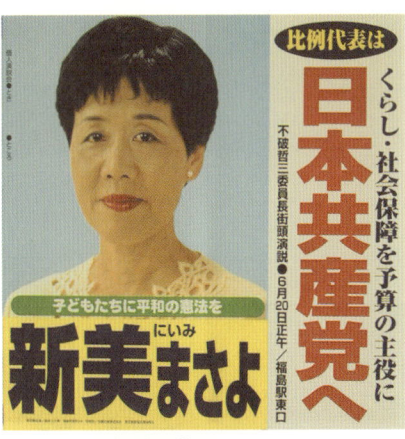

新美正代（福島1区） 　　　　　　飛田利光（福島2区）

鈴木正一（福島3区） 　　　　　　原田俊広（福島4区）

吉田英策（福島5区） 　　　　　　田谷武夫（茨城1区）

横倉達士（茨城2区） 　　　　　　上野高志（茨城3区）

大和田喜市（茨城4区） 　　　　　大曽根勝正（茨城5区）

共産党　455

小松豊正（茨城6区）

稲葉修敏（茨城7区）

野村節子（栃木1区）

福田道夫（栃木2区）

槇　昌三（栃木3区）

飯塚　正（栃木4区）

第三部　選挙ポスター集

川上　均（栃木5区）

山田富美子（群馬1区）

小菅啓司（群馬2区）

渋沢哲男（群馬3区）

野村喜代子（群馬4区）

半田　正（群馬5区）

共産党　457

"庶民派"の頼もしい政治家
小選挙区は　湯川美和子
比例代表は　日本共産党へ

湯川美和子（神奈川2区）

くらし・福祉の相談活動17年　庶民の心がわかる誠実・行動の人
小選挙区は　おおまち哲哉
比例代表は　日本共産党へ

大間知哲哉（神奈川3区）

地域経済守って35年　不況打開に全力
小選挙区は　田中よしひこ
比例代表は　日本共産党へ

田中義彦（神奈川4区）

衆院議員1期・党労働部会長　雇用・年金・介護…安心の政治へ
小選挙区は　大森たけし
比例代表は　日本共産党へ

大森　猛（神奈川5区）

雇用、介護、環境　やさしさと強さであなたの声にこたえます
小選挙区は　藤井みどり
比例代表は　日本共産党へ

藤井美登里（神奈川6区）

21世紀の新しい国づくりにもえる若さと行動力
小選挙区は　佐藤くにお
比例代表は　日本共産党へ

佐藤邦男（神奈川7区）

第三部　選挙ポスター集

大庭裕子（神奈川8区）

井口真美（神奈川9区）

笠木　隆（神奈川10区）

小泉安司（神奈川11区）

沼上常生（神奈川12区）

長島康夫（神奈川13区）

共産党 459

奥出孝子（神奈川14区）

三上　正（神奈川15区）

酒井邦男（神奈川16区）

鈴木新三郎（神奈川17区）

大塚淳子（東京1区）

室喜代一（東京2区）

460　第三部　選挙ポスター集

若月秀人（東京3区）

徳留道信（東京4区）

宮本　栄（東京5区）

水無瀬攻（東京6区）

小堤　勇（東京7区）

山崎和子（東京8区）

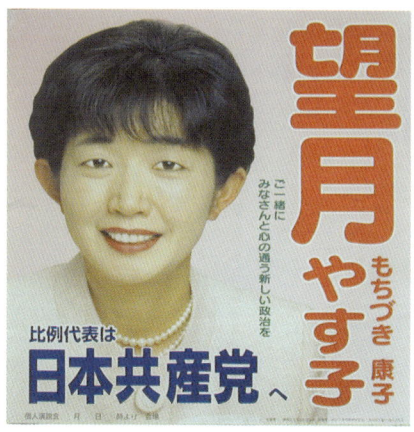

共産党　461

望月康子（東京9区）

山本敏江（東京10区）

中島武敏（東京11区）

山岸光夫（東京12区）

佐々木陸海（東京13区）

塩沢俊之（東京14区）

462　第三部　選挙ポスター集

榛田敦行（東京15区）

安部安則（東京16区）

三小田准一（東京17区）

戸田定彦（東京18区）

宮内俊清（東京19区）

鈴木郁雄（東京20区）

共産党　463

鈴木　進（東京21区）

岡田隆郎（東京22区）

佐藤洋子（東京23区）

藤本　実（東京24区）

鈴木拓也（東京25区）

川俣幸雄（新潟1区）

第三部　選挙ポスター集

村山史彦（新潟2区）

稲垣恵造（新潟3区）

武藤元美（新潟4区）

加藤栄二（新潟5区）

阿部正義（新潟6区）

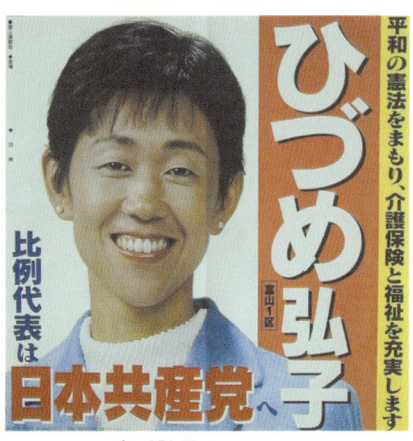

火爪弘子（富山1区）

共産党　465

上田　弘（富山3区）

金元幸枝（福井1区）

野波栄一郎（福井2区）

小柳茂臣（福井3区）

中野早苗（長野1区）

清水啓司（長野2区）

466　第三部　選挙ポスター集

中沢憲一（長野3区）
教育にかけた情熱をいま国政に
国民と心のかよう新しい政治をおこします
比例代表は日本共産党へ

木島日出夫（長野4区）
議員立法・国会活動ナンバーワン
あなたの願いを、必ず国会に届けます
国民と心の通う新しい政治をおこします
比例代表は日本共産党へ

大坪　勇（長野5区）
国民のくらし　社会保障を予算の主役に
比例代表は日本共産党へ
衆議院長野5区候補者

小川　理（岐阜3区）
くらし・福祉・平和の守り手
比例代表は日本共産党

島津幸広（静岡1区）
しまづ幸広
政党えらぶなら日本共産党
静岡市から国政へ挑戦！

四ツ谷恵（静岡2区）
よつや恵
福祉・環境優先の政治を
政党をえらぶなら日本共産党

共産党　467

高梨俊弘（静岡3区）

西谷英俊（静岡4区）

杉田保雄（静岡5区）

井口昌彦（静岡6区）

宮城島正（静岡7区）

平賀高成（静岡8区）

468　第三部　選挙ポスター集

大石悦子（静岡9区） 　　　新谷由紀子（愛知1区）

大野宙光（愛知2区） 　　　西田一広（愛知3区）

瀬古由起子（愛知4区） 　　小玉あさ子（愛知5区）

辻　一幸（愛知6区） 　　坂林卓美（愛知7区）

梶浦　勇（愛知8区） 　　松崎省三（愛知9区）

石田　保（愛知10区） 　　佐藤義淳（愛知11区）

野村典子（愛知12区） 　　　　　　　宮川金彦（愛知13区）

野上徳宏（愛知14区） 　　　　　　　斎藤　啓（愛知15区）

吉原　稔（滋賀1区） 　　　　　　　桧山秋彦（滋賀2区）

共産党 471

林 俊郎（滋賀3区）

小畑 勉（大阪1区）

石井郁子（大阪2区）

小林美恵子（大阪3区）

長谷川良雄（大阪4区）

東中光雄（大阪5区）

第三部　選挙ポスター集

やながせ ただし
国民と心の通う政治を
比例は日本共産党へ
柳河瀬精（大阪6区）

藤井 さちこ
憲法を生かし平和とくらし守ります
比例は日本共産党へ
藤井幸子（大阪7区）

姫井 敬治
社会保障と国民のくらし第一に
比例は日本共産党へ
姫井敬治（大阪8区）

藤木 くにあき
憲法をくらしに生かす弁護士
42歳
比例は日本共産党へ
藤木邦顕（大阪9区）

おおみね 学
比例は日本共産党とお書きください
党大阪10区国政対策委員長
社会保障とくらしを予算の主役に
34歳
大嶺　学（大阪10区）

山下 京子
くらし、家計を応援して景気回復を
比例は日本共産党へ
山下京子（大阪11区）

共産党

西森洋一（大阪12区）

吉井英勝（大阪13区）

野沢倫昭（大阪14区）

柿沼康隆（大阪15区）

菅野泰介（大阪16区）

真鍋　穣（大阪17区）

474　第三部　選挙ポスター集

古久保暢男（大阪18区）

西山　孝（大阪19区）

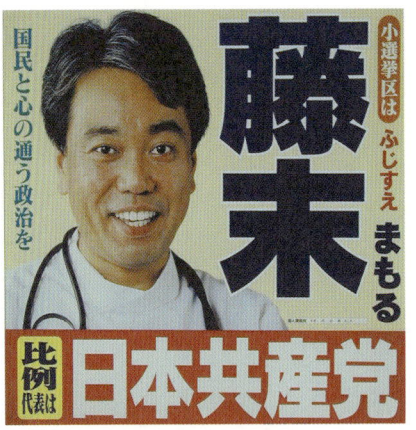

藤末　衛（兵庫1区）

平松順子（兵庫2区）

松本勝雄（兵庫3区）

瀬尾和志（兵庫4区）

共産党 475

西本嘉宏（兵庫5区）

前田えり子（兵庫6区）

川内一男（兵庫7区）

藤木洋子（兵庫8区）

市川幸美（兵庫9区）

大椙鉄夫（兵庫10区）

476　第三部　選挙ポスター集

小池和也（兵庫11区）

太田清幸（兵庫12区）

原矢寸久（和歌山1区）

吉田小雪（和歌山2区）

林　勤（和歌山3区）

岩永尚之（鳥取1区）

水津岩男（鳥取2区） 　　　二階堂洋史（広島1区）

藤本聡志（広島2区） 　　　大植和子（広島3区）

小島敏栄（広島4区） 　　　角谷　進（広島5区）

第三部　選挙ポスター集

浦田宣昭（高知1区）

谷崎治之（高知2区）

大西正祐（高知3区）

上村泰稔（佐賀1区）

山田和明（佐賀2区）

木場満義（佐賀3区）

共産党　479

寺田善則（長崎1区）

江頭　学（長崎2区）

久野正義（長崎3区）

山下千秋（長崎4区）

川上紗智子（熊本1区）

山本伸裕（熊本2区）

益田健宏（熊本3区）

福田慧一（熊本4区）

橋田芳昭（熊本5区）

祝迫光治（鹿児島1区）

山口陽規（鹿児島2区）

村山 智（鹿児島3区）

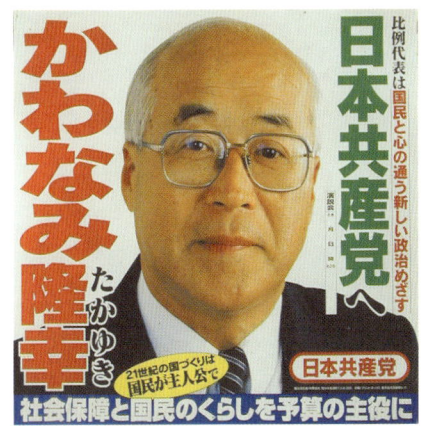

川浪隆幸（鹿児島4区）　　　　　福原秋一（鹿児島5区）

佐々木洋平（岩手3区）

岡島正之（千葉3区）

三沢　淳（愛知4区）

海部俊樹（愛知9区）

井上喜一（兵庫4区）

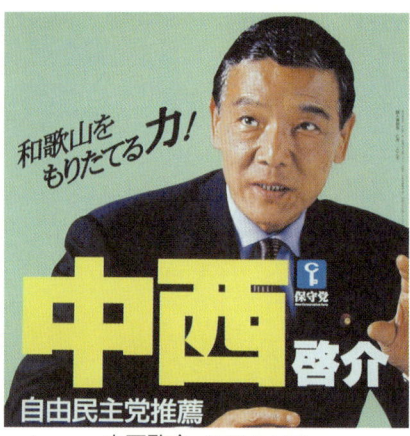

中西啓介（和歌山1区）

二階俊博（和歌山3区）　　　　　　　野田　毅（熊本2区）

第三部　選挙ポスター集

小野健太郎（北海道5区）

西川将人（北海道6区）

鰐淵俊之（北海道13区）

工藤堅太郎（岩手2区）

黄川田徹（岩手3区）

小沢一郎（岩手4区）

自由党　485

堀　誠（宮城3区）

船川克夫（秋田1区）

工藤富裕（秋田2区）

笹山登生（秋田3区）

石原健太郎（福島1区）

武藤博光（茨城5区）

486　第三部　選挙ポスター集

二見伸明（茨城6区） 　　　野村五男（茨城7区）

山岡賢次（栃木4区） 　　　小林俊博（埼玉6区）

大川優美子（埼玉11区） 　　武山百合子（埼玉13区）

自由党　487

山田英介（埼玉14区）

生方 伸（千葉9区）

飯島浩史（神奈川1区）

蒲池重徳（神奈川3区）

土田龍司（神奈川6区）

樋高 剛（神奈川7区）

相田弥智子（神奈川8区） 　　　藤井裕久（神奈川14区）

坪谷郁子（東京3区） 　　　遠藤宣彦（東京5区）

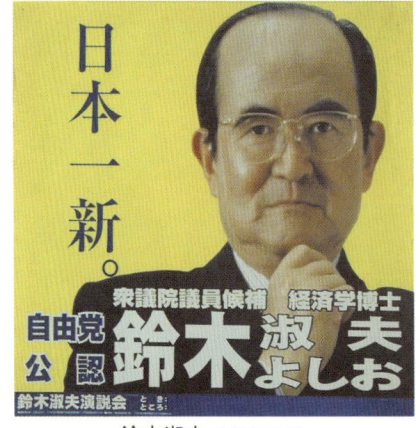

鈴木淑夫（東京6区） 　　　末次精一（東京7区）

自由党 489

川島智太郎（東京9区）

堀田容正（東京10区）

古山和宏（東京11区）

逸見英幸（東京13区）

東　祥三（東京15区）

金森　隆（東京18区）

渡辺浩一郎（東京19区） 　　　　　鈴木盛夫（東京22区）

長尾彰久（東京23区） 　　　　　　白沢三郎（新潟3区）

菊田真紀子（新潟4区） 　　　　　　広野ただし（富山1区）

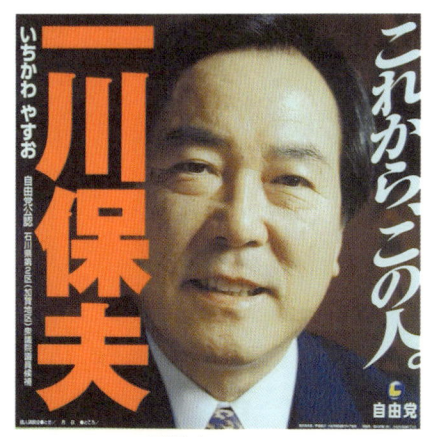

自由党　491

一川保夫（石川2区） 　　都築　譲（愛知12区）

中井　洽（三重1区） 　　谷口　徹（京都2区）

豊田潤多郎（京都4区） 　　松村　昴（京都6区）

村上史好（大阪4区） 　　真鍋晃篤（大阪12区）

西村真悟（大阪17区） 　　梶原康弘（兵庫5区）

塩田　晋（兵庫10区） 　　佐藤公治（広島6区）

自由党

岩浅嘉仁（徳島3区）

西岡武夫（長崎1区）

山田正彦（長崎3区）

吉永二千六百年（熊本5区）

平野繁展（鹿児島5区）

494　第三部　選挙ポスター集

浅野隆雄（北海道2区）

今村　修（青森1区）

木下千代治（青森2区）

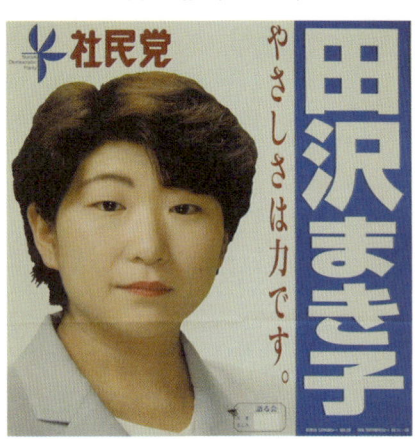

田沢摩希子（青森4区）

後藤百合子（岩手1区）

八田通孝（岩手2区）

木村幸弘（岩手4区） 　　　　沖田捷夫（宮城1区）

菅野哲雄（宮城6区） 　　　　畠山健治郎（秋田2区）

斉藤昌助（山形3区） 　　　　佐藤恒晴（福島1区）

村上　武（福島2区） 　　　　　　　高沢勝一（茨城1区）

八木隆次（栃木1区） 　　　　　　　山口鶴男（群馬5区）

天辰武夫（埼玉1区） 　　　　　　　高橋　勇（埼玉7区）

藤原　信（千葉5区）

北角虎男（千葉7区）

佐々木利夫（千葉8区）

石原　守（神奈川7区）

安田節子（神奈川8区）

阿部知子（神奈川12区）

498　第三部　選挙ポスター集

千葉紘代（神奈川13区）

原　陽子（神奈川14区）

山中悦子（神奈川15区）

梅　蘭（東京3区）

戸沢二郎（東京5区）

保坂展人（東京6区）

社民党　499

岩崎駿介（新潟1区） 　　　　　　倉持八郎（新潟3区）

目黒吉之助（新潟5区） 　　　　　高木睦子（富山1区）

湊谷道夫（富山3区） 　　　　　　戸田二郎（岐阜1区）

第三部　選挙ポスター集

小林正和（愛知4区）

大島令子（愛知7区）

大湾宗則（京都3区）

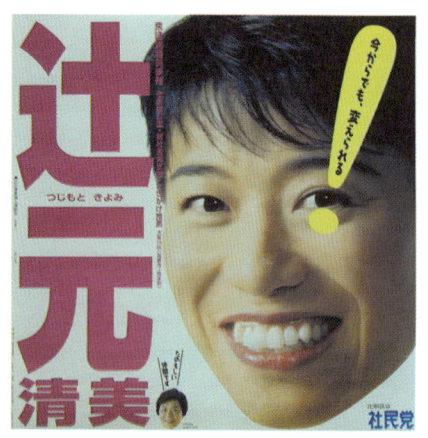

辻元清美（大阪10区）

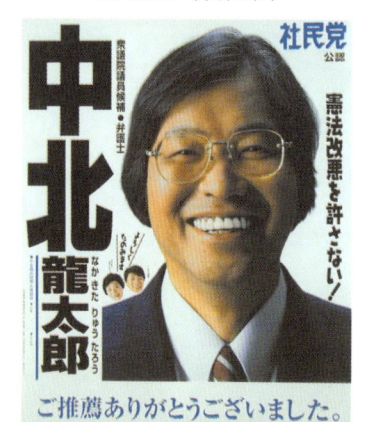

中北龍太郎（大阪17区）

中川智子（兵庫6区）

社民党　501

土井たか子（兵庫7区）

北川れん子（兵庫8区）

植田至紀（奈良3区）

知久馬二三子（鳥取1区）

出島千鶴子（島根3区）

松本安正（岡山2区）

第三部　選挙ポスター集

金子哲夫（広島3区）

松井秀明（広島4区）

加藤繁秋（香川1区）

奥田研二（香川3区）

永和淑子（愛媛1区）

梅崎雪男（愛媛2区）

社民党　503

藤田高景（愛媛3区） 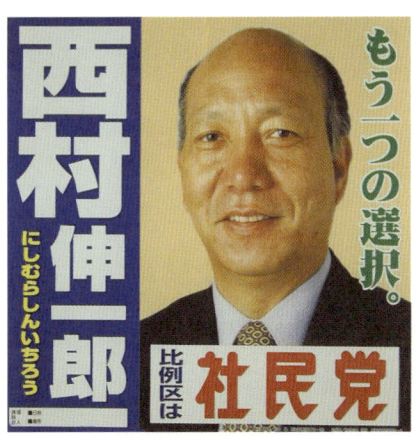　　　西村伸一郎（高知3区）

大塚和弘（福岡8区） 　　　森本由美（福岡10区）

中西績介（福岡11区） 　　　緒方克陽（佐賀1区）

第三部　選挙ポスター集

柴田久寛（佐賀2区）

今川正美（長崎4区）

小西達也（熊本5区）

重野安正（大分2区）

横光克彦（大分4区）

浜田健一（鹿児島4区）

東門美津子（沖縄3区）

506　第三部　選挙ポスター集

三村申吾（青森2区）

土屋品子（埼玉13区）

中田　宏（神奈川8区）

伊藤健一（愛知6区）

無所属　507

中村　力（岩手3区）

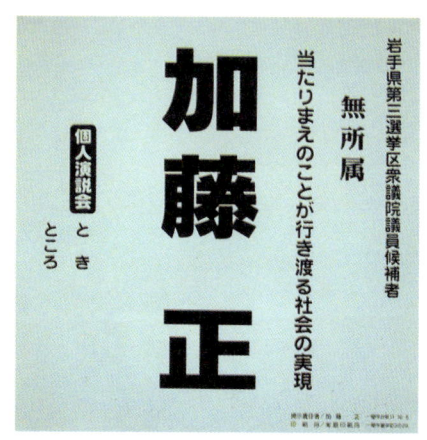

加藤　正（岩手3区）

伊藤智巳（宮城6区）

永岡洋治（茨城7区）

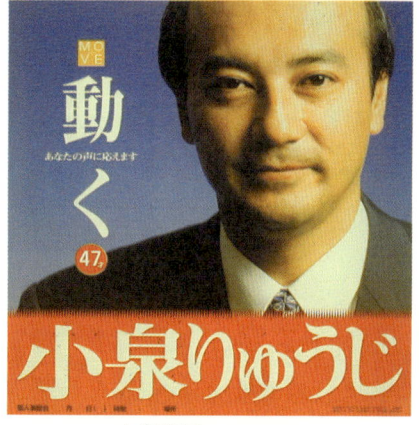

小泉龍司（埼玉11区）

赤池誠章（山梨1区）

第三部　選挙ポスター集

栄　博士（東京2区）

長谷川英憲（東京8区）

近藤　薫（東京15区）

米山久美子（東京17区）

上川陽子（静岡1区）

宮田正之（愛知1区）

無所属　509

鈴木克昌（愛知14区） 　　室井邦彦（兵庫8区）

西村康稔（兵庫9区） 　　山口　壮（兵庫12区）

田村耕太郎（鳥取1区） 　　増原義剛（広島3区）

510　第三部　選挙ポスター集

平井卓也（香川1区）

猪塚　武（香川2区）

山本幸三（福岡11区）

荒木隆夫（熊本5区）

付．【色彩心理学からポスターを見る】参考ポスター

氏名・スローガンをオレンジに変更

下部の帯を寒色に、背景を薄い暖色に変更

あとがき

　2001年8月中旬に行われた軽井沢での合宿の際の話である．夜遅くまで本書の構成について激論を戦わせたゼミ生たちは，解散とともに自室に戻り一時の休息を楽しむ…どころか，そそくさと宿を出て何処かに向かった．20分後，宿の一室に集まりテーブルを囲む一同の姿があった．テーブルの上にはアルコール，おつまみがよりどりみどり．最短時間で準備が整うように，事前にコンビニの場所をチェックしていたのだろうか．まるでこのために合宿に来たのではないかと疑うほどの用意周到ぶりである．そして酒盛りの幕が上がった．

　「鳥人間，いいよねぇ…」

　宴もたけなわとなったころ，お酒も進み上機嫌の蒲島教授が熱く語り始められた．何でも，毎年夏に琵琶湖で行われる人力飛行機の大会「鳥人間コンテスト」の模様が，合宿の直前にテレビで放映されていて，ご覧になった教授はいたく感激されたらしい．この手の大会へ出場するのは理系の学生だけであり，法学部生の我々にははなから不可能な話だろうか．否，流体力学などについて一から勉強し，知恵と力を合わせれば，できるのではないか？　非力な個人が結集して遠大な目標を達成しようとする——まさに，こうした挑戦の過程こそ，政治学の諸理論を臨床で試す絶好の機会ではないか！

　こうして，10月から始まる次期ゼミは「鳥人間プロジェクト」として，翌年の鳥人間コンテストでの優勝を目指すことに決まった．動力源であり，もっとも重要な役どころであるパイロットは，自転車レースの経験がある院生の菅原に任された．

　合宿の記憶も薄れつつあった8月の最終日，研究室の入口の扉を開けた菅原は，教授がいつもにもまして複雑な表情をされているのに気づいた．執筆中の論文でお悩みになっているのだろうか．それにしては….

　「菅原くん，教務につぎのゼミのテーマを連絡する〆切が今日なんだけど，案が2つあるんだよねぇ…」

　「あ，まだお決まりじゃなかったんですか」

　何気なく返事をした菅原の頭に，一瞬にして合宿の夜の興奮が蘇った．

　鳥人間，鳥人間，鳥人間…！

　先生は，次期ゼミのテーマを鳥人間にすべきか否かでお悩みなのだ！　あの話は酔った勢いの冗談ではなかったのだ！

　菅原は，畏敬の念を新たに，目の前の教授を見つめた．

　結局，次期ゼミのテーマは「参議院の研究」に決まった．鳥人間でない方の案が採用されたのだった．

　そのときのことを振り返ると今でも歯がゆい，と菅原は述懐する．菅原は思わず，

「参議院の研究とか，いいですね」と口走ってしまったのだった．その言葉が先生の決断を左右したのは間違いない．心のどこかにパイロットになることへの恐怖があったのだろうか．もし，力強く「鳥人間，行きましょう！」という勇気があれば，結果は違ったのではないか….

だが，菅原は知っている．先生がまだ鳥人間を諦めていらっしゃらないことを．今は雌伏のときだが，きっといつかこのプロジェクトは現実になる．今でも菅原は，研究のかたわら足腰を鍛えることを欠かさない．大空を駆ける，その日を夢見て．

（この物語は事実をもとにしたフィクションです）

このように，蒲島ゼミの特長は，前例の踏襲を良しとせず，時として途轍もないことをやってしまう（かもしれない）という，徹底して自由闊達な雰囲気にある．本書を執筆した第4期ゼミのメンバーも，ゼミの水に合う個性的な人ばかりだった．選挙ポスターという今回のテーマは，政治学では今まであまり取り上げられてこなかったものであり，その分析には政治学的な視点のみならず，社会学や色彩学の知見も必要とされた．この点，ゼミ生のバラエティの豊かさ（現に私も通常ならば政治学とは縁遠い私法専攻コースに所属している）は非常にプラスに働いた．各人がそれぞれの得意分野でアイデアを出し合い，より良いものを創り上げることができたと自負している．

第4期ゼミの活動は2000年10月に始まった．まず，ポスターの収集とデジタルカメラでの撮影や，背景となる候補者・政党についてのデータの整理といった，研究の土台となる作業を行った．同時に，隣接諸分野での先行研究を参考にしながら，各自で取り上げたい内容の青写真を描いていった．年が明けると，撮影したポスターの画像をもとに，ポスターのさまざまな情報をデータベース化していく工程に移った．完成したデータをもとに実際の分析に入ったのは，新年度になってからであった．そして，予定では秋にはまとまるはずの原稿であったが，幾度もの文章の書き直しや誤ったデータの修正などの予期せぬ障害もあって，完成したのは2002年に入ってからであった．超過した時間の分だけクオリティが高まっていれば幸いである．

また，1年半に及ぶ活動の間には，春の河口湖，前述の夏の軽井沢での2度の合宿をはじめとして，著名な政治学者であるサルトーリ先生や三宅一郎先生の講演，ヴァージニア大学の学生との交流，週刊誌の取材など，さまざまなできごとがあった．どれも日常のゼミでは経験できないことばかりであり，ゼミ生たちの心のなかに貴重な思い出として残っている．

本書の出版にあたっては，一人一人のお名前を挙げればきりがないほど多くの方々にご協力をいただいた．深く感謝を申し上げたい．どうもありがとうございました．

2002年1月
大野桂嗣

執筆者紹介

泉澤　潤一／いずみさわ　じゅんいち
(1976年生　栄光学園高等学校卒　3類出身　現在：試験勉強中)

　やる気とは無縁の生活を送っていた自分にとって良い刺激になるゼミでした．思い切って挑戦してみて良かった，それが今の正直な感想です．

　一番の収穫はWordとExcelに慣れたこと？いやいや，蒲島先生や素晴らしいゼミ仲間と出会えたことです．卒業前のわずかな時間だけでしたが，このゼミで充実した時間を過ごせたことに感謝しています．白紙ばかりを吐き出すプリンターの前で呆然とし，一昼夜かけて作ったデータが飛んで呆然とし，1日に10回パソコンをフリーズさせて呆然としていたのも良い思い出です．

　あとは，この本がヒットしてくれれば…無理か？

好きなポスター：岩浅嘉仁

　文字情報データ打ち込みに疲れ果て，くたばりかけていた私にとって，オアシスとなってくれたポスターです．このポスターを目にした時のあのうれしさ！やはりポスターはシンプルなのが一番，そう思わせてくれる1枚です．

泉本　宅朗／いずもと　たくろう
(1978年生　大阪星光学院高等学校卒　2類出身)

　「本が出せる！」と聞いて目を輝かせてこのゼミに入った私ですが，パソコンが使えず皆様にご迷惑ばかりお掛けしていました．最初のうちはやたらと統計の知識を使うらしいこと，さらにイメージしていた政治学の研究と全然違うことで，何をどうすればよいのか皆目見当が付かず，ただオロオロするばかりでした．

　そんな私もゼミでの活動を通じてパソコン，とくにエクセルが一通り使えるようになり，また政治現象に対して従来の法律，経済あるいは歴史などと関連付けたものとは異なる光の当て方のあることを深く認識出来たことは大きな収穫だったと思います．様々な討論も良い刺激でした．自分の出した案が様々に批判されてゆくとき，恰も剣道で自分の工夫した技が相手に看破され，次々と打ち込まれるかの如き，悔しさと，不思議な快感にも似た感触が入り交ざっていたのが想い出されます．

　ゼミ長の境家君が，河口湖での合宿の際「自分の考えた案を，討論を通じてアウフヘーベンする」ようなことをいわれましたが，まさに今，これを書くに当たって，弁証法的思考，行動の大切さを何重の意味においても考えております．

　最後になりましたが，出来の悪い私を励まし，指導して下さった蒲島先生，そしてゼミの皆様に深く感謝申し上げます．

好きなポスター：安住淳

　色使いが私の感性に訴えかける．

大野　桂嗣／おおの　けいし
(1977年生　宮崎大宮高等学校卒　1類出身　現在：任天堂株式会社勤務)

　選挙ポスターという研究テーマに惹かれたのと，自分の名前入りの本を出版して自己顕示欲を満たしたかったのとで，意気込んで申し込んだ蒲島ゼミ．しかし先生の駒場での講義を履修していなかったので，九分九厘落とされるだろうと諦めていたら，度量の広い蒲島先生が採用して下さいました．その期待（？）に少しでも応えようと頑張りましたが，今振り返ってみると，広告やマーケティングの側面にばかり注目していて，肝心の政治学的視点が脱落していたかと反省しています．何はともあれ，本が完成して一安心．かけがえのない仲間たちと蒲島先生の今後のご活躍に期待します．あ，俺も活躍しなきゃ．
好きなポスター：海部俊樹
　海部さん，老けましたね…．候補者名の書体もどことなくもの哀しい．諸行無常．

北岡　亮／きたおか　りょう
(1977年生　明和高等学校卒　2類出身　現在：防衛庁内局勤務)

　純粋に政治学を極めようとするのではなく，ワード，エクセルの使い方を覚えたいといった不純な動機から，このゼミに入った私でしたが，かえってそういった不純な動機の方が，このゼミの雰囲気を楽しめたような気がします．2001年11月現在，役所に勤めていて，蒲島ゼミで培ったワード，エクセルの実力は着実に生かされています．色々と大変でしたが，本当に自分にとって為になったゼミでした．先生，そしてゼミの皆様に感謝します．
好きなポスター：湯川美和子
　熟年の女性の魅力といったものが，余すところなく適切な形で表れているから．

河野　一郎／こうの　いちろう
(1979年生　開成高等学校卒　3類在学)

　蒲島ゼミは温かく，ときに厳しく，人情味のあるゼミでした．
　あまり貢献できなかったことが残念です．私は，もともと政治学者を夢見ていましたが，力及ばず，才乏しく．そのかわりに自分に果たせる社会的分業はなにか，日々模索し苦戦しています．追い詰められたとき，蒲島先生の酒席での言葉を思い出すと不思議と力が出ます．しかし，「酒席での話は素面でしてはならない」のが不文のルールだそうです．
　つたなく学んだ学問の種は私のなかでは芽生えませんでしたが，市民的関心をもって心の種として大切に温存しておきたいと思います．ありがとうございました．

古賀　光生／こが　みつお
(1978年生　開成高等学校卒　3類在学)

なかなか筆が進まず，先生をはじめ多くの方々に迷惑をかけながらの執筆になりました．やっと出来上がった原稿も自身の偏向的観点から逃れられていないであろうことを想像しますが，関心を持つことが重要なのだと自分に言い聞かせています．ゼミを通じて分からないこと，だからこそ知りたいことが増えたのが最大の収穫だと感じています．

好きなポスター：中川智子

「パワフルおばさん」の一言に圧倒されてしまいました．

境家　史郎／さかいや　しろう
(1978年生　甲陽学院高等学校卒　3類出身　現在：東京大学大学院法学政治学研究科修士課程在学)

　思えば1年半以上前，ゼミ長の大役を引き受けたときから，この欄を埋めるのは一番最後にしようと心に決めていた．今，長かった編集作業もようやく終わりを告げようとしている．

　いみじくも蒲島先生がおっしゃったように，ゼミの運営は「生きた政治学」そのものであり，リーダーシップのあり方や，集団内におけるフリーライダーの問題など考えさせられることが多かった．しかし，生来「シャイ」である（これも先生の言）私にとってこの「フィールドワーク」は苦労の連続であって，一応の責任を果たせた今，安堵と脱力感の入り混じった不思議な感覚に見舞われている．

　本書の編集に際してお世話になった方々をいちいち挙げることは不可能であるし，ごく限られた範囲では「序」でも謝辞を述べさせていただいたけれども，以下の3者には，ここでどうしても改めて個人的謝意を伝えねばならない．一人は，ゼミの担当教官であり，かつ私の大学院指導教官でもある蒲島郁夫教授である．先生の「政治過程論」講義は，私が政治学を志すきっかけとなった．その後もゼミの進行や大学院進学に際してお世話になったし，これから先もお世話になり続けるであろう．この場を借りてお礼申し上げたい．そして最後に，現在私の最大のスポンサーであり，また最大の理解者であろう両親に心からの謝意を表したい．本書は，放蕩息子がその大学生活において到達した最大の「道楽」であり，かつ恩返しである．

菅原　琢／すがわら　たく
(1976年生　開成高等学校卒　3類出身　現在：東京大学大学院法学政治学研究科修士課程在学)

　ゼミ長はじめゼミ生のみなさん，それから木鐸社坂口さんすみません．本の出版が遅れたのは自分の脱稿が遅れたからです．この場を借りまして謝罪いたしたいと思います．また同時に，こんな自分を見捨てないで励まし続けてくれたことに深く深く感謝しています．

　振り返ってみると，選挙ポスターを分析するというかつてない，そして途方もな

いこのような企画が無事結末を迎えることができたのは，アウトロー集団・第4期蒲島ゼミのメンバーの類稀な才能・個性があってこそでしょう．みんながこの経験を人生のどこかで活かし，成功を収めることを願ってやみません．
好きなポスター：長妻昭，藤原信
　小さい字でたくさん書くのはポスターというメディアの性格からして無意味である．しかしそれでも伝えたいことがあったのだろう．こんな愚直さが，なんとなく好き．

中西　俊一／なかにし　としかず
(1977年生　金沢大学教育学部附属高等学校卒　3類在学)
　ポスターをデジタルカメラではじめて撮影したとき，法学部研究室の常例を破り夜十時近くまで作業したことで，このゼミの厳しさの洗礼を受けました．そのあともデータ作りのための議論，Excel との長い格闘，杯盤狼籍の飲み会を経て，少しは「普通の法学部生」とは違った特性を持つことが出来たと思っています．その際たるものは，夏合宿の飲み会でビールを手にした蒲島先生が「今度のゼミは鳥人間コンクールに参加したいねえ．ああいうのに法学部の人間が一から参加するの面白いよ」とおっしゃったところ，その場にいたゼミ生がみんな乗り気で「いいですね，先生」と話が大いに膨らんでしまう，その途方もないやる気でしょう．
好きなポスター：山中貞則
　シンプルで渋いポスター．20年前から同じ形式を保ちながら歳を経ていい風合になってきたところ，今回が「最後のご奉公」というのが残念です．

畑江　大致／はたえ　だいち
(1979年生　土浦一高等学校卒　2類出身)
　「面白そう」というごくごく軽い志望理由に加え，申し込み用紙も他人に提出してもらったような状態では当然落とされるものと思っていたのですが，幸運にも通ってしまいました．かくなる上は，枯れ木も山のなんとやら，せめて顔と口だけは出そうと努めてきましたが，どれほど役に立てたのか．本来の活動以外のときが一番元気だったような気もします（苦笑）．ともあれ，本が完成して喜ばしい限りです．お疲れ様でした．
好きなポスター：鳩山由紀夫
　暗い…．被災した街にあれでは…苦戦もむべなるかな．

平田　知弘／ひらた　ともひろ
(1978年生　開成高等学校卒　3類出身　現在：NHK 勤務)
　2000年総選挙．とある候補者事務所でアルバイトした私は，(良くも悪くも) 選挙の実態に初めて触れ，「選挙とは何ぞや」という疑問を持つようになったのです．し

かしそんな疑問に答えなどあるはずもなく，蒲島ゼミで待っていたのは685人の中年男女とのにらめっこの日々．そして原稿を書く段になると，勉強不足を後悔することの連続でした．そんななかであえていわせていただくならば，文献や資料よりむしろ個性的な先生とゼミ生たちから多くを学ばせていただきました．まったく4期蒲島ゼミの個性の集まり方は奇跡に思えます（良し悪しは別にして）．二度とないことでしょう．ほんとうに楽しい1年半でした．ありがとうございます．

山本　耕資／やまもと　こうじ
(1978年生　富山高等学校卒　3類出身　現在:東京大学大学院法学政治学研究科修士課程在学)

　第3期ゼミに参加していたOBという立場で今回も参加させてもらいました．蒲島ゼミの，自発性や自由闊達さという良き伝統を大切にしつつ，ゼミ運営などについてOBだからこそ知る教訓を伝え，後輩を助けるのが使命のはずでしたが…現実には自分のわずかな仕事もできずみんなの足をひっぱって，ゼミ長に謝りっぱなしでした．それでも見捨てないでくれたゼミ長はじめゼミ生のみんなに感謝感激です．

好きなポスター：森喜朗

　ポスターの中身というより，送付時にすごく丁寧な手紙が同封されていたのが印象的．おそらく事務所の応対とはいえ，一般的な丁寧さや人の良さと，政治家としての資質とは無縁だということを感じさせられた．

吉田　苗未／よしだ　なえみ
(1978年生　青森県立八戸高校卒　1類在学)

　選挙ポスターをおもに色・レイアウトの観点から分析してみました．なかなか個性的で好感の持てるポスターはないものですね．スタンダードは安心感がありますがつまらないものです．

好きなポスター：山崎拓

　考えて作った痕が見えます．

指導教授紹介

蒲島郁夫（かばしま いくお）

1947年　熊本県生まれ
1979年　ハーバード大学Ph.D.（政治経済学）取得
現在　　東京大学法学部教授
著書『政権交代と有権者の態度変容』木鐸社，1998年
　　　『現代日本人のイデオロギー』（共著）東京大学出版会，1996年
　　　『政治参加』東京大学出版会，1988年

選挙ポスターの研究

2002年10月30日第一版第一刷印刷発行　Ⓒ
2004年 5 月10日第一版第二刷印刷発行

編者との了解により検印省略	編　者　東大法・蒲島郁夫ゼミ 発行者　坂口節子 発行所　㈲　木鐸社（ぼくたくしゃ）

製版　㈱アテネ社／印刷　モリモト印刷

〒112-0002　東京都文京区小石川 5 - 11 - 15 - 302
電話（03）3814-4195番　郵便振替　00100 - 5 -126746番
ファクス（03）3814-4196番　http://www.bokutakusha.com/

乱丁・落丁本はお取替致します
ISBN4-8332-2329-5　C3031

東大法・蒲島郁夫第1期ゼミ編
「新党」全記録（全3巻）

　92年の日本新党の結成以来，多くの新党が生まれては消えていった。それら新党の結成の経緯や綱領，人事，組織など，活動の貴重な経過資料を網羅的に収録。混迷する政界再編の時代を記録。
第Ⅰ巻 政治状況と政党 A5判・488頁・8000円（1998年）ISBN4-8332-2264-7
第Ⅱ巻 政党組織 A5判・440頁・8000円（1998年）ISBN4-8332-2265-5
第Ⅲ巻 有権者の中の政党 A5判・420頁・8000円（1998年）ISBN4-8332-2266-3

東大法・蒲島郁夫第2期ゼミ編
現代日本の政治家像（全2巻）

　これまで政治学では，政党を分析単位として扱ってきたが，その有効性が著しく弱まってきている。そこで現代日本政治を深く理解するために政治家個人の政治行動を掘り下げる。第1巻は全国会議員の政治活動に関わるデータを基に数量分析を行う。第2巻は分析の根拠とした個人別に網羅的に集積したデータを整理し解題を付す。
第Ⅰ巻 分析篇・証言篇 A5判・516頁・8000円（2000年）ISBN4-8332-7292-X
第Ⅱ巻 資料解題篇 A5判・500頁・8000円（2000年）ISBN4-8332-7293-8

東大法・蒲島郁夫第3期ゼミ編
有権者の肖像　■55年体制崩壊後の投票行動
A5判・694頁・12000円（2001年）ISBN4-8332-2308-2

　「変動する日本人の選挙行動」（JESⅡ）に毎回回答してきた有権者を対象に，2000年総選挙に際して8回目のパネル調査を行い，政治意識と投票行動の連続と変化を類型化して提示する。

東大法・蒲島郁夫第5期ゼミ編
参議院の研究（近刊）